KB264722

신약**강해**설교전집 1

PROCLAIMING
THE NEW TESTAMENT

신약**강해**설교전집 1

랄프 G. 턴불 편집

원광연 옮김

◀ 마태복음
◀ 마가복음
◀ 누가복음

크리스찬
다이제스트

PROCLAIMING THE NEW TESTAMENT

Edited by Ralph G. Turnbull

편집자 서문

「신약성경의 선포」(*Proclaiming the New Testament*)라는 시리즈는 설교를 위한 주석과 착상을 전하는 데 초점을 두었다. 목회자는 아무리 바쁘더라도 양들에게 생명의 양식을 먹이려면 시간을 내서 묵상을 해야 한다. 지금까지 알려진 가장 좋은 성경 연구 방법의 하나는 성경에서 어느 한 책을 정해놓고 그 책을 중심으로 성경을 연구하는 방법이다. 이 방법은 성경 연구에 폭을 넓혀줄 뿐 아니라 깊이도 제공한다. 이 방법은 설교할 때 계시의 일부분이 아닌 하나님의 모든 경륜을 전할 수 있게 해준다.

이 책을 기획한 의도는 목회 일선에 있는 분들에게 성경을 좀더 명확하게 연구하시도록 자극을 주려는 것이다. 설교학의 첫째 원칙이 성경의 실제 본문을 읽고 연구하는 것일진대, 이 책의 방법을 통해서 여러 가지 착상과 제안을 얻을 수 있을 것이다. 이 책은 예화를 줄이고, 대신에 개인이 성경을 읽거나 여럿이서 성경을 공부하면서, 그리고 하나님의 감화에 마음을 열어놓은 상태에서 직접 고유한 예화를 찾도록 했다. 어떤 목회자도 자기가 경험한 수준을 넘어서는 사고와 신앙 경험을 회중에게 전해줄 수 없다. 어떤 사람들은 오직 성령께서만 직접 자극을 주셔야 한다고 생각하는데, 하나님은 그런 게으른 사람들을 높이시지 않는다. 하나님은 우리에게 사돈하라고 정신을 주셨고, 사랑하라고 마음을 주셨고, 기도하라고 영혼을 주셨고, 공부하라고 의지를 주셨다.

다음과 같은 결과들은 이런 접근법을 통해서 얻을 수 있다. 첫째, 목회자와 학생은 안목을 키워주는 착상들을 발견할 것이다. 찰스 스펄전이 청교도인 윌리엄 거널(William Gurnall, 1616-79)에 대해서 해놓은 말이 있

다: "나는 서고에 꽂힌 책들 중에서 그의 책만큼 안목을 훌륭하게 키워주는 책을 발견하지 못했다. 아무리 생각해도 이 책만큼 설교 소재를 많이 제공한 책이 없다. 내 안의 불꽃이 가물가물해질 때 나는 종종 이 책을 펼쳐 읽었다." 둘째, 성경 전서를 어떻게 연구하면 설교의 가치 기준을 터득할 수 있을지 이 시리즈를 통해서 얻게 될 것이다. 셋째, 하나님의 사람은 성경을 직접 연구하기 시작할 용기를 얻게 되고, 이 시리즈의 방법을 사용하여 이 시리즈에 실리지 않은 귀중한 설교학적 통찰들을 얻게 될 것이다.

설교자가 도움을 얻을 수 있는 주석에는 다양한 종류가 있다. 주석은 크게 네 가지로 분류할 수 있다.

Ⅰ. 비평학적 주석. 본문을 성경 비평학적 견지에서 다루며, 역사적 원칙들과 합리적인 접근법을 본문에 적용한다.

Ⅱ. 석의적 주석. 단어들과 관용어들을 원래의 배경과 원래의 용법에 비추어 규명하고, 그것에 의하여 본문의 정확한 의미를 끌어낸다.

Ⅲ. 강해적 주석. 본문 각 단락의 주제를 역사에 비추어 보고 현실에 대비하여 해석하고 적용한다.

Ⅳ. 경건적 주석. 묵상에 맞는 내적인 의미나 영적인 본질을 끄집어 낸다. 신자의 영적 생활에 자극을 준다.

이 시리즈는 성경공부 교재도 아니고 개관서도 아니다. 또한 위에 소개한 주석들 중 가위 어느 한 부류에 속하지도 않는다. 이 시리즈는 설교자들에게 본서를 읽고 연구하여 설교의 구성 단위들을 찾도록 도움을 주는 데 역점을 두었다. '말씀의 종'은 다음과 같은 이상을 늘 염두에 두고서 말씀을 연구해야 할 것이다:

역사적 배경 ,용어 해설 , 교리적 의미, 실천적 목표, 설교 개요

편집인 랄프 턴불(Ralph G. Turnbull)
워싱턴 시애틀 제일장로교회

마태복음

줄리안 맥피터스

머리말

다태복음은 왕의 복음이다. 마태복음은 유대인들에게 예수께서 그들의 메시야 곧 그들이 오랫동안 기다려 오던 그 왕이심을 깨우쳐 주기 위해 쓰였던 것 같다. 그래서 마태복음은 구약의 예언을 많이 인용한다.

븐 책은 마태복음을 레위라고도 하는 세리 마태가 썼다는 것을 전제로 한다. 유세비우스가 글을 인용하고 있는 파피아스(Papias)에 따르면, 마태는 히브리어나 아람어로 쓴 예수님에 관한 기록인 로기아(the Logia)라는 글을 썼다. 그래서 마태복음을 이 로기아의 헬라어 번역본으로 보는 사람들이 있다. 하지만 마태가 두 책을 다 썼다고 볼 수도 있다. 마태는 세리였기 때문에 기록을 보존하는 일에 익숙하였다. 예수께서 가르치실 때 기록하는 마태의 모습을 얼마든지 생각해 볼 수 있을 것이다. 따라서 마태가 예스님의 여러 가르침, 즉 산상수훈(5-7장), 비유(13장), 바리새인에 대한 탄핵(23장), 종말론 강화(24-25장)를 아주 자세하게 기록하고 있는 것도 당연한 일이다.

디 복음서의 저작 연대는 주의를 요한다. 예루살렘 멸망에 대한 묘사가 매으 자세한 것을 두고서 그 저작 연대를 A.D. 70년 이후로 보는 사람들도 있었다. 그러나 예수님의 신성을 인정한다면, 예루살렘 멸망 전에라도 얼다든지 예수께서 그 사실을 자세히 말씀하실 수 있었을 것이다. 따라서 마태복음의 예루살렘 멸망 기사는 그 사건에 대한 역사적 기록이라기보다는 그 사건에 대한 예언이 된다. 누가복음처럼 마태복음에서도 마가복음에서 볼 수 있는 자료를 많이 사용하고 있다. 그러므로 마태복음은 틀림없이 마가복음 후에 쓰였을 것이다. 그리고 누가복음과 비교해 볼 때는 누가복음이 저작되기 전에 쓰였을 수 있고 그 후에 쓰였을 수도 있다. 그러나 마태복음이 누가복음의 기사를 사용하여 기록한 흔적은 전혀 보이지 않는다. 이 사실을 두고서 우리는 마태복음이 누가복음보다 먼저 쓰였다고 볼 수 있고 그렇지 않다고 볼 수도 있다. 두 복음서의 저작 순서에 대해서는 확실히 알 수 없고 그 점이 중요하지도 않다. 마가복음은 아마도 일찍이 A.D. 50년에 쓰였을 것이다. 그렇다면 마태복음은 A.D. 55-60년 사이에 쓰였을 가능성이 높다.

이 책의 목적은 아주 단순하다. 이 책은 주석이 아니고 해설서도 아니다. 그렇다고 설교집도 아니다. 그보다는 설교 준비를 돕는 보조 자료로 이용하도록 쓴 것이다. 기도와 함께 이 책을 사용한다면 그리스도의 바쁜 종들이 연구에 바쳐야 할 귀중한 시간을 많이 절약할 수 있고, 목회에서도 무한한 발전을 꾀할 수 있을 것이다.

허셀 H. 홉스

차례

마태복음 제1장

예수 그리스도의 주되심

1:21 "아들을 낳으리니 이름을 예수라 하라. 이는 그가 자기 백성을 저희 죄에서 구원할 자이심이라 하니라."

I. 역사적 배경

이 부분은 마태복음의 그리스도 족보 소개에서 절정에 해당된다. 유대인들은 족보상의 혈통을 대단히 중시하였다. 그리고 족보를 부계의 혈통을 따라 더듬어 올라갔다. 마태는 유대인들에게 첫째로 예수의 메시야적 혈통을 증거하기 위해 글을 쓰고 있기 때문에 요셉의 다윗 가계를 거쳐서 메시아적 혈통을 추적해 간다. 하지만 요셉이나 마리아나 모두 다윗 가계에 속해 있기 때문에 예수님이 요셉과 마리아의 친자식이 아니라는 사실을 제외하고는 이 족보는 맞는 족보이다. 마태는 요셉이 예수님의 법적 아버지이지만 실제 육친의 아버지는 아니라는 점을 주의깊게 지적한다(1:16-25). 이방인들을 대상으로 글을 쓰고 있는 누가는 예수님의 실제 족보를 마리아의 가계를 통해 제시한다.

II. 용어 해설

"생기다"(bring forth)는 말(참조. 1:23)은 "낳는다"(to give birth)는 것을 뜻하는 헬라어 동사를 가리킨다. 이 헬라어의 명사형은 "어린아이"(child)이다. 따라서 문자적으로 하자면 이 구절은 "여자가 아이를, 곧 아들을 낳을 것이다"는 말이다. "낳다", "부르다", "구원하다"와 같은 동사는 모두 예언적 미래 시제로 쓰였다. "예수"는 히브리어 여수아 혹은 여호수아(참조. 영어로는 존, 스페인어로는 후안)에 해당하는 헬라어로, "여호와는 돕는 자이시다", "여호와의 도움" 혹은 "여호와는 구원이시다"는 뜻이다. "구원한다"는 말은 보호하다 혹은 해방시키다는 뜻이다. 이 단어가 물리적 위험(8:25), 질병(9:21-22), 혹은 죽음(24:22)과 관련해서 사용되는 때가 있다. 하지만 일반적으로 영적 구원을 언급하는데 쓰인다. "백성"이란 이스라엘을 가리킬 수도 있고 아니면 모든 민족을 가리킬 수도 있다(눅 2:10). 아마도 영적 이스라엘을 가리킬 것이다(롬 9:25-26, 30). 그리스도께서는 자기를 믿는 자를 모두 구원하실 것이기 때문이다. "죄"란 "표적을 빗맞히다"는 뜻을 지닌 헬라어를 가리킨다. 여기서 표적이란 하나님의 뜻과 의를 말한다. 21절 후반절은 문자적으로 "바로 예수께서, 오직 예수께서만 자기 백성을 저희 죄에서 구원하실 것이라"는 뜻이다. "에서"라는 말은 헬라어 전치사 아포(apo)를 번역한 단어로 '…에서 떨어져서'를 의미한다. 따라서 그 뜻은 예수께서 자기 백성을 저희 죄에서 떼어내어 구원하시리라는 것이 된다. 죄를 멀리 던져버려 보이지 않게 하시리라는 것이다(참조. 시 103:12; 사 38:17). 마태가 먼저 염두에 두고 쓴 것은 유대인 독자들이었지만 예수님의 구원 사역의 범위는 이 세상 전체이다(요 3:16).

III. 교리적 의의

마태복음에 담겨 있는 주요 교리는 예수 그리스도의 인격과 사역이다. 이 교리에는 동정녀 탄생, 죄의 본질, 십자가에 못박히심, 부활, 승천, 하나님의 아들로서의 지속적인 중보 사역도 들어 있다. 예수님의 출생에 대한 누가복음의 기사와 이사야 7:10-16, 9:1-7에 나오는 예언적 말씀에 대해 공부할 필요가 있다. 사도행전 4:10-12과 빌립보서 2:5-11도 살펴보아야 한다.

IV. 실천적 목표

하나님께서 멸망한 세상을 구속하시기 위해 역사 속에 들어오셨음을 가르치는 것이다. 이 구원은 무력에 의한 것이 아니고 정치적이거나 사회적인 것도 아니다. 영적인 구원이다. 사람은 제 힘으로는 스스로를 구원하지 못한다. 사람이 구원받기 위해서는 하나님께서 벌이시는 놀라운 활동이 필요하였다. 하지만 사람은 집단으로 구원받는 것이 아니라 한 개인으로 구원받는다. 하나님의 하시는 일은 무엇이며, 구원에 있어서 인간이 하는 역할은 어떤 것인가?

V. 설교 개요

제목: "예수 그리스도의 주되심"

도입부

요셉이 마리아와 정혼하였는데, 유대인 생활에서 정혼은 결혼한 것이나 다름이 없었다. 두 사람이 함께 결혼 생활을 시작하기 전에 마리아가 임신한 사실을 요셉이 알게 되었다. 요셉은 의로운 사람이라, 다시 말해서 율법에 따라 사는 사람이어서 마리아와 결혼 생활을 시작할 수 없다고 생각했다. 하지만 마리아를 사랑했기 때문에 임신한 사실을 공개적으로 알려 마리다를 난처하게 만들려고 하지 않았다. 그래서 요셉은 은밀히 마리아와 이혼하려고 했다. 이렇게 하는 것이 그로서는 율법을 지키는 것이었다. 요셉이 마음으로 이렇게 생각하고 있을 때 주의 천사가 꿈에 나타나 마리아의 임신 사실의 진정한 사유를 밝혀 주었다. 이 계시는 1장에서 하나님의 구속의 목적을 표현하는 본문에서 그 절정에 이른다. 본문에서 구주가 어떤 분인지 밝혀지고, 그 분이 하는 일이 자세히 소개되며 그 구원은 어떠한 구원인지 설명되는 것을 볼 수 있다.

A. 구주는 어떤 분이신가.

'이름을 예수라 하라." 이 말씀이 예언의 핵심이다. 하나님께서 일찍이 여자의 "후손"(창 3:15)과 아브라함의 "씨"(창 22:18; 갈 3:16)에 관한 약속을 하신 적이 있다. 하나님은 이사야를 통해서 처녀가 아이를 낳을 것이라고 약속하셨다(7:15; 9:6-7). 이스라엘의 희망, 실상 온 세계의 희망이 이 약속에 집중되었다.

그래서 하나님께서 영원한 구속의 목적을 이루시기 위해 역사 속에 들어오시리라는 복음이 요셉에게 전해진 것이다. 약속하신 아이를 "예수"라 할 것인데, 그 이름은 여호와는 구원이시라는 뜻이다.

예수께서는 성령으로 잉태되었으므로 하나님이시다. 또한 동정녀 마리아에게서 태어남으로 사람이시다. 따라서 예수는 신인(神人)이시다. 이렇게 함으로써만 하나님으로서 사람의 역할을 하실 수 있으셨던 것이다. 기름부음 받은 자를 뜻하는 그리스도가 그의 영원하신 이름이다. 여호와의 도움이란 뜻의 예수는 인간으로서 갖는 이름이시다. 예수님은 임마누엘, 곧 돕고 구원하기 위해 우리와 함께 계시는 하나님이시다.

예수는 히브리어 여호수아에 해당하는 헬라어이다. 예수께서는 "여호와께서 너희 가운데 기사를 행하시리라"(수 3:5)고 예언하는 여호수아처럼 선지자이시다. 그는 제사장으로서 포로된 자들을 그 묶인 데서 풀어 놓을 것이다(스 2:2). 또 통치자로서 주의 약속하신 구원을 가져오실 것이다(수 1:6). 예수께서는 실로 선지자이시며 제사장이시며 또한 왕이신 것이다!

B. 구주는 어떤 일을 하시는가.

"저가 구원하리라." 마태의 인용문(1:22-23)은 이사야 7-9장에서 따온 것이다. 아하스는 군사동맹이나 신접한 자, 마술사의 힘을 빌어 곤경을 벗어나려고 했다. 아하스는 여호와의 약속을 믿지 않았다. 1세기 전후로 유대인들은 자신들의 상처와 손실을 회복시켜줄 무력을 사용하는 거짓 "메시야"를 많이 믿었다. 카이사르와 그밖의 사람들에게 "구주"라는 칭호가 사용된 증거를 보여주는 기념비와 비명들이 많다. 이방인들까지도 그들 스스로 만들고 선택하는 구주를 찾았다. 그러나 하나님께서는 예수님만이 구원할 것이라고 말씀하신다. 예수께서는 구원을 위해 따로 세우심을 받았고 그리고 오직 예수님만이 구원하실 수 있는 분이시다.

2천년이 지난 지금도 사람들은 자기 수준에서 구원을 찾는다. 도처에서 맛보게 되는 좌절은 바로 그처럼 헛된 희망을 품는 데서 오는 직접적인 결과이다. 사람들은 온갖 실패를 겪고서 고독한 부르짖음을 외치는 가운데서라도 여전히 하나님의 작고 조용한 목소리를 들을 수 있다. "예수 ··· 저가 구원하리라"(참조. 행 4:10-12).

C. 그 구원은 어떤 것인가.

"저가 자기 백성을 저희 죄에서 구원하리라." 이 구원은 일종의 구출이다. 유대인들은 구원을 군사력에 의한 정치적 구출의 관점에서 생각했다. 이스라엘은 그런 메시야의 지도 아래 로마인들을 쫓아내고 예루살렘에서부터 온 세계를 통치하려고 했다(참조. 눅 24:21; 행 1:6). 그리고 그런 구원은 오직 유대인들만 받는 것으로 생각했다.

신약 성경을 볼 때, "자기 백성"이란 모든 사람을 가리킨다는 것이 분명하다. "하나님이 세상을 이처럼 사랑하사 누구든지 저를 믿는 자마다 ··· " (요 3:16; 참조. 10:16). 유대인들은 자기들만 하나님 백성이라고 생각했다. 그러나 바울은 이스라엘 나라의 시민이라고 해서 모두가 하나님의 백성인 것은 아니라고 조심스럽게 지적한다(롬 9:6-13; 11:1-4; 참조. 마 11:17-32). 이같이 새로운 관계는 유전적이거나 정치적인 것이 아니라 영적인 관계이다.

이 구원은 신약 성경 전체에서 말하는 바이며, 마태복음 1:21에서도 이야기하는 것이다.

마태복음 제2장

왕에 대한 접대

2:1 "헤롯왕 때에 예수께서 유대 베들레헴에서 나시매 동방으로부터 박사들
　　이 예루살렘에 이르러"
2:2 "말하되 유대인의 왕으로 나신 이가 어디 계시뇨? 우리가 동방에서 그의
　　별을 보고 그에게 경배하러 왔노라 하니"
2:3 "헤롯왕과 온 예루살렘이 듣고 소동한지라"

I. 역사적 배경

때는 B.C.6년이나 5년쯤이다. 마태는 예수님의 출생 연대를 B.C.4년에
죽은 헤롯 대왕의 통치 말년으로 잡는다. 로버트슨(A.T. Robertson)은 예
수님의 그 출생 연대를 입증하는 여덟 가지 이유를 제시한다(*A Harmony
of the Gospels*, Broadman, Nashville). 여덟 가지 이유로 헤롯의 죽음,
유아 살해, 별, 누가복음 2:14의 "땅에서는 평화"라는 말, 세례 요한의 사
역 시작, 예수님의 사역 시작, 성전의 건축, 누가복음 2:1이하에 나오는 로
마의 인구조사를 말한다.

장소는 요세푸스가 말하는 나사렛 근처에 있는 베들레헴(*Antiquities*
XIX. 15)이 아니라 예루살렘 가까이에 있는 유대 베들레헴이다. 베들레헴
은 다윗의 고향이었다. 다윗 가문인 요셉과 마리아는 과세 명부에 등록하
기 위해 그곳에 갔다.

여기에 나오는 동방박사들은 바빌론이나 페르시아, 파르티아, 아라비아
혹은 다른 어떤 곳, 어쩌면 팔레스타인 동쪽 어디쯤에서 왔는지도 모른다.
"세 명"이란 숫자는 전설에 따른 것인데 가져온 선물의 수에서 추론한 것

이다. 전설에 따르면, 박사들의 이름은 카스파르(Caspar), 발타사르(Balthasar), 멜키오르(Melchior)이며, 이들은 셈, 함, 야벳을 나타낸다고 한다. 이들은 점성술사들이었던 것같다.

II. 용어 해설

마태복음 2:1. "때에"라는 말이 헬라어 원문에는 없다. 형태는 독립 소유격 구문이다. 문자적으로 그 뜻은 "그런데, 예수의 출생에 관해서는"이다. "나시매"라는 말은 낳다는 동사의 수동태 분사형이다. "헤롯왕 때에"라는 말은 예수께서 태어난 악한 시대를 언급하는 막연한 시간을 나타낸다. 헤롯은 에돔 사람 안디바와 아랍 사람 어머니 사이에서 난 아들이므로 유대인디 아니었다. 로마 원로원이 헤롯을 왕으로 임명했다(참조. "홀이 유다를 …," 창 49:10). "박사들"은 "마기"(Magi)로서 점성술사들이었다. 헤로도토스는 미디안 족속들 가운데 살았던 마기족에 대해 언급한다. "동방"이라는 말은 해가 "뜨는 곳으로부터 온"이란 뜻을 지닌 단어를 번역한 것이다. 해가 뜨는 곳이란 팔레스타인 동쪽을 가리키는 것 같다.

마태복음 2:2. "왕으로 나셨다"는 말이 뚜렷한 대비를 보여준다. 헤롯은 왕으로 임명되었다. "보고"라는 말은 상상에 의한 환상이 아니라 눈으로 본다는 동사에서 나온 말이다. "별"은 어떤 사람들이 주장하듯 별들의 무리가 아니라 별 하나를 가리키는 단어이다. 또 그 별은 그냥 "한 별"이 아니라 "그의 별"이었다. 사실 박사들은 동쪽 하늘에 있는 별을 본 것이 아니라 동방에 있는 동안에 그 별을 보았다. "경배하다"는 말의 문자적인 뜻은 충성이나 존경의 표시로 무릎을 꿇거나 엎드린다는 것이다.

마태복음 2:3. "소동한지라"는 말은 물 같은 것을 휘젓다는 뜻을 표시하는 동사로서 '마음을 어수선하게 하다', 여기에서처럼 '무섭게 하다'는 의미이다.

III. 교리적 의의

2장은 예수 그리스도의 왕권을 증거한다. 본 장은 그리스도의 왕권에 대해 무생물체와 인격체가 보인 반응을 이야기한다. 마태복음은 예수께서 유대인과 온 세계의 왕이심을 강조한다.

IV. 실천적 목표

예수 그리스도의 왕권에 대해 보인 다양한 반응과 그로 말미암은 결과들을 설명하는 것이다. 사람은 어떤 지위에 있든지 다음 질문에 대답해야 한다. "그리스도라 하는 예수를 내가 어떻게 하랴?"(마 27:22).

V. 설교 개요

제목: "왕에 대한 접대"

도입부

예수께서는 태어나시는 바로 그 시각에도 사람과 자연에 대해 그 소유권을 천명하셨다. 하나님은 뜻하시는 바를 당신의 본성에 일치하게 행하신다는 점에서 주권적이다. 그러나 사람은 자유의지를 부여받은 존재이다. 따라서 인간은 자신의 선택에 대해 책임을 져야 한다. 하나님의 주권적 뜻을 받아들이는 것은 장엄한 산 위에 오르는 것이며, 그 뜻을 거절하는 것은 현세와 영원에 걸친 파멸의 나락으로 내려가는 것이다. 이러한 이중 진리가 마태복음 2장에서 분명하게 예증된다.

A. 무생물체의 반응.

"동방에서 그의 별을 보고." 그 동안 사람들이 이 현상을 설명하기 위해 여러 가지 주장을 폈다. 케플러는 그 현상은 A.U.C.(로마의 시간표) 747년에 발생한 목성과 토성의 합 때문에 생긴 것이었고, 749년에는 이 두 행성에 화성이 추가되었다고 설명한다. 프리차드 목사는 그리니치 천문대에 확인한 바로서, 위에서 말한 행성의 배열로서는 하나의 별로 나타났을 수가 없다고 주장한다. 두 행성이 아무리 가까와졌다고 할지라도 달 직경의 두 배 이상으로 가깝지는 않았다. 동방박사들의 눈이 좋지 않았다고 하는 주장은 상식에 벗어나는 이야기이다. 여기서 사용된 단어는 별 무리가 아니라 한 별을 의미한다. 보통 별이라면 "동방에서"처럼 베들레헴에서도 동방박사들로부터 아주 멀리 있었을 것이다. 이 별이 "가다가 아기 있는 곳 위에 머물러 섰다." 기적 같은 일이었다. 하나님께서 "그의 별이 생기라" 하시니 그대로 되었다. 무생물체가 하나님의 주권적인 뜻에 복종한 것이다.

이 점은 언제나 그랬다. 물, 바람, 초목, 바위, 신체적 질병이 하나님 말씀에 복종하였다. "하늘이 하나님의 영광을 선포하고 궁창이 그 손으로 하신 일을 나타내는도다"(시 19:1). 우주가 하나님의 말씀에 따라 생겨났다. 사시사철과 파종기와 추수기가 다 하나님의 뜻에 따른다. 자연계에서 그리스도는 왕이시며, 따라서 그리스도의 법은 절대적이다.

B. 과학의 반응.

"박사들이 … 이르러." 박사들은 점성술사들이었지만 그 당시의 진보된 지혜를 이야기한다. 이들은 메시야에 대한 소망을 붙들고 있는 유대 개종자이었을 수 있다. 로마 시인 베르길리우스조차 그런 환상을 목격한 적이 있었다.

어디서 그런 지식을 얻었든지 간에 박사들은 믿음으로 그 이상을 좇아와 경배하고 아기 그리스도의 발 앞에 보물을 내놓았다. 이들은 하나님의 목적을 헛되게 만들려고 하는 폭군을 위해 자신들의 지식을 사용하지 않고 하나님의 지시를 따랐다. 그래서 이들은 모든 지혜의 원천을 알고서 그것을 사람들의 파괴에 쓰지 않고 사람들의 구원을 위해 바치는 과학과 지식의 상징이 되었다.

그러나 불행하게도 세상일이 언제나 이렇게 되는 것은 아니다. 헬라 철학은 정신력에서 전례없이 위대한 업적을 이루었다. 현대 과학적 연구와 성취의 초석 역할을 한 것이 헬라 철학이었다. 그러나 헬라 철학은 "하나님의 지혜"에 대항한다(참조. 고전 1:20-28). 하나님을 인정하지 않으므로 하나님께서 그 철학을 타락한 마음, 곧 판단력을 상실함에 넘겨 주셨다(롬 1:28). 현대인이 쓰는 바로 그 지혜로 말미암아 오히려 사람을 타락시키거나 사람을 완전히 파멸시킬 우려가 있는 결과들이 발생하였다. 오늘날 현대인들에게 무엇보다도 절실한 것은 현대인의 지성과 그 소산물의 영역에서 그리스도로 말미암아 하나님을 예배하고 하나님께 전적으로 헌신하는 것이다.

C. 정부의 반응.

"헤롯왕과 온 예루살렘이 듣고 소동한지라." 헤롯은 유대인이 아니었기 때문에 유대 왕이 될 권한이 없었다. 헤롯은 시기심에다 이런 사실까지 의식하고 있어서 자신의 위치를 위협하는 것처럼 보이는 것은 무엇이든지 제거하였다. 자신의 총애하는 두 아들인 아리스토불루스와 알렉산더, 아내이자 두 아들의 어머니인 마리암네, 또 한 아들인 안티파테르, 동생과 마리암네의 어머니, 자신의 충실한 조언자인 삼촌 할 것 없이 모조리 죽였다. 그래서 아우구스투스 카이사르가 헤롯의 아들이 되기보다는 헤롯의 돼지가 되는 것이 낫다고 할 정도였다. 돼지가 아들보다 오히려 살 가능성이 더 많았기 때문이다.

그래서 이처럼 의심많고 질투심이 강한 왕은 "유대인의 왕으로 나신 이"에 대한 이야기를 듣자 소동하고 놀랐다. 헤롯은 임명된 유대인의 왕에 지나지 않았기 때문이다. 헤롯은 당연히 예수께 돌아가야 할 자리를 차지하고 있었던 것이다. 통치권이 하나님의 자리를 빼앗을 때마다 통치권은 권력을 빼앗길까봐 항시 두려워하게 마련이다. "헤롯과 온 예루살렘이." 권력의 자리에 있는 자들이 하나님을 무시할 때는 그들의 통치를 받는 사람들이 두려워 떨게 되는 것은 당연한 일이다. 그러나 예수님은 정치적인 의미에서 왕이 되려는 열망이 없었다. 헤롯이 박사들과 함께 예수께 경배하고 그 발 앞에 왕관을 벗어놓았다면 예수께 칭찬을 받고 더 공고한 위치에서 왕관을 돌려 받았을 것이다. 하나님께서 당신의 목적을 위해서 통치권을 정하시기 때문이다. 그런데 헤롯은 사람과 하나님의 구속 사역 사이에 끼어들려고 했다. 어떤 통치권도 그럴 권한이 없다. 영혼의 자유는 사람의 권리이지 통치자가 주거나 보류할 수 있는 것이 아니다.

헤롯의 태도는 다음 두 가지로 생각해볼 수 있다. 첫째로 헤롯은 예수님을 경배하고 싶어하는 체했다(2:7-8). 둘째로, 헤롯은 예수님을 없애는데만 관심이 있었다(2:16). 헤롯이 약 20명 가량 되었을 유아들을 살해한 사건은 그의 다른 살인 행위에 비할 때 아주 하찮은 것이어서 성경 이외의 역사에서는 다루지도 않는다. 그러나 하나님의 말씀은 그 사건을 기록하고 있다. 세속 역사에서는 하나님께 바치는 위선적이고 말뿐인 신앙을 무시하고 신앙 없는 통치자들의 파괴적인 행위를 가급적 덮어두지만 하나님께서는 그런 사실들을 현세와 영원에서 결코 지워지지 않게 기록한다. 헤롯은 그 후 2년도 채 못되어 끔찍하고 혐오스럽게 죽었다. 헤롯가의 왕들은 모두 죽었지만 예수 그리스도께서는 그들을 이기시고 당당하게 살아계신다.

D. 영혼의 반응.

"우리가 그에게 경배하러 왔노라 … 내게 고하여 나도 가서 그에게 경배하게 하라"(2:2, 8). 외적인 태도는 박사들과 똑같다. 그러나 내심의 목적은 다르다. 그 차이는 그들이 마음 속으로 품고 있는 서로 다른 뜻에 있다. 한 쪽은 겸손하고 진지하며 호의적인 뜻을 품고 있었고, 다른 한 쪽은 위선적이고 냉소적이고 파괴적인 뜻을 가지고 있었다. "아버지께 참으로 예배하는 자들은 신령과 진정으로 예배할 때가 오나니 곧 이때라 아버지께서는 이렇게 자기에게 예배하는 자들을 찾으시느니라"(요 4:23).

참으로 예배하는 자들은 마음으로 진정으로 예배해야 한다. 여기서 구유에 있는 아기 대(對) 사람들의 지혜와 정치 권력의 뚜렷한 대비를 유의하라. 그 아기에게는 하나님의 지혜와 하나님의 능력이 있었다(고전 1:24). 아기로 있을 때 예수께는 박사들이나 헤롯을 복종시킬 능력이 없었다. 성인이 되었을 때 예수께서는 폭력으로 복종을 강요하시지 않았다. 그리스도께 대한 복종은 자발적이고 마음 속으로부터 우러나야 한다. 그렇게 복종할 때는 사람들에게 기쁨이 있다(2:10). 그렇게 하지 않을 때는 사람들 마음이 소란하고 사람들과 함께 온 세상이 소동하게 된다(2:3).

오늘날 사람들은 그리스도께 가서 자신의 고통과 실패를 치료하려고 하지 않는다. 그러나 그리스도께서 "만주의 주시요 만왕의 왕이 되실" 날이 이를 것이다(계 17:14; 19:16).

마태복음 제3장

장차 오는 일의 그림자

3:16 "예수께서 세례를 받으시고 곧 물에서 올라 오실쌔 하늘이 열리고 하나
님의 성령이 비둘기 같이 내려 자기 위에 임하심을 보시더니."
3:17 "하늘로서 소리가 있어 말씀하시되 이는 내 사랑하는 아들이요 내 기뻐
하는 자라 하시니라."

I. 역사적 배경

때는 A.D.26년쯤 될 것이다. 장소는 베다니 근처 요단강이다. 예수께서
태어나신 후로 30년의 세월이 흘렀다(눅 3:23). 이 사건으로 18년 동안 예
수께 대해 지켜오던 침묵이 깨트려졌다(눅 2:42). 6개월 전에 세례 요한이
메시야의 선구자로서 사역을 시작했다. 많은 사람들이 와서 요한의 설교를
듣고 그에게 회개의 세례를 받았다. 요한의 설교가 갈릴리에까지 전파되었
다. 그래서 예수께서도 세례를 받기 위해 모습을 나타내셨다. 왕께서 모습
을 드러내야 할 때가 이른 것이다. 천국이 가까이 왔기 때문이다.

II. 용어 해설

마태복음 3:16. "세례를 받으시고"라는 말은 "세례를 받고 있는 중에"라
는 분사를 번역한 것이다. "세례를 베풀다"는 말은 담그다, 가라앉히다, 물
에 잠기다는 뜻을 지닌 헬라어를 번역한 것이다. 은유적으로 이 단어는 재
난 같은 것으로 인해 당황하게 된다는 것을 의미한다. 요한의 세례
(baptisma, 세례 행위가 아니라 그 행위의 의미를 가리킨다)는 상징적으
로 회개, 즉 메시야의 왕국에 기꺼이 참여할 뜻을 가리킨다.

마태복음 3:16. "하나님의 성령." 삼위일체 하나님 가운데 삼위이신 성령님이시다. 이것은 성령께서 세상에 들어오시는 것을 말함이 아니다. 성령께서는 구약에서도 활동하셨고 예수님의 탄생 때도 활동하셨다. 지금 이것은 왕의 기름부음이다.

마태복음 3:16. "비둘기." 비둘기는 온유함과 친절함을 상징한다. 마태는 "비둘기 같은"이라고 말하고 누가는 "형체로 비둘기 같이"라고 말한다.

마태복음 3:16. "소리." 이 소리를 발하신 분은 삼위일체 하나님 가운데 일위이신 성부 하나님이시다. 이 자리에 삼위께서, 곧 성자 하나님, 성령 하나님, 성부 하나님이 임재해 계셨다는 사실에 유의하라.

마태복음 3:17. 말 그대로 하면 "이는 내 아들이요 내 사랑하는 자라"는 이야기이다. "기뻐하는"이란 말은 시간과 영원에 걸친 중요 행위를 가리키는 부정과거 시제로 쓰였다. 이 말씀은 이 시점에 이르기까지 예수님의 생애에 대한 하나님의 승인을 의미한다. 마태복음 17:5과 베드로후서 1:17도 주목하라.

III. 교리적 의의

예수께서는 요한에게 받으신 세례로써 사람의 구속을 위해 치르신 자신의 죽음과 부활을 상징하셨다. 이 세례받으심에는 삼위 하나님께서 관여하신다. 예수께서는 제2위로서 요한의 사역을 법적으로 인증하셨다. 그리고 자신이 사람이심을 나타내셨고, 이사야가 말하는 고난받는 종임을 밝히셨다(참조. 사 40:3-5; 42:6-21; 53장).

IV. 실천적 목표

삼위일체 하나님께서 타락한 사람을 구원하시는데 쓰신 여호와의 고난받는 종으로 그리스도를 계시하는 것이다. 그리스도께서는 왕이셨지만 죄 있는 사람과 동등하게 되셨고 영원하신 성령 안에서 죽기까지 복종하셨다. 그리스도께서 부활하셨으므로 하나님께서 그리스도를 그 기뻐하시는 능력으로써 하나님의 아들이심을 선포하셨다. 이것이 그리스도께서 세우신 하나님 나라의 핵심이다.

V. 설교 개요

제목: "장차 오는 일의 그림자."

도입부

히브리서 저자는 레위기의 의식을 "장차 오는 일의 그림자"(히 10:1)라고 한다. 예수님의 세례에 대해 바로 그와 같이 말할 수 있다. 예수께서 받으신 세례는 하나님께서 아들의 성육신으로 이루시는 구속의 목적에서 정점에 이를 사건들의 그림자였다. 이 목적을 이루는데 삼위 하나님 전부가 관여하셨다는 사실을 예수님의 공생애 시작을 장식한 이 사건에서 볼 수 있다. "하나님께서 그리스도 안에 계시사 세상을 자기와 화목하게 하셨다"(고후 5:19)는 진리를 상징적으로 보여준 것이다. 첫째는 성자의 세례받으심에서, 둘째는 성령의 기름부으심에서, 세번째는 성부의 승인에서 이 사실을 볼 수 있다.

A. 성자의 세례 받으심

"예수께서 세례를 받으시고 … " 왜 예수께서 세례를 받으셨는가? 회개하셨기 때문이 아니다. 예수께는 회개할 죄가 없었다. 예수께서는 죄가 없으시다는 것이 복음의 핵심 내용이다. 그렇다면 본을 보이기 위해서 세례를 받으셨는가? 그럴 수도 있을 것이다. 요한의 사역을 법적으로 인증하기 위해서였는가? 어떤 의미에서는 그랬다. 예수님 당신의 사역의 출정식으로서 세례를 받으셨는가? 어쩌면 그랬는지도 모른다. 그러나 이런 생각들은 세례받으신 후의 사건에 비추어 볼 때 부차적인 것들에 지나지 않는다.

이 세례가 예수님께는 어떤 의미가 있었는가? "세례를 받으려 하신대"(3:13)라는 말은 목적을 나타내는 부정사이다. "요한에게"(3:13)라는 말이 예수님의 사역을 하나님 나라 선구자인 요한의 사역과 연결시킨다. 이 하나님 나라는 십자가에 못박히심과 부활에서 가장 위대하게 드러난 하나님의 구속 사역에 뿌리를 둔 나라이다(참조. 사 40:3-5; 사 42:21; 사 53장).

세례 받으신 후로 예수께서는 자신의 세례받으심에 대해 두 번밖에 말씀하시지 않았다(마 20:22; 눅 12:50). 그런데 두 번 다 자신의 죽음과 관련해서 말씀하셨다. 예수께서는 세례를 받고 있는 다른 사람들과 한 무리가 되려고 하셨기 때문에 세례를 받으시는 일이 정당하였다. 죄가 없으셨지만 후에 십자가에 못박히셨던 것처럼 스스로를 죄인으로 낮추셨다. 예수께서 받으신 세례는 예수님의 죽음과 부활에 대한 예언이었다. 우리의 받는 세례는 죽음과 부활을 상징한다. 죄인인 우리는 그리스도의 죽으심과 부활을 통해서 은혜로 구원을 받았다. 그리고 그리스도의 죽으심과 부활로 말미암아 우리는, 죄를 알지도 못하시지만 우리를 위해서 죄가 되고 우리는 자기로 말미암아 하나님의 의가 되도록 하신 그분과 연합이 된다(롬 6:3-4; 고후 5:21).

B. 성령으로 기름부음을 받으심

"하나님의 성령이 … 자기 위에 임하심을." 케린투스파 영지주의자들 (Cerinthian Gnostics)은 하나님은 태어나지도 죽지도 않으셨다고 주장하면서 예수께서 세례 받으실 때에 신성이 임하셨다가 십자가에서 떠나셨다고(마 27:46) 했다. 그러나 신약 전체의 가르침은 그와 다르다.

이 성령의 기름부으심이 의미하는 바는 무엇인가? 그것은 왕에 대한 기름부음이다. 비둘기는 너그러움, 순결함, 온유함을 상징한다(마 10:16). 레위법에서는 속죄 제물로 어린양 한 마리와 함께 비둘기 한 마리를 드리거나, 가난한 사람들은 비둘기 두 마리만 드리도록 규정하였다(레 12:16; 14:22; 참조. 눅 2:24). 마태가 자신의 복음서를 읽을 히브리 독자들에게 전하고 싶은 우선적인 생각이 바로 이 점이었을 것이다.

예수께서 성령을 만나신 것이 이때가 처음이 아니다. 예수께서는 성령으로 잉태되시고 사람으로 나셨다. 그리고 항시 성령님과 함께 계실 것이다. 따라서 이 기름부음은 예수께서 기사와 교훈의 사역을 행하실 수 있도록 능력을 부여하기 위한 것이 아니었다. 예수께서는 히브리 대중이 생각하는 그런 왕이 되실 것이 아니다. 세례시의 성령의 기름부으심은 제사를 위한 것이었다. 너그럽고 순결하며 온유하신 분으로서 예수께서 속죄 제물이 되실 것이었다. 그것은 사람들이 속죄 제물로 드리는 어린양 한 마리와 비둘기 한 마리나 가난한 자가 드리는 비둘기 두 마리에 해당되는 것이다. 따라서 예수님은 예수님을 영접할 모든 사람의 형편을 다 수용하는 속죄 제물이 되게 되어 있던 것이다. 예수님은 "영원하신 성령으로 말미암아"(히 9:14) 드려질 것이다. 예수께서는 비둘기로 상징되듯이 제물로서는 연약하시나, 성령으로 기름부음을 받으셨듯이 구원하시는 일에는 능력이 많으시다.

C. 성부 하나님의 승인

"이는 내 사랑하는 아들이요 내 기뻐하는 자라." 이 말씀을 거슬러 올라가 보면 시편 2편에 나온다. 시편 2편에서 성부 하나님께서 하나님의 독생하신 아들에게 이야기하시는데, 그 아들에게 성부께서 열방을 유업으로 주실 것이다. 성부께서 자기 "왕을 내 거룩한 산 시온에" 세우실 것이라고 말씀하신다. 이방이 격노하고 열왕이 음모를 꾸미지만 아들이 승리할 것이라고 약속받는다. 아들의 승리는 무력에 의한 것이 아니라 영적인 승리가 될 것이다. 유대인들은 무력에 의한 승리를 찾았다. 그러나 하나님께서는 영적인 승리를 주신다. 예수께서는 십자가를 거쳐 왕위로 나아가실 것이다. 여기서 다시 한 번 속죄의 사상이 드러난다.

히브리서 10:5-9과 마태복음 17:5, 누가복음 9:31, 로마서 1:4-5을 보라. 하나님께 인정받은 이가 일어서 왕위에 오를 것이다. 따라서 예수님은 우리의 제사요 소망이요 왕이시다.

마태복음 제4장

승리를 거두신 왕

4:1. "그때에 예수께서 성령에게 이끌리어 마귀에게 시험을 받으러 광야로
　　가사."
4:3. "만일 하나님의 아들이어든 명하여 이 돌들이 떡덩이가 되게 하라."
4:6. "만일 하나님의 아들이어든 뛰어내리라 … "
4:9. "만일 내게 엎드려 경배하면 이 모든 것을 네게 주리라."

I. 역사적 배경

　세례 받으신 직후(곧, 막 1:12) 성령께서 예수님을 유대 광야로 인도하
셨다(몰아내신지라, 막 1:12). 때는 A.D.26년이다. 전통적으로 인정해 온
그 시험의 산은 여리고 바로 서북쪽에 있는 험한 민둥산이다. 십자군 시절
이래 그 산을 카란타니아(Quarantania) 산이라고 불러왔다. 40일간 금식
하신 후 예수께서 마귀에게 시험을 받으셨다. 이 때의 금식은 단순히 의식
에 다른 것이 아니었다. 하나님의 뜻에 사로잡혀 하신 금식이었다. 금식 기
간에 예수께서는 배고픔을 전혀 느끼지 못하셨다. "후에 주리신지라"는 말
씀에서 그 사실을 엿볼 수 있다. 시험받으신 내용의 순서는 마태복음과 누
가복음에 각기 다르게 나와 있다. 두번째와 세번째 시험의 순서가 바뀌어
나오고 있다. 누가는 지리학적인 순서를 따르고 있고, 마태는 자연기후상
의 순서를 따르고 있다. 공생애를 시작하면서 그리스도께서는 자신의 통치
권에 도전하는 적을 대면하시는 것이다.

II. 용어 해설

마태복음 4장: "이끌리어"라는 말은 낮은 곳에서 높은 곳으로, 골짜기에서 산으로 인도받는다는 뜻이다. "성령에게" 혹은 성령의 대리자에게 이끌리신 것이다. 그 결정은 하나님께서 하셨지 사탄이 한 것이 아니다. "시험을 받으러"라는 말은 좋은 의미나 나쁜 의미나 상관없이 시험하다, 증명하다는 뜻을 지닌 목적의 용법으로 쓰인 부정사이다. 하나님께서는 선을 증명하려고 하셨고, 사탄은 악을 증명하려고 하였다. "성령"이라는 말과 "마귀에게"라는 말을 유의하라. "마귀"란 중상하는 자란 뜻이다. 마귀는 사람에게 하나님을 중상하고(창 3:4) 하나님께 사람을 중상한다(욥 1:9-11).

마태복음 4:3. "네가 만일 하나님의 아들이어든 ⋯ " 예수님의 위치를 참인 것으로 가정해 보는 것이다. "명하다"는 "말하다"의 명령형이다. 예수께서 명하도록 마귀가 명령했다는 말이다.

마태복음 4:6. "네가 만일 ⋯ 이어든." 여기서도 예수님의 위치를 참인 것으로 가정해 본다.

마태복음 4:9. "이 모든 것"이란 "천하 만국"을 가리키며, 이는 단지 팔레스타인만이 아니라 온 세계를 통치하는 것을 의미한다. '내게 엎드려 경배하면' 혹은 '사탄 앞에 엎드리면.' 엎드리는 것은 동양 예배의 일반적인 형식이다.

III. 교리적 의의

예수님의 시험에는 무엇보다도 예수님의 인성과 신성이 관련된다. 또한 사탄과 악의 교리도 내포되어 있다. 시험에서 하나님 말씀의 위치와 능력이 나타난다. 메시야의 사명과 방법이 어떠한 것이지 분명히 드러난다. 이 모든 사건은 하나님의 뜻과 십자가의 길을 배경으로 펼쳐진다. 여기서 그리스도와 하나님 나라의 성격에 뚜렷이 초점이 맞춰진다.

IV. 실천적 목표

예수 그리스도께서는 "모든 일에 우리와 한결같이 시험을 받은 자로되 죄는 없으신"(히 4:15) 왕이며 대제사장이시라는 사실을 가르치는 것이다.

따라서 예수께서는 우리가 시험받을 때 우리를 도우실 수 있으시다. 이 점에서 그리스도께서는 진정으로 우리와 하나가 되신다. 그리스도는 승리하는 경건한 삶을 살 수 있는 길을 보여주시는 우리 믿음의 선구자이시다.

V. 설교 개요

제목: **"승리를 거두신 왕."**

도입부

예수께서 공생애 초기에 받으신 이 시험은 그 후로 받은 많은 시험 가운데 처음이었다. 예수께서는 사람이신 까닭에 이런 시험들을 받을 수가 있었다. 만약 아예 시험을 받으실 수 없다면 진짜 사람이 아니었다. 예수께서 "시험을 받되 죄는 없으시다"는 것은 영광스런 진리이다. 시험을 받되 이기심으로써 예수께서는 하나님의 율법의 요구가 정당함을 입증하셨다. "예수 믿는 자를 의롭다 하려"(롬 3:26) 하기 위해 자신의 "의로움" 혹은 정당함을 입증하신 것이다. 예수께서는 "모든 일에 우리와 한결같이 시험을 받으셨다"(히 4:15). 누가복음에서는 예수께서 "모든 시험"(4:3)을 견뎠다고 말한다. 사탄은 물질적인 영역과 심미적인 면, 야망의 측면에서 하와를 시험했다(창 3:6). 예수께 대해서는 물질적 필요와 영적 신뢰, 하나님의 사명이라는 영역에서 시험했다. 죄는 정당한 욕망을 불법적으로 표현하는 것이다.

A. 물질적 필요의 영역.

"네가 만일 하나님의 아들이어든 명하여 이 돌들이 떡덩이가 되게 하라."

사탄은 예수께서 세례받으실 때에 성부 하나님께서 하신 말씀의 진리를 가정해 본다. 하나님의 아들이시기 때문에 예수께서는 분명 신적 능력을 지니고 계신다. 하지만 아직까지 그 능력을 써오시지 않은 것이다. 사탄은 예수님보고 이기적인 목적을 위해 그 능력을 써보라고, 즉 예수께서 그 동안 한 번도 해본 적이 없는 일을 하라고 하는 것이다. 사탄의 이 시험에는 하나님은 자비롭지 못하시다는 은근한 암시가 들어 있다(참조. 창 3:1). 게다가 사탄은 예수께서 하나님께로부터 받은 사명이 처음부터 실패할 것이라는 뜻을 비춘다. 예수께서 굶어 죽을 것이라고 가정해 보자. 그러면 어떻게 되는가? 더 나아가 사탄은 예수께 자신의 인성이나 스스로 사람의 연약함을 짊어지심을 버리고 신성을 주장하라고 한다. 여기에는 하나님은 믿을 수 없는 분이라는 생각이 들어 있다. "네 손으로 처리하라"는 말이다.

이러한 시험은 모든 사람이 다 받는 것이다. 사람에게는 빵이 있어야 한다. 사람은 이런 식으로 해서 빵을 얻지 못하면 다른 방법을 취해서라도 빵을 얻는다. 그러나 예수께서는 이렇게 말씀하신다. "목숨을 위하여 무엇을 먹을까 염려하지 말라 목숨이 음식보다 중하지 아니하냐"(참조. 마 6:25ff.).

사실 이것은 사탄에게 하시는 예수님의 답변이다(마 4:4). 예수께서 성령의 검인 성경을 사용하시는 모습을 보라. 예수께서는 이 말씀을 신명기 8:3에서 인용하셨다. 사람에게는 신체적인 몸만 있는 것이 아니다. 사람은 하나님의 모든 말씀을 먹고 사는 영혼인 것이다. 처음부터 그리스도께서는 자신의 뜻을 버리고 하나님의 뜻을 세운다. 권세 있는 자리를 바라는 자들도 그와 같이 해야 한다.

B. 영적 신뢰의 영역.

"뛰어 내려." 다시 한 번 사탄은 예수님의 신성을 가정해 본다. 사탄은 또 높은 곳에 섰을 때 현기증을 느끼는 인간의 연약함을 들먹이면서 예수님의 인성을 가정한다. 그러나 그 근본적인 저의는 하나님의 약속을 의심하도록 시험하는 것이다. 의심하는 것이 바로 하나님을 그처럼 시험하는 것이다. 사탄은 이렇게 말하고 있는 것이다. "믿지 말고 한 번 해 봐. 하나님 약속에 너를 맡기지 말고 성전 꼭대기에서 뛰어내려 봐. 위험한 일을 저지르고 나서 하나님께 도움을 구해 봐."

예수께서 성경을 들어 답변하시자 사탄도 그처럼 하는 것(참조. 시 91:11-12)에 유의하라. 사탄은 자신의 사악한 목적을 위해서 성경을 인용할 줄도 안다. 그러나 인용하는 성경 가운데 아주 중요한 부분을 빼먹음으로써 잘못 인용하고 있음도 유의해서 보라. 사탄은 시편을 문맥에 어긋나게 인용하면서 믿음보다는 의심을 부추기려고 한다.

이 시험이 지니고 있는 총괄적인 요소는 바라는 바를 얻기 위해 하나님께 대한 단순한 믿음을 발휘하기보다는 외형적으로 화려한 것을 사용하도록 하는 것이다. 예수께서 그처럼 행동하신다면 당장에 메시야로서 대대적인 환호를 받으실 것이다. 하나님의 약속대로 하자면 그렇게 하는 것이 전혀 위험이 없을 것 같았다. 그럴 것처럼 보인다. 사실 그렇게 하자면 예수님 편에서는 위선적인 행위를 하게 되는 것일 것이다. 그러한 대대적인 환호라는 것도 사실은 표면적인 것에 불과할 것이다. 하나님 나라는 그런 것 위에 세울 수 없을 것이다. 하나님의 뜻은 예수님을 영접한 자들이 진실된 믿음으로 행하는 방식으로 성취되어야 한다. 하나님 나라는 진리, 곧 고난의 불에 단련되고 부활의 바다에서 다듬어진 진리 위에 서야 한다. 그래서 예수께서는 사람의 표준으로 보자면 실패지만 하나님의 뜻과 목적에서는 성공한 대의명분을 받아들이기로 결정하신 것이다. 사람은 개인적인 목적이나 하나님의 목적을 이루기 위해 위험한 방법을 써서는 안 된다.

그래서 예수께서 두번째로 성경에서 인용하여 답변을 하셨다(마 4:7; 참조. 신 6:16). 여기서 "시험하다"는 말은 마태복음 4:1에 쓰인 단어와 똑같은 것으로서 앞에 전치사가 붙어 있다. 이 전치사로 인해 그 말이 강조되어 그 시험에 악의가 들어 있음이 명백히 드러난다. 예수께서는 하나님께서 약속을 지키시는지 않는지 보기 위해 하나님을 시험하려고 하지 않으신다. 하나님의 뜻은 반드시 이루어진다는 것을 알고서 하나님을 신뢰하신다.

C. 신적 사명의 영역.

" … 하면 이 모든 것을 네게 주리라." 사탄의 시험이 점점 더 강해지는 것에 유의하라. 처음에는 자신의 목숨을 보존하라고 하더니 그 다음에는 대중의 환호를 구하라고 하고, 이제는 세상을 지배하라고 시험한다. "높은 산"에서 예수께서는 서로 인접해 있는 나라들을 보았다. 예수께서는 "순식간에"(눅 4:5)에 환상으로 "천하만국" 혹은 질서정연한 세상과 그 영광을 보셨다. 이 천하만국은 하나님께서 예수님의 영역으로 정해주신 것이었다. 사탄은 천하만국이 예수님의 것이 되리라고 넌지시 말한다. 그러나 사탄이 여기서는 성경을 인용치 않는다는 점에 주의해야 한다. 아버지 하나님의 뜻은 상관없이 예수님의 뜻만을 묻고 있는 것이다. 그 배경에는 성자에 대한 성부의 약속이 있다(참조. 시 2:8-12). 문제가 되는 것은 그 사실이 아니라 그 약속을 성취하는데 이용하는 방법이다.

"내가 네게 … 주리라"고 한 사탄의 주장은 거짓이었다. 그 모든 것이 사탄이 줄 수 있는 것이었는가? "내게 엎드려 경배하면"이라고 한 사탄의 시험에는 거짓된 방법도 들어 있다. 정복자가 되려고 하는 사람들은 언제나 사탄의 올무에 빠져 결국에는 실패하고 말았다. 사탄은 약속을 할지라도 주지 않는다. 아니 줄 수가 없다(참조. 요 8:44-45). 하나님께서는 약속하시고 또한 약속을 이행하신다(참조. 마 5:5).

이 시험에 나오는 두 가지 방법에 유의하라(참조. 요 6:15; 마 27:40-43; 마 16:25; 눅 9:5). 예수께서 마지막으로 사탄에게 하신 답변을 눈여겨 볼 필요가 있다. "마귀는 떠나고." 참조. 신명기 6:13.

마태복음 제5장

그리스도인의 성품

5:3. "심령이 가난한 자는 복이 있나니 천국이 저희 것임이요."

5:4. "애통하는 자는 복이 있나니 저희가 위로를 받을 것임이요."

5:5. "온유한 자는 복이 있나니 저희가 땅을 기업으로 받을 것임이요."

5:6. "의에 주리고 목마른 자는 복이 있나니 저희가 배부를 것임이요."

5:7. "긍휼히 여기는 자는 복이 있나니 저희가 긍휼히 여김을 받을 것임이요."

5:8. "마음이 청결한 자는 복이 있나니 저희가 하나님을 볼 것임이요."

5:9. "화평케 하는 자는 복이 있나니 저희가 하나님의 아들이라 일컬음을 받을 것임이요."

5:10. "의를 위하여 핍박을 받은 자는 복이 있나니 천국이 저희 것임이라."

5:11. "나를 인하여 너희를 욕하고 거짓으로 너희를 거스려 모든 악한 말을 할 때에는 너희에게 복이 있나니"

5:12. "기뻐하고 즐거워하라 하늘에서 너희 상이 큼이라 너희 전에 있던 선지자들을 이같이 핍박하였느니라."

I. 역사적 배경

이 산상설교는 예수님 공생애 중기 혹은 A.D.28년쯤에 행해졌을 것이다. 설교를 하신 장소는 확실치 않지만, 갈릴리에 있는 어느 산(마 5:1)에 있는 평지(눅 6:17)에서 하신 것은 분명하다. 가버나움과 나사렛 사이에 있는 하틴산(Horns of Hattin)이었을 수도 있다. 학자들 가운데는 이것은 한 편의 설교가 아니라 예수께서 여러 때 하신 말씀을 한데 묶은 것이라고 주장하는 사람들도 있다. 누가복음의 산상설교와 마태복음의 산상설교를 서로 다른 때 행한 별개의 설교로 보는 학자들도 있다. 그러나 두 복음서의 산상설교는 같은 설교를 다른 방식으로 기술한 것으로 보인다. 밤새워 기도하신 후 예수께서 열 두 제자를 택하셨다(막 3:13-19; 눅 6:12-16). 이 설교는 "무리"도 함께 들었지만 본래는 이 열두 제자에게 하신 것이다. 이 산상설교에서 예수께서는 하나님 나라 시민의 생활 성격과 조건을 선포하신다. 그래서 산상설교를 하나님 나라의 헌장이라고들 불러왔다. 오스왈드 다이크스(Oswald Dykes) 박사는 산상설교를 "그리스도의 선언서"라고 불렀다.

II. 용어 해설

마태복음 5:3. "복이 있나니"란 말은 "행복하다"는 뜻으로, 이는 생활 속에서 실현되는 성품이 없이는 받을 수 없는 선물이다. 그런 성품을 지니고 사는 결과로 얻는 행복 혹은 지복을 말한다. "가난하다"는 말은 심한 궁핍을 뜻한다(참조. 눅 16:20,22). "심령이 가난하다"는 말은 세리가 느끼는 것처럼 영적 빈곤을 인식하는 것을 의미한다(눅 18:13).

마태복음 5:4. "애통하다." 이는 자신의 죄에 대해서만이 아니라 다른 사람의 죄에 대해서도 슬퍼하고 애통해 하는 것을 뜻한다. "심령이 가난한 자"는 "애통할" 것이다. "위로하다"는 동사에서 "위로자"(요 14:16, 한글개역은 '보혜사'), 즉 옆에 와서 위로 혹은 격려해 주도록 부름받은 사람을 뜻하는 단어가 나왔다.

마태복음 5:5. "온유하다." 이 온유함이란 유약함을 말하는 것이 아니라 내적으로 조용히 지니고 있는 힘을 가리킨다. 온유한 사람은 이 힘이 어디에서 오는지 알며 그 힘을 하나님의 영광과 사람들의 행복을 위해서 사용한다.

마태복음 5:6. "주리고 목마른." 이것은 먹을 것과 마실 것을 구하는 기본적인 욕구이다. "의"는 개인적인 의이지만 모든 사람이 바라고 구해야 할 것이다. 예수께서는 이같은 본능적인 욕구에 영적인 내용을 담으신다. "배부르다"는 말은 가축을 먹이고 살찌운다고 할 때 사용하는 단어이다.

마태복음 5:7. "긍휼히 여기는." 이 특성은 트집을 잡으려는 비판에 반대되는 것으로 인정, 동정, 연민이 가득한 것을 말한다(참조. 7:1-2). 이 말씀은 심은 대로 거두는 법칙을 반영한다.

마태복음 5:8. "마음이 청결한." 여기서 말하는 청결함이란 외적인 것이 아니라 내적인 청결을 가리킨다. 그런데 유대인들은 외적 청결을 유지하는 일에 힘썼다.

마태복음 5:9. "화평케 하는 자." 예수께서는 전쟁을 일으키는 자들을 반대하고 평화를 조성하는 자를 칭찬하신다. 여기서 말하는 화평은 일차적으로 하나님과 사람 사이의 화평을 가리킨다. 하나님의 아들은 온전한 평화를 일으키시는 분이시다(참조. 엡 2:14f). 평화를 도모하는 자는 하나님의 아들을 닮을 것이다.

마태복음 5:10. "핍박을 받은." 이 단어가 때로는 좋은 의미에서 쫓아가는 것을 뜻한다. 그러나 여기서는 악의를 품은 사람으로부터 쫓김을 당하는 것을 말한다.

마태복음 5:11. "욕하고." 여기서는 "비난하거나" 악한 말로 모욕하는 것을 뜻한다. "거짓으로." 이 말은 "거짓말하다"는 뜻의 분사이다.

마태복음 5:12. "기뻐하고 즐거워하라." 기뻐하다는 말은 기쁨을 표시하는 일반적인 단어이다. 즐거워하라는 말은 지극히 기뻐하는 것을 표시한다(참조. 눅 6:23, 기뻐하고 "뛰놀라").

III. 교리적 의의

이 팔복은 하나님 나라 시민의 성품을 진술하고 있다. 이 성품은 내적 상태로서 하나님 나라의 성격이 결국 외적 태도와 성향으로 나타나는 것이다. 또한 여기서 유대인이 꿈꾸는 메시야 왕국과 예수님의 눈을 통해서 보기 되는 하나님 나라의 차이점이 드러난다.

IV. 실천적 목표

그리스도인의 성품을, 소유하는 어떤 것으로 보지 않고 그리스도를 위해 존재하고 행동하는 것으로 보도록 가르쳐야 한다. 그리스도인의 생활은 은혜의 선물이다. 그러나 선물에 그치고 말지 않는다. 그것은 성품을 개발하고 하나님의 법을 모든 사람의 마음 속에 심는 일에 사용할 책임을 또한 지는 것이다.

V. 설교 개요

제목: **"그리스도인의 성품."**

도입부

그리스도께서 하나님 나라의 성격을 선포하실 때 대중적인 운동을 일으킬 생각을 하지 않고 소수의 사람들을 선택하셨다. 예수께서 그 소수의 사람들에게 선포하신 하나님 나라의 성격은 대중들이 추구하는 하나님 나라의 성격과 정반대가 된다. 말라기서와 마태복음 사이의 400년 암흑기 동안에 유대문학은 힘과 화려함과 풍족함의 통치를 시행할 군사적 메시야라는 대중적인 상을 만들어냈다. 예수께서는 그와 정반대로 자신의 통치를 복종과 봉사와 고난의 통치로 묘사하신다. 따라서 그리스도의 제자들도 군사가 되지 말고 "소금"(5:13)이 되어야 하며, 군대가 되지 말고 "빛"(5:14)이 되어야 한다. 하나님 나라는 정복의 문제가 아니라 성품의 문제이다. 이 성품은 곧 하나님 나라의 본질이요 표현이요 경험이다.

A. 그리스도인 성품의 본질.

"심령이 가난한 자는 … 애통하는 자 … 온유한 자 … 주리고 목마른 자 … "

행복은 모든 사람이 도달하고자 하는 목표이다. 거짓된 길을 따라가면 좌절에 이르게 된다. 열두 제자를 포함하여 처음에 이 말씀을 들은 사람들은 성취와 소유의 길을 따라갔다. 예수께서는 존재와 나눔의 중요성을 강조하셨다. 2천년이 지난 오늘날 사람들은 후자를 무시하고 전자를 따라간다. 예수님의 이 역설적인 말씀이 사람들에게는 이해할 수 없는 수수께끼와 같다. 보통 사람들은 이렇게 말한다. "부유한 자는 복이 있도다 … .즐거

위하는 자는 … 자신있는 사람은 … 만족하는 자는 … ” 그러나 예수께서는 이렇게 말씀하신다. “가난한 자는 복이 있나니 … 애통하는 자는 … 온유한 자는 … 주리고 목마른 자는 … ” 마태복음 5:3-6에 나타나는 점진적인 기술에 유의하라.

“심령이 가난하다”는 것은 자신의 영적 필요를 깨닫고 그리스도의 뜻에 따르는 것을 말한다. 자신의 무능력함을 알고 그리스도께 기꺼이 통치받으려고 하는 것이다. 그러한 사람은 하나님 나라의 왕에게 복종하므로 하나님 나라를 받는 것이다. 그는 자신의 연약함을 깨닫고서 자신의 죄와 다른 사람들의 죄 때문에 애통해 한다(5:5). 그는 환경이 새로 바뀌어서 행복하게 되는 것이 아니라 그의 행복이 주변 환경을 바꾸어 놓는 것이다. 그렇게 함으로써 그는 땅을 유업으로 받는다. 그래서 그는 또한 그리스도와 함께하는 더 풍성한 경험을 얻기 위해 더욱더 주리고 목말라 하는데, 자기 자신만을 위해서가 아니라 모든 사람을 위해서 그렇게 갈구한다(5:6). 그리스도께 복종하는 가운데서 그는 성령의 충만함을 계속해서 받는다. 성령께서는 그가 복을 경험할 수 있도록 하고, 그가 열심을 내어 그리스도께 복종하도록 인도한 다른 사람과도 그 복을 나눌 수 있도록 하신다.

B. 그리스도인 성품의 표현.

“긍휼히 여기는 자는 복이 있나니 … 마음이 청결한 자는 … 화평케 하는 자는 … ”

마태복음 5:7-9에 나타나는 점진적인 발전에 다시 한 번 유의하라. 그리스도인 성품의 소극적인 성격이 복음서 기자의 열심으로 적극적인 성격으로 발전하여 표현된다. 그러한 사람은 그리스도인의 성품이 부족한 사람들을 트집 잡아 비난하는 일을 하지 않는다. 그러기보다 그는 사람들에게 하나님의 사랑과 은혜를 선포하면서 “긍휼히 여긴다”(5:7). 그렇게 하면 그는 사람들에게 판단을 받지 않고(마 7:1, 2) 사람들로부터 긍휼히 여김을 받게 된다. 그것은 “도덕적 세계의 자율적 법칙”(브루스)이다. 그런 태도를 지니면 그리스도인은 “마음이 청결하게”(5:8) 된다. 그는 인생에서 한 가지 목표 즉 그리스도인의 복을 다른 사람들과 나누겠다는 그 목표를 굳게 잡고 있으므로 마음이 나뉘지 않는다. 그리스도께 절대적인 충성을 바치므로 그는 자신과 모든 사람을 향한 사랑과 은혜로 충만한 하나님을 보게 된다. 그래서 그는 어딜 가든지 평화로운 분위기를 자아낸다(5:9). 그는 자신과 하나님에 대해서 평화롭게 지낼 뿐만 아니라 사람과 사람 사이, 하나님과 사람 사이에서도 화평케 하는 자로 지낸다. 그렇게 하기 때문에 그는 그리스도를 닮게 되고(엡 2:14-16), 진실로 하나님의 아들로서 살게 된다.

C. 그리스도인의 성품의 경험.

"욕하고 … 핍박하고." 10-12절 말씀은 3-9절 말씀으로 되돌아 온다. 예수께서는 그리스도인에게 "탄탄대로"처럼 편안한 길을 약속하시지 않았다(참조. 16:24; 요 16:33). 그러나 고난 가운데서도 복을 누릴 것이라고 약속하셨다. 그리스도인은 고난을 위한 고난을 추구해서는 안 된다. 그리스도의 뜻을 행하는 가운데(5:11) 오직 열심으로 의를 추구하다가 고난을 받게 되어야 한다(5:10). 그리스도인이 핍박과 비난을 받을 만한 성품을 보여서는 안 된다. 마땅히 받아야 할 고난을 피하려고 해서도 안 된다. 고난을 받고 있다면 그 사람은 영광스럽게도 선지자들과 그리스도의 뒤를 잇고 있는 것이다. 히브리서 2:10을 참조하라.

마태복음 제6장

하나님 나라 가치의 수위성

6:1. "사람에게 보이려고 그들 앞에서 너희 의를 행치 않도록 주의하라 ……"

6:2. "그러므로 구제할 때에 외식하는 자가 사람에게 영광을 얻으려고 회당과 거리에서 하는 것 같이 너희 앞에 나팔을 불지 말라 진실로 너희에게 이르노니 저희는 자기 상을 이미 받았느니라"

6:5. "너희가 기도할 때에 ……"

6:16. "금식할 때에 ……"

6:19. "너희를 위하여 보물을 땅에 쌓아 두지 말라 ……"

6:33. "먼저 너희는 그의 나라와 그의 의를 구하라 그리하면 이 모든 것을 너희에게 더하시리라."

I. 역사적 배경

이 장은 산상설교의 연속이다. 이 장에서 왕은 하나님 나라 백성에게 하나님과 하나님의 규범을 이야기해 나가면서 본질적인 성품과 사회적 관계에 대한 이 이야기를 마치고 하나님 나라 백성 개인의 의에 대해 이야기하기 시작한다. 이것은 하나님 나라 백성이 이 세상 나라와 하나님 나라에 관해 일할 때 가져야 할 순수한 동기와 요즘의 종교 관행 사이에 좋은 대조를 이룬다.

II. 용어 해설

6:1. "주의하라." 이 말은 늘 마음에 두라는 뜻의 명령형이다. 여기서처럼 부정 분사(negative particle)가 따라올 때는 조심하라는 뜻이다. 캠벨

모간은 이 명령을 거룩한 땅을 지키는 "화염검"이라고 부른다. "구제"는 "의"를 번역한 말이다. 의에는 구제(6:2), 기도(6:5), 금식(6:16)이 포함된다. "보이려고"라는 말은 목적의 부정사이다. 이 단어에서 오늘날 우리가 쓰는 '연극적인'이라는 말이 나왔다.

6:2. "구제." 이 단어는 일체의 자선 행위를 뜻한다. 교회 재정을 가리키는 말이 아니다. "나팔." 부정분사가 앞에 나오므로 이 뜻은 "나팔을 부는 것을 그치라"는 말이다. 유대문서에는 그런 관행이 나오지 않는다. 하지만 이것은 걸인들을 불러 모으고 자신의 구제를 선전하기 위해 작은 나팔을 부는 사람들의 관습을 가리키는 것 같다. "외식하는 자." 이것은 연극 배우, 즉 어떤 배역을 맡아 하는 사람을 가리키는 연극 용어(참조. 6:1)이다. 예수께서만 이 단어를 사람들에게 사용하셨다(참조. 마 23장). "저희는 자기 상을 받았느니라." "저희는 받았다"는 갖는다는 말의 강조형이다. 고문서에서는 이 말을 "완전 지불"을 의미하는 상업적인 용어로 분류한다.

마태복음 6:16. "금식." 금식은 하나님과의 교제에서 자기를 부인하는 행위이다. 금식이 좋지만(마 4:2) 여기서처럼 악할 수도 있다. 동기에 따라 그 행위가 선하기도 하고 악해질 수도 있다.

마태복음 6:19. "쌓아 두지 말라." 이것은 부정어가 앞에 나오는 명령문이다. 말 그대로 하자면, "쌓기를 그치라"는 이야기이다. "보물." 이 말의 의미는 귀중품 상자(마 2:11) 혹은 창고(마 13:52)이다. 여기서 이 말이 뜻하는 바는 거기에 쌓아 두는 것을 말한다. 이 경우에는 물질적인 상품뿐 아니라 마태복음 6:1-2,5의 경우와 대조적으로 "상"(reward)도 보물에 포함될 수 있다. "너희를." 이 말의 문자적 의미는 하나님에게라기보다 "너희에게"라는 뜻이다.

마태복음 6:33. "구하라." 이 말은 몹시 바란다는, 다시 말해서 갖고 싶은 것을 얻으려고 애쓴다는 것을 뜻하는 명령형이다. "먼저 그의 나라와 그의 의." 가장 믿을만한 사본들에는 "하나님"이란 말이 없다. "먼저"란 말은 강조하기 위해 문장 맨 앞에 나와 있다. 나라와 의 앞에 있는 정관사는 나라와 의, 둘 다를 강조하고 있다. "이 모든 것을 너희에게 더하시리라."

"이 모든 것"이란 첫째 물질적인 혜택을 가리키지만 "상급"도 포함하는 말이다. 이 말이 여기서 뜻하는 바는 "더하다" 즉 풍성함이다.

III. 교리적 의의

이 장에서는 세상적인 목적과 욕망에 대조되는 진정한 하나님 나라의 가치를 증거한다. 진정한 하나님 나라의 가치기준은 외적이고 물질적인 것이라기보다는 내적이고 영적이다. 하나님 나라의 가치기준은 파괴할 수 없는 것들이다. 하나님 나라 백성은 사람들의 갈채보다는 하나님과의 적절한 교저를 추구한다. 여기에는 하나님 나라 밖에 있는 사람들의 허식적인 위선 게 진정한 의의 대립이 나온다. 구제, 기도, 금식의 진정한 개념을 다루고 있다. 참된 보물은 마음의 보물이다. 하나님을 향한 일편단심의 신앙 때문에 다른 모든 물질적인 소유를 하찮게 여기게 된다. 이 단락 전체가 가르치는 교훈은 하나님의 통치와 의가 가장 뛰어나다는 사실이다.

IV. 실천적 목표

그리스도인이 세상에서 가치 있다고 하는 것들을 상대적인 것으로 볼 때 하나님을 기쁘시게 할 수 있다는 것을 보여준다. 이것은 타락한 사람들에게 소멸하고 사라지는 것들을 포기하고 먼저 하나님의 뜻과 방식을 찾으라고 요구하는 것이다.

V. 설교 개요

제목: "하나님 나라 가치의 수위성."

도입부

그리스도인들은 두 세계, 곧 서로 사람의 주인이 되려고 애쓰는 두 세계에 속해 사는 시민이다(참조. 롬 7:14-25). 그래서 하나님 나라 백성은 하나님과 인간, 하나님과 돈이 싸움을 벌이는 전쟁터이다. 이런 싸움에서는 행복이 최고의 적이다. 5장에서 예수께서는 제자들에게 다른 사람들과의 관겨에서 제자들을 공격하는 악에 대해 경고하신다. 여기서는 제자들이 하나님과 맺는 관계에서 작용하는 좀더 미묘한 시험에 대해 경고하신다. 사탄이 개인적인 죄나 사회적인 죄로 그리스도인들을 더럽힐 수 없다면, 다른 사람들의 삶을 하나님의 뜻에 바르게 연결시킬 개인적인 의의 영역에서 그리스도인들을 공격할 것이다. 그리스도인들도 옳은 일은 한다고 하면서 그릇된 방법을 사용할 수 있다. 그 결과는 죄악이다. 예수께서는 사람을 미혹하는 것, 돈에 대한 사랑, 하나님께 대한 충성을 이야기하면서 그런 점에 대해 경고하신다.

A. 사람을 미혹하는 것.

“사람에게 보이려고……. ”하나님 나라 백성은 새로 받은 본성 때문에 의의 행동을 하려는 경향이 있다. 사탄은 그의 그런 욕망을 꺾을 수 없다는 것을 알기 때문에 그런 욕망을 왜곡시켜 악한 결과에 이르도록 하려고 애쓴다. 사탄은 그 욕망이 하나님께 보다는 사람에게 향하도록 만든다. “보이려고”라는 말은 목적의 용법으로 쓰인 부정사이다. 이렇게 사람의 목적은 하나님의 칭찬과 혜택보다는 사람들의 칭찬을 받으려 하는 것으로 삐뚤어진다. 예수께서 이 진리를 설명하면서 구제, 기도, 금식이라는 세 가지 의로운 행동을 예로 드신다.

논리적인 순서대로 하자면 예수께서 말씀하신 것과는 반대이다. 진정한 “금식”은 하나님의 뜻에 몰두할 때 결과적으로 발생하는 자기부인이다. “기도”는 하나님과 사람 사이에 이루어지는 영적 친교이다. “구제”는 하나님의 은혜를 받아 보았기 때문에 줄 수 있는 하나님 나라 백성의 하나님을 닮은 모습이 외적으로 표현된 것에 지나지 않는다. 금식은 기도로 발전하고, 기도는 결국 주는 정신으로 끝을 맺는다. 오직 하나님만을 생각하고 구제를 시행하면, 그 구제는 참된 의가 된다. 하지만 “사람들 앞에서” 행하게 되면, 그 구제는 자기 영광을 구하는 이기적이고 위선적인 행동으로 왜곡되고 만다.

이러한 의에서 나오는 결과에 주의하라. 사람들이 금식하는 것이 하나님께 보이려고 함이 아니라 “사람에게” 보이려고 하는 것일 수가 있다

(6:16). 기도하는 것이 하나님께서 들어주시기를 바라서가 아니라 "사람에게 보이려고" 하는 것일 수가 있다(6:5). 이들의 구제 목적은 "사람에게 영광을 얻으려는 것"이다. 이런 생각은 하나님 나라의 이상(5:16)과는 현저히 다르다.

이런 사람들은 자기가 구하는 것을 받는다. "저희는 자기 상을 이미 받았느니라." 이들은 사람들에게 보이고 사람들에게서 칭찬을 받으려고 한다. 그리고 바라는 것을 받는다. 전부 받았다! 따라서 그런 사람들에게는 하나님께서 갚아야 할 채무가 아무것도 없다.

B. 돈에 대한 사랑.

"너희를 위하여 보물을 땅에 … "성경이 이렇게 이야기한다고 해서 돈을 벌지 말라고 하는 게 아니다. 성경에서는 사업에서의 근면, 절약, 부에 대한 청지기적인 자세를 가르친다. 그러나 사탄은 이러한 덕목을 왜곡하여 인색함으로 바꾼다. 그런 것에 주의하라고 하나님 나라 백성에게 경고하는 것이다.

어리석은 부자가 여기서 정죄받는 것은 부정직함 때문이 아니다. 그의 죄는 부를 쌓는 목적이 잘못된 데에 있었다. 그에 대해 예수께서는 이렇게 말씀하셨다. "오늘밤에 네 영혼을 도로 찾으리니"(눅 12:20). 지나친 근심에 대한 예수님의 말씀에 유의하라(마 6:25이하).

"네 보물 있는 그 곳에는 네 마음도 있느니라"(6:21). 마찬가지로 "네 마음이 있는 그 곳에 네 보물도 있을 것이다."

하나님 나라 백성은 정직하게 돈을 벌어야 하고 지혜롭게 투자하고 바르게 드려야 한다. 하나님 나라 백성은 두 주인을 섬길 수 없다.

C. 하나님께 대한 충성.

"너희는 먼저 … 구하라." "먼저" 구해야 할 것들의 순서에 주의하라. 첫째는 "그의 나라"이고 그 다음이 "그의 의"이다. 그의 나라, 곧 하나님의 통치가 사람의 통치보다 앞선다. 사람은 먼저 자신의 생활에서 하나님의 통치에 순종해야 한다. 그 다음에 다른 사람의 생활에 하나님 나라가 임하도록 하는 것이 하나님 나라 백성의 첫번째 바람이 되어야 한다. 주의 기도(6:10)에서 첫번째 간구는 "나라이 임하옵시고"이다. 일용할 양식을 구하기 전에(6:11) 하나님 나라에 대한 기도가 먼저 온다. 사람이 돈에게 충성하던 것을 하나님께 충성하는 것으로 바꾸어야 한다.

하나님 나라 백성은 자기 의가 아니라 "그의 의"를 추구해야 한다. 사람에게 있어서 돈, 금식, 기도, 구제는 목적, 곧 자기 영광, 자기의라는 목적에 이르는 수단이 아니라 사람 속에 있는 하나님의 의에서 나오는 결과들이다.

사람이 하나님과 바른 관계에 있으면, "이 모든 것이" 그에게 "더하여질" 것이다.

마태복음 제7장

황금률

7:12. "그러므로 무엇이든지 남에게 대접을 받고자 하는 대로 너희도 남을
대접하라 이것이 율법이요 선지자니라."

Ⅰ. 역사적 배경

황금률은 산상설교 거의 마지막 부분에 가서 나온다. 누가복음에서는 마태복음 5:42 말씀이 나오는 곳 바로 뒤에 나온다(6:31). 이 구절은 마태복음 5:17을 보충하는 말씀이다. 마태복음 5:17과 7:12, 이 두 구절은 그 사이에 오는 모든 구절을 다 에워싸는 괄호로 볼 수도 있다. 직접적인 문맥에서 황금률은 마태복음 7:1-12의 절정이다. 하나님 나라 백성에게 정죄하는 관단을 하지 않도록 경고하지만(7:1-5) 분별하는 일은 잘 하도록 요구한다(7:6). 이러한 일을 잘 하기 위해서 하나님 나라 백성은 하나님께로부터 능력을 받을 수 있도록 구하고 찾고 두드려야 한다. 그런 능력을 입을 때에야 비로소 황금률을 잘 지킬 수가 있기 때문이다.

Ⅱ. 용어 해설

마태복음 7:12. "그러므로." 이 말씀은 단순히 마태복음 5:17이하의 말씀을 되새기는 것이 아니다. 특별히 마태복음 7:1-11의 말씀을 재검토할 것을 요청하는 말씀이다. 즉 자기성찰을 하라고 요구하는 것이다.

마태복음 7:12. "무엇이든지". 이것은 헬라어로는 한 단어이며 "그러므로"라는 말 앞에 나온다. 따라서 그것은 강조 용법이다. "그러므로" 다음에 "하는 대로"(whatsoever)라는 말이 나온다. "무엇이든지……하는 대로"라

는 말은 예수께서 마음에 두신 것의 범위를 강조하고 있다.

마태복음 7:12. "하는." 이것은 "하고자 하다"는 동사를 번역한 말이다. 이것은 단순한 바람이 아니라 인간의 깊은 의지를 나타내는 말이다.

마태복음 7:12. "하라." 이것은 가정법으로서 "무엇이든……하는 대로 너희도……하라"는 말이다. 여기서 가능성의 범위는 무한하다.

마태복음 7:12. "너희도 남을 대접하라"에서 "너희도"는 강조된 말이다.

III. 교리적 의의

이 구절에서 예수께서는 모든 사람에 대한 그리스도인의 행동의 포괄적인 규범을 제정하신 것이다. 이 단락에서는 암시적으로 언급하는 것 외에는 하나님께 대한 사람의 책무를 직접적으로 이야기하지 않는다. 이렇게 말한다고 해서 사회복음을 정당화하는 것은 아니다. 사람의 모든 사회적인 관계에 하나님 백성이 지켜야 할 지침을 제시하는 것이다. 기독교 신앙은 하나님에 대해서나 사람에 대해서 모두를 다룬다(참조. 마 22:37-40). 하나님과 바른 관계를 맺을 때에야 비로소 사람과도 바른 관계를 맺을 수 있는 것이다.

IV. 실천적 목표

하나님 나라 백성은 가지각색의 행위 규범으로 짐스러워 해서는 안 된다는 것을 보여주는 것이다. 하나님과 사람에 대한 사랑, 이 한 가지 규범만 있을 뿐이다. 사람에 대한 사랑이 하나님에 대한 사랑을 넘어서는 안 될 것이다. 또한 하나님께 대한 사랑이 없이 사람을 사랑할 수는 없다.

V. 설교 개요

제목: "황금률."

도입부

하나님은 사물을 단순하게 하고, 사람은 복잡하게 만든다. 사람이 구원의 계획이나 구원받은 사람의 개인적인 생활을 고려하든 하지 않든 이것은 닳는 말이다. "이렇게 혹은 저렇게 하는 것이 옳으냐?" 사람들은 이 질문을 끊임없이 하고 있다. 외교, 윤리, 철학, 심리학, 사회학, 종교의 영역에서 그 질문에 대답하기 위한 노력으로 그 동안 수많은 책들이 나왔다. 예수께서는 그 질문에 대해 간단한 한 마디 말씀으로, 즉 황금률로 답하신다. 그 답변은 포괄적이고 결정적이며 유일무이하다.

A. 그 답변은 유일무이하다.

"무엇이든지 남에게 대접을 받고자 하는 대로 너희도 남을 대접하라." 이것은 새로운 교훈이 아니라 옛 교훈이 새 옷을 입고 나온 것 뿐이라고 주장하는 사람들도 있다. 그 증거로 여러 선생들의 이름을 들먹인다. 공자는 이렇게 말했다. "남이 나에게 하지 않기를 바라는 것을 남에게 하지 말라." 소크라테스는 이렇게 말했다. "남이 나에게 화나게 만드는 행동을 남에게 하지 말라." 필로는 이렇게 말했다. "사람은 자기가 당하기 싫어하는 일을 남에게 해서는 안 된다." 힐렐은 이렇게 말했다. "네가 싫어하는 일을 남에게 하지 말라. 이것이 온 율법이고 나머지는 그에 대한 설명이다."

하지만 여기에는 결정적인 차이가 있다. 방금 이야기한 규범들은 소극적이다. 예수님의 규범은 적극적이다. 사람들의 교훈은 수동적인데 반해 예수님의 교훈은 능동적이다. 사람들의 규범은 "은의 규범"인데 비해 예수님의 규범은 "황금률"이다. "은"의 규범은 금지 규범인데 비해 "황금률"은 교훈적이다. 은의 규범은 살인, 도적질, 거짓, 허위, 간음을 금지하고, 황금률은 사랑, 구제, 진리, 순결을 명령한다. 전자는 범죄 행위를 금지하는데 비해 후자는 그리스도인다운 생활을 가르친다. 사람을 죽이지만 않는다면 다른 사람이 굶어죽어가는 것을 그냥 바라보기만 해도 은의 규범은 지킬 수가 있는 것이다. 그러나 황금률은 다른 사람의 생명을 보존하기 위해 그에게 음식을 주라고 요구한다. 전자는 인간 윤리의 기초이고, 후자는 기독교 도덕의 기초이다.

더 시시한 선생들은 가르치기만 할 뿐 지킬 수 있는 힘은 주지 못했다.

예수께서는 제자들을 가르치셨을 뿐 아니라 지킬 수 있는 힘도 주셨다(마 7:7이하). 세상 사람들은 자존심 때문에 은의 규범을 행할 수도 있다. 그러나 하나님 나라 백성은 오직 하나님의 능력을 힘입어 황금률을 계속해서 지킬 수 있다.

B. 그 답변은 포괄적이다.

"그러므로 무엇이든지 남에게……남을……." 산상수훈에서는 지금까지 여러 가지 상황이 언급되었다. 그러나 예수께서는 거기에서 멈추지 않으신다. 그리스도인이라고 해도 모든 상황에 맞는 성구를 댈 수는 없다. 예수께서는 특정한 상황에 맞는 기계적인 규범을 가르치시지 않았다. "그러므로"란 말이 마태복음 5:17-7:11의 세부 내용을 개괄적으로 정리한다. "무엇이든지 대로"란 생활 전체를 두루 포함하는 말이다. "남에게 대접을 받고자 하는 대로 남을 대접하라"는 말씀은 친족이나 친구, 이웃 혹은 그리스도인들에게만 해당되는 것이 아니다. 이 말은 나그네, 적, 외국인, 인종과 국적을 초월한 모든 사람, 불신자, 즉 모든 사람이란 전체를 통틀어 가리키는 것이 아니라 개인으로서 한 사람 한 사람을 다 포함하는 것이다.

간단히 말해서 예수께서는 "다른 사람의 입장에서 생각하라"고 말씀하신 것이다. 간단한 이 규칙을 사람들이 따른다면, 어떤 전쟁이나 범죄, 불의를 예방할 수 있을 것이다. 그 결과 참으로 놀라운 평화와 사회적인 혜택, 의가 도래할 것이다. 은의 규범을 따라 산다면 세상은 비참과 의심, 갈등의 바다가 될 것이다. 구속받은 사람들이 황금률을 따라 산다면 사람들 마음에 하나님의 나라를 가져다 줄 것이다.

C. 그 답변은 결정적이다.

"이것이 율법이요 선지자니라." 이것은 예수께서 율법과 선지자를 폐하려고 한다고 말하는 사람들에 대한 하나님 나라 왕의 답변이다. 예수께서는 율법과 선지자를 폐하지 않고 오히려 율법과 선지자를 그 본래의 목적에 맞게 지킬 수 있는 능력을 하나님 백성 각자에게 부여하신다. 율법에서는 "너는 나 외에는 다른 신들을 네게 있게 말지니라"(출 20:3)고 하였다.

또 "너는 마음을 다하고 성품을 다하고 힘을 다하여 네 하나님 여호와를 사랑하라"(신 6:5)고 하였다. 하나님 나라 백성만이 이 율법을 지킬 수 있다. 율법에서 이렇게 말하였다. "살인하지 말지니라……간음하지 말지니라……도적질하지 말지니라……네 이웃에 대하여 거짓 증거하지 말지니라"(출 20:13-16). "이웃 사랑하기를 네 몸과 같이 하라"(레 19:18). 하나님 나라 백성만이 이 율법을 지킬 수 있다.

황금률은 율법과 선지자로부터 나온 것이기 때문에 자연히 하나님 나라 백성만이 예수께서 뜻하신 자격을 갖추고 있는 셈이다. 그릇된 동기를 품고 있으면 그릇된 결과가 나오는 법이다. 이 황금률이 범죄자의 손에 들어가던 범죄가 나올 것이다. 하나님 나라 백성이 이 황금률을 지킬 때에야 비르소 그 결과가 하나님의 의를 닮은 의가 될 수 있다.

율법과 선지자가 바로 예수 안에서 성취되었다. 예수께서는 황금률을 가르치셨을 뿐 아니라 지키시기도 하셨다. 예수의 생애가 그것을 증명한다. 그 사실을 입증하는 최고의 증거는 예수의 죽음에서 찾아볼 수 있다. 이사야의 증거가 십자가에서 낱낱이 성취되었다(참조. 시 22편). 예수께서 사람을 대신하신 것이다.

"… 그리스도도 너희를 위하여 고난을 받으사 너희에게 본을 끼쳐 그 자취를 따라오게 하려 하셨느니라 저는 죄를 범치 아니하시고 그 입에 궤사도 없으시며 욕을 받으시되 대신 욕하지 아니하시고 고난을 받으시되 위협하지 아니하시고 오직 공의로 심판하시는 자에게 부탁하시며 친히 나무어 달려 그 몸으로 우리 죄를 담당하셨으니 이는 우리로 죄에 대하여 죽고 의에 대하여 살게 하려 하심이라 저가 채찍에 맞음으로 너희는 나음을 얻었나니"(벧전 2:21-24).

마태복음 제8장

대조적인 사실들

8:24. "바다에 큰 놀이 일어나 …… 예수는 주무시는지라."
8:25. "그 제자들이 나아와 깨우며 가로되 주여 구원하소서 우리가 죽겠나이
     다."
8:26. "예수께서 이르시되 어찌하여 무서워하느냐 믿음이 적은 자들아 하시
     고 곧 일어나사 바람과 바다를 꾸짖으신대 아주 잔잔하게 되거늘."
8:27. "그 사람들이 기이히 여겨 가로되 이 어떠한 사람이기에 바람과 바다
     도 순종하는고 하더라."

I. 역사적 배경

이 사건은 산상설교를 행하신 직후에 일어났다. 로버트슨(A.T. Robertson)이 그의 저서 「복음서들의 조화」(*A Harmony of the Gospels*)에서 한 말에 따르면, 이 사건은 예수의 "바쁘시던 날" 마지막에 일어났다. 로버트슨 박사는 마태복음을 마가복음의 틀에 맞추면서 이 사건을 특이한 사건이 많이 일어난 날(막 3:19-4:34; 마 12:22-13:53; 눅 8:4-21) 초저녁에 발생한 것으로 본다. 이러한 주장을 들으면 혼란스러워할 사람들도 있을 수 있다. 하지만 공관복음서 비평을 통해서 마가복음이 가장 먼저 쓰였을 가능성이 입증되었다. 마태복음이나 누가복음이 다른 원전들도 사용했지만 대체로 마가복음의 틀을 따랐다는 것을 알 수 있다. 이 사건은 예수님과 열 두 제자들이 갈릴리 호수를 동서로 횡단하고 있을 때 발생하였다. 바다로 모아져 있는 대협곡을 따라 돌풍이 몰아치는 일은 오늘날 흔히 일어나고 있다.

II. 용어 해설

마태복음 8:24. "놀." 헬라어로는 세이스모스인데, 지진과 같은 말이다. 바다가 지진이 일어난 것처럼 사납게 요동을 친 것이다. 마가와 누가는 그 것을 광풍이라고 불렀다. "주무시는지라." 헬라어 미완료시제의 의미로는 "예수께서 계속해서 주무시고 계셨다"는 말이다.

마태복음 8:25. "주." 이 단어는 다른 사람 위에 있는 사람으로서 "선생" 이나 "주인"을 뜻할 수 있다. 여기서 이 단어는 구약성경에서 "주"(Lord) 라그 할 때의 의미로는 하나님을 가리키는데, 흠정역 성경은 여호와를 통 상 "주"(Lord)로 번역한다.

"구원하소서 … 우리가 죽겠나이다." "구원하소서"(부정과거)란 위험으 로부터 구출하는 것이나 질병을 고치는 것, 혹은 영적 구원을 뜻한다. 여기 서는 첫번째 의미에 해당된다. "당장 구원하소서." "죽겠나이다"란 완전히 멸망한다는 뜻이다. 여기서와 같이 현재 수동태로 쓰였을 때는 "우리가 완 전히 멸망당하고 있나이다"는 뜻이다.

마태복음 8:27. "믿음이 적은 자들아." 헬라어에서 이 단어는 믿음이 적 고 연약한 사람을 의미하는 말이다. "아주 잔잔하게 되거늘." "되거늘"은 부정과거 시제이다. "즉시 아주 잔잔하게 되었다." 이것은 기적이다. 대조 적인 두 사실에 유의하라. "큰 놀"(8:24). "아주 잔잔하게 되거늘"(8:26).

마태복음 8:27. "기이히 여겨." 이 말은 감탄이나 놀람을 갖고서 이상히 여긴다는 동사의 기동(起動) 부정과거형이다. 제자들은 "기이히 여기기 시 작했다."

마태복음 8:27. "이 어떠한 사람이기에 … ." 헬라어로는 한 단어이다. 본래의 뜻은 "어떤 나라 사람이냐"는 것이지만 여기서는 "어떤 유의 사람 이냐" 혹은 "참으로 놀라운 사람이다"는 의미이다.

마태복음 8:27. "순종하는고." 이 말은 순종이나 복종할 생각을 가지고 듣는다는 의미를 지닌 복합동사를 번역한 말이다. 이 동사의 현재 시제는 지속적인 행위를 나타낸다.

III. 교리적 의의

이 단락에서는 하나님 나라 왕의 기적적인 능력을 가르친다. 사실 이것은 8장 전체를 통해서 줄곧 나타나는 사상이다. 신체적(질병) 요소와 자연적(바람과 바다) 요소, 영적(귀신) 요소가 그리스도의 뜻에 순종했다. 그런데 인간의 의지는 그리스도를 거부했다. 이 장에서는 하나님의 주권과 인간의 자유의지(8:34)가 나타난다.

IV. 실천적 목표

사람의 믿음과 그리스도의 믿음을 대비시켜 보는 것. 하나님 의지의 능력과 사람 의지의 능력을 대비시켜 보는 것이다. 신체적 영역과 자연적 영역이 하나님의 뜻에 복종한다. 사람의 의지는 하나님의 뜻에 반역하여 스스로 멸망을 자초하고 만다.

V. 설교 개요

제목: "대조적인 사실들."

도입부

이 장은 현저하게 대비되는 사실들이 나오는 것이 특징이다. 문둥병자의 비참한 상태와 예수님의 능력(8:2-4), 이방인의 믿음과 이스라엘의 불신(8:5-13), 한 여인의 열병과 인자의 꿋꿋함(8:14-15), 큰 놀과 아주 잔잔해짐(8:23-27), 귀신들린 자에 대한 하나님의 은혜와 돼지떼에 대한 인간들의 탐욕(8:28-34). 여기서는 악의 능력과 하나님의 능력이 대비된다. 악이 여러 가지 형태로 나타나는 것에 주목해야 한다. 질병, 광풍, 귀신, 탐욕으로 나타난다. 손으로 만지거나 말씀을 하심 등, 하나님의 능력이 여러 가지 방법으로 나타나는 것에도 유의해야 한다. 이 대비의 핵심은 24-27절에서 볼 수 있다. 여기서 우리는 두려움과 믿음, 경박한 행동과 꿋꿋함, 놀람과 성취가 서로 대비되는 것을 볼 수 있다.

A. 두려움과 믿음의 대비.

"어찌하여 무서워하느냐?"(8:26). "예수는 주무시는지라"(8:24).

바다가 지진이라도 일어난 것마냥 요동하고 굽이쳤다. 허술하기 짝이 없는 배가 파도에 에워싸였다. 자연계의 소란이 제자들의 마음에도 전달되었다. 제자들은 배가 파선되지나 않을까, 목숨을 잃지나 않을까 두려워하였다. 그러나 더 깊은 두려움이 제자들을 사로잡았는데, 예수님의 안전에 대한 두려움이었다. 예수께서 돌아가시면 어찌하나 하는 것이었다. 예수님의 사명과 하나님 나라는 어찌 될 것인가 하고 걱정한 것이다. 이처럼 자연계와 영적인 세계가 요동하는 가운데서도 예수님은 "주무시고 계셨다." 예수님은 전혀 두려워하시지 않았다.

제자들의 부르짖는 소리를 듣고 예수께서 "어찌하여 무서워하느냐 믿음이 적은 자들아?"하고 말씀하셨다. 제자들의 두려움은 믿음이 적은 데서 온 것이다. 즉 예수께서 자기들을 돌볼 수 있다는 능력을 믿는 믿음, 하나님의 섭리와 목적을 믿는 믿음이 없기 때문에 생긴 두려움인 것이다. 예수님과 함께 있는 한 그들은 안전하였다. 하나님 나라 왕께서 배에 계시는 한 배는 가라앉지 않는다. 예수께 중심을 둔 대의명분은 어떤 것이든 성공할 것이다.

드려움이 생기는 것은 언제나 믿음이 없기 때문이다. 우리가 하나님의 뜻 안에 있는 한 두려워할 필요가 없다. 악의 세력이 바야흐로 승리를 거둘 것처럼 보일지라도 하나님께서 여전히 상황을 통제하고 계신다. 예수께서 주무신 것은 무관심해서가 아니라 자신이 있으시기 때문이었다. 예수께서 그처럼 주무시고 계시는 한 우리는 전혀 두려워할 것이 없다. 하나님의 목적이란 배는 역경의 파도를 헤치며 하나님의 뜻과 평안이라는 항구를 향혀 나아가고 있는 것이다.

B. 경박한 행동과 꿋꿋함의 대비.

"주여 구원하소서 우리가 죽겠나이다." 이 배에는 노련한 선원들이 타고 있었다. 예수님은 육지 사람이었다. 열두 제자는 그 동안 많은 폭풍을 능숙한 솜씨로 이겨냈다. 이제 제자들은 최선을 다했다. 그런데도 배가 곧 가라앉을 것만 같았다. 그들로서도 이제 어찌해 볼 도리가 없는 상황에 이르고 말았다. 아무리 애써도 소용이 없었다. 그때서야 제자들은 예수님께 관심을 돌렸다.

이것이 참된 기도의 본질이다. 사람들은 능력의 한계에 도달하기 전까지는 기도를 제대로 하지 않는다. 기도가 책임이라는 좌석으로부터 도망가는 피난용 비상구가 되는 경우가 너무 흔하다. 사람은 할 수 있는 데까지 해야 한다. 자신의 힘으로는 더 이상 해 볼 도리가 없을 때는 하나님을 깨워야 한다(8:25). "인간의 곤경은 하나님의 기회이다."

이 바다의 사람들이 하지 못하는 것을 바다의 하나님은 하셨다. 그들의 능력은 유한하지만 하나님의 능력은 무한하다. 하나님의 능력은 우리의 연약한 가운데서 온전하여진다.

C. 놀람과 성취의 대비.

"이 어떠한 사람이기에 바람과 바다도 순종하는고." 이 장 앞에 기록된 기적들은 이 열 두 제자에게 그리 인상깊지 않았던 것이 분명하다. 하지만 바다에서 장엄한 기적적 장면을 보고는 놀라움과 감탄이 일어난 것이다. 말 그대로 하자면, "그 사람들은 바다가 계속해서 순종하고 있는 것을 보고 기이히 여기기 시작했다"이다. 사람이 기이히 여기고 있는 동안 하나님은 계속해서 일하고 계신다. 사람들은 의학의 치유하는 기적을 보고 기이하게 여기지만 치유 능력은 하나님께 있다. 사람들이 우주에서 벌어지는 과학의 기적에 놀라지만 그 법칙은 하나님의 법칙이다.

하지만 가장 큰 기적은 아직 일어나지 않았다. 마가복음 5:15과 누가복음 15:7을 참조하라.

마태복음 제9장

영혼의 의사

9:11. "바리새인들이 보고 그 제자들에게 이르되 어찌하여 너희 선생은 세리
　　　와 죄인들과 함께 잡수시느냐?"
9:12. "예수께서 들으시고 이르시되 건강한 자에게는 의원이 쓸데없고 병든
　　　자에게라야 쓸 데 있느니라."
9:13. "내가 의인을 부르러 온 것이 아니요 죄인을 부르러 왔느니라."

I. 역사적 배경

　로버트슨(A.T. Robertson)은 그의 저서 「복음서들의 조화」에서 이 사건을 산상설교에 앞서 있었던 갈릴리 대사역 기간에 일어난 것으로 본다. 예수께서는 세리로 일하고 있던 마태를 불러 제자로서 자기를 따르다가 후에 사도가 되도록 하셨다. 기회를 보아서 마태는 예수님께 경의를 표하여 정식으로 식사 대접을 하였다. 그 식사에 예수님의 제자들이 초대되었고, 다른 세리들도 초대받았는데, 이들은 마태의 친구요 동료들이었다. "죄인"이라고 불리는 다른 부류도 손님으로 초대받았다. 그 당시 습관대로 바리새인과 세례 요한의 제자들을 포함한 다른 사람들은 손님들이 먹고 있는 가까이에 서서 지켜 보았다. 예수께서 세리들과 죄인들과 함께 음식을 먹음으로써 바리새인들의 관습을 어기셨다. 바리새인들의 비난에 예수께서는 위대한 영적 진리로 대꾸하셨다.

II. 용어 해설

　마태복음 9:11. "바리새인." 바리새인들은 예수님 당시 보수적인 종교

집단이었다. 이들은 구약 성경 전체를 성경으로 받아들이고, 천사와 기적과 죽은 자의 부활을 믿었다. 합리주의자이며 종교적이기보다는 정치적이고, 천사와 기적과 부활을 부인하는 사두개인들과 다른 이들은 수는 많지만 정치적인 힘은 많지 않았다. 바리새인들은 성경을 해석하면서 지키기 힘든 습관과 규율을 많이 만들어냈다.

마태복음 9:11. "선생"(master). 이 단어는 세리와 죄인들과 사귀는 것을 삼가한 바리새인들의 선생과는 다른 "선생"이라는 의미이다. 어떤 사본에서는 대문자를 써 "Master"라고 번역했지만 바리새인들은 그 단어를 쓰지 않았다.

마태복음 9:11. "세리와 죄인들." "세리"란 국세를 거두는 사람을 뜻하는 단어이다. publican이라는 단어는 공적 의무를 수행한 사람을 가리키는 라틴어 푸불리카누스(publicanus)에서 왔다. 로마에서는 최고 입찰자에게 세금을 징수하도록 맡겼고, 그 다음에 최고입찰자는 다른 사람을 고용하여 세금을 거두었다. 이 세리들은 부당 취득과 착취로 유명했고, 따라서 민족의 반역자로 간주되었다. 그래서 이들은 일반적으로 죄인의 동류로 취급되며, 여기서 사회적 폐물을 가리키는 "세리와 죄인들"이라는 말이 나왔다.

마태복음 9:12. "온전한"(한글개역은 '건강한'). 이 말은 건강이 좋다는 뜻이다. "의원"이란 병을 고치는 사람이다. 여기서 의미하는 바는 신체적 치유이지만 영적인 치료도 함축하고 있다. "병든." 이 단어는 "나쁘게"라는 부사를 가리킨다. 이 단어의 어근에는 기본적으로 악한 것이라는 생각이 들어 있다. 여기서 악하다는 것은 신체적인 측면과 영적인 측면 모두를 포함하고 있다. 이 말은 당시 사람들이 흔히 쓰는 속담이었을 것이다.

마태복음 9:13. "의인을 부르러 온 것이 아니요 죄인을 부르러 왔노라." 이 말은 그 사상을 사회적인 의미에서 영적인 의미로 바꾼다. "회개시키러"라는 말이 여기에 함축되어 있긴 하지만 믿을만한 사본에는 들어 있지 않다.

III. 교리적 의의

이 단락은 그리스도를 사람들의 사회적 신분에 상관없이 모든 사람을 불쌍히 여기는 사회적 존재로 묘사한다. 이 단락에는 죄의 진정한 속성에 대한 인식도 들어 있다. 여기서 구주는 죄인들의 친구로, 즉 영혼을 치유하는 의사로 나온다.

IV. 실천적 목표

사회적 위치나 문화와 상관없이 모든 사람이 구주를 필요로 하는 죄인들이라는 사실을 지적하는 것이다. 사람들은 외모와 외적 행동을 보아 사람을 판단한다. 그러나 예수께서는 마음 속의 태도와 필요를 보신다. 더 큰 죄는 전자의 경우가 아니라 후자의 경우에 있다.

V. 설교 개요

제목: **"영혼의 의사"**

도입부

예수께서는 사회적인 인물이셨다. 예수님의 사회 활동에는 그 나름의 목적이 있었다. 의사는 사람들의 병든 육신과 접촉해야 하므로 이 위대한 의사께서는 사회의 버림받은 사람들과 가깝게 지내야만 하셨다. 이 의사께서는 죄를 다루셨지만 그 자신은 죄가 없으셨다. 이 사실에는 그분을 따르고자 하는 사람들이 배워야 할 본보기가 있다. 이 단락에서 가르치는 교훈은 많이 있지만 현저한 점 세 가지를 들자면 이런 것이다. 잘못된 진단, 논리적 추론, 적절한 치료가 그것이다.

A. 잘못된 진단

"세리와 죄인들." 때때로 바리새인들은 죄는 순전히 외적인 것이라고 생각한다. 하지만 "마음에 가득한 것을 입으로 말함이니라"(마 12:34)는 말씀은 틀림없다. 외적 표현은 내적 상태를 밖으로 드러내는 것에 지나지 않는다. 치명적인 병은 훈련받지 못한 자연상태의 눈으로 항시 명백히 볼 수 있는 것은 아니다. 바리새인들은 스스로 전문가임을 자처하는 가짜 변호사였다.

최고의 의사이신 그리스도께서는 모든 질병을 제대로 진단하신다. 예수께서는 세리와 죄인들의 영혼이 병들어 있음을 아셨다. 하지만 바리새인들의 마음에는 훨씬 더 악한 병이 있는 것도 보셨다(참조. 히 4:12-13). 예수께서 인용하신 미가서 6:6-8의 내용을 유의하라(마 9:13). 겉으로 볼 때 바리새인들은 건강했다. 그러나 속을 살펴보면, 하나님께 대해서나 사람에 대해서 무정하고 비판적인 태도를 지니고 있는 데서 알 수 있듯이 그 영혼은 치명적인 병에 걸려 있었다.

예수께서 외적인 죄를 묵과하신 적은 없다. 하지만 예수께서 가장 심각하게 정죄한 것은 영적인 태도, 특별히 위선(마 23장)에 대해서였다. 하나님께서는 겉과 속, 양쪽에 다 관심을 갖고 계신다.

B. 논리적 추론

"건강한 자에게는 의원이 쓸데없고 병든 자에게라야 쓸 데 있느니라."이것은 논리적 결론이다. 바리새인들은 세리와 죄인들을 병자로 본다. 그렇다면 이들 말고 누구에게 그 의사가 필요하겠는가? 그런데 여기 예수님의 말씀에는 풍자가 들어 있다. 정말로 병에 걸려 있는 사람은 누구인가? 예수께서는 바리새인들이 아주 잘 알고 있다고 주장하는 성경 한 구절을 인용하여 자기 의로 화장한 바리새인들의 얼굴에서 화장기를 지워 창백한 모습을 드러내고 그들 영혼에 "X 레이"를 쬐인다. 따라서 이들도 역시 최고 의사이신 그리스도가 필요하다. 복음 사역은 빈민굴에도 필요하고 호화 주택가에도 필요하며 궁전에도 필요하고 오두막집에도 필요하다. "구원 사역"은 달동네에 필요한 것과 꼭같이 호화 빌라촌에도 필요한 것이다. "모든 사람이 죄를 범하였으매 하나님의 영광에 이르지 못하더니"(롬 3:23).

C. 적절한 치료

"내가 의인을 부르러 온 것이 아니요 죄인을 부르러 왔노라." 헬라어 원문에서 "아니요"는 강조 용법으로 쓰였다. 이 단어는 예수님의 긍정적인 목적을 부정적인 방식으로 강조한다. 예수께서는 바리새인들을 "의인"으로 보시지 않지만 풍자적으로 그들의 말대로 그들을 의인으로 취급해 준다. 예수께서 보실 때, 바리새인들은 더 큰 죄인이지만 자신들의 상태를 모르고 있기 때문에 더 절망적인 상황에 놓여 있다.

자신이 병들어 있다고 믿기 전에는 사람들은 좀처럼 의사를 찾으려 하지 않는다. 자신의 병을 잘 알면 알수록 의사를 더 빨리 부르고 싶어하는 법이다. 그래서 "세리와 죄인들"은 의사를 필요로 하는 것이다. 아무리 병이 중하고 깊을지라도 자기 병을 고칠 수 없는 것으로 생각하는 사람은 없다. 의술로 나을 수 있지만 의사의 기술은 또다른 문제이다(참조. 시 103:3).

그래서 예수께서는 한 사람도 예외를 두지 않고 모든 사람을 죄인이라고 하시는 것이다. 예수께서는 여러분을 부르고 계신다. 하지만 예수께 복종하지 않고서는 그 의사께서 여러분을 도울 길은 없다.

마태복음 제10장

주님의 제자 되는 조건

10:32. "누구든지 사람 앞에서 나를 시인하면 나도 하늘에 게신 내 아버지
앞에서 저를 시인할 것이요."
10:33. "누구든지 사람 앞에서 나를 부인하면 나도 하늘에 계신 내 아버지
앞에서 저를 부인하리라."
10:34. "내가 세상에 화평을 주러 온 줄로 생각지 말라 화평이 아니요 검을
주러 왔노라."
10:39. "자기 목숨을 얻는 자는 잃을 것이요 나를 위하여 자기 목숨을 잃는
자는 얻으리라."

Ⅰ. 역사적 배경

로버트슨(A.T. Robertson)의 「복음서들의 조화」에 따르면, 이 장은 예
수께서 산상설교를 하신 후 얼마 되지 않아서 나온다. 그 이후로 예수께서
는 열 두 사도를 가르치시고 훈련하셨다. 이제 예수께서는 제자들에게 처
음으로 독자적으로 복음을 전하도록 사명을 주어 갈릴리로 보내신다. 제자
들에게 가야할 곳과, 전해야 할 메시지, 사명을 수행하는데 필요한 준비,
제자들 앞에 놓여 있는 위험, 위험을 대처하는 방법들을 일러 주셨다. 이들
은 선생이 이미 받았던 것보다 더 나쁜 대접을 받지는 않을 것이다. 그러
므로 두려워해서는 안 되었다. 참새를 지켜 보시는 하늘의 아버지께서 틀
림없이 이들을 돌보실 것이다. 예수께서는 제자됨의 조건을 말씀하시면서
이 첫번째 임무에 대한 말씀을 끝내셨다. 예수께서는 통계적인 결과를 가
지고 열 두 제자의 일을 판단하시지 않고 임무에 대한 충실도를 가지고
판단하실 것이다.

II. 용어 해설

다태복음 10:32. "누구든지." 사실 이 단어는 문자대로 하자면 "누구든지 모두"라는 두 단어를 번역한 것이다. 예외없이 모든 사람이 포함된다는 사실을 강조하는 것이다. "시인하면." 이 말이 두 번 나오는데, 이는 미래의 모든 시간을 포함하는 미래 시제로 쓰였다. 이것은 변함없는 조건이다. 마태복음 10:32에 나오는 "시인하다"는 말은 문자적으로는 "내 안에서 고백한다", "그 안에서 고백한다"는 뜻이다. 두 경우에 "안에서"란 "영역 안에서"라는 뜻이다. 여기서 그리스도와 고백하는 자와의 친밀한 관계를 유의해야 한다.

마태복음 10:33. "부인하다." 마태복음 10:33 이하에서 이 단어는 그리스도에 대한 최종적이고 결정적인 부정을 암시하는 부정과거 시제로 쓰였다. "사람들 앞에서"란 공적인 부인을 가리킨다. 이렇게 되면 결국 예수께서도 하나님 앞에서 그런 사람을 부인하게 될 것이다. 예수께서는 열 두 제자에게 사명의 중대성을 심어 준다.

마태복음 10:34. "생각지 말라." 이 말은 그 앞에 부정 불변화사가 나오는 부정과거 가정법이다. 어쩌면 이때 제자들은 화평만을 생각하고 있었을지 모른다. 그래서 예수께서 더 이상 그렇게 "생각지 말라"고 말씀하셨을 것이다. "주다." 던지다 혹은 팽개치다는 뜻을 나타내는 이 단어는 즉각적인 행동을 가리키는 부정과거 부정사로 두 번 나온다. 열 두 제자는 예수께서 즉각적인 평화를 주실 것으로 기대했지만 예수께서는 사람들 가운데 검을 내던지셨다.

마태복음 10:39. "얻는 자는 … 잃을 것이요"라는 말에서 얻는다거나 잃는다는 단어는 명확한 한 행동을 표시하는 부정과거 분사이다. 이 말은 사람의 태도에 대한 것으로서 명백하고 최종적인 결정을 가리킨다. "얻는 자는 잃을 것이요 … "라는 말의 역설에 유의하라. 두 경우에 "목숨"이란 같은 단어로 육체적 생명이나 영적 생명을 뜻한다. 여기서는 먼저는 영적 생명을, 그 다음에는 육체적 생명을 의미한다. 이것이 역설적인 표현으로 인해 그 의미들이 뚜렷하게 드러난다.

III. 교리적 의의

본문에서 예수께서는 그리스도인이 되는 일의 고유한 조건들을 진술하신다. 여기에서 우리는 하나님 나라 시민권의 기초와 그리스도의 절대적인 주되심, 승리하는 하나님 나라 삶에 이르는 길을 볼 수 있다. 그리스도께서 강력한 요구를 하시지만 또한 큰 보상도 주신다.

IV. 실천적 목표

예수께서는 자기 길을 매력적으로 보이려고 하신 적이 없음을 보여준다. 기꺼이 희생할 생각이 있는 사람들만 찾으셨다. 사탄은 예수님과 사람들에게 쉬운 길을 제시한다. 예수께서는 그 길을 거부하셨으므로 예수님을 따르려고 하는 사람들도 그와 같이 해야 한다.

V. 설교 개요

제목: **"주님의 제자 되는 조건."**

도입부

오늘날 교회의 가장 골칫거리 중 하나는 행동하지 않는 교인이다. 한때 열광적이었던 사람들이 이제는 냉담하고 무관심해졌다. 시련에 부대끼지 않고 쉽게 살고 싶은 마음 때문에 그렇게 된 것이다. 교인을 받아들이는 태도도 그렇게 만든 이유 중에 한 가지인 것이 분명하다. 교회의 관대한 기준으로 교인 명단은 늘어날 수 있지만, 진심으로 그리스도를 좇는 충성된 신자는 생길 수 없다. 예수께서 숫자를 늘이기 위해 사람을 부르신 적은 없다. 예수께서는 양이 아니라 질을 강조하셨다. 열 두 제자가 처음으로 짝을 지어 전도 여행을 떠날 때 예수께서 주신 말씀에서 이 사실을 볼 수 있다. 제자되는 조건을 말하자면 신앙고백, 투쟁, 헌신이라고 말할 수 있다.

A. 신앙고백의 필요성.

"사람 앞에서 나를 시인하면 나도 저를 시인할 것이요." 고백한다는 것은 어떤 사실이 참되다고 선언하고 그 참된 사실에 자기를 바치는 것이다.

그리스도인의 고백은 그리스도 안에 있는 복음이 참되다고 선언하고 그리스도께 헌신하는 것이다. 여기서 "사람들 앞에서" 고백한다는 점에 유의해야 한다. 그것은 단순히 말로 진술하는 것에 그치는 것이 아니다. 그것은 삶의 방식을 선택하고 그 방식대로 행하는 것이다. "그리스도 안에서" 고백한다는 것은 그리스도의 전 영역 안에서 산다는 것을 말한다. 바울이 사용하는 "그리스도 안에서"라는 표현은 그 사실을 말하는 또 다른 방식이기도 하다.

그런 사람에 대해 예수께서는 하늘에 계신 아버지 앞에서 저를 "시인할" 것이라고 말하는 점에 유의해야 한다. 그리스도 안에 있는 그 사람이나 그 사람 안에 있는 그리스도나 하나님 앞에서 서로를 흠없는 사람으로 소개한다(참조. 요 15:1-8). 그리스도인은 사람들 앞에서 그리스도에 대해 말하기를 "저 분은 내 주이시다"고 한다. 그러면 하나님 앞에서 그리스도는 그리스도인에 대해 말하기를 "저 사람은 내것이다"고 하신다. 그와 마찬가지로 그리스도에 대해 최종적으로 또 공개적으로 "나는 저 분을 모른다"고 하는 사람에 대해 그리스도께서도 하나님 아버지 앞에서 "나는 저 사람을 모른다"고 말씀하신다. 여기서 주의할 점은, 시인하는 경우나 부인하는 경우 모두 하나님께서 사람에게 책임을 지운다는 것이다. 사람을 구속하기 위한 그리스도의 사역은 끝이 났다. 이제는 하나님께서 사람에게 행동하라고 요구하신다.

B. 투쟁의 필요성.

"화평이 아니요 검을 주러." 복음전도자나 복음전도를 받는 사람들이 신앙을 고백하면 즉각 화평이 올 것으로 기대하는 경우가 너무 흔하다. 예수께서는 그렇게 가르치시지 않는다. 예수께서는 절대적인 충성을 요구하고 이 대문에 투쟁이 일어나는 경우가 많다. 복음은 사람을 그리스도에게 붙이지만 사람들에게서는 분리되도록 할 수가 있다. 가까운 가족들 사이에 분열이 일어날 수도 있다. 기독교 초기 박해 시절에 가족 중의 한 사람이 밀고한 경우가 흔하였다(10:36).

　참된 그리스도인은 신앙을 위해 희생할 각오를 해야 한다. 마태복음 10:37의 "사랑한다"는 말은 단순한 감정이 아니라 선택과 관계있는 말이다(참조. 롬 9:13). 그리스도인은 그리스도를 믿는 신앙 때문에 필요하다면 순교할 각오까지 해야 하는 것이다(10:38). 십자가를 진다는 것은 십자가를 지고 십자가에 못박히는 자리까지 간다는 뜻이다. 바울 시대에는 "가이사는 신이다"고 고백하는 것보다 "예수는 주이시다"고 고백할 때 죽는 일이 더 많았다(롬 10:9). "나를 위하여 자기 목숨을 잃는 자"라는 말은 "죽도록 충성한다"는 뜻이다(계 2:10). 예수께서 제자들에게 요구하시는 것은 당신이 행한 것 이상도 이하도 아니다.

C. 헌신의 필요성.

　"자기 목숨을 얻는 자는 잃을 것이요 나를 위하여 자기 목숨을 잃는 자는 얻으리라." 그리스도인의 삶은 역설적인 데가 있다. 예수께서는 죽음으로써 사신다. 예수의 제자들도 그렇다. 사탄이 예수께 생명을 제시했지만(참조. 마 4장) 예수께서는 그 거짓됨을 아셨다. 이기적인 삶은 죽어가는 삶이다. 그러나 자신에 대해 죽는 자는 하나님께 대하여 산다. 잃음으로써 얻고, 줌으로써 지키며, 죽음으로써 사는 것, 이렇게 해서 그리스도인은 하늘의 보좌로 나아가는 계단을 올라가는 것이다. 사람이 그리스도를 시인하고 그리스도께서 그를 시인한다면 이보다 더 좋은 것이 있겠는가?

마태복음 제11장

대초청

11:28. "수고하고 무거운 짐 진 자들아 다 내게로 오라 내가 너희를 쉬게 하리라."

11:29. "나는 마음이 온유하고 겸손하니 나의 멍에를 메고 내게 배우라 그러면 너희 마음이 쉼을 얻으리니."

11:30. "이는 내 멍에는 쉽고 내 짐은 가벼움이니라."

I. 역사적 배경

이 장의 사건들에는 일련의 순서가 있다. 요한의 의문, 이 시대의 분별 없음, 회개치 않는 성읍들, 단순하게 신뢰하는 "어린아이들." 이것은 그리스도를 대하면서 나오는 각기 다른 태도들이다. 예수께서는 어떤 특정한 날에 갈릴리에서 이런 태도를 만나셨다. 이 장은 이런 태도들을 지닌 모든 사람에게 하신 대초청으로 끝을 맺는다.

II. 용어 해설

마태복음 11:28. "오라." 이 말은 "이리 오라"는 외침과 같은 것으로 여기서는 명령으로 사용되었다. "수고하고"란 분사로서 지쳐서 힘이 없는 자를 뜻한다. "무거운 짐 진." 이 완료분사는 항구적으로 지쳐 있는 상태를 가리킨다. "내가"란 강조 어법으로서 랍비들 같은 다른 선생들과는 다르다는 뜻을 나타낸다. "너희를 쉬게 하리라"는 한 동사이다. "내가 너희에게 새힘을 주리라 혹은 원기를 회복시켜 주리라"는 뜻이다.

마태복음 11:29. "메라"는 한 행동의 부정과거 명령법이다. "멍에." 이 말이 짐을 끄는 소를 가리키지는 않는다. "멍에를 메라"는 것은 문하생으로 들어오라는 것을 의미하는 랍비적 표현이다. "배우라"는 "내게 가르침을 받으라"는 명령이다. "온유하고 겸손하니." 고대인들은 이 온유와 겸손을 미덕으로 여기지 않았다. "너희 마음이 쉼을 얻으리니." 사람들이 이러한 쉼을 구하였지만 다른 선생들에게서는 얻지 못하였다.

마태복음 11:30. "쉽고." 모펫 성경에서는 이 단어를 "다정하고"라고 번역한다. 여기서 말하는 "짐"은 28절에 나오는 무거운 짐과는 대조적이다. 이 단어들은 유사어이다.

III. 교리적 의

본문에는 거듭남으로부터 시작해서 성화에 이르는 그리스도인 생활의 경험을 다루고 있다. 사람은 하나님에 대한 온전한 지식을 추구하여 연구하지만 좌절하고 말 뿐이다. 예수님은 하나님을 온전히 알고 계시시는 대 선생이시다. 예수께서 모든 사람에게 계시를 하지만 세상 지혜를 버리고 그리스도 안에서 어린아이가 될 때에야 비로소 그 계시를 받을 수 있다.

IV. 실천적 목표

대선생이신 그리스도께 복종하고 그의 지도를 받아 행하는 것이 그리스도인의 생활이라고 가르치는 것이다. 하나님은 지식으로 알 수 없고 오직 믿음으로만 알 수 있다. "지혜롭고 슬기 있는" 자들에게는 불가능한 것이 "어린아이들"에게는 쉬운 일이 된다.

V. 설교 개요

제목: "대초청."

도입부

이 초청은 마태복음에서만 볼 수 있다. 물론 이것은 요한의 감수성을 반영하고 있긴 하다. 그리스도는 한 사람의 주가 되실 뿐만 아니라 다른 사람의 주도 되신다. 예수께서는 사람들이 목자 없는 양같음을 보셨다(참조.
마 9:36). 도처에서 사람들은 좀더 나은 삶을 찾고 있었다. 의심(마 11:2이
하)과 무관심(11:16이하), 죄(11:20이하) 아래서 하나님을 갈망하고 있었
다. 예수께서는 바로 이런 사람들 가운데 서서 부르시고 계신 것이다. 오늘
날도 그렇게 하고 계신다. 예수님의 부르심에는 도전과 조건과 약속이 있
다.

A. 도전.

"내게로 오라." 이 도전은 "수고하고 무거운 짐 진" 자들에게 하신 것이
다. 수고한다는 것은 현재의 노고를 말하며, 무거운 짐을 졌다는 것은 인내
를 가리키는 말이다. 이것은 은유적인 표현이다. 사람들은 하나님께 대한
지식을 찾는다. 사람들은 이런 지식의 결핍이라는 짐을 지고 있었다. 헬라
인들은 지식을 통해 최고선을 추구하였다. 유대인들은 의식과 율법의 행사
라는 짐을 지고 있었다. 그처럼 지치게 만드는 수고가 없고 그처럼 무거운
짐이 없지만 결국은 헛될 뿐이다.

여수께서는 이렇게 말씀하신다. "너희가 사방에서 찾았지만 헛되었다.
이제 내게로 오라. 내가 너희에게 새힘을 주마. 너희의 원기를 회복시켜 주
마." 예수께서는 의문에서 벗어나 영혼의 쉼을 주고, 형식에서 벗어나 실제
에 이르게 하고, 막연한 추측에서 벗어나 확신에 이르게 하시며, 과거의 전
통에서 벗어나 하나님의 현재의 음성을 듣게 하신다.

B. 조건.

"내 멍에를 메고 내게 배우라." 예수께서는 그리스도인의 생활을 예를
들어 설명하기 위해 여러 가지 비유를 사용하셨다(참조. 중생 — 요 3장,
결혼 — 마 9:15). 여기서 "멍에를 메고 배우는 것"을 예수께서는 학교에
입학하는 것으로 보신다(참조. 제자, 학생). 그리스도인은 중생을 통해 어
린아이가 된다. 결혼 생활에서는 남편이 된다. 학교에 입학하면 학생이 된
다. 그리스도인이 불순종하는 아이가 되고, 생각 없는 남편이 되며, 게으른
학생이 될 수도 있다. 하지만 현재의 상태는 과거부터 지금까지 되어온 결

과인 것이다. 그리스도인이 하나님을 실망시킬 수 있다. 그럴지라도 그는 그리스도인인 것은 사실이다.

처음에 그리스도인으로 출생한 후에는 계속적인 형성 과정이 있다. 이 형성 과정에는 성장, 발전, 출산, 학습, 봉사가 들어 있다. 그리스도인이라면 현재의 상태에 그냥 만족할 수 없다. 그는 계속해서 발전해야 한다. 자기 존재의 목적을 달성해야 한다. 여기에는 칭의, 성화, 영화의 과정이 들어 있다. 첫번째 칭의의 과정은 변하지 않는 조건이다. 그러나 나머지 과정은 그 사람이 얼마만큼 배우고 봉사하느냐에 따라 그 정도의 차이가 생긴다.

C. 약속.

"내 멍에는 쉽고 내 짐은 가벼움이라." 이렇게 말씀했다고 해서 이 과정에 수고가 따르지 않는다는 말 뜻은 아니다. 하지만 그것은 사랑과 기쁨의 수고이다. 이 멍에는 지기가 수월하다. 어떤 의미에서 그것은 가장 무거운 멍에이다. 이 멍에가 갖고 있는 높은 이상과 그 성취 때문에 그에 따르는 고된 수고와 힘든 인내를 잊게 되는 것이다. 예수께서는 많은 것을 요구하시지만 그것을 질 수 있는 힘 또한 공급하신다. 그래서 선생과 학생 모두 그 결과로 생기는 성취를 기뻐하게 된다. 이 길을 가면서 겪는 노고는 사람이 그 길의 마지막 혹은 목표에 도달할 때는 아무것도 아닌 것처럼 보인다.

마태복음 제12장

사하심을 얻지 못하는 죄

12:24. "바리새인들이 듣고 가로되 이가 귀신의 왕 바알세불을 힘입지 않고
는 귀신을 쫓아내지 못하느니라 하거늘."

12:28. "그러나 내가 하나님의 성령을 힘입어 귀신을 쫓아내는 것이면 하나
님의 나라가 이미 너희에게 임하였느니라."

12:31. "그러므로 내가 너희에게 이르노니 사람의 모든 죄와 훼방은 사하심
을 얻되 성령을 훼방하는 것은 사하심을 얻지 못하겠고"

12:32. "또 누구든지 말로 인자를 거역하면 사하심을 얻되 누구든지 말로 성
령을 거역하면 이 세상과 오는 세상에도 사하심을 얻지 못하리라."

I. 역사적 배경

이때는 소위 "바쁜 날"(참조. 마 12:22-13:53; 마 8:18-34. 그리고 마가
복음과 누가복음의 병행 구절들)이라고 하는 때의 시작이다. 이때는 갈릴
리에서 시작되었고, 거라사 지방에서 계속되었으며 이 기간에 갈릴리 바다
를 두 번 오고 갔다. 이때는 예수님의 공생애 중간 시기 직후, 즉 갈릴리
대사역이 한창 진행중이던 시기였다.

II. 용어 해설

마태복음 12:24. "바리새인들." 예수의 인기가 더 높아지자 예수에 대한
반대가 점점 심해지는 것과, 23-24절(참조. 막 3:22)에 나오는 상반된 태
도에 유의하라. "이가(This fellow)." "이(fellow)"라는 말이 헬라어 원문
에는 없다. 원문에는 "이것이"라고 쓰여, 예수에 대한 경멸을 나타낸다. "바
알세불." 이 단어의 어원은 알기가 어렵다. 학자들 가운데는 "주거의 왕"

"파리의 왕" "똥의 왕" "우상 제사의 왕"이 그 어원이라고 하는 사람들이 있다. 그런가 하면 가나안 신이 바알의 이름에 대한 언어 유희라고 하는 학자도 있다. 어떻든 유대인들이 사탄에 대해 붙인 경멸적인 이름이었던 것은 분명하다(참조, 마 12:26).

마태복음 12:28. 마태복음 12:25-29에서 예수께서는 바리새인들의 위선됨과 그들 주장의 터무니없음을 드러내신다. 요점은 28절에 있다. "하나님의 성령" 대 사탄, 예수 대 바리새인, 하나님 나라 대 악의 나라의 싸움인 것이다.

마태복음 12:31. "그러므로." 문자적으로 하자면 "이로 인해"이다. 24-30절에 근거해서 결론을 내리시는 것이다. 마가복음의 설명이 심상치 않다는 사실에 유의해야 한다(3:28). "신성모독." 이 말은 해롭거나 사람을 중상하는 말을 뜻하는 복합어이다.

마태복음 12:32. "인자를 거역하면 … 성령을 훼방하는 것은." 이 말씀은 31절에 대한 설명이다. 상반되는 두 죄를 유의해야 한다. 유대인이 하나님께 대해 지은 신성모독은 오직 죽음으로써만 용서받을 수 있었다. 예수께서는 그들 죄의 용서받을 수 없음을 영원까지 연장시키신다.

III. 교리적 의의

여기서 다루는 교리는 용서받지 못하는 죄에 대한 것이다. 여기서 예수께서는 내적인 태도와 그에 따르는 심각한 결과에 대해 이야기하고 계신다(참조, 마 12:34-35). 선과 악의 본질적인 문제도 다루고 있다. 편견, 이기심, 악의 등은 얼마나 사람의 판단력을 흐리게 만드는지 악을 선으로, 선을 악으로 보게 만들 정도이다. 그렇게 된 경우에는 소망이 없다.

IV. 실천적 목표

하나님의 모든 은혜로운 사역이 수반되는 복음에 대해 잘못된 태도를 취할 때 얼마나 심각한 결과가 따르는지를 보여주는 것이다. 과거에 예수님을 육체로 알고 있었던 사람들 뿐만 아니라 오늘날 복음을 듣고 공공연히 비난하거나 무관심하는 모든 사람도 그런 결과를 당할 것이다.

V. 설교 개요

제목 : "사하심을 얻지 못하는 죄."

드입부

바리새인들이 기적이 일어났다는 사실 자체는 부인할 수 없었다. 그들이 보는 앞에서 눈멀고 벙어리 된 사람이 보고 말할 수 있게 되었던 것이다. 다른 사람들은 그 장면을 보고 하나님을 찬양했다. 그런데 바리새인들은 보고서 하나님을 모독했다. 명백한 결과에 대해서는 논리적으로 달리 반박할 것이 없다. 그 결과를 믿음으로 받아들이든지 아니면 의도적으로 부인하고 거부하든지 할 수 있을 뿐이다. 바리새인은 후자의 태도를 선택했다. 그이 대해 그들은 예수님으로부터 가장 심각한 이야기를 들었다. 본문에는 신성모독의 말도 나오고, 확인과 정죄의 말도 나온다.

A. 신성모독의 말.

"귀신의 왕을 힘입지 않고는 귀신을 쫓아내지 못하느니라." 초자연적인 능력이 발휘되었다. 그런데 어떤 이의 능력이 발휘된 것인가? "무리가 다 놀랐다 … ." 그러나 바리새인들은 경멸하였다. 예수께서는 바리새인들의 이런 태도를 신성모독 혹은 성령을 훼방하는 죄라고 하셨다.

그것은 충동적으로 저지른 것이 아니라 고의로 지은 죄였다. 예수에 대한 바리새인들의 태도는 호기심에서 무관심으로 나아가 부인, 악의적인 태도, 신성모독, 복수로 발전했다고 말할 수 있다.

그것은 알고 지은 죄였다. 그들은 보았지만 깨닫기를 거부하였다. 예수께서 선을 행하면 행할수록 그들은 더욱더 예수님을 반대하였다. 더 이상 예수님의 행위를 부인할 수 없게 되자 하나님을 모독하였다.

그것은 결정적인 죄였다. 더 이상 무시할 수 없게 되자 그들은 완전히 거부하였다. 밀턴의 실락원에서 사탄이 했던 것처럼 그들은 "악이여, 그대가 나의 선이로다"고 말했다. 예수께서는 그들의 선택을 인정할 수밖에 없었다.

이제는 예수께서 세상에 계시지 않기 때문에 더 이상 그런 죄를 지을 수 없다고 말하는 사람들이 있다. 그러나 바리새인들이 지은 죄는 예수께 대한 것이 아니라(참조. 12:31) 지금 세상에서 활동하고 계시는 성령께 지은 죄이다. 그런 죄는 악을 좋아해서 바로 선을 거절하는 것이다. 복음의 메시지를 듣고서 영혼에 그 메시지를 받아들이기를 결정적으로 거부하는 것이다. 그렇게 하는 것은 구원의 약속을 선과 하나님의 사역으로 보지 않고 오히려 악과 사탄의 활동으로 보는 것이다. 사람은 살아가면서 그런 죄를 범할 수가 있다. 불신앙의 상태로 죽는 것이 그렇게 하는 가장 확실한 방법일 것이다.

B. 확인의 말.

"하나님의 나라가 너희에게 임하였느니라." 이것은 예수님의 추론의 필연적인 결론이다(12:25-30). 예수께서는 바리새인들이 한 말로 바리새인들을 정죄하셨다. 사탄과 결탁한 자 치고 사탄의 종들을 내쫓을 자는 아무도 없을 것이다. 그렇다면 귀신을 쫓아냈다고 하는 바리새인들의 말은 어떻게 된 것인가? 예수께서 사탄의 힘을 받아 일한다면 어떻게 사탄을 이길 수 있겠는가? 따라서 예수께서 사탄의 나라를 쳐부수고 계신다면 예수께서는 지금 하나님 나라를 세우고 계시는 것이다. 그 사실을 부인하는 것은 하나님의 활동을 부인하는 것이다. 그것은 선을 거부하기 위해 의도적으로 의식적으로 마음 먹고 악을 선택하는 것이다.

하나님의 사역은 우리 가운데서 계속되고 있다. 그리스도의 복음이 가는 곳에서는 어디서든지 삶이 변화되고 환경이 변화되기 때문이다. 복음을 기쁘게 받는 사람도 많고 의도적으로 거부하는 사람도 많다. 그리스도에 관해서 사람은 중립적인 입장을 취할 수 없다. 그리스도께서 하나님의 성령을 힘입어 일하신다고 인정하든지 아니면 사탄의 영을 힘입어 일한다고 생각할 수밖에 없다. 그리스도를 무시하는 것은 그리스도를 거부하는 것이다. 그리스도에 대해 아는 것이 많으면 많을수록 죄도 그만큼 더 커진다.

C. 정죄의 말.

"사하심을 얻지 못하리라." 이것은 모든 사람을 용서하시려고 하는 분에게서 나온 생소하고 가혹한 말이다. 그러나 이러한 용서하심을 좌우하는 조건이 몇 가지 있다. 하나님은 죄를 무시하실 수 없다. 또한 사람의 인격을 침해하려고 하시지 않는다.

와 예수께서는 성령을 훼방하는 죄를 사함받지 못하는 죄라고 구체적으로 언급하셨는가? 예수께서는 자신에 대한 견해 차이는 허용하셨다. 사회적 관습이 갖는 속박을 인정하셨다. 그러나 하나님의 성령은 선의 모든 본질적 요소를 지니고 계신다. 따라서 그런 성령을 거부하는 것은 선 대신에 악을 선택하는 것이다. 그것은 확고한 상태이다. 악이 선이 된다면 그 다음에는 선이 악이 된다.

캐롤(B. H. Carroll)은 이에 대해 다음과 같이 설명하였다. 사람이 성부 하나님을 모욕한다면 그래도 성자와 성령은 남아 계신다. 성자 하나님을 모욕한다면 그래도 성령은 남아 계신다. 그런데 성령을 모욕한다면 아무도 남지 않게 된다. 그렇다면 그 사람은 하나님을 일체 거부한 셈이다. 그리스도인은 이런 죄를 지을 수 없다. 불신자들에게 있어 이것은 하나님께 대한 적의가 점차 습관적이 되며 강화되는 최종 결과이다.

마태복음 제13장

살아계신 하나님의 교회

13:45. "또 천국은 마치 좋은 진주를 구하는 장사와 같으니."
13:46. "극히 값진 진주 하나를 만나매 가서 자기의 소유를 다 팔아 그 진주
　　　를 샀느니라."

I. 역사적 배경

본문은 그 "바쁜 날" 오후에 하신 말씀이다. 예수께서는 갈릴리 바닷가에서 무리들에게 일련의 비유를 가르치셨다. 비유는 예수께서 즐겨 쓰시는 교훈 방법 중 하나였다. 전부 합하면 52가지 비유를 말씀하셨다. "비유"란 곁에 두는 것이란 뜻이다. 비유는 하늘의 뜻을 담은 세상 이야기라고 한 사람도 있다. 또 어떤 사람은 비유는 영적 진리를 가져 나르는 손잡이라고 했다. 값진 진주의 비유는 집에서 은밀히 열두 제자에게 말씀하신 것이다 (참조. 마 13:36).

II. 용어 해설

마태복음 13:45. "천국." 천국을 "하나님 나라"와 구별해서는 안 된다. 복음서들을 비교해 보면 이 두 용어가 종종 교대로 사용된다는 것을 알 수 있다. "장사." 여기서 장사란 지방 순회상인, 즉 출장 판매인을 말한다. "구하는." 이 현재 분사는 계속해서 찾는 행위를 나타낸다. "진주." 진주란 단어는 순결을 의미한다.

마태복음 13:46. "만나매." 이 단어는 발견하는 순간 장사가 느낀 흥분을 표시하는 부정과거분사이다. "극히 값진." 그 진주는 크고 둥글며 순수

했기 때문에 값비쌌다. "가서." 문자적으로 하자면 그가 "떠났다"는 뜻이다. 이 부정과거분사는 행동의 즉시성과 신속성을 나타내는 부정과거분사이다. "팔아." 헐몬산이 완료시제는 장사가 과거에 쌓아둔 모든 것을 완전히 다 팔아버렸다는 뜻을 담고 있다. 그가 가지고 "있었던"(all that he had, 한글개역에서는 '자기 소유의'로 번역되어 있다)에서 "있었던"은 과거에 지속되었던 행위를 표시하는 미완료시제이다. "샀느니라." 이 부정과거시제는 결정적인 단 한 번의 구매 행위를 가리킨다. 그것은 시장에서 사는 행위를 의미한다. 다른 곳에서처럼 여기에서 쓰이는 헬라어 시제는 이야기를 생생하게 전달하는 효과가 있다.

III. 교리적 의의

여기에서는 교회의 가치와 교회를 위해 치르는 대가를 볼 수 있다. 교회를 이루는 데 있어 하나님께서 보이는 열심에 유의해야 한다. 하나님의 나라는 다른 모든 가치보다 뛰어나다.

IV. 실천적 목표

구속은 인간 활동의 산물이 아니라 하나님 은혜의 선물이라는 진리를 부각시키는 것이다. 예수 그리스도의 교회를 어떻게 보아야 하는지를 가르쳐 주는 것이다.

V. 설교 개요

제목: "살아계신 하나님의 교회."

도입부

한 가지 비유는 많은 진리가 아니라 한 가지 진리를 가르치기 위해 말씀하신 것이다. 비유에서 온갖 세세한 내용을 주장하면 비유의 교훈을 놓치게 된다. 이 일련의 비유는 천국이라는 보석으로부터 찬란한 많은 견해들을 계시한다. 그러나 본문에서 다루고 있는 비유는 바로 천국과 관계가 있다. 천국은 정치적 실체가 아니다. 외적인 형태를 띠고 있는 것도 아니다. 천국은 내적 상태이다. 천국은 하나님의 우주에서 이루어지는 하나님의 통치이다. 그런데 명확하게 말하자면 성경에서 예수께서는 천국을 사람들 마음 속에서 이루어지는 하나님의 통치로 보신다. 이 비유에는 장사가 나오고 진주와 값이 나온다.

A. 장사.

"구하는 장사와 같으니." 여기에 나오는 장사는 진주조개잡이나 시장에 가서 제품을 살펴 보고 그중 가장 좋은 것을 사서 돌아다니며 진주를 파는 상인이다. 그러면 이 장사는 누구인가? 그 사람은 천국을 구하는 사람이라고 보는 사람이 있다. 이런저런 면에서 사람은 유토피아를 찾고 있다. 유토피아를 찾는 사람의 접근 방법에는 여러 가지가 있는데, 경제를 통한 방법, 문화나 종교를 통한 방법 등이 있다. 이런 모든 방법을 다 써 보아도 하나님께 대한 갈망은 채워지지 않는다. 이 일의 주도권은 사람에게 있지 않고 하나님께 있다고 성경은 가르친다(참조. 창 3:9; 요일 4:9-10). 사람의 갈망은 하나님의 활동에 대한 반응으로 나온 것이다.

이 장사는 예수님이시다. 예수께서는 온 우주를 뒤지시다가 "진주 하나"를 만나셨다. 진주를 발견하자 그 진주를 얻기에 필요한 일을 행하셨다. 이 사실에서 성육신의 의미를 찾을 수 있다(참조. 요 1:11-12). 예수께서는 자기 자신을 찾으신 것이 아니라 다른 존재를 찾으셨다. 극히 값진 진주는 왕들만 달고 다녔다. 따라서 예수께서는 왕이신 하나님께 드릴 만한 것을 찾고 계신다는 것이다. 예수께서 진주를 구하는 진지한 목적이 어떤 것인지 유의해야 한다.

B. 진주.

"진주 하나." 이 진주는 모양이 완벽하고 순도가 높고 다른 어떤 진주보다도 아름답기 그지 없다. 왕만이 달고 다닐 수 있을 만한 것이다. 유대인들은 진주를 별로 가치 있게 여기지 않았지만 이방인들은 그렇지 않았다.

예수께서는 천국을 이 진주로 비유하였다. 천국은 모든 시대의 구속받은 자들로 이루어진 예수 그리스도의 교회이다. 천국이야말로 이 시대의 최고 가치이다(참조. 계 21:2).

예수께서는 이 진주를 알아보셨다. 진주를 발견하고서는 계시하셨다. 이 진주는 비밀이다. 천국은 비밀이다. 복음도 비밀이다(참조. 엡 3이하). 그런데 그 비밀을 계시하는 것이 이 시대의 목적이다(참조. 엡 3:10). 그리고 그 비밀은 이 "진주"를 찾아 값을 매기는 상인이신 그리스도 안에서 의미를 갖는다.

C. 값.

"샀느니라." 그 장사꾼은 "가서 자기의 소유를 다 팔아 그 진주를 샀다." 예스께서 "하나님의 교회"를 사기 위해서는 모든 것을 바쳐야 하셨다(행 20:28).

장사꾼이 진주를 발견했을 때 느낀 감격에 유의해야 한다(참조. 마 13:46, "만나매," 부정과거분사; 히 12:2, "즐거움을 위하여"). 예수께서는 하늘에서 내려와 "가서" 진주를 사셨다. 자기가 "가지고 있던"(과거의 연속적인 행위를 나타내는 미완료 시제; 참조. 빌 2:68; 요 17:5) 것을 다 "팔았다"(결정적이고 영구한 판매행위를 나타내는 완료 시제). 그리고 "샀다"(결정적인 거래 행위를 나타내는 부정과거; 참조. 히 9:12; 히 10:10). 히브리서 두 구절에 나오는 "단번에"란 왕께 "단 한 번에" 바친다는 뜻이다(참조. 고전 15:24-28). 그렇게 하면 하나님을 영화롭게 할 것이고 영원히 하나님의 영광을 드높이게 될 것이다. 그리스도인은 바로 지금 그와 같이 해야 한다.

마태복음 제14장

배고픈 무리

14:15. "… 제자들이 나아와 가로되 … 무리를 보내어 마을에 들어가 먹을
것을 사 먹게 하소서."
14:16. "예수께서 가라사대 갈 것 없다 너희가 먹을 것을 주어라."
14:17. "제자들이 가로되 여리 우리에게 있는 것은 떡 다섯 개와 물고기 두
마리뿐이니이다."
14:18. "가라사대 그것을 내게 가져오라 하고."

I. 역사적 배경

이때는 예수께서 십자가에 못박히시기 꼭 일년 전이다(요 6:4). 장소는
갈릴리 바다 동쪽 해안에 있는 벳새다 근처이다(눅 9:10). 이곳은 헤롯 안
디바의 동생인 빌립의 영지 내였다. 헤롯 안디바가 예수님을 죽은 자 가운
데 살아난 세례 요한으로 본 것(마 14:2) 때문에 예수께서 헤롯의 통치
지역인 갈릴리에서 물러나오게 되었는지도 모른다(참조. 마 14:12-13). 사
실 이번은 A.D.29년 늦은 봄과 여름, 초가을 동안에 네 번에 걸쳐 갈릴리
에서 물러나신 일 중 첫번째이다. 이처럼 여러 번 갈릴리에서 물러나신 것
은 아마도 헤롯 안디바의 적의와 바리새인들 사이에 점점 커지는 적의, 백
성들의 열광적인 태도, 열 두 제자를 은밀히 가르칠 필요성, 여름 더위를
피해 쉬고 싶은 생각 등 때문이었을 것이다. 물러나실 때는 예수께서 헤롯
의 영지를 벗어나 그때마다 산으로 들어가시곤 했다는 사실을 유의해야
한다. 5천명을 먹이신 기사는 4복음서 기자들 모두 기록하고 있다. 이 사
건은 예수님에 대한 백성들의 인기에 있어서 전환점이 되었다(14:22-23;

참조. 6:14-15).

II. 용어 해설

마태복음 14:15. "저녁." 이때는 아마도 두 "저녁" 중 첫번째 저녁으로 오후 3시쯤일 것이다. "빈들." 이곳은 근처에 촌락만 조금 있는 외딴 곳이었다. "보내어." 이 말은 부정과거 명령형이다. "곧 보내어." "가." 이 말은 "즉시로 떠나가"라는 뜻을 나타내는 부정과거 분사이다. 시간이 얼마 없었기 때문이다. "사다." "사다"는 부정과거 가정법으로 "저들이 즉시 살 수 있도록 하다"는 뜻이다.

마태복음 14:16. "그러나"(한글개역에는 번역되어 있지 않다)라는 말은 예수님의 태도가 제자들과는 다름을 보여준다. 갈 것 "없다"는 말은 헬라어에서 강조형으로 쓰였다. "주어라"는 15절의 "보내어"와 같이 부정과거 명령형이다. 제자들은 "무리를 보내어"라고 말했지만 예수께서는 그와 반대로 "너희가 먹을 것을 주어라"고 하셨다. 문자대로 하자면 "먹을 것을 너희가 주어라"이다. "무리에게 너희가"에 강조점이 있음을 유의해야 한다.

마태복음 14:17. "이에"(and, 한글개역에는 번역되어 있지 않다)라는 말보다는 16절과 똑같이 대조의 효과를 내는 "하지만"(but)이라는 말이 더 나은 번역이다. 14절에서처럼(한글개역에는 번역되어 있지 않다) "이에"는 한 단어이다(카이). 15-18절은 "하지만"(데)라는 말로써 시작된다. 이것은 대조를 뜻하는 반의접속사이다. "가로되"는 현재 시제로서 제자들이 "계속해서 이야기한다"는 말이다. "떡 … 물고기." 이것은 보잘것 없는 보리빵과 말린 작은 생선이었다.

마태복음 14:18. "가져오라." 이것은 명령형 용법으로 제자들에게 내리신 분부이다. 여기서 "그것을"이란 무리가 아니라 음식물을 가리킨다.

III. 교리적 의의

이 사건은 그리스도를 따르는 사람들에게 지워진 책임이 어떤 것인지 부여주고 있다. 그리스도의 제자들은 굶주린 사람들을 먹여야 한다. 제자들이 속수무책으로 우물쭈물하는 모습과 예수님의 능력 있는 모습에 유의하라.

IV. 실천적 목표

그리스도인들이 일반 무리에 대한 봉사에서 실패하는 것에 대해 잘못을 일깨워 주는 것이다. 예수께서는 제자들을 용서하지 않고 꾸짖으신다. 우리의 가진 것이 보잘것 없을지라도 그리스도의 손에 들어가면 충분해진다.

V. 설교 개요

제목: "배고픈 무리."

도입부

예수께서 타신 작은 배가 바다로 나가자 무리는 예수님의 행선지를 눈치채고 호수 북쪽 끝으로 달려가 저편에서 예수님을 만났다. 예수께서 불쌍히 여기사 "병인을 고쳐 주셨다"(14:14). 이 일은 예수께서 행하신 기적의 사역이었다. 그러나 군중들은 다른 사역을 원하였다. 이 사실은 사람들이 영적 음식을 더 갈망한다는 것을 보여준다. 그 이후에 전개된 상황의 특징을 말하자면 관심, 망설임, 충분함이라고 할 수 있다.

A. 열 두 제자의 관심.

"제자들이 나아와." 제자들이 사람들의 곤궁한 상황에 진심으로 관심이 있었다는 사실을 부인할 수는 없을 것이다. 제자들도 예수님처럼(14:14) 무리를 불쌍히 여겼다. 사람들이 시장해 있었기 때문에 제자들이 사람들에게 음식을 먹이고 싶었다. 그 때와 장소로 보아 무슨 일인가를 해야 했다. 그래서 제자들은 예수님께 문제를 가져갔다. 가져가긴 했지만 예수께 어떤 지시를 바라지는 않았다. 오히려 예수께 지시하였다. 여기서 "보내어"라는 명령형을 쓴 사실에 유의하라. 제자들은 예수께 구하기보다는 명령하려 들었던 것이다.

그리스도인들은 대개 약한 사람들에게 관심을 보인다. 그래서 그런 사람들을 구원하고 먹을 것을 주려고 한다. 그런데 흔히는 하나님 말씀의 명령을 따르기보다는 자신의 아이디어를 가지고 간다. "왜 하나님께서 무슨 조처를 취하지 않지?"하고 그들은 묻는다. 이들은 "내가 할 수 있는 일이 뭐지?"하고 묻는 일이 좀처럼 없다. "주님, 주께서 하시고자 하는 일을 제가 해야 합니까?"하고 묻는 일은 더더군다나 없다. 이들은 답은 이미 받아 가지고 있다. 그러나 하나님께 물어볼 준비는 되어 있지 않다.

B. 열 두 제자의 망설임.

"우리에게는 … 뿐 이니이다." 제자들은 자기들이 사용할 수 있는 수단이 있음을 깨닫지 못했기 때문에 망설였다. 그러므로 제자들이 낸 제안과 그에 대한 예수님의 답변을 유의해 보라.

(1) "무리를 보내어." 사람들을 자기들에게서, 그리고 예수님에게서 떠나보내라는 말이다. 사람들에게 다른 곳에 가서 양식을 찾아보도록 하라는 것이다. 제자들은 자신들의 책임을 벗어버리려고 하였다.

(2) "마을에 들어가." 이 말은 다른 곳에서 도움을 청해 보도록 하라는 말이다. 즉 정치적 · 문화적 · 경제적 · 정신의학적 수단이나 일반 시민에게서 도움을 얻도록 하라는 것이다. 물론 그것들도 그 나름의 위치가 있지만 인간의 가장 깊은 필요를 충분히 채워주지는 못한다.

(3) "먹을 것을 사 먹게." 이 말은 예수님이나 그 제자들의 사역과 상관없이 스스로 수단을 강구해 보라는 것이다.

(4) "갈 것 없다 너희가 먹을 것을 주어라." 예수 그리스도의 교회는 사람들의 영적 굶주림을 해결할 수 있는 충분한 식량을 사용할 수 있다. 예수님의 명령은 교회가 자신의 의무를 이행해야 한다는 것이다.

C. 그리스도의 충분하심.

"그것을 내게 가져오라." 제자들은 가지고 있는 것을 예수께 가져갔다. 예수님의 능력으로 그것은 넘치도록 충분해졌다(14:19-21; 참조. 사 55:1-2). 예수님을 떠나서는 아무도 흡족할 수 없다. 하지만 예수 그리스도 안에서는 모든 것이 가능하다(참조. 빌 4:13). 봉사의 순서에 유의해야 한다

(14:19). (1) 제자들은 가지고 있는 것을 예수께 가져왔다. (2) 제자들이 가져 온 것을 예수께서 축복하시고서 나누어 주셨다. (3) 예수께서 먼저 제자들에게 몫을 나누어 주셨다(참조. 고전 12장). (4) 제자들이 사람들에게 주었다. (5) 사람들이 먹고 배불렀다. (6) 남은 것이 처음 가지고 있던 것보다 많았다. 신앙인은 거저 주면 줄수록 더 많이 갖게 된다.

마태복음 제15장

하나님 나라의 가치 기준

15:2. "당신의 제자들이 어찌하여 장로들의 유전을 범하나이까 떡 먹을 때에
　　　손을 씻지 아니하나이다."

15:3. "너희는 어찌하여 너희 유전으로 하나님의 계명을 범하느뇨?"

15:11. "입으로 들어가는 것이 사람을 더럽게 하는 것이 아니라 입에서 나오
　　　는 그것이 사람을 더럽게 하는 것이니라."

I. 역사적 배경

때는 A.D.29년 늦 여름이다. 장소는 갈릴리로 아마도 가버나움에 있는 게네사렛일 것이다(마 14:34). 예수께서는 5천명을 먹이신 호수 동쪽 편에서 돌아오셨다. 예루살렘에서 온 바리새인들이 예수님을 반대하였다. 바리새인들의 비난이 점점 더 노골적이 되어간다는 사실에 유의해야 한다. 이미 이들은 헤롯당원들과 손을 잡았다(참조. 12:14; 막 3:6). 곧 사두개인들도 예수를 사형에 처하려고 하는 일에 자기들의 대적과 손을 잡을 것이다(마 16:6). 이 세 그룹간의 불화가 예수께 대한 공동의 증오에서는 사라져 버렸다.

II. 용어 해설

마태복음 15:2. "범하다." 이 단어의 뜻은 '곁을 걷다' 혹은 '빗나가다'이다. 현재 시제로 쓰였는데, 이는 반복되는 행위를 나타낸다. 이들은 예수께서 제자들이 죄짓도록 내버려둔다고 비난하였다. "유전." 이 단어는 과거의 "장로들"이 말하자면 권위 있는 것으로 전해 준 것이라는 말이다. 여기

서 손을 씻는 것은 신체적 청결을 위해서가 아니라 외적 의를 위한 종교적 의식이었다. 십타(Shibta)라고 하는 귀신이 사람이 잠들어 있는 동안 손에 앉아 있는다고 장로들은 말했다. 따라서 손을 씻지 않는다는 것은 그 귀신이 음식으로 옮겨가고 그 다음에는 사람의 몸으로 옮겨간다는 것을 의미하였다. 그런 가르침은 구약 어디에서도 찾아볼 수 없다.

마태복음 15:3. "하나님의 계명." 대조되는 두 가지 사실에 유의하라. 예수께서는 바리새인들이 구전으로써 하나님의 계명을 대신하는 죄를 짓는다고 꾸짖는다. 바리새인들의 관행에서는 유전이 하나님의 계명을 대신하였다.

마태복음 15:11. "더럽게 하다." 이 단어의 의미는 "비속하다"는 것이다. 여기서는 깨끗지 못하다는 나쁜 의미로 사용되었다(참조. 행 10:14). 예수께서는 부정한 음식을 부정한 말이나 태도와 대비시킨다. 더럽혀진다는 것이 유대인 의식주의자들에게는 심각한 문제였다. 이 이하의 말씀은 무리들에게 하신 것이었다(15:10).

III. 교리적 의의

본문에서는 의식상의 의와 참된 의가 대비된다. 사람은 겉으로는 옳지만 속으로는 그릇될 수가 있다. 사람들의 전통이 하나님의 계명을 대신해서는 안 된다.

IV. 실천적 목표

듣는 사람들에게 삶의 의에 반대되는 하나님 나라 의의 성격을 감명깊게 새겨 주는 것이다. 사람은 겉모양을 보지만 하나님은 마음을 보신다.

V. 설교 개요

제목: "하나님 나라의 가치 기준"

도입부

예수님의 종교는 바리새인의 종교와 정반대가 된다. 예수께서는 자신의 가르침을 바리새인의 가르침에 맞추어 타협하길 거부한 탓으로 십자가에 못박히시게 되었다. 나쁜 의미에서 전통은 언제나 영적 신앙과 충돌한다. 이때의 충돌은 다음과 같은 두 가지 차이로 인해서 생긴다. 즉 전통은 사람의 관습에 근거를 두고 있고, 영적 신앙은 하나님의 계명에 근거를 두고 있기 때문이다. 전통은 외적이고, 영적 신앙은 내적인 것이다. 이러한 대조는 관습, 충돌, 정결이라는 말로써 설명할 수 있을 것이다.

A. 관습의 힘.

"장로들의 유전." 사람은 습관, 관습 혹은 전통의 산물이다. 습관, 관습 혹은 전통이 좋을 수도 있고(참조. 고전 11:2, 여기서 말하는 "유전"은 전통을 뜻한다) 나쁠 수도 있다(참조. 마 15:3). 많은 행위가 단순한 활동에서 습관이나 관습 혹은 전통으로 발전한다. 이런 것들은 그 자체로 좋을 수도 있고 나쁠 수도 있다. 본문에서처럼 때로는 그런 것들이 미신에서 생겨나기도 한다. 사회 어떤 영역에서든 이런 것을 찾아볼 수 있다. 이런 것들은 본래 금기사항들이다. 흔히 이런 것은 종교적 분위기를 띠고 있다. 그런 경우에는 그것들이 진정한 영적 경험을 억제하게 된다. "누구나 그렇게 하고 있다"고 해서 그것이 옳은 것은 아니다. 오히려 그것이 틀린 경우가 더 많다. 어떤 행위의 기초가 전통뿐이라면 그 자체로는 좋을지라도 한 번쯤 의심해 보는 것이 좋을 수 있다.

B. 관습과 계명의 충돌.

"너희 유전으로 하나님의 계명을 범하느뇨?" 성경에는 하나님의 계명이 많이 있다. 계명 자체는 좋은 것이다. 그러나 계명을 하나의 관습으로 지킬 때는 나쁜 것이 된다. 사탄은 좋은 것을 가지고 나쁘게 만드는 일을 한다. 순전히 관습으로서 예배를 드린다면 그 본질적인 의미가 상실된 것이다. 성경읽기, 기도, 교인등록 등의 일도 그와 같이 볼 수 있다. 이런 것은 많은 예 가운데 일부에 불과할 뿐이다(참조. 요 4:20-24; 5:39-40).

전통을 위한 전통과 하나님 말씀의 살아있는 영적 의미 사이에는 항시 충돌이 생긴다. 고르반이라는 관습(마 15:4-6)과 공허한 종교 관습(마

15:7-9)을 생각해 보라. 고르반이라는 관습에서는 "약속 있는 하나님의 계명"을 어기는 것이고, 공허한 종교 관습에서는 예배 전체를 헛되게 만드는 것이다. 상투적인 종교 습관은 어떤 것이든 하나님 말씀의 가르침과 모순된다. 외적 형식만으로는 충분치 않다. 참된 신앙이 되려면 마음과 의지라는 깊은 속에까지 이르러야 한다. 이 태도에 의해서 행위의 정당성이 결정된다.

C. 참된 정결.

"그것이 사람을 더럽게 하는 것이니라." 바리새인들은 사람에게 들어가는 것이 사람을 더럽게 한다고 보았다. 그래서 손을 씻는 그들의 유전이 생긴 것이다. 바리새인들이 관심을 갖고 있었던 것은 신체상 정결이 아니라 의식상 정결이었다. 원래 그 유전은 미신이었다. 예수께서는 간단한 한 가지 예를 들어 그런 생각을 일축하셨다. 참된 정결은 내적인 것이다.

바리새인들의 이런 태도는 지금까지도 널리 퍼져 있다(참조. 마 23:25-28). 겉을 꾸미고 치장하는 것으로는 충분치 않다. 예배하는 자들이 옷을 잘 차려 입고 예배당에나 다른 곳에 가는데, 그들의 마음 태도는 어떤가?

사람에게서 나오는 것이 그 사람의 속상태가 어떠함을 보여준다(참조. 마 15:18-20).

마태복음 제16장

예수 그리스도는 누구신가?

16:13. "사람들이 인자를 누구라 하느냐?"
16:15. "너희는 나를 누구라 하느냐?"
16:16. "주는 그리스도시요 살아 계신 하나님의 아들이시니이다."

I. 역사적 배경

이 사건은 예수께서 네번째이자 마지막으로 갈릴리에서 물러나셨을 때 일어났다. 때는 아마도 A.D.29년 9월 하순 경이었을 것이다. 장소는 팔레스타인 북쪽에 있는 헤르몬산 지역의 가이사랴 빌립보 근처이다. 이 곳은 헤롯 빌립의 영지였다. 그래서 바닷가에 있는 가이샤랴와 구별하기 위해 가이사랴 빌립보라는 이름이 붙여졌다. 문자적으로 하자면, "가이사랴, 빌립의 땅"이라는 뜻이다. 이 곳은 원래 파네아스(Paneas)라고 불렸다. 이 곳은 우상숭배의 중심지였다. 오늘날까지도 우상숭배를 했던 신전과 제단의 잔재들을 볼 수 있다. 이 지역에서 헤롯 대왕은 아우구스투스 황제에 신전을 지어 바치고 황제 숭배를 하도록 했다. 열 두 제자에게 시험 시간이 왔다. 이 곳은 그런 시험을 치르기에 더없이 좋은 곳이었다.

II. 용어 해설

마태복음 16:13. "하느냐?" 이 말은 예수께 대한 의견이 가지각색이라는 것을 나타내는 현재 시제이다. "인자." 이 용어는 예수께서 자신을 지칭할 때 즐겨 쓰신 말이다. 에스겔도 여러 번 자신에 대해 이 용어를 썼다. 다니엘 7:13의 말씀을 유의해 보아야 한다. 예수께 대한 이 호칭이 여기서 나왔을 것이다. 이 용어는 분명히 메시야를 가리키는 말이다. 신약 성경에서 이 용어는 요한복음 12:34(예수의 말을 인용하는 가운데 사용했다)과 사도행전 7:56을 제외하고는 예수님만이 사용하였다.

마태복음 16:15. "너희는 누구라 하느냐?" 헬라어 원문에서 "너희는"이라는 말은 강조의 용법으로 쓰였고 동사에도 그 의미가 포함되어 있다. 말 그대로 하자면, "그러나 너희는, 너희는 나를 누구라 하느냐?" 이다.

마태복음 16:16. "대답하여." 이는 부정과거분사로서 명백한 공언을 뜻한다. "주는"이란 강조 어법이다. 그것은 대답의 첫마디이다. "그리스도." 이것은 '그 기름부음 받은 자'를 뜻하는 히브리어 "메시야"를 헬라어로 옮긴 말이다. 헬라어 원문에서는 정관사가 네 곳에 나온다는 점을 유의해야 한다. 문자적인 뜻은 "주는 그 그리스도 곧 그 살아계신 분 유일하신 하나님의 그 아들이십니다"(Thou art the Christ the Son of the God the living)이다. 정관사 하나마다 특정한 뜻을 지니고 있다. "그 살아계신 유일하신 하나님"이란 표현은 그 곳에 많이 널려 있었던 죽은 신들의 석상과 대조가 된다.

III. 교리적 의의

이 베드로의 고백에서 예수님의 인성과 신성을 볼 수 있다. 베드로는 그리스도를 사람이요 하나님이라고 고백하고 있는 것이다. 사람들의 의견은 구구각색일 수 있지만 아버지 하나님의 계시는 분명하다.

IV. 실천적 목표

그리스도를 인성과 신성을 지니신 분으로 소개하는 것이다. 본질상 그리스도는 신인으로서, 이는 "그리스도" 혹은 "메시야"라는 말에 풍부하게 들어 있는 소망이 성취된 것이다.

V. 설교 개요

제목: **"예수 그리스도는 누구이신가?"**

도입부

조금 전까지만 해도 무리들이 예수께 갈채를 보냈지만, 얼마 후에는 폭도들이 예수님을 버릴 것이었다. 예수께 대한 열 두 제자의 이 확신은 어떤 것인가? 제자들이 이 폭도들의 소동을 막을 수 있을까? 예수께서 무리에게 버림을 받고 매맞고 십자가에 못박히는 것을 보고서도 제자들이 굳게 서 있을 수 있을까? 기독교의 장래가 그들에게 걸려 있다. 예수께서 그들을 가르치셨지만 그들이 교훈을 배웠는가? 그 당시 제자들은 예수의 말씀과 사명을 이해하였는가? 예수님의 이 시험에서 대중의 견해와 제자들의 개인적인 확신, 영구한 가치를 볼 수 있다.

A. 대중적인 견해에 따른 답변.

"사람들이 누구라 하느냐?" 아마도 열 두 제자는 절기 때 그러듯이 갖가지 우상과 제단을 살펴보며 그것들을 하나씩 맞춰보고 있었을 것이다. 그때 예수께서 끼어들며 한 가지 질문을 하셨다. "사람들이 나를 누구라 하느냐?" 이에 제자들이 이런저런 대답을 하였다. 이때 제자들이 귀신들렸다느니 미친 사람이니 하는 말은 사려깊게 꺼내지 않은 점에 유의해야 한다. 그 대신에 세례 요한이니 엘리야나 예레미야 혹은 다른 선지자라는 좀 더 칭찬하는 대답을 했다. 이런 답변이 기존 정부나 제도적인 종교, 대중의 짐작에서 나오는 말들임을 유의해야 한다.

사람들은 예수님에게서 여러 가지 모습을 보았다. 설교하는 모습, 열정, 애통해 하는 모습, 가르치는 모습 등을 보았다. 이것은 예수님을 몇 가지 특정한 범주로 이해하는 잘못이다. 여전히 사람들은 예수님이라는 분의 한 측면을 강조하고 다른 모든 측면은 무시하곤 한다. 그렇게 하는 가운데 사람들은 예수님 말씀의 의미와 사명의 참 모습을 놓치는 것이다.

B. 개인적인 확신에서 나온 답변.

"너희는 누구라 하느냐?" 베드로가 열 두 제자를 대표해서 대답했다. 제자들은 위에서 말한 부분도 보았지만 그 이상의 것도 보았다. 그들이 보고 있는 것은 논리적인 결론이 아니라 하나님의 계시에서 나온 확신이었다

(16:17). 제자들은 가까이서 함께 지내면서 예수님이라는 분의 많은 면을 지켜 보았다. 하나님의 인도를 받아 이들은 바른 답변에 이르른 것이다. 객관적이고 임시적인 이유가 개인적이고 지속적인 경험을 대신하지 못한다.

C. 영구한 가치의 본질.

"그리스도시요 살아계신 하나님의 아들이시니이다." 그리스도에게는 여러 가지 측면이 있다. (1) 인자: 인간의 대표자로서 지상 사역과 수난, 재림의 면을 나타내고 있다(참조. 마 8:20; 9:6; 11:19; 12:40; 17:9, 22: 20:18; 13:41; 24:27, 30). (2) 그리스도: 영원하신 하나님으로서 영원한 구속의 목적을 이루신다(참조. 엡 3:11), 고난받는 종(참조. 이사야), 영원한 하나님 나라(참조. 고전 15:22-28). (3) 살아계신 하나님의 아들: 사람의 몸을 입으신 하나님(참조. 요 1:1,14; 참조. 마 1:21-23). 예수님은 역사 속에서 살다간 죽은 인물이 아니라 지금 살아계신 하나님의 아들이시다.

이 영구한 진리들은 1세기와 마찬가지로 오늘날도 몹시 필요하다. 하나님께서 염려하신다. 하나님께서 영구한 목적 때문에 시간 속에 들어오셨다. 사람의 아들이자 하나님의 아들이신 그리스도께서 시간 속에 들어오신 것이다. 사람들은 예수님을 여러 가지로 볼 수 있을지라도 예수 그리스도는 여전히 살아계신 하나님의 사랑하시는 아들이시다. 예수 그리스도는 역사의 시초이자 목표이시다. 그만이 사람의 유일한 구주이시다.

마태복음 제17장

유일무이한 구주

17:2. "저희 앞에서 변형되사 그 얼굴이 해같이 빛나며 옷이 빛과 같이 희어
　　　졌더라."
17:3. "때에 모세와 엘리야가 예수로 더불어 말씀하는 것이 저희에게 보이거
　　　늘."
17:5. "이는 내 사랑하는 아들이요 내 기뻐하는 자니 너희는 저의 말을 들으
　　　라 하는지라."
17:8. "오직 예수 외에는 아무도 보이지 아니하더라."

I. 역사적 배경

　때는 A.D.29년 9월 하순 장막절 직전이었다. 마태복음 17:13의 사건 후
일주일이 지나서(참조. 마 17:1; 눅 9:28), 예수께서 베드로, 야고보, 요한
을 더리고 헤르몬산에 올라가셨다(참조. 막 5:37; 마 26:37). 그 곳에서 예
수님의 모습이 변하셨다. 마태복음 16:16의 고백이 있은 후 베드로와 나머
지 제자들은 불과 6개월 뒤에 있을 십자가에 대해 제대로 이해하고 있지
못함을 드러냈다(마 16:21-23). 어둠이 다시 한 번 예수님 위에 드리웠다.
캠벨 모간(G. Campbell Morgan)은 이 기간에 예수님과 열 두 제자의
사이에 소원한 분위기가 있다고 본다. 변화산 상의 사건은 이런 분위기를
해소하기 위해 일어났다.

II. 용어 해설

　마태복음 17:2. "변형되사." 헬라어로 "변형되었다"는 말이다. 이것은 형
태가 변하였다는 뜻이다. 이 단어에 대해서는 로마서 12:2을 보라("변화를

받아"). 고린도후서 3:18도 참조하라("형상으로 화하여 영광으로 영광에 이르니"). 모세의 얼굴에서 빛이 비치는 것에 대해서 이 단어가 사용되었다(참조. 막 9:2-3; 눅 9:29).

마태복음 17:2. "모세와 엘리야." 이 두 사람은 구약의 계시인 율법과 예언을 상징한다. 예수와 함께 율법과 선지자와 은혜를 보아야 한다. 모세나 엘리야나 모두 특이한 상황에서 이 세상을 떠났다. "말씀하는 것이." 이것은 반복적인 행위나 대화를 나타내는 현재 분사이다. 누가복음 9:31에서는 이들이 "예수의 별세하실 것에 대해서" 혹은 이 세상을 떠나실 것에 대해서 말했다고 쓰고 있다. 여기에는 예수님의 죽으심, 부활, 승천이 포함된다.

마태복음 17:5. "빛난 구름." 순식간에 헤르몬산 위에 그와 같은 구름이 생겼다. "빛난"이란 쉐키나의 영광 혹은 하나님의 면전을 뜻한다(참조. 민 9:15). "내 사랑하는 아들." 이 말씀은 예수께서 세례받으실 때에 들었던 것과 같은 확정하는 말씀이다(마 3:17). "너희는 저의 말을 들으라." 예수께서 자신의 죽음에 대해서 말씀하시는 순간에도 그의 말을 들으라는 것이다. 이 말씀은 베드로와 그밖의 제자들에 대한 심한 책망이다. "들으라"는 현재 명령법으로 하나님의 명령이다. "계속해서 저의 말을 들으라"는 것이다.

마태복음 17:8. 말 그대로 하자면 "예수 외에는 아무도 없었다"는 것이다. 모세와 엘리야는 사라지고 예수님만 남아 계셨다.

III. 교리적 의의

본문에서는 그리스도의 대권을 볼 수 있다. 그리스도만이 구원하는 일을 하실 수 있는데, 그의 "떠나심"으로써 구원하실 수 있다. 옛 계시는 새 계시에 흡수된다. 예수께서는 신인으로서 구속의 무대에 홀로 서 계신다. 다른 어떤 누구와도 예수님을 나란히 놓는 것은 죄이다.

IV. 실천적 목표

예수님을 하나님의 구속 목적을 성취하시는 완전한 하나님이시자 사람으로 소개하는 것이다. 어떤 누구도 예수께 자리를 양보해야 한다. 사람들이 예수님에 대해 뭐라고 말하든지 예수께서는 지금도 여전히 하나님을 기쁘시게 하고 계신다.

V. 설교 개요

제목: **"유일무이한 구주**."

도입부

예수께서는 이미 돌아설 수 없는 지점에 이르셨다. 제자들은 이해하지 못하였을지라도 예수께서는 이해하셨고 하늘도 이해하였다. 예수님 뒤에는 무리들의 버림이 있고, 현재는 열 두 제자의 운명이 걸려 있고, 앞에는 십자가에 이르는 고난의 길이 놓여 있다. 그러나 최근의 사건들로 인해 그 문제가 가리어졌다. 십자가에 못박히시기 여섯 달 전인 지금 제자들은 그 사건을 받아들일 준비가 되어 있지 않다. 다시 한 번 사탄은 예수께서 십자가에서 벗어나게 하려고 한다(참조. 마 16:23). 하나님이시기 때문에 예수께서는 미래를 아신다. 또한 사람이시기 때문에 예수께서는 잠시 낙망하신다. 따라서 변화산상의 사건은 열 두 제자뿐 아니라 예수님의 유익을 위한 것이기도 하였다. 이 사건의 특징은 변화, 대화, 확인으로 요약할 수 있을 것이다.

A. 예수의 변화.

"저희 앞에서 변형되사." 이 변화의 모습에서 예수님은 사람이자 하나님으로 나타난다. 사람이시기 때문에 예수께서는 형체를 가지셨고 의복을 입으셨으며 실망을 느끼셨다. 하나님이시기 때문에 변형되셨다. 그 빛은 밖에서 비추는 것이 아니었다. 예수님의 신성이 속에서부터 빛을 비추는 것이었다. 캠벨 모간은 그리스도의 신성의 심지가 갑자기 환하게 올라온 것이라고 말한다. 예수께서는 온전한 사람이셨다. 예수께서 조금이라도 온전하지 못했다면 이 갑작스런 신성의 빛에 죽고 말았을 것이다.

완전한 신이시며 완전한 사람이신 신인이 여기 계신다. 예수께서 "갈보리의 보좌"에서 영광을 받으셨듯이 "헤르몬산의 밝은 빛"에서 영광스러우셨다. 여기서 우리는 "아버지의 독생자의 영광"을 보게 된다(요 1:14).

B. 구주와 그 종들의 대화.

"모세와 엘리야가 예수로 더불어 말씀하는." 성경 다른 곳에서도 긴박한 순간에 천사들이 예수님의 시중을 들었다(참조. 마 4:11; 눅 22:43). 여기서는 왜 천사들이 시중을 들지 않았는가? 모세와 엘리야는 어떻게 된 것인가? 모세와 엘리야, 예수님의 관계에 유의해야 한다. 즉 시내산, 갈멜산, 갈보리의 관계를 생각해 보아야 한다. 모세는 율법을 대표하고, 엘리야는 예언을 대표하며, 예수는 은혜를 대표한다. 율법과 예언은 은혜에서 성취를 보았다. 모세와 엘리야는 옛 언약을 상징하고, 예수님은 새 언약을 상징한다. 모세와 엘리야는 그리스도께 대한 믿음을 미리 봄으로써 구원받은 구약 성도들을 대표한다.

왜 이 두 사람이 예수님의 '별세하실 것'에 대해 이야기하였는가? 이들의 얘기에는 예수께서 자기를 믿는 모든 자를 구원하시기 위해 해야 할 일이 들어 있었다. 또 율법과 죄, 은혜에 대한 이야기도 했다. 비도덕적인 존재인 천사들은 이런 말을 알아들을 수가 없었다. 그래서 모세와 엘리야만 이 자리에 있었던 것이다. 이들은 예수께 무슨 이야기를 했는가? 이들은 하늘의 계획을 확인하였다. 예수님의 별세가 이루어지지 않는다면 믿음으로 죽은 사람들이 구원받지 못할 것이다. 하늘은 텅비고 지옥은 만원을 이룰 것이다. 용기를 얻은 예수께서는 "예루살렘을 향하여 올라가기로 굳게 결심하셨다"(눅 9:51).

C. 아버지 하나님의 확인.

"내 사랑하는 아들이요 너희는 저의 말을 들으라." 베드로가 대화에 끼어들어 장막 셋을 짓자고 제안하였다. 이때는 장막절이 얼마 남지 않은 때였다. "변화산상의 경험"은 놀라운 것이었다. 그런데 그 경험이 왜 지속되지 않고 끝이 났는가?

하나님의 음성이 사람의 생각과 계획을 중단시켰다. 하나님께서 베드로를 꾸짖으셨다. 궁핍과 곤경을 벗어나 산에 머물고 싶어했기 때문이다. 그렇다. 너무도 많은 신자들이 갈보리를 피하기 위해 헤르몬산에 남아 있다. 그렇게만 하고 만 것이 아니었다. 베드로는 예수님과 모세와 엘리야를 같은 수준에 놓았다. 이것은 죄였고 지금도 마찬가지이다. 모세와 엘리야는 사라졌다. 하지만 예수께서는 여전히 남아 계신다. 제자들은 모세나 엘리야의 말을 들을 것이 아니라 하나님의 완전하고 최종적인 계시인 예수님의 말씀을 들어야 했다. 예수께서 말씀하시는 것을 제자들은 믿고 그대로 행해야 했다. 율법이나 예언으로는 사람을 구원할 수 없다. "오직 예수만"이 세상의 소망이시다. 예수께서는 그 목적을 이루시기 위해 "별세"하셨다. "모세와 엘리야"를 정당한 시각으로 본다면 "예수 외에는 아무도" 보이지 않을 것이다. 이 말씀은 제자들 당시에 그리고 매일의 생활에서 지극히 필요한 메시지였다.

마태복음 제18장

큰 자에 대한 하나님 나라 표준

18:1. "천국에서는 누가 크니이까?"
18:3. "너희가 돌이켜 어린 아이들과 같이 되지 아니하면 결단코 천국에 들어가지 못하리라."
18:4. "그러므로 누구든지 이 어린 아이와 같이 자기를 낮추는 그이가 천국에서 큰 자니라."

I. 역사적 배경

예수께서 헤르몬산을 내려와 가버나움으로 돌아오셨다. 돌아오는 길에 장차 십자가에 못박히실 것에 대해 여러 차례 말씀하셨다. 제자들이 마침내는 알아듣고 "심히 근심하였다"(마 17:22-23). 가버나움에서 예수님의 일행은 베드로의 집에 묵었을 것이다(마 17:24-27). 18-20장에는 예수께서 갈릴리에서 열 두 제자를 가르치신 일과 마지막으로 예루살렘으로 여행을 가시는 기사가 나온다. 요한은 예수께서 그 사이에 예루살렘을 방문한 기사를 기록하고 있고(요 8-10장), 누가는 이 방문을 확실하게 언급하고 있다(9:51-13:21).

II. 용어 해설

마태복음 18:1. "누가 크니이까?" "그때에"라는 말이 흠정역 성경에는 빠져 있지만 유명한 사본들에는 나와 있다. "그때에"란 마태복음 16:17-17, 27에 나오는 사건들을 거슬러 가리킨다. 마가와 누가는 천국에서 차지할 위치를 놓고 열 두 제자 사이에 벌어진 입씨름을 기록하고 있다(막

9:33-34; 눅 9:46). 예수께서 베드로와 야고보, 요한에게 보이신 관심 말고 도 예수님의 가르침은 높은 위치에 대한 천국의 표준에 대한 제자들의 고 정 관념을 뒤엎어 버렸다.

마태복음 18:3. "돌이켜." 이 말은 부정과거 수동태 가정법이다. 현재 성 취되지 않았지만 앞으로 이루어질 가능성이 있는 상태를 나타내는 말이다. 이 행위는 다른 사람이 한번 제자들에게 실시한 행동이다. 이 동사는 방향 을 바꾸다는 뜻의 헬라어로 마음이나 태도의 변화를 나타내는 "회개하다" 라는 단어와 의미가 비슷하다.

마태복음 18:3. "되지." 이 말은 바로 앞에서 언급한 것과 같은 상태를 나타내는 것으로서 제2 부정과거 중간태 가정법이다. 중간태는 스스로에 게 행한 행동을 나타낸다. 이 동사는 원래 '생기다, 존재하다'는 것을 의미 한다. 부정과거 시제는 결정적인 시작을 나타낸다. "돌이켜"라는 말과 "되 지'라는 말은 각각 칭의와 성화를 말한다고 할 수 있을 것이다.

마태복음 18:3. "어린 아이." 여기서 말하는 "이 어린 아이"는 베드로의 아이일지 모른다. 여기서 예수께서는 어린 아이로부터 시작해서 "돌이켜" "도는" 사람에 대해서 말을 이끌어 가신다. "천국에 들어가지 못하리라." 헬라어로 이 동사 앞에는 강조 용법의 강한 이중 부정어가 나온다.

마태복음 18:4. "자기를 낮추는." 이 동사의 의미는 자만심을 꺾는다는 것이다. A. B. 브루스는 "이것은 죄인뿐만 아니라 성도로서도 세상에서 가 장 하기 힘든 일"이라고 말한다(*The Expositor's Greek Testament*).

▌▌▌. 교리적 의의

이 장에서는 천국과 천국 시민의 참된 성격을 이야기한다. 세상의 표준 과 상반되는 천국 표준을 보여주고 있다. 돌이키는 것은 천국 시민이 되는 데 가장 중요한 필수요건이며, 천국에서 큰 자가 되려면 적절한 발전이 필 요하다.

▌V. 실천적 목표

청중에게, 큰 사람이 되는 것에 대한 잘못된 표준과 현저히 다른 그리스도의 표준과 각 표준의 결과를 인상 깊게 심어 주는 것이다. 그리스도의 표준은 돌이켜 새로 시작하라고 요구한다. 돌이키는 일이나 새로 시작하는 일에는 사람의 복종과 하나님의 능력이 필요하다.

V. 설교 개요

제목: "큰 쟈가 되는 것에 대한 천국의 표준."

도입부

열 두 제자는 그 시대의 사람이었다. 이들은 그리스도의 나라는 화려하고 찬란한 강력한 나라일 것이라고 생각하였다. 하지만 이들만 그렇게 생각한 것이 아니었다. 그와 반대되는 예수님의 가르침에도 불구하고 이들의 가치 기준은 대대로 전 기독교계에 따라다녔다. 또한 이 점은 성직 계급제에서 뿐 아니라 모든 지역 교회에서도 마찬가지이다. 이 어린 아이의 본보기는 아마도 1세기 때보다는 지금 더 필요할 것이다. 확실히 그것은 따르기 어려운 본보기이다. 사실 하나님의 성령을 떠나서는 따를 수 없는 일이다. 이 장에서는 대조, 갈등, 결과를 볼 수 있다.

A. 대조되는 두 표준.

"누가 크니이까? … 이 어린 아이와 같이 … 그이가 큰 자이니라." 제자들은 힘든 시기를 지나고 있었다. 장래 영광에 대한 제자들의 꿈이 예수께서 장차 임할 죽음에 대해 이야기함으로 산산조각이 났기 때문이다. 베드로와 야고보, 요한에게 보이신 관심도 그 상황을 호전시키는데는 별로 도움이 된 것 같지 않았다. 귀신 들린 아이를 고치지 못한 것으로 인해 제자들의 자존심은 상할 대로 상했다. 세리가 베드로에게 다른 사람들에 대한 의무를 태만히 한다고 지적함으로 상황은 더욱 악화되었다. 큰 자에 대한 제자들의 생각이 잘못 되었다면 "누가 큰 자인가?"

예수께서 행동으로 보인 우화에 나타난 역설에 유의해야 한다. 예수께서는 아마도 그 근처에서 제자들 사이의 문제에 전혀 아랑곳하지 않고 놀고 있는 어린 아이 하나를 부르셨을 것이다. 여기에 큰 자에 대한 하나님 나라의 상징이 있었다. 아이의 특성인 순진무구함, 단순함, 관대함, 신뢰함, 거의 무한한 가능성을 지니고 있음 등에 유의하라.

3절에 나오는 말, 곧 "돌이켜 … 되라"는 말씀에 유의해야 한다. 사람들은 어른들의 이기적인 태도를 버리고 어린 아이의 태도를 지녀야 한다. 그렇게 되려면 거듭나야 한다. 거듭남으로써 "되어야" 한다. 이것은 성화의 과정을 말하는 것이다(참조. 마 11:28-30; 엡 4:13). 그와 같은 위대함은 하나님의 능력 외에도 인간의 순종과 헌신에서 나오는 결과이다(참조. 빌 2:12-13).

B. 갈등의 표준.

"그러므로 누구든지 자기를 낮추는 그이가 … ." 이것은 "세상에서 죄인뿐만 아니라 성도로서도 이루기가 지극히 힘든 일이다." 그렇게 하는 데는 갈등이 따른다. (1) 내부에서 가치 기준에 대한 갈등이 일어난다. 아이와 양 한 마리의 가치에 유의하라(18:12-14). 그 뿐 아니라 물질적인 복지와 영적인 복지가 갈등을 일으킨다(18:8-9). 예수께서는 동양적인 과장법을 써서 요점을 전달한다. (2) 다른 교인들과의 관계에서 갈등이 생긴다(18:15-20). 예수께서 친히 중보자로 계신다는 사실에 유의해야 한다(18:20). (3) 용서에 관해 갈등이 일어난다(18:21). 아이는 금방 잊고 금방 용서한다. 베드로는 자신이 너그럽다고 생각했다. 랍비들은 세 번만 용서하라고 했는데 베드로는 일곱 번이나 용서하겠다고 이야기했기 때문이다. 한없이 용서하라고 하는 예수님의 답변에 유의하라. "돌이키고" 되어가고 있는 사람만이 이런 갈등을 해결할 수 있다. 이 장은 마태복음 16:24-25에 대한 주석이다.

C. 실패의 결과.

"되지 아니하면." "돌이키지" 않으면 천국을 완전히 잃게 된다. "되지" 않으면 큰 자가 되지 못한다. 어린 아이 같은 심정이 있어야만 "아이"를 받을 수 있고, 아이가 되어야만 그리스도를 받을 수 있게 된다(18:5-6). 이런 심정을 잃는 것보다는 신체적인 죽음이나 불구가 오히려 낫다(18:17, 34-35). 사람이 아이 흉내는 내지만 아이의 심정을 기르지는 못할 수가 있다. 그래서 되어가는 것이 중요하다. 그것은 하루 아침에 이루어지는 일이 아니다. 하지만 그 일이 인생 후반에 시작될 수도 있다. 되어가는 일은 일생의 작업이다.

마태복음 제19장

그리스도의 요구

19:16. "어떤 사람이 와서 가로되 선생님이여 내가 무슨 선한 일을 하여야
영생을 얻으리이까?"
19:20. "그 청년이 가로되 이 모든 것을 내가 지키었사오니 아직도 무엇이
부족하니이까?
19:22. "그 청년이 재물이 많으므로 이 말씀을 듣고 근심하며 가니라."

I. 역사적 배경

마지막으로 예루살렘에 올라가시는 중에 예수께서 "요단강 건너 유대
지경"(마 19:1)인 베뢰아 지방에 이르셨다. 예수께서는 이때 갈릴리에서
예루살렘으로 올라갈 때 통상적으로 이용하는 경로를 밟아가고 계셨다. 유
대인들은 사마리아를 지나가지 않으려고 요단강을 건너 갔다. 때는 십자가
에 못박히시기 직전인 A.D.30년 봄이었다. 여행을 하는 동안 예수께서는
길을 가면서 사람들을 돌보셨다.

II. 용어 해설

마태복음 19:16. "어떤 사람이 와서." 이 "어떤 사람"을 누가는 어떤 관
원이라고 밝힌다(18:18). 마태복음 19:22에 따르면 그 사람은 또 부자였
다. 그 사람은 유대인 사이에서 지위와 재산과 청렴함이 높은 것으로 잘
알려진 인물이었다.

마태복음 19:17. "선생님이여." 이 단어는 학교 교사와 같은 선생을 뜻
하는 말이다. "선한"이라는 말이 믿을 만한 마태복음 사본에는 없다. 마가

복음과 누가복음에는 '진정한'(한글개역에는 똑같이 '선한'으로 나와 있다)으로 되어 있다. 이런 표현들은 아마도 정식 인사말일 것이다.

마태복음 19:16. "무슨 선한 일." 말 그대로 하자면 "내가 무슨 선을 해야 할 것입니까?"이다. 17절을 보면 예수께서 그 사람의 "선"의 개념이 부적절한 것으로 여기신 것을 알 수 있다. 그 사람은 바리새인들이 그러듯이 외적인 선을 생각했다.

마태복음 19:16. "영생을 얻으리이까?" 이 동사는 기동의 부정과거로서 "갖게 혹은 획득하게 될 수 있도록"이라는 뜻이다. "영생"이란 "대대로 계속되는 생명" 혹은 "영구한 시대에 걸친 생명"이라는 것이다.

마태복음 19:20. "청년." 이 단어의 헬라어는 인생의 전성기에 있는 사람을 가리킨다. "모든 것"이란 십계명을 가리킨다. 그 청년은 십계명을 그동안 충실히 지켰다.

마태복음 19:20. "아직도 무엇이 부족하니이까?" "부족하다"는 단어는 미치지 못한다 혹은 결함이 있다는 뜻이다. 그러면 외적인 일 말고 다른 어떤 일을 더 할 수 있나이까? 로버트슨(R.A. Robertson)은 이 말은 이 청년의 오만한 자기만족을 나타내거나 아니면 애처러운 절망을 표시하는 것이라고 한다. 아마도 두 가지 다 조금씩 있었을 것이다.

마태복음 19:22. "근심하며." 마가는 "슬픈 기색을 띠었다"고 말한다. 누가는 그 사람이 "심히 근심하였다"고 쓰고 있다. 그 사람은 근심하며 떠났다. 어쩌면 그 사람은 예수께서 너무나 많은 것을 요구한다고 생각했을 것이다. "재물이 많으므로." 여기서 재물이란 재산이나 부동산을 뜻할 수 있다. 그의 높은 소망이 물거품이 되어 버렸다.

III. 교리적 의의

여기서의 요점은 외적 의 대(對) 내적 의이다. 사람이 겉으로는 옳게 보이지만 속은 잘못될 수 있다. 소극적 선과 적극적 선의 차이가 있다. 율법의 문자는 지키면서 그 정신은 어길 수가 있는 법이다. 근본적인 죄는 내적 태도에 있지 단순히 외적으로 명백히 드러난 행동에만 있는 것이 아니다.

IV. 실천적 목표

예수께서는 종교적 계율을 기계적으로 지키는 것을 넘어설 것을 요구하
신다는 사실을 청중에게 인상 깊게 심어 주는 것이다. 종교적 계율의 기계
적인 준수로는 영혼의 깊디 깊은 갈망을 채워줄 수가 없다. 하나님 나라의
왕을 따르는 일에는 어떠한 유보 사항도 있을 수 없다. 사람과 예수님 사
이데 어떤 것이 끼어 있다면 그것이 바로 그 사람의 신이다.

V. 설교 개요

제목: "그리스도의 요구."

도입부

십자가 장면을 제쳐 놓고서는 복음서에서 여기보다 더 애처러운 광경이
거의 없다. 인생의 전성기를 구가하고 있는 한 청년이 기대를 하고 예수께
왔다가 낙망을 한 채 떠나갔다. 그 사람은 웃는 얼굴로 왔다가 슬픈 기색
을 띠고서 떠나갔다. 즐거운 마음으로 예수께 달려왔다가 몹시 근심하며
떠났다. 왜 그렇게 됐는지 묻는 것이 당연할 것이다. 이런 장면은 그 동안
수드 없이 반복되었다. 이 이야기의 특징은 희망, 공허함, 절망이라고 말할
수 있다.

A. 청년의 희망.

"영생을 얻으리이까?" 희망은 원기왕성하고 야심만만하며 이상적인 젊
은이의 특징이다. 그 특징은 특별히 이 청년에게 더욱 들어맞았다. 그는 부
자그 유명하며 전도가 창창하며 순수했다. 참으로 아름다운 생명이 예수께
온 것이다. "예수께서 그를 보시고 사랑하셨다"(막 10:21).

하지만 그것으로는 충분치 않았다. 청년은 영구히 사는 생명을 원했다.
그가 말한 "영생"이 무엇을 의미했는지 확실히 알 수 없다. 실현되기를 간
절히 바란 막연한 이상주의였던 것이 확실하다. 그의 선 개념은 예수님의

목표에 훨씬 못미쳤다(마 19:17). 그는 선을 질적인 것이 아니라 양적인 것으로 생각했다. 예수께서는 그 청년이 그렇게 생각한다고 꾸짖지 않고 그가 선을 온전히 이해하도록 이끌려고 애쓰셨다. 예수께서는 꺼져가는 심지도 결코 끄지 않고 불이 붙게 하려고 노력하신다. 이 점이 청년의 희망이 소망스러운 점이다.

B. 청년의 공허함.

"아직도 무엇이 부족하니이까?" 외형적으로 깨끗한 생활을 했을지라도 그는 만족스럽지 않았다. 그의 삶에는 단순한 율법 준수로는 고칠 수 없는 결함이 있었다. 그의 생활은 속은 텅 비어 있지만 겉은 완벽한 조가비였다.

이 청년이 지니고 있는 것들을 다시 한 번 보자. 젊음, 부, 권위, 지위, 성품, 이상주의를 그는 갖고 있었다. 하지만 그의 삶은 공허했다. 그의 생활은 장래성이 없었다.

요즘의 젊은이들이 이 사실을 연구하면 좋을 것이다. 젊은 사람들은 만져서 알 수 있는 것들은 그렇게 많이 알면서도 손으로 만질 수 없는 것들은 알지 못하는 경우가 많기 때문이다. 젊은이의 가장 큰 문제는 태만이 아니라 좌절이다. 대체로 젊은이들은 노인들보다는 훨씬 높은 이상주의를 갖고 있다. 그들의 문제점은 더 나은 삶에 대한 이러한 갈망을 실현하는 데 있다. 적절한 지도나 본보기를 노인으로부터 보지 못하기 때문에 이들은 결국 맹목적인 냉소주의에 빠지고 만다. 불안정한 세상사에 부딪혀 젊은이는 당황하게 된다. 그래서 많은 사람들이 "무슨 소용이 있느냐?"고 말한다. 다른 모든 것을 가지고 있었음에도 이 청년은 자신의 이상적인 목표들을 여전히 소중히 여겼다. 그 목표들을 잃으면 모든 것을 잃는 것이 된다. 이 청년이 가장 필요로 하는 것은 고상한 영적 목표이다.

C. 청년의 절망.

"근심하며 가니라." 왜 청년이 떠나 갔는가? "그 청년이 재물이 많았기 때문이다." 단순히 그가 재물이 있어서가 아니라 재물이 그를 소유하고 있었기 때문이었다(참조. 눅 12:20). 예수께서는 그가 기꺼이 따를 마음이 없는 요구를 그에게 말씀하셨다. 모든 계명을 다 지켰다고 했지만 사실 그는 첫째 계명을 어겼던 것이다. 재물이 그의 하나님이었기 때문이다(참조. 약 2:10). 예수께서 이렇게 가르친다고 해서 반드시 청빈 서약을 해야 한다는 뜻은 아니다. 재물을 바르게 사용하라는 것이다. 사실 예수께서는 청년에게 그와 하나님의 바른 관계를 가로막고 있는 것을 제거하라고 말씀하신 것이다. 그리스도는 절대적인 사랑과 순종을 요구하신다.

예수께서 모든 사람에게 다 재물을 팔고 받은 것을 거저 주라고 명령하시지 않는다. 다른 것을 버리라고도 할 수 있는 것이다. 동전 한 닢이라도 눈앞에 너무 바싹 대면 앞을 전혀 볼 수 없는 법이다. 눈을 가려 하나님을 보지 못하게 하는 것은 무엇이든지 치워야 한다. 지력이나 의심, 자만심, 편견, 냉소주의, 친구, 여가가 하나님과 사람 사이를 가로막는 장애물이 될 수 있다. 사람마다 자기 생활을 검토해 보아야 한다.

이 청년은 자기 소유와 결혼했기 때문에 예수님에게서 떠나갔다. "그 청년이 근심하였지만" 결국은 떠나갔다. 그에 대한 기록은 더 이상 나오지 않는다. 그가 예수께 돌아왔을 것이라고 기대할 수도 있다. 하지만 성경에 그에 대해 말하고 있는 것은 그가 지금 여기서 자기 목숨을 구하기 위해 영생을 잃었다는 것뿐이다. 그의 절망을 보고 다른 사람들은 경고를 받아야 한다. 그러면 그 절망이 희망이 되고 확신이 될 것이다.

마태복음 제20장

큰 자

20:25. "예수께서 제자들을 불러다가 가라사대 이방인의 집권자들이 저희를
임의로 주관하고 그 대인들이 저희에게 권세를 부리는 줄을 너희가 알거
니와."
20:26. "너희 중에는 그렇지 아니하니 너희 중에 누구든지 크고자 하는 자는
너희를 섬기는 자가 되고."
20:27. "너희 중에 누구든지 으뜸이 되고자 하는 자는 너희 종이 되어야 하
리라."
20:28. "인자가 온 것은 섬김을 받으려 함이 아니라 도리어 섬기려 하고 자
기 목숨을 많은 사람의 대속물로 주려 함이니라."

I. 역사적 배경

예수께서는 이때 예루살렘과 십자가에 점점 더 다가가고 계셨다. 그 짐
이 예수님을 무겁게 내리 눌렀다. 본문의 사건은 아마도 예수께서 여리고
근처에서 요단강을 건너기 직전에 베뢰아 지방에서 일어났을 것이다. 작은
사건들이 자주 일어나는 것은 그리스도의 요구에 주의를 집중하도록 하는
효과가 있었다. 그에 대한 반응으로 열 두 제자는 보상에 대해 물었다. 그
러나 예수께서는 봉사의 관점에서 생각하였다. 이것은 사람의 표준과 하나
님의 표준 사이에 항시 있는 갈등이다. 야고보와 요한이 어머니를 통해 예
수께 요청하고 다른 제자들이 분을 내므로 문제를 본격적으로 다루게 되
었다.

II. 용어 해설

마태복음 20:25. "제자들을." 이 말은 일차적으로 야고보와 요한을 가리키지간 다른 제자들도 포함하는 말이다. "알거니와"라는 말은 경험에 의해 아는 것 이상을 가리킨다. 내적으로 인지하는 것도 포함된다. "집권자들." 지배적인 위치에 있는 사람들을 가리킨다. 제자들이 요구하는 바와 대조가 되는 말이다(20:21). "이방인들"은 이교도들을 말한다. "주관하고." 이 동사는 사람 위에 군림한다는 의미이다. 헬라어 원문에서 이 단어는 강의형이다. "대인들." 문자적으로 하자면, "큰 사람들 혹은 고관들"이다. "권세를 부린다"는 말은 "폭군으로 처신한다"는 뜻이다. 이 단어 역시 강의형이다. 이 헬라어는 사람 본성에서 나오는 권세로서 외적인 제한이 전혀 없는 것을 뜻한다. 그 원형은 하나님의 권능에 사용된다(참조. 마 28:18).

마태복음 20:26. "그렇지 아니하니." 이 단어가 헬라어 원문에서는 제일 먼저 나온다. 따라서 강조 용법으로 쓰인 것이다. "너희 중에는"이란 이교도 집권자들과는 다르다는 말이다. "너희 중에 크고자 하는 자"는 25절의 "대인들"과 다르다. "섬기는 자." 집사를 뜻하는 단어이다. 이 단어는 디아(통해서)와 코니스(먼지)라는 단어가 합성된 것으로 먼지를 일으키며 서둘러 달려와 섬기는 자를 뜻한다. 이 단어는 좀더 자주 복음의 사역자에게 쓰인다(참조. 고전 3:5).

마태복음 20:27. "으뜸." 문자적으로 하자면 "첫째"이다. "종." 이것은 노예를 가리키는 단어이다. 최고의 지위와 최하의 지위가 대조적으로 나오는 것에 유의하라.

마태복음 20:28. "온 것은 … 아니라." 헬라어에서는 "아니라"가 먼저 나온다. 따라서 이것도 강조 용법이다. 예수께서 오신 바로 그 목적은 "섬김을 받으려 함이 아니라 섬기려 하는 것"이다. 이 동사들이 디아코노스(섬기다)의 원형이다. 섬김을 받으려 하다는 수동태이고 섬기려 하다는 능동태이다. 두 단어 모두 결정적인 행위를 나타내는 부정과거 시제로서 예수님의 전 사역을 가리킨다. "대속물." 고대 사본에서는 노예를 해방시키기 위해 노예를 대신해 치르는 값을 나타내는데 사용되었다. 하나님께서 사탄에게 속전을 치러야 했다고 보기 어렵다. 사탄에게 속전을 치른 것이 아니다. 하나님께서는 하나님 스스로에게 속전을 치르신 것이다(참조. 롬 3:23-26). 예수께서 이 단어를 쓴 곳은 여기 한 번 뿐이다(참조. 막 10:45).

III. 교리적 의의

큰 자에 대한 세상 표준과 천국 표준이 대조적으로 나타난다. 참된 권위를 판가름하는 표준은 봉사이다. 이에 대한 완전한 표준은 곧 예수 그리스도이시다. 예수께서는 십자가를 지나 보좌로 나아가셨다.

IV. 실천적 목표

봉사를 생각할 때 단순히 천국의 종으로서 하는 일이라고만 여기지 않도록 가르치시는 것이다. 성공하는 그리스도인의 삶의 본보기는 세상 집권자가 아니라 그리스도이시다. 죽기까지 충성하는 것이 그리스도를 따르는 모든 신자의 목표가 되어야 한다. 그리스도인의 삶의 목표는 이기주의가 아니라 봉사이다.

V. 설교 개요

제목: "큰 자."

도입부

이때 분위기는 기대로 가득 차 있었다. 예수님의 말씀과 분위기를 보면 예수님 사역이 급격히 절정으로 치닫고 있는 것을 알 수 있었다. 따라서 열 두 제자가 이때 천국의 건립에 대해 이야기를 꺼낸 것은 자연스런 일이다. 제자들은 예수님 사역의 절정은 곧 십자가라는 것을 깨달을 수 없었기 때문에 그리스도께서 통치하기 위해 받으실 하나님의 인가(認可)의 관점에서 예수님의 사역을 생각했다. 이런 생각 때문에 결국 특권적인 지위 쟁탈전이 벌어진 것이다. 아마도 요한과 야고보는 친척 관계라는 사실을 믿고서 어머니를 통해 배짱 좋게 예수님 다음으로 높은 두 자리를 구하였을 것이다. 다른 제자들에게는 분노가 치밀었다. 다시 한 번 예수께서 극도의 인내심을 발휘하셨다. 또 한 가지 교훈을 가르쳐야 했다. 그 교훈은 그

릇됨, 참됨, 이상, 이 세 마디로 요약할 수 있을 것이다.

A. 큰 자에 대한 그릇된 기준.

"이방인의 집권자들."이교 세계에서는 "큰 자들" 즉 영주나 전제 군주를 크게 강조했다. 이 정치적인 장면에는 금전에 대한 탐욕, 욕심, 압제, 권력의 냄새가 풍긴다. 황제로부터 시작해서 지방 하급관리에 이르기까지 한 가지 표준이 널리 퍼졌으니, 사람들 위에 군림하거나 폭군 노릇을 하는 것이었다. 해방된 노예 출신인 벨릭스는 노예를 처분하는 일에 왕과 같은 권력을 휘둘렀다고 하였다(참조. 행 23:24).

열 두 제자도 이와 똑같은 생각을 하였다. 권력 체계가 있는 세상 나라의 관점에서 생각했다. 이 사상은 대대로 기독교 신앙에 따라다녔다. 유독한 안개처럼 이 사상은 온갖 교파와 교회, 그리스도인들 위를 떠돌아 다닌다. 뛰어나고 싶어하고 권력을 갖기를 갈망하면 기독교 신앙이 쓸데없게 되고 영적 힘을 발휘하지 못한다. 영적 생활에는 정치적 표준과 유물론적 척도가 있을 자리가 없다. 예수께서는 세상적인 것과 영적인 것을 영원히 갈라놓으셨다(참조. 마 22:21). 하나님께서 따로 떼어놓은 것을 사람이 한데 합치려고 해서는 안 된다.

B. 큰 자에 대한 참된 표준.

"너희 중에는 그렇지 아니하니 … 크고자 하는 자는 너희를 섬기는 자가 되고." 예수께서는 강한 부정어 한 마디로 거짓된 것을 털어버리고 참된 것을 강조하셨다. 군주와 폭군은 하나님 나라에 있을 자리가 없다. 하나님 나라에서 위대함의 표준은 봉사이다. 부리고 있는 종들의 숫자가 아니라 자신이 섬기고 있는 사람의 수가 기독교 신앙의 표준이다. 여기에 서로 대조적으로 쓰이고 있는 말들에 유의하라. "크고자 하는 자 … 섬기는 자 … 으뜸이 되고 자 하는 자 … 종." 여기서 말하는 종이란 노예이다. 섬기는 자란 서둘러 봉사하는 노예이다. 이교 사회에서는 이런 자를 경멸하겠지만 하나님께서는 매우 기뻐하신다.

하나님 나라에서 차지하는 지위는 요청하거나 요구할 수 있는 것이 아니다. 그것은 획득하는 것이며 받을 만한 자가 받는 것이다. 하나님께서는 주권적인 뜻에 따라 상급을 주신다(참조. 마 20:1-16). 실패하든지 성취하든지, 그것은 사람의 의사에 달렸다. 하나님께서는 받기에 적합한 자들에게 큰 자의 지위를 주시기로 작정하셨다(참조. 마 20:23). 그리스도를 위하여 목숨을 잃는 자는 그리스도의 봉사에서 목숨을 찾는다. 최고의 갈채는 군중의 환호가 아니라 그리스도께서 "잘 하였도다"고 말씀하시는 것이다. 최종 판정은 그 사람의 명성이나 운이 아니라 "예수님과 함께 어떤 일을 했느냐?"는 것이다.

C. 큰 자에 대한 이상적인 표준,

"인자." "너희 안에 이 마음을 품으라"(빌 2:5-11). 왕의 왕이시고 주의 주이신 분이 먼지를 일으키며 서둘러 달려와 섬기는 종이 되셨다. 먼지 길을 다니시다가 마침내는 십자가에 매달리시기까지 하셨다. 이 사실에서 성육신에 대한 설명을 들을 수 있을 것이다. 예수께서는 사람의 모든 것이 되심으로 사람들이 본받도록 하셨고, 사람의 고통을 짊어지심으로 사람들이 다른 사람의 짐을 지도록 하고 그렇게 하여 "그리스도의 법을 성취하도록 하셨다"(참조. 갈 6:2). 심판의 유일한 표준은 그리스도인들이 다른 사람에게 봉사하였느냐는 것이다(참조. 마 25:31-46; 눅 16:8).

마태복음 제21장

이는 누구뇨?

21:10. "예수께서 예루살렘에 들어가시니 온 성이 소동하여 가로되 이는 누구뇨 하거늘."
21:11. "무리가 가로되 갈릴리 나사렛에서 나온 선지자 예수라 하니라."

I. 역사적 배경

이때는 종려주일로 십자가에 못박히시기 꼭 닷새 전이다. 이 사건을 가리켜 예수님의 승리의 예루살렘 입성이라고도 했다. 사실 이때는 예수께서 마지막으로 예루살렘에 호소하러 올라가신 것이었다. 또한 예언을 성취하기 위해서도였다(21:4-5). 이때 하나님 나라 왕이 자신을 백성에게 주었지만 거절만 당하였을 뿐이었다. 이런 식의 입성은 그 당시 흔히 볼 수 있는 광경이었다. 승리한 왕은 백마를 타고 수도로 입성하였다. 온유하시고 평화로우신 예수께서는 짐을 나르는 짐승인 나귀를 타셨다. 기대감이 감돌았다. 예수님을 따르던 자들은 예수님을 메시야라고 환호하며 맞이하였다 (21:9). 이 주일에 "호산나"하고 불렀던 사람들 가운데 많은 이들이 금요일에는 "십자가에 못박게 하소서"하고 외쳤을 것이 틀림없다. 무리들의 이러한 환영으로 예루살렘 거주자들과 유월절을 지내러 왔던 순례자들 사이에 큰 소동이 일어났다.

II. 용어 해설

마태복음 21:10. "소동하여." 이 말은 지진이나 강한 폭풍을 만났을 때처럼 사람들이 소란을 피웠다는 뜻이다. 이 단어는 부정과거 수동태 동사로서, 이 단어에서 "진동계"라는 단어가 나왔다(참조. 마 27:51; 마 28:4). "이는 누구뇨?" 단순히 호기심에서 나온 질문만은 아니다. "너희가 메시야라고 부르는 이 사람이 누구냐?"는 말이다.

마태복음 21:11. 그에 대한 답을 그대로 옮기면 이렇다. "이는 갈릴리 나사렛 출신의 선지자 예수다." 브루스는 이 말을 자랑하는 답변이라고 말한다. 크리소스톰은 "마치 사람들이 최근에 자신들이 보였던 종교적 열광을 부끄러워하기라도 하는듯 낮은 목소리의 답변"이라고 보았다.

마태복음 21:11. "예수." 사람들이 널리 알고 있는 이름이었다. 사람들이 "그리스도"라고 하지 않았던 점에 유의할 필요가 있다. "선지자." 예수님의 사명을 나타내는 말이지만 많은 선지자들 가운데 한 사람에 불과하다는 말이다. "나사렛." 나사렛은 갈릴리 한 성읍으로서 멸시받는 동네였다(참조. 요 1:46). "갈릴리." 갈릴리 역시 유대인들에게 멸시받는 곳이었다(참조. 요 7:52-53).

III. 교리적 의의

이 문제는 예수 그리스도의 인격과 사역 전체와 관련이 있다. 또한 사람들의 지성과 마음의 갈망을 반영하고 있다. 예수님을 가장 잘 알고 있는 사람들이 좋은 때에 예수님을 드러내지 못하기 때문에 기회를 잃었다. 그뿐 아니라 성읍과 민족, 영혼도 잃는다.

V. 설교 개요

제목: "이는 누구뇨?"

도입부

참으로 놀라운 광경이었다. 희망으로 시작됐으나 절망으로 끝이 나고 말았다. 증거로 태어났으나 부인으로 묻히고 말았다. 대관식을 약속했던 것이 십자가 처형이 되어 버렸다. 예루살렘 전성기가 이내 마지막 때가 되고 말았다.

때와 장소는 바뀔 수 있지만 원칙은 변함이 없다. 어떤 민족이나 사람도 예수님을 영구히 대할 수 없다. 각기 다른 사람들이 예수님에게서 다른 점을 본다. 로마 군인들은 그 장면을 보았다. 승리의 행렬을 보았는가? 어떤 왕이나 종마, 군인, 승리의 전리품을 보지 못했다. 신분이 낮은 사람, 짐싣는 짐승, 웃고 떠드는 군중을 보았을 뿐이다. "이는 누구뇨?" 하고 이들이 물었다. 유대인들은 한 행렬을 보았다. 메시야라고 환호하는 소리, 옷을 찢고 종려나무 가지를 꺾는 모습, 갈릴리 촌사람들을 보았는가? "이는 누구뇨?" 하고 그들이 물었다. 이 광경의 특징을 말하자면, 질문, 답변, 조사라고 할 수 있다.

A. 질문.

"이는 누구뇨?" 솔직한 질문이었다. 예루살렘 거민들 가운데 예수님을 직접 본 사람은 얼마 되지 않았다. 순례자들은 예수님을 전혀 알지 못했다. 본러 호기심 때문인 것 말고도 이런 사실 때문에 이 질문을 하게 된 것이다. 이들 마음에는 메시야에 대한 갈망이 있었다. 유월절은 메시야가 나타날 수 있는 시기라고 사람들은 생각했다. 어쩌면 이 예수가 그 메시야일지 모른다고 생각했던 것이다.

말로 했든 안 했든 모든 사람의 마음 속에는 이 질문이 있었다. 메시야는 모든 민족의 소망이지만 많은 사람이 메시야를 알지 못하고, 사실 그에 대허 들어본 적도 없었다. 많은 사람과 민족들의 불안에서 우리는 이 질문을 볼 수 있다. 도처에서 사람들의 다양한 갈망을 채우려고 시도해 보는 예술이나 과학, 문화, 심지어 신학에조차 이 질문이 들어 있다. 예수 그리스도는 신비 중의 신비이다. 예수는 모든 필요의 답이 되신다. 그래서 "이는 누구뇨?" 하는 질문이 되풀이되는 것이다.

B. 답변.

"갈릴리 나사렛에서 나온 선지자 예수라." 열광적인 청중들 앞에서 이런 답변을 하는 것은 비극이었다. 예수라고 하는 사람들도 많았고 선지자라고 하는 사람들도 많았기 때문이다. 나사렛은 천시받는 동네였다. "갈릴리에서는 선지자가 나오지 않는다"고 사람들이 말했다. 사실, 군중들은 "그는 아무것도 아니야"하고 대답한 것이다. 그래서 사람들은 서서히 흩어졌고, 다시 모였을 때는 "십자가에 못박게 하소서"하고 외쳐댔을 뿐이었다.

그 대답은 맞았다. 그러나 사람들이 말하지 않은 진리가 훨씬 더 많았다. 이들은 "그리스도"에 대해서는 아무것도 이야기하지 않았다. 예루살렘 밖에서 예수님은 "다윗의 아들"이라는 말을 들었다. 냉소적인 도시의 위협을 받고서 사람들은 "그는 예수라"고 말했다. 현대인에게 그 대답은 명확하다. 그 대답은 사람들에게 아무것도 말해 주지 않는다.

이 비극은 오늘날도 되풀이된다. 마음 속에는 예수께서 그리스도로 계신다. 그러나 겉으로 표현할 때 예수님은 아무것도 아닌 존재가 된다. 사업, 쾌락, 정치, 학문, 냉소의 두려움, 겨우 이런 것 때문에 예수의 친구들이 틀린 답변을 한다. 이들은 기회를 잃고 만다. 더 나쁜 것은 자신의 영혼을 잃는 사람도 있다는 것이다.

C. 조사.

"이는 누구뇨?" 이 질문은 되풀이된다. 역사, 예술, 문학, 건축, 음악, 시, 소설, 철학, 심리학 등에서 사람들은 그 질문에 대한 답을 찾으려고 했다. 그러나 그중 어느 것도 답을 제시하지 못한다. 그 답은 성경에서만 찾을 수 있다. 그것은 사람의 질문에 대한 하나님의 답변이다: 선재하신다(요 1:1), 영원하시다(히 13:8), 하나님이시다(요 1:1; 눅 4:9; 요 17:11), 창조주이시다(요 1:3; 골 1:16-17), 동정녀에게서 나셨다(마 1:21-23), 죄가 없으시다(요 8:46; 마 27:4; 눅 23:14; 고후 11:1-46), 놀라우신 분이다(마 4:23; 막 1:22; 요 7:16; 11:1-46), 죄인을 대신하여 죽으셨다(사 53:4-6; 고후 5:21), 부활하셨다(마 28:5-6), 승천하셨다(행 1:9), 다시 오실 것이다(행 1:11). 참된 답변은 역사적인 것일 뿐만 아니라 개인적인 것이기도 하다. "너희는 그리스도에 대하여 어떻게 생각하느냐?"(마 22:42).

마태복음 제22장

두 세계의 시민

22:17. "그러면 당신의 생각에는 어떠한지 우리에게 이르소서 가이사에게
　　　　세를 바치는 것이 가하니이까 불가하니이까?"
22:20. "예수께서 말씀하시되 이 형상과 이 글이 뉘 것이냐?"
22:21. "가로되 가이사의 것이니이다. 이에 가라사대 그런즉 가이사의 것은
　　　　가이사에게 하나님의 것은 하나님에게 바치라 하시니."

Ⅰ. 역사적 배경

떠는 화요일 오후였다. 헤롯 당원들이 바리새인들과 함께 정치적 계산이
깔려있는 교활한 질문을 가지고 예수께 왔다. 두 파벌이 정치적 입장은 달
랐지만 로마 통치에 대해서는 함께 반대 입장에 있었다. 로마 과세에 대해
서 그같이 반대하였다. 바리새인들은 신정국가로 돌아가기를 꾀했다. 헤롯
당원들은 헤롯가의 왕권 복원을 주장했다. 예수께서 자기들 편을 든다면
로마 군대로부터 화를 당할 것이었다. 로마 징세를 옹호하는 말을 한다면
민중들이 대들 것이었다. 이 질문은 사실상 로마법과 메시야 법에 대한 것
이었다. 이들의 생각대로 하자면 메시야 법은 로마 법을 금하였다. 이들이
볼 때 메시야 법을 거부한다면 예수께서 스스로 메시야라고 한 주장을 포
기하는 것이 될 것이었다. 예수께서는 이 질문의 어느 편도 들지 않고 교
회와 국가의 관계에 대한 영원한 진리를 말씀하셨다.

Ⅱ. 용어 해설

마태복음 22:17. "가하니이까." 이 말은 신정주의 혹은 헤롯가의 통치

대(對) 로마 통치를 언급하는 것이다. 여기서 말하는 "세"는 은전으로 바치는 인두세이다. "가이사." 당시 가이사는 A.D.14-37년에 통치한 티베리우스였다. 좀더 넓은 의미에서 "가이사"는 한 제도인 정부를 가리킨다.

마태복음 22:20. "형상과 글." 로마 주화는 한 면에 가이사의 형상이 있었고 다른 면에는 "티베리우스 황제"라는 글이 새겨져 있었다.

마태복음 22:21. "바치라." 이 말은 돌려 주다 혹은 보상하다는 동사의 부정과거 명령형이다. 세금을 내는 것을 뜻하는 용어였다. 문자적으로 하자면 "가이사에게 속하는 것들 … 하나님께 속하는 것들"이다.

III. 교리적 의의

여기에 나오는 말씀은 교회와 국가의 근본적인 관계를 이야기하고 있다. 교회와 국가에 대한 그리스도인의 의무를 보여주고 있는 것이다. 하나님께 대한 의무가 더 높은 책무라는 사실이 암시되어 있다. 교회와 국가가 하나님의 계획 안에서 각각 자신의 위치를 깨닫는다면 둘 사이에 갈등을 일으킬 필요가 없다.

IV. 실천적 목표

하나님 나라에 대한 천국 시민의 정당한 태도와 자신이 살고 있는 다양한 정치 체제에 대한 정당한 태도를 진술하는 것이다. 충성심이 분열되는 갈등을 해결하는 것이다. 예수께서는 정치에 대해서는 별로, 아니 거의 아무 말씀도 하시지 않았다. 예수께서는 지도 원칙을 말씀하셨다.

V. 설교 개요

제목: "두 세계의 시민."

도입부

헤롯 당원과 바리새인들이 저의를 가지고 행동했지만(22:18) 진지하게 생각해야 할 문제를 내놓았다. 사람이 어떻게 하나님 나라 시민으로 있으면서 또 세상 나라 시민 노릇도 할 수 있느냐 하는 것이었다. 그리스도인은 시민의 의무 때문에 양심에 갈등을 일으키는가? 그렇다면 그리스도인은 어디에 충성을 바쳐야 하는가? 그리스도인은 두 세계의 시민이라는 것이 진리이다. 각각의 세계에서 그리스도인이 짊어져야 할 의무가 있는 것이다. 그리스도인 노릇은 잘 하면서 시민 노릇은 아무렇게나 해도 되는 것은 아니다. 그 반대도 마찬가지이다. 이 문제를 다루면서 갈등, 결과, 보충이라는 세 단어를 유의해야 한다.

A. 갈등.

"가하니이까?" 저의가 있는 이 질문 뒤에는 진짜 갈등이 있었다. 신정주의 옹호자들이 이교의 통치에 복종해야 하는가 하는 것이다. 헤롯의 전사들이 가이사의 신하가 될 수 있느냐는 것이다. 이 문제는 종교적이면서 정치적인 것이었다.

이것은 그리스도인들에게 특별히 더 해당되는 것이다. 그리스도에 대한 충성이 법에 대한 복종보다 앞서는가? 교회가 국가를 통제해야 하는가 아니면 국가가 교회를 통제해야 하는가? 종교와 정치를 혼합할 수 있는가? 국가가 종교 양심에 어긋나는 것을 요구할 때 그리스도인은 어떻게 해야 하는가? 어느 쪽이든 그 극단적인 입장이 정당화될 수 있는가? 이 둘 사이의 갈등을 해결할 수 있는가?

B. 결과.

"이 형상과 이 글이 뉘 것이냐?" 예수께서는 자신이나 자기 제자들의 돈을 가지고 대답하지 않으셨다. 질문을 한 사람들에게 돈을 하나 보이라고 하셨다. 이들이 내민 돈은 유대 돈이 아니라 로마 돈이었다. 이들이 로마 돈을 사용한다는 것은 그들이 로마 정부에 복종하고 의존하고 있음을 보이는 것이었다. 예수께서는 로마 제국과 그 통치를 용서하시지도 정죄하시지도 않으셨다. 명백한 사실을 인정하셨을 뿐이었다.

기독교는 아주 다양한 형태의 정부 아래 존재한다. 신약 성경에서는 정부 기관을 인정한다(참조. 롬 13:1). 그리스도인들에게 법을 지키라고 권한다(참조. 벧전 2:12-17). 박해를 받을 때에조차 그리스도인들은 주께 대한 증거로서 그 박해를 기꺼이 견디라고 한다(참조. 벧전 3:14-15).

그리스도인은 자기가 사는 사회의 한 일원이다. 따라서 수도사처럼 생활해서는 안 되고 믿음을 증거하는 생활을 해야 한다(참조. 고전 5:9-13). 법이 잘못되었으면 자신의 영향력을 사용하여 법을 바꾸도록 해야 한다. 그러나 그리스도인의 양심의 문제가 관련된 것이 아니라면 법을 지키도록 해야 한다(참조. 행 4:19-20). 그리스도인은 언제나 믿는 사람으로 행동해야 한다(벧전 3:15).

C. 보충.

"가이사의 것은 가이사에게, 하나님의 것은 하나님에게 바치라." 예수께서는 그 질문의 어느 편도 들지 않으셨다. 다만 행동의 원칙만 선포하셨다. 어떤 것은 가이사의 것이고 어떤 것은 하나님의 것이다. 따라서 각각의 것은 제가 속한 곳에 드려야 한다는 말씀이다. 그리스도인은 두 세계에 사는 시민이다. 각각의 세계에 따르는 의무가 있다.

예수님의 답변에는 이상적인 표준이 있다. 국가나 교회나 서로 상대를 직접 통제하려고 해서는 안 된다는 것이다. 둘은 서로를 보완한다(참조. 롬 135-10). 그와 같은 이상적인 상태에서 국가와 교회는 자신의 잠재력을 최대로 실현할 수 있었다.

마태복음 제23장

하나님의 심판

23:2. "서기관들과 바리새인들이 모세의 자리에 앉았으니."
23:3. "그러므로 무엇이든지 저희의 말하는 바는 행하고 지키되 저희의 하는
　　　행위는 본받지 말라 저희는 말만 하고 행치 아니하며."
23:13. "화 있을진저 외식하는 서기관들과 바리새인들이여"
23:38. "보라, 너희 집이 황폐하여 버린 바 되리라."

I. 역사적 배경

이 사건은 아마도 수난 주간 화요일 오후 중반쯤에 일어났을 것이다. "논쟁의 날"은 정점에 달했다. 장소는 아마도 성전 뜰이었을 것이다. 예수께서는 이미 바리새인들을 비난한 적이 있었다(눅 11:42). 여기서는 그 비난을 마무리지셨다. 일찍이 예수께서 이처럼 냉혹한 말씀을 하신 적이 없으셨다. 이것을 보고 예수께서 자제력이 부족하다고 비난한 사람들이 있었다. 하지만 그것은 숨은 사정을 모르는 얘기이다. 예수님의 이 의분 속에는 깊은 동정이 흐르고 있다(참조. 22:37). 여기서 우리는 하나님의 두 속성, 곧 긍휼과 진노를 보게 된다.

캠벨 모간은 마태복음 5장에 나오는 "복이 있나니"라는 말씀과 23장의 "화 있을진저"라는 말씀이 흥미로운 대조를 이루고 있다고 얘기한다(*The Gospel According to Mattew*, Revell, in loco). 마태복음 5:10-11에 나오는 이중적인 복을 제외하면 일곱 가지 복이 있다(참조. 23:34-36). 화도 일곱 가지가 있다. 신빙성이 높은 사본에는 14절이 없다. 마가복음 12:40과 누가복음 20:47의 병행 구절에 유의해야 한다.

II. 용어 해설

마태복음 23:2. "모세의 자리." 사람들은 서기관과 바리새인들을 모세법의 해석자로 보았다.

마태복음 23:3. "무엇이든지 저희의 말하는 바는." 예수께서 여기서 말씀하시는 것은 모세법이지 그들의 수많은 기계적인 행위 규범이 아니다. "말만하고 행치 아니하며." 이 말씀은 현재 시제로 쓰였다. 즉 "계속해서 이야기만 하고 행치 않는다"는 말이다.

마태복음 23:13. "화 있을진저." 이것은 감탄사이다. 정관사와 함께 쓰일 때 이 말은 "재난"을 뜻한다(참조. 계 9:12; 11:14). "외식하는 자." 이 단어는 역할을 맡아 하는 "연극 배우"를 뜻하는 단어를 음역한 것이다. 겉으로 드러난 죄인들에게 이 말씀을 하신 것이 아니라 내적 진실은 없이 의를 추구하는 체하는 사람들에게 하셨다는 점에 유의해야 한다.

마태복음 23:38. "집." 이 단어에는 아마도 세 가지의 의미가 있을 것이다. 즉 성전과 예루살렘과 이스라엘을 의미할 것이다. "황폐하여 버린 바 되리라." 이 동사의 의미는 추방하다 혹은 내쫓다는 것이다. 수동태로 쓰였을 때는 자리를 떠나 홀로 있는 것을 의미한다. 예수께서는 유대 민족을 단념하신 것이다. A.D.70년에 심판이 임할 것이다.

III. 교리적 의의

이 장에서는 죄에 대한 하나님의 진노를 두렵게 진술하고 있다. 또 죄인에 대한 하나님의 긍휼을 가리키기도 한다. 여기에 "서기관과 바리새인의 의"(참조. 마 5:20) 즉 모든 죄 가운데 가장 심한 정죄를 받은 위선이 나온다. 예수께서는 모세 법전을 법적으로 인증하지만 그것을 잘못 사용하는 것에 대해서는 끔찍히 싫어하신다.

IV. 실천적 목표

그리스도 안에 있는 하나님의 의를 무시하는 사람의 의에 대한 하나님의 심판을 지적한다. 하나님은 은혜의 하나님이실 뿐만 아니라 진노의 하나님이시기도 하다. 하나님은 아무렇게나 심판하시는 분이 아니다. 하나님만이 악한 성품이 나타나는 것을 아신다. 악한 성품이 굳어져 변할 수 없을 때는 하나님께서도 악하다고 선언하실 수밖에 없다. 그러면 그 마음은 황폐하여 버린 바가 된다.

V. 설교 개요

제목: "하나님의 심판."

도입부

23장의 말씀이 가혹하게 보인다면 바로 보았다. 그러나 그 말씀을 제대로 이해하려면 이전 장들의 배경에 비추어서 이 장을 보아야 한다. 그리스도께서는 인내심을 가지고서 유대민족을 찾으셨다. 예수께서 유대인들에게 호소하면 할수록 그들은 더욱더 반역했다. 온갖 수단을 다 강구해도 실패하자 그제서야 예수께서 심판을 선고하셨다. 이것이 언제나 하나님의 행하시는 방식이다. 하나님께서 인내, 사랑, 자비, 동정, 은혜를 보여도 그것을 경멸할 때는 심판으로 되돌아올 뿐이다. 우주의 도덕적 구조의 근저에는 이런 원리가 깔려 있다. 사람은 뿌린 대로 거두기 마련이다. 여기에 모든 사람이 배울 교훈이 있다. 여기에는 칭찬, 정죄, 성취가 나온다.

A. 칭찬의 말씀.

"모세의 자리에 앉았으니 … 행하고 지키되."예수께서는 당시의 성경이었던 구약 성경을 조금도 감하지 않으셨다. 구약 성경은 구속력이 있었고 선했다. 고등비평가들은 밀과 겨를 가리려고 할 수도 있다. 그러나 예수께서는 기록된 이 구약 계시의 말씀에 대해 한 마디도 의심하지 않으셨다. 예수께서 거듭거듭 구약에서 말씀을 인용한 사실에 유의해야 한다.

이 하나님의 계시가 우주의 도덕적 구조의 기초가 된다. 10계명을 유의해야 한다. 10계명이 모세의 십계명 돌판에 있다고 해서 옳은 것이 아니다. 십계명 말씀이 옳기 때문에 옳은 것이다. 어떤 사람이나 집단도 하나님의 말씀을 무시하고서 온전할 수가 없다.

예수께서는 말씀하시기를 "그러므로 무엇이든지 저희의 말하는 바는 행하고 지키되 저희의 하는 행위는 본받지 말라"고 하였다. 여기서 "지키다"는 말은 그 본질적 가치에 주목한다는 뜻이다. "행하다"는 실천하는 습관으로서 복종한다는 의미이다. 하나님의 말씀에 관한 바른 가르침과 바른 실천을 칭찬하신다.

B. 정죄받은 행위.

"저희의 하는 행위는 본받지 말라 저희는 말만 하고 행치 아니하며." "그들은 계속해서 말만 하고 줄곧 행치 않는다"는 뜻이다. 그런 행동을 정죄하고 계시는 것이다. 정통 신앙과 정통 인간학은 나란히 가야 한다(참조. 약 2:10-20).

예수께서는 바리새인의 어떤 점을 정죄하셨는가? (1) 심술궂은 태도(23:13). (2) 악한 결과만 내는 무의미한 종교적 열광(23:15). (3) 기독교의 참된 성격을 피해가는 기계적인 규범(23:16-22; 참조. 출 20:7; 마 5:33-37). (4) 진정한 영적 의미는 무시하고 율법의 문자에만 집착하는 태도(23:23-24). (5) 겉으로는 정직하나 속에는 "강탈"(도적질)과 "무절제"(탐욕)가 가득함(23:25-26). (6) 겉으로는 깨끗하나 속은 더러움(23:27-28). (7) 다른 사람의 죄를 멸시하면서 자신은 하나님 보시기에 더 큰 죄를 범함(23:29-33). 이런 것들이 예수님 당시 종교 지도자들의 죄였다는 사실에 유의해야 한다. 거룩한 일을 맡기를 바라는 사람은 누구든지 조심해야 한다.

C. 성취된 결과.

"너희 집이 황폐하여 버린 바 되리라."여기에는 원인과 결과가 있다. 그것은 역사가 내리는 평결이며 영원이 내린 결정이다. 예수께서는 A.D.70년에 대학살이 있을 것을 아셨다. 뿐만 아니라 현재의 비극도 알고 계셨다(참조. 계 3:1). 유대 민족과 그 지도자들은 하나님께 쓰임받기를 거부하였다. 그래서 심판밖에 남지 않게 되었던 것이다. 하나님께서는 이스라엘을 떠나 당시에 자기 백성이 아닌 자들을 백성으로 일으키셨다(참조. 호 1:6;

벧전 2:9-10). 이때 하나님께서 한 민족 혹은 한 백성에만 묶여 있을 수밖에 없으셨던 것이 아니다. 그것은 지금도 만찬가지이다. 마태복음 23장의 심판은 자주 반복되어 왔다. 또 앞으로도 계속해서 반복될지도 모른다.

이 심판이 민족에게 적용된다면 개인들에게도 적용될 수 있다. 하나님께서 당신의 말씀을 맡기셨는데 잘못 사용할 경우 죄 있다고 선고하신다. 말씀을 잘못 사용한 결과가 한 민족에게 발생하였듯이 개인에게도 발생할 수 있다. 33절에 나오는 "지옥"은 예수께서 영원한 형벌을 받는 곳으로 말씀하신 "게헨나"이다. 지옥은 없다고 말하는 사람들이 있다. 누구의 말을 따를 것인가? 비평가의 말을 따를 것인가? 아니면 그리스도의 말을 따를 것인가?

마태복음 제24장

그리스도의 재림

24:3. "예수께서 감람산 위에 앉으셨을 때에 제자들이 종용히 와서 가로되 우리에게 이르소서 어느 때에 이런 일이 있겠사오며 또 주의 강림하심과 세상 끝에는 무슨 징조가 있사오리이까?"

24:4. "예수께서 대답하여 가라사대 너희가 사람의 미혹을 받지 않도록 주의 하라."

Ⅰ. 역사적 배경

이때는 수난 주간 화요일 늦은 오후였다. "논쟁의 날"이 끝났다. 예수님과 열 두 제자는 예루살렘을 떠나 베다니로 돌아오는 길이었다. 성전 지역을 지나오자 열 두 제자가 예수께 성전을 가리키며 그 장엄함에 대해 이야기했다. 그러자 예수께서 A.D.70년 유대인 전쟁 끝에(A.D.66-70) 성전이 파괴될 것이라고 예언하셨다. 길을 가다가 감람산 어디쯤에선가 멈춰 쉬면서 열 두 제자가 예수께 나와 세 가지를 물었다. 즉 예루살렘의 파괴, 재림, 세상 끝에 대해 물었다. 이 질문에 대한 답이 마태복음 24-25장에 나와 있다. 그런데 이 대답의 말씀을 이해하기가 어렵다. 예수께서 처음에 한 가지 문제를 다루시고 그 다음에 또 한 가지 문제를 답하셨기 때문이다. 이 부분은 공관복음서 가운데 매우 까다로운 곳이다. 그러나 세 가지 질문을 마음에 두고 있으면 분명한 설명을 볼 수 있다. 이때 예수께서 상(像)을 사용해서 평범한 진리를 설명한 묵시적 언어를 쓰고 계시다는 것을 기억하는 것이 좋다.

II. 용어 해설

마태복음 24:3. "어느 때에 이런 일이 있겠사오리까?" 이 질문은 이후 A.D.70년에 일어났던 예루살렘 성과 성전의 파괴를 가리킨다. "강림하심." 이 말은 파피루스에서 황제의 방문을 말할 때 사용된 파루시아라는 헬라 말을 번역한 것이다. 말 그대로 하자면 "임석"(臨席)을 뜻한다. 이 단어가 복음서에서는 여기와 마태복음 24:27, 37, 39에만 나오지만 서신서에서는 여러 곳에서 볼 수 있다(참조. 빌 2:12; 살후 2:1). "세상 끝." 문자적으로 는 "시대의 정점"을 의미한다. 파루시아와 마찬가지로 이 말도 복음서에서 마태복음에만 나온다. 신약에서 이 말들은 그리스도의 재림을 나타내는 전 문 용어이다.

마태복음 24:4. "주의하라." 이 헬라어 동사는 직설법이나 명령법으로 쓰였을 수 있는데, 여기서는 명령법으로 볼 수 있을 것이다. "미혹하다"는 말은 타락시키다 혹은 방황하게 만들다는 뜻이다. 이 경고가 강화 전반에 걸쳐 나온다. 이때는 미혹을 받지 않도록 주의하는 일이 필요했다. 그리고 그것은 지금도 역시 필요하다.

III. 교리적 의의

본문에 그리스도의 재림이 나온다. 예루살렘 멸망도 다루고 있다. 거짓 메시야를 주의하고 세계적 사건에 대해 오해하지 말라는 경고가 아주 분 명하다. 본문 전반에 걸쳐 그리스도의 재림을 준비하라는 말씀이 거듭 반 복된다.

IV. 실천적 목표

제자들이 제기한 질문에 비추어서 예수님의 대강화를 해석해 보는 것이 다. 극단적이고 독단적인 입장은 피해야 한다. 예수께서는 지금 사건의 시 간표를 제시하는 것이 아니다. 어느 누구도 그렇게 해서는 안 된다. 바로 그 사실을 예수께서 단언하셨다. 그것으로 충분하다. 시간의 문제는 하나 님께 맡겨야 한다. 자신에 대해서나(24:44) 온 세상에 있어(24:14) 준비하고 있는 것이 관건이다.

V. 설교 개요

제목: "그리스도의 재림."

도입부

그 동안 본문 말씀만큼 사람들이 면밀하게 검토한 예수님의 말씀은 없었다. 이외의 다른 어떤 말씀도 이 말씀만큼 다양하게 해석된 것은 없다. 그러나 하나님 말씀을 연구하는 사람들은 "복된 소망"을 가지고서 이 말씀의 교훈을 찾으려고 한다. 예수께서 답변하신 이 세 가지 질문을 유념하고 있을 때에야 비로소 예수님 말씀의 의미를 대략 이해할 수 있다. 본문의 내용을 드러내는데 다음 세 마디가 도움이 될 수 있다. 즉 경고, 설명, 단언이 그것이다.

A. 예수님의 경고.

"너희가 사람의 미혹을 받지 않도록 주의하라." 이 말씀은 필요한 경고이다. 예수께서는 이 "복된 소망"에 따라 올 대혼란을 예견하셨다. 예수께서는 이때 다음 세 가지 질문을 염두에 두고 계셨던 것이 분명하다. (1) 거짓 그리스도에 관하여(24:5). 이것은 세 문제와 모두 관계가 있다. 유대 전쟁 직전과 전쟁 중에(A.D.66-70) 거짓 그리스도들이 많이 나타났다. 거짓 그리스도들은 대대로 계속 나타났다. (2) 격변하는 세계적 사건들(24:6-7)에 관하여. 그러나 이런 사건들이 파루시아의 징조는 아니다. 세계사 속에 일어나는 사건들일 뿐이다. (3) 박해에 관하여(24:8-13). "재난의 시작"이란 시대의 다가오는 종말을 말하는 것이 아니라 그리스도인들의 박해를 가리킨다. 그리스도인들에 대한 박해가 A.D.66-70년에 로마 제국의 정책으로서 보편적으로 시작되었다. (4) 확실한 한 가지 징조(24:14). 시련에도 불구하고 복음은 대대로 계속 전파되어 세상 끝날까지 이를 것이다.

이 경고는 오늘날에도 필요하다. 역사가 흘러오면서 거짓 메시야가 산발적으로 나타났다. 정치적·경제적·철학적·신학적·신지학적 메시야들이 거듭 나타났다. 현대의 종파들에 유의하라. "나가지 말라"(24:23-26)고 예수께서 말씀하셨다. 정부와 자연, 사회에 대혼란이 일어날 때마다 사람들이 "종말이 가까왔다"고 소리친다. 그러나 삶은 계속된다.

B. 예수님의 설명.

"어느 때 이런 일이 있겠사오며." 마태복음 24:15-22은 이 첫번째 질문에 대한 답이다. "멸망의 가증한 것"이란 예루살렘의 함락을 가리킨다. "가증한 것"이란 악취 때문에 생기는 메스꺼움을 말한다. 우상숭배는 하나님이 혐오하시는 것으로 묘사된다. 예루살렘이 함락되었을 때 로마인들이 성전 지역 근처 성 동문에서 이교 제사를 올렸다.

이 점에 관한 예수님의 경고에 유의해야 한다. "너희가 예루살렘이 군대들에게 에워싸이는 것을 보거든 성내에 있는 자들은 나갈지며"(참조. 눅 21 20). 그때 많은 그리스도인들이 갈릴리 바다 남쪽에서 17마일 가량 떨어져 있는 산지 성읍인 펠라로 도망갔다고 유세비우스는 말한다. 어린애들이나 젖먹이가 있는 사람들은 도망하지 못했을 것이다. 겨울이었다면 고초가 더 심했을 것이다. 안식일이었다면 여행하지 못하는 규례 때문에 도망하지 못했을 것이다. 예루살렘 멸망으로 인한 대학살이 계속되었더라면 아무도 위기를 모면하지 못했을 것이다. 그리스도인들을 위해서 하나님께서 그 날을 단축하셨다. 그런 경험 때문에 거짓 그리스도와 선지자가 나왔을 것이다. 그런 자들을 무시해야 한다. 그리스도께서 나타나시면 모든 자가 볼 것이다(24:27). 그리스도께서 자기 백성을 자기에게로 모으실 것이다(24:28).

이것은 오늘날 역사로 기록되어 있는 것에 대한 예수님의 예언이다. 이 말씀은 우리를 포함하여 모든 시대의 사람들에게 주변에서 일어나는 세계적인 사건들로 인해 미혹하지 말라는 경고가 된다. 그렇다고 해서 그리스도의 파루시아가 가까이 오지 않았다는 뜻은 아니다. 그리스도의 파루시아는 항시 임박해 있다. 사건들을 기록하고 재림의 날짜를 추정하는 것이 현대인의 해야 할 일은 아니다. 그리스도께서는 올 준비가 되어 있으시며 다른 일들을 준비하시느라 바쁘시다(24:14).

C. 예수님의 단언.

"주의 임하심과 세상 끝에는 무슨 징조가 있사오리이까?" 29절 말씀은 이 문제들을 다룬다. 29-31절 말씀은 그리스도의 강림이나 그 밖의 하나님의 역사 개입과 관련하여 보통 사용되는 묵시적 표현이다. 어떤 징조가 있겠는가? "인자의 징조"가 하늘에 보인다(24:30). 준비하고 있지 않은 자들은 슬퍼할 것이다. 그리스도의 백성들은 기뻐할 것이다(24:31). 여기서 말하는 "이 세대"란 아마도 예루살렘 멸망이라는 엄밀한 사실을 가리킬 것이다. 이 말씀을 하신지 꼭 40년 만에 그 사건이 일어났다. 재림의 "그 날과 그 때"는 하나님만 아신다(24:36). 그 날과 그 때는 아직도 남아 있다. 이 세상 생활은 마지막 때까지 계속될 것이다(24:37-39). 그날을 준비하는 사람들이 있고 그렇지 않은 사람들도 있다(24:39-41). 그리스도인들은 "깨어서" 봉사하고 있어야 한다(24:42). 방황하고 있는 사람들은 그리스도를 믿음으로써 준비해야 한다(24:43). "이러므로 너희도 예비하고 있으라 생각지 않은 때에 인자가 오리라"(24:44).

마태복음 제25장

중간기의 책임

25:14. 또 어떤 사람이 타국에 갈제 그 종들을 불러 자기 소유를 맡김과 같
으니. "

25:19. "오랜 후에 그 종들의 주인이 돌아와 저희와 회계할새."

25:29. "무릇 있는 자는 받아 풍족하게 되고 없는 자는 그 있는 것까지 빼앗
기리라."

I. 역사적 배경

이 사건의 현장은 24장과 같다. 예수께서는 여러 가지 비유를 사용하여 승천과 재림 사이 시기의 다양한 측면을 설명하신다. 이 모든 비유의 취지는 예수께서 돌아오시면 각 사람의 성품이 드러나고 거기에 따라 상급을 받든가 정죄를 받든가 하리라는 것이다.

II. 용어 해설

마태복음 25:14. 문자적으로 하자면 "어떤 사람이 먼 나라로 여행을 가면서 종들을 불러"라는 말이 된다. "타국에 갈제." 이것은 한 단어로서 고향이나 고국을 떠나간다는 뜻의 분사이다. 주인은 이제 곧 외국으로 가려고 하고 있었다. 예수님의 승천을 생각해 보라. "종들" 즉 노예들을 말한다. 이 갈은 예수님의 제자들을 가리킨다. 바울은 스스로를 예수 그리스도의 노예라고 하였다(참조. 갈 1:10). "소유"란 "재산"으로서, 주인이 세상적인 재화로서 갖고 있는 모든 것을 말한다.

마태복음 25:19. "오랜 후에" 혹은 많은 시간이 지닌 후에. 여기서 그 기

간을 구체적으로 밝히지 않고 있는 사실에 유의하라. 이것은 시간이 지체되고 있음을 가리킨다. "회계하다." 두 개의 그리스 파피루스와 문자가 새겨진 도기 파편 하나에는 이것이 사업 용어로 사용되고 있다. 말 그대로 하자면, "주인이 계산을 하다"이다.

마태복음 25:29. "무릇 있는 자는 받아 풍족하게 되고 없는 자는 그 있는 것까지 빼앗기리라." 기회를 사용하면 상급을 얻고 기회를 등한히 하면 기회를 잃게 된다.

III. 교리적 의의

이것은 청지기직에 대한 교훈으로서 단순히 돈에 대한 것이 아니라 그리스도인의 생활과 기회에 대한 이야기이다. 하나님께서는 하나님 나라 일을 자기 백성들 손에 맡기셨다. 그리고 돌아오실 때는 셈 치르는 것을 요구하신다. 이때 판단의 결정적인 요소는 결과가 아니라 능력과 성실성이다. 사람의 성과를 보면 참된 그리스도인의 성격이 있는지 없는지를 알게 된다.

IV. 실천적 목표.

각 사람이 그리스도인으로서 책임감을 가지고 서로 대하도록 하는 것이다. 사람마다 동등한 기회를 가지고 있다. 하지만 모든 사람이 다 같은 결과를 보이는 것은 아니다. 하나님은 변명을 듣고자 하시는 게 아니라 결과를 보고자 하신다. 열매가 없는 그리스도인은 그리스도인으로서 생활하고 있는지 의심해 보는 것이 좋다.

V. 설교 개요

제목: **"중간기의 책임."**

도입부

하나님께서는 십자가와 부활을 통해 구속 사역을 완성하셨다. 이제부터는 성령의 지도 아래 구속 사역을 사람들에게 선전하실 것이다. 이제 예수께서 떠나시지만 어느 날엔가 돌아오실 것이다. 중간기의 목적은 무엇인가? 달란트 비유의 취지가 바로 그 목적을 가르쳐 준다. 본문의 메시지는 수여, 회계, 보상, 이 세 마디로 설명할 수 있을 것이다.

A. 책임 부여.

"자기 소유를 맡김과 같으니." "각각 그 재능대로" 다섯 달란트, 두 달란트, 한 달란트를 주었다. "종들"이란 그리스도인 개개인과 집단으로서 교회를 말한다. 하나님께서 자기 백성들에게 하나님 나라의 것들, 곧 하나님과 사람에 대한 계시, 하나님의 구속 사역, 회개하라는 부르심, 복음, "모든 믿는 자에게 구원을 주시는 하나님의 능력"을 맡기셨다. 각 그리스도인에게 능력에 맞게 주셨다. 다행히 충실한 사람들이 있었고, 슬프게도 신뢰할 수 없는 사람들도 있다. 이들은 주인의 재산을 낭비할 뿐이다. 요즘의 그리스도인들은 이렇지 않은가?(참조. 마 7:16-29).

B. 회계.

"저희와 회계할새." 하나님을 상대로 장사하려고 하는 사람은 하나님과 거래하는 것이다. 하나님께서는 책임을 맡기고 그 다음에는 잊어버리시는 법이 없다. 처음 두 종이 모두 재산이 증가한 사실을 보고하는 것을 유의해야 한다. 이 두 사람은 자기에게 맡겨진 것을 두 배로 불렸다. 하나님께서는 사람이 갖고 있는 것에 대해 책임을 물으시지 없는 것에 대해 책임을 묻지 않으신다(참조. 고후 8:12). 성공 여부는 그 사람의 재능에 의해 결정된다. 하나님은 "B"급 학생에게서 "A"급 결과를 요구하시지 않는다. 교회, 그리스도인은 주어진 기회에 얼마나 충실했느냐에 따라 판단받는다.

세번째 종에 유의하라. 이 종은 결과를 내지 못해서가 아니라 아예 결과를 내려고 해보지 않았기 때문에 정죄를 받았다. 예수께서는 이 종의 말을 그대로 인용해서 정죄하였다(25:24-27). 이 종은 주인의 재산을 낭비한 것이 아니라 땅에다 묻었다. 이 사람의 주인은 예수님이 아니라 두려움이었다. 이 종은 주인을 사랑해서가 아니라 두려워 하기 때문에 일한 것이다.

이 종들의 보고는 계시하는 바가 많다. 앞에 나오는 두 종은 열 여섯 마디를 사용해서 자신의 성공을 보고하였다. 그러나 세번째 종은 자신의 실패를 변명하는데 마흔 세 마디를 사용하였다. 하나님은 변명이 아니라 결과에 관심이 있으시다. 이 사실은 개인뿐 아니라 교회에도 적용된다.

C. 보상.

"착하고 충성된 종아 … 악하고 게으른 종아."그리스도인의 동기 부여로서 보상의 문제를 하찮게 여겨서는 안 된다. 예수께서는 보상을 여러 차례에 걸쳐 더 크게 하셨다. 지옥에서 형벌의 정도가 각기 다른 것처럼 천국에서 보상의 정도도 각기 다르다(참조. 고전 3:8, 14-15; 눅 12:47-48).

처음 두 종이 똑같은 보상을 받은 사실을 눈여겨 보아야 한다. 이 사실은 교회와 그리스도인 개인에게도 적용된다. 하나님께는 큰 교회, 작은 교회가 없고 하찮은 그리스도인, 위대한 그리스도인이 없다. 각 사람이 스스로 마음 먹은 대로 작기도 하고 크기도 한다. 하나님께서는 그 결과를 보고 상 주신다. 세번째 종은 가지고 있는 것을 잃었다. 이것은 삶의 법칙이다. "악하고 게으르다"는 말을 유의해 들어야 한다. 게으름은 하나님께서 악하게 보시는 것이다. 이 종은 기회만 잃은 게 아니다. 영혼까지 잃었다(25:30). 이 사람은 "무익하였다." 이 단어는 "쓰레기"를 의미한다(참조. 롬 3:12, 25:30의 "무익하다"는 말의 동사형이다). 이 종은 쓰레기 더미에나 가야 맞을 사람이었다(참조. 게헨나, 지옥). 이 말이 은혜에서 떨어져 나간다는 것을 뜻하지는 않는다. 이 사람은 은혜 안에 있은 적이 없다. 그의 "악하고 게으른" 태도는 그가 가지고 있었던 본래 성격을 드러낼 뿐이었다(참조. 마 25:31-46). 이 세번째 종이 그리스도인이었는가에 대해 의문을 품을 수도 있다.

그리스도를 따른다고 하는 사람들은 말로만 그리스도를 섬기지 않도록 주의해야 한다(참조. 마 7:21-23). 일을 함으로써 구원받는 것은 아니다. 그러나 일을 하거나 하지 않는 것은 구원하는 믿음의 질이 어떤 것인지를 드러내 보인다(참조. 약 2:14-20). 부여 받은 기회를 충실히 사용하면 하나님께서 그 결과를 눈여겨 보실 것이다.

마태복음 제26장

빛과 어둠

26:7. "한 여자가 매우 귀한 향유 한 옥합을 가지고 나아와서 식사하시는 예
수의 머리에 부으니."
26:8. "제자들이 보고 분하여 가로되 무슨 의사로 이것을 허비하느뇨"
26:15. "내가 예수를 너희에게 넘겨주리니 얼마나 주려느냐 하니 그들이 은
30을 달아 주거늘."

I. 역사적 배경

이 사건은 목요일 밤 베다니에 있는 문둥이 시몬의 집에서 일어났다. 힘
든 하루를 보내고 나서 예수께서 한 친구의 초대를 받았다. 이 친구는 아
마도 예수께서 전에 문둥병을 고쳐 준 사람이었을 것이다. 요한복음을 보
면 나사로가 그 자리에 있었다. 마르다가 시중을 들었다. 기름붓는 일은 마
리아가 했다(요 12:1-3). 제자들은 마리아가 물질을 "낭비한다"고 투덜거
렸다. 요한은 유다가 그렇게 말했다고 밝힌다. 다른 제자들도 유다의 말을
거들었을 것이다. 이 사건이 누가복음 7:36의 사건과 동일하다고 보는 사
람들도 있다. 그러나 이 두 사건에는 뚜렷한 차이점이 있다. 얼마든지 이
두 사건이 다 일어났다고 볼 수 있다. 요한복음에는 마가복음과 마태복음
에 빠져 있는 설명이 나온다. 요한이 글을 쓸 때는 그 사람들이 죽은 뒤라
이름을 대도 괜찮았을 것이다. 요한은 선행으로 그 이름이 알려지게 된 여
인이 누구인지 밝히고 있다. 또 유다가 예수님을 배신한 직접적인 이유도
이야기하고 있다(참조. 요 12:4; 마 26:14-16).

II. 용어 해설

마태복음 26:7. "여자." 요한은 이 여자가 베다니의 마리아라고 밝힌다 (요 12:3). "매우 귀한 향유 한 옥합." 이 옥합은 그 속에 들어 있는 향유가 생산되는 이집트 도시의 이름이 붙어 있었다. 이 병은 귀한 연고를 담아두는데 사용되었다. 이 연고는 "매우 귀한 것"으로 아주 가치가 있고 값비쌌다. "설화 석고의 나드향은 왕에게 진상하는 선물이었다"(브루스). 헤로도토스는 이 나드향을 캄비세스(Cambyses)가 에티오피아 왕에게 보내는 다섯 가지 선물 가운데 하나라고 말한다. "예수의 머리에 부으니." 말 그대로 하자면 "쏟아 부었다"는 말이다. 요한은 이 여자가 "예수의 발에 부었다"고 말한다. 이 여자는 사랑하기 때문에 이 두 가지 큰 일을 하였다.

마태복음 26:8. "제자들." 요한은 앞장 서서 이런 불평을 한 사람으로 유다를 지목한다(요 12:4). "허비하다." 말 그대로 하자면, "절대적인 손실"이란 뜻이다. 쏟아부은 향유만큼 "감정의 향기"도 많이 부은 것이다(로버트슨). "이 여인은 시인이었는데 반해 제자들은 무미건조한 사람들이었다"(브루스).

마태복음 26:15. "얼마 주려느냐." 문자적으로 하자면 "나에게 무엇을 해 줄 것인가?"이다. 유다 자신이 정한 값이 아니라 그들이 정한 값을 물은 것이다. 마리아와 유다의 대조적인 모습을 보라. 영어역본에서 And I 로 번역된 단어가 사실상 원문에서는 한 단어(카고)이다. 예수의 제자들 가운데 한 사람인 바로 "내가"라는 의미이다. "인도하리니(deliver, 한글개역은 '넘겨 준다')." (한글 개역의 뜻대로) 넘겨 준다는 뜻이다(참조. 마 27:26이하). "약정하니라." 문자적으로는 저울에 달듯이 "그들이 달아주었다"는 말이다. 당시에는 "주조된 돈이 사용되었으나, 사람들이 부정한 일을 지극히 정통적인 방법으로 하기 위해 고대 방식대로 세겔을 달아 주었을 수도 있다"(브루스). "은 삼십"(참조. 슥 11:12). 25달러 이하로 당시 노예 한 명 값이었다.

III. 교리적 의의

이 사건에서는 예수께 대한 상반된 반응, 곧 사랑과 미움이 드러난다. 물질주의적인 사람들에게는 영적인 일이 낭비로 보인다. 덕에는 보상이 따른다. 잘못된 영적 태도가 최종적으로 이르는 비참한 결과를 눈여겨 보라. 유다의 행동은 격정적인 분노에서 나온 것이 아니라 계산된 탐욕에서 나온 것이다.

IV. 실천적 목표

내적 태도가 겉으로 드러나는 결과를 보여주는 것이다. 사랑이 있으면 길을 찾아나갈 것이다. 돈을 사랑함은 일만악의 뿌리이다. 이익과 손실은 사람의 저울로 달 수 있는 것이 아니라 하나님의 저울로 잴 수 있는 것이다.

V. 설교 개요

제목: **"빛과 어둠."**

도입부

마리아의 행동은 미움의 바다에 떠있는 사랑의 섬이었다. 그것은 이제 곧 예수께 덮칠 폭풍우의 침울한 구름을 뚫고 비치는 한 줄기 빛이었다(26:2-5). 그 결과는 우리 주님의 생애 가운데 가장 의미있는 한 가지 이야기가 된다. 그 이야기는 탐욕과 미움의 추한 배경을 바탕으로 전개가 되기 대문에 그만큼 더 의미가 깊다. 이 장면의 특징은 인식, 반응, 결과라고 말할 수 있을 것이다.

A. 인식.

"한 여자 … 제자들이." 제자들 가운데 예수께서 십자가에 못박히실 것을 처음으로 제대로 깨달은 사람은 마리아와 유다였을 것이다. 예수의 말씀을 보면 그 점을 확실히 알 수 있었다(26:2). 유다도 공회의 모임을 알았을 것이다(26:3-5).

그렇지만 두 사람 중 어느 누구도 예수께서 십자가에 못박히시는 것을 막지는 못했다. 마지막이 가까이 왔다는 것을 알고서 각각 질문을 했다. 마리아는 이렇게 물었다. "예수님을 위해 내가 할 수 있는 일이 뭘까?" 유다는 이렇게 물었다. "예수가 나를 위해 해 줄 수 있는 일이 뭘까?" 어째서 이런 차이가 생기는가? 두 사람 다 예수님의 가장 깊은 속뜻을 알 수 있는 기회를 똑같이 가졌다. 하지만 결과는 전혀 달랐다. 한 사람은 진실된 신자였고 다른 한 사람은 순전히 이기적인 이유에서 무리에 가담해 있는 사람에 지나지 않았다. 그 사람은 거듭나지 않은 마귀였다(참조. 요 6:70-71).

어느 세대에서든지 예수께 모여든 사람들을 나누자면 마리아 같은 사람과 유다 같은 사람들로 나눌 수 있을 것이다. 한 부류는 그리스도 중심적인 사람들이고, 다른 부류는 자기 중심적인 사람들이다. 한 사람은 "내가 할 수 있는 일이 뭔가?" 하고 묻고, 다른 사람은 "내가 할 일은 뭔가" 하고 묻는다. 한 사람은 "내가 어떤 봉사를 할 수 있는가"에 관심을 갖고, 다른 사람은 "그 봉사에서 내가 얻을 수 있는 게 뭔가?"에 관심이 있다. 이 사람을 통해서는 그리스도께서 영광을 받으시지만, 저 사람으로 말미암아서는 그리스도께서 십자가에 못박히신다.

B. 반응.

"귀한 향유 … 이것을 허비하느뇨." 마리아의 대답에는 공감하는 사랑과 이해가 깃들어 있었다. 마리아는 주님의 고통을 덜기 위해 자기가 할 수 있는 일을 하였다. 자기로서 드릴 수 있는 최선의 것을 주께 드렸다. 그것은 하나님 나라 왕에게 바치는 마리아의 선물이었다.

유다의 대답은 마리아의 행동을 괜시리 트집 잡아 비난하는 것이었다. 유다는 예수님을 멸시하였기 때문에 마리아를 멸시하였다. 유다의 이런 행동이 선택받은 백성들인 제자들조차 어떻게 미끄러지게 했는지 유의해 볼 필요가 있다. 마리아는 예수님의 마음을 편하게 해드렸다면 유다는 상심하게 했다. 마리아를 힐책했던 것은 자신의 도적질 하는 죄를 감추기 위해서였던 것도 유의해야 한다(참조. 요 12:6). 유다는 구제라는 위선적인 가면을 쓰고서 자신의 이익을 꾀하려고 했다. 교회에서 말썽을 일으키는 사람들은 대개가 저의를 갖고 있다. 이런 사람들이 교인들을 속일 수 있을지 모르지만 하나님은 속일 수 없다. 어리석은 물질주의자들은 언제나 영적 투자를 "허비하는 것"으로, 시간과 돈을 낭비하는 것으로 본다. 하지만 주님께서는 그 행위를 영원히 기념할 친절한 봉사로 보신다(26:10-13).

C. 결과.

"이 여자의 행한 일도 말하여 저를 기념하리라."

다리아는 사심이 없이 행동하였지만 그 행동에 영원한 영광이 돌아왔다. 유다는 이기적인 욕심에서 행동하였지만 그 행동은 영원한 수치만 가져왔을 뿐이다. 마리아는 구하지 않은 것을 받았고 유다는 구한 것을 잃었는데, 자기 목숨 곧 자기 영혼을 잃었다(참조. 마 27:3-10).

유다는 너무 값싸게 팔렸다. 공회가 그에게 정해 준 값이 얼만지 유의해 볼 필요가 있다(마 26:15). "죄의 삯은 사망이요"(롬 6:23). 마귀는 값을 마구 깍아내린다.

대대로 마리아의 이름은 사람들에게서 칭송을 받는다. 그런가 하면 유다의 이름은 저줏거리로 불린다. 사람들은 사랑하는 딸에게 마리아라는 이름을 붙인다. 유다라는 이름은 양들을 이끌고 도살장으로 가는 염소에게만 붙일 뿐이다. 영원히 기념할 마리아의 행위는 살아있는 말씀으로서 사람들에게 전파된다. 유다라는 이름은 토기장이의 묘지를 장식할 뿐이다.

마태복음 제27장

재판받으시는 그리스도

27:11. "예수께서 총독 앞에 섰으매 총독이 물어 가로되 네가 유대인의 왕이
　　　냐 예수께서 대답하시되 네 말이 옳도다 하시고."
27:17. "저희가 모였을 때에 빌라도가 물어 가로되 너희는 내가 누구를 너희
　　　에게 놓아 주기를 원하느냐 바라냐 그리스도라 하는 예수냐 하니."
27:22. "빌라도가 가로되 그러면 그리스도라 하는 예수를 내가 어떻게 하랴
　　　저희가 다 가로되 십자가에 못박혀야 하겠나이다."

l. 역사적 배경

때는 금요일 이른 아침이었고, 장소는 예루살렘이었다. 자정이 지난 직
후에 예수께서 성전 관원에게 잡혀 안나스에게 끌려 가셨다. 안나스는 전
에 대제사장이었고, 지금도 여전히 사위인 가야바를 통해 대제사장의 권한
을 행사하고 있었다. 예수님에 대한 유대의 재판은 세 부분으로 이루어졌
다. (1) 안나스 앞에서 행해지는 예비 심문(요 18:12-14, 19-23). (2) 동트
기 전에 시행되는 공회의 비공식적 재판(마 26:57, 59-68, 그 밖의 마가,
누가, 요한 복음의 병행 구절들). (3) 공회 앞에서의 정식 유죄 판결(마
27:1; 막 15:1; 눅 22:66-71). 유대 법에 따르면 이 재판은 모든 점에서
불법이었다.

공회는 사형 선고를 내릴 수 없기 때문에 예수님을 로마 총독인 빌라도
앞으로 끌고 갔다. 여기서 재판은 다시 한 번 세 단계로 나누어 볼 수 있
다. (1) 첫번째로 빌라도 앞에 서심(마 27:2, 11-14, 다른 세 복음서의 병
행 구절; 요 18:28-38에서는 이 부분이 자세히 기술되어 있다). (2) 헤롯

안디바 앞에 서심(눅 23:6-12). (3) 두번째로 빌라도 앞에 서심(마 27:15-26과 병행 구절들. 이 부분에서도 요한복음은 좀더 자세히 내용을 기술하고 있다). 로마인들이 정의를 옹호한다고 자랑하였음에도 여기서 다시 한 번 불법적인 행위들이 많이 발견된다.

마태복음에는 빌라도 앞에 두 번 서신 기사가 나온다. 편의상 두 사건을 한 사건으로 다룰 수도 있다. 예수께서는 그리스도로서 죽음에 나아가시는 순간에도 여전히 속박당한 상태였다.

II. 용어 해설

마태복음 27:11. "총독." 빌라도는 로마 속주의 총독이었다. 빌라도는 비교적 작은 속주 중 하나를 다스린 행정 장관이었다. "네가 유대인의 왕이냐?" 문자적으로 하자면 "당신이 유대인의 그리스도라고 하는 사람이냐?" 하고 물은 것이다. 공회에서는 예수가 자칭 유대인의 왕이라고 주장하였다고 고발하였다. 유대인들이 정치적인 의미를 함축하고 있는 말인 "그리스도"라는 말을 사용한 교활함을 주목할 필요가 있다(참조. 눅 23:2). 빌라도의 질문은 확언하는 답변을 가져올 뿐이었다. "네 말이 옳도다." 예수께서는 바로 그 사실을 생각하도록 답변하신다. 예수님은 자신이 유대인의 왕이라고 공언하신 것이다(참조. 요 18:36-37). 유대인들은 예수께서 바로 그런 주장을 한다고 고발하였는데(참조. 눅 23:2-3), 거기에는 정치적인 의도가 깔려 있었다. 예수께서 유대인들에게는 아무 대답을 하지 않으신 점을 유의해야 한다. 예수께서 빌라도의 단도직입적인 질문에 대해서는 그렇게 하시지 않았다. 마태복음 27:14을 유의해 볼 필요가 있다. 문자적으로 하자면 "예수께서 그에게 단 한 마디도 대답하지 않았다"이다. 이때쯤에는 예수께서 이미 자신의 왕권을 세워놓으신 뒤였다. 예수께서 원하신 것은 그것이 전부였다.

마태복음 27:17. "저희가 모였을 때." 이때는 사람들이 두번째로 빌라도 앞에 모였다. "너희는 … 원하느냐." 일시적인 욕망이 아니라 의지의 선택을 물은 것이다. "놓아 주다." 이 관습은 복음서 이 부분과 요세푸스에서만 언급된다(*Ant.* **XX**. 9,3). "바라바." 아람어에서 이 이름은 "아버지의 아들" 이라는 뜻이다. 마가복음 15:7에서는 이 사람을 선동가요 살인자라고 설명 한다. 예수께서 그렇게 되기를 거부하셨던 바로 그런 메시야였다. 그를 "예 수 바라바"라고 부르는 사본들도 있다. "그리스도라 하는 예수"와 뚜렷이 대비되는 점을 유의하라.

III. 교리적 의의

본문 전체에 흐르고 있는 교리는 예수 그리스도의 왕권이다. 빌라도는 자기가 예수를 재판하는 자리에 앉아 있다고 생각하였다. 사실은 그 반대 였다. 요즘도 사람들은 겁이 나면 예수가 십자가에 못박히도록 내어 준다. 여전히 바라바를 풀어 주고 예수를 십자가에 못박는 것이다. 잘못이 보좌 를 차지할 수가 있지만 결코 영원히 가지 못한다.

IV. 실천적 목표

예수님에 대한 재판을 보고서 모든 사람에 대한 심판을 알도록 하는 것 이다. 하나님께서는 양자 택일을 요구하신다. 사람은 자신의 선택에 따라 살든지 아니면 죽을 수밖에 없다. 곳곳에서 탐욕과 증오가 판을 칠지라도 예수께서는 여전히 왕으로서 통치하신다.

V. 설교 개요

제목: "재판 받으시는 그리스도."

도입부

이때는 역사상 가장 극적인 순간이다. 왕들의 왕께서 세상 통치자들 앞 에 서 계신 것이다. 지극히 더러운 장면이기도 하다. 여기서 유대인과 이방 인의 법적 공의가 정죄를 받기 때문이다. 역사에서는 예수께서 그들 앞에 서 재판을 받았다고 기록하고 있다. 그러나 역사의 최종 평결은 그들이 예 수 앞에서 재판을 받았다고 기록하고 있다. 한편은 악의에 찬 사전 재판을 벌였다는 판결을 받았다. 다른 한편은 비겁하게 야비한 기회주의에 굴복했다는 유죄 판결을 받았다. 지금까지 이런저런 이유로 정의가 종종 십자가에 못박히곤 하였다. 이렇게 빌라도 궁전에 있는 법정이 역사의 무대에 뒤섞인다. 역사에서는 불의가 왕위에 올라 진리를 교수형에 처하는 일이 거듭거듭 발생하였다. 시의적절하면서도 영구한 가치가 있는 본문의 교훈은 유죄판결, 선택, 결과, 이 세 가지로 나타난다.

A. 유죄 판결.

"네가 유대인의 왕이라고 하는 사람이냐?"(말 그대로 번역하자면 이런 뜻이다). 예수님의 답변은 빌라도의 의표를 찌르는 것이었다. 빌라도가 실제로 예수께서 왕이라고 믿었는지는 확실히 알 수 없다. 그러나 왕이 아닐까 하고 상당히 생각했다는 증거는 분명히 볼 수 있다(참조. 마 27:19; 요 18:33-38). 확실히 빌라도는 예수께서 정치적 고발과는 무관하다고 판단하였다. 예수님의 나라는 진리의 영역에 속했다. 빌라도가 예수님을 왕으로 언급한 데는 유대인들에 대한 경멸이 담겨 있었지만, 그 이상의 의미가 있었을 수도 있다. 군병들의 조롱에서처럼(마 27:28-29), 여기서 하나님께서는 사람의 분노를 바꾸어 오히려 당신을 찬양하도록 만드신다.

예수께서는 모든 사람 앞에 왕으로 서 계신다. 사람들 가운데는 여러 가지 이유로 그 사실을 부인할 수도 있다. 공회는 편견 때문에, 군중은 무관심 대문에, 빌라도는 도덕적으로 비겁해서, 군병들은 영적으로 무지해서 부인하였다. 인간들은 유한한 지성 때문에 예수님을 재판 자리에 세웠지만 역사는 예수께서 옳다는 것을 입증하였다. 예수님의 왕권을 의심하려고 하는 자에게는 그 사실을 입증해 주어야 할 것이다. 모든 무릎이 꿇고 모든 혀가 예수를 주라고 시인할 때가 올 것이다(참조. 빌 2:11).

B. 선택.

"바라바냐 … 예수냐?" 이 선택은 선택을 한 사람들이 생각하는 것보다 더 중대한 문제였다. 오리게네스는 바라바를 "예수 바라바"라고 부르는 마태복음의 한 사본을 보았다고 한다. 이 사실은 대조적인 면을 한층 뚜렷하게 한다. 즉 "아버지의 아들인 예수"와 "성부 하나님의 아들인 예수"가 뚜렷한 대조를 이루고 있다. "예수"란 "여호와는 구원이시다"는 뜻이다. 예수 바라바는 정치적 구원을 제공하였다. 예수 그리스도께서는 영적 구원을 제공하셨다. 한 사람은 반란을 획책하였고, 다른 한 사람은 거듭남을 약속하였다. 전자는 국민의 피를 흘림으로써 국민에게 정치적 자유를 제공하였다. 그런가 하면 후자는 자신의 피를 흘림으로써 영적 자유를 제공하였다. 한 사람은 사람들 사이에 왕국을 세우려고 하였고, 다른 한 사람은 사람들 속에 하나님의 나라를 세우려고 하였다.

이기적인 지도자들에게 충동을 받은 군중은 바라바를 선택하고 예수님을 거부하였다. 영적인 것보다 물질적인 것을 택한 것이다. 이렇게 해서 바라바는 풀려나 자신의 악한 길을 추구하게 되었고, 예수님은 십자가에 못박혔다. 빌라도의 질문은 모든 이에게 묻는 질문이다(참조. 마 27:22). 빌라도는 예수님을 부담스러워하였다. 재판 과정을 분석해 보면 예수님의 문제를 어떻게든 처리하려고 애썼다는 것을 알 수 있다. 예수님을 증거불충분으로 불기소하였으며(요 18:31), 예수님을 칭찬하기도 하였고(눅 23:4), 책임을 다른 사람에게 떠넘기기도 하였으며(눅 23:6-12), 다른 사람을 대신 내세우기도 했고(마 27:21), 모든 문제에서 손을 뗐다(마 27:24). 그럴지라도 그로서는 여전히 예수님을 처리하기가 힘들었고 그 마음에도 짐이 되었다. 오늘날도 사람들은 빌라도처럼 하면서 그와 똑같은 결과를 겪는다. 그 질문은 여전히 살아 있다. "그러면 그리스도라 하는 예수를 내가 어떻게 하랴?"

C. 결과.

"십자가에 못박혀야 하겠나이다."이것은 공회에 충동질을 받은 무리들이 외친 소리였다. "호산나를 외치던 사람들은" 어디에 갔는가? 예수님의 친구들은 어디에 있었는가? 도망을 갔든가 아주 멀리서 따라가고 있었다. 주일에 "호산나" 하고 외치던 사람들 가운데 많은 수가 금요일에는 "십자가에 못박혀야 하겠나이다" 하고 소리쳤다. 대중들의 갈채는 변덕스럽기 짝이 없다.

누가 예수님을 십자가에 못박았는가? 빌라도인가 공회인가, 군병들인가 아니면 군중들인가? 십자가 위의 팻말에 쓰인 글씨가 그 점에 대해 이야기해 준다. 로마법에 따라 죄인의 이름을 밝히게 되었다. "나사렛 예수 유대인의 왕"(요 19:19). 요한은 그 내용이 히브리어(종교 언어), 라틴어(정부 언어), 헬라어(문화 언어)로 쓰였다고 전한다. 이러한 언어가 쓰인 것에서 로마 제국이 크게 세 민족으로 나뉘었음을 알 수 있다. 제도적인 종교가 예수님을 정죄하였다. 정부 권력이 예수님을 십자가에 못박았다. 이교 문화에서는 예수님을 거절하였다. 이 모든 사람이 죄를 지은 것이다(참조. 마 27:25) 그때 예수님을 십자가에 못박은 사람들이 있었는데, 오늘날도 그런 사람들이 있다. 모든 사람이 하나님의 심판대 앞에 서게 될 것이다(참조. 눅 23:28-31).

"형제들아 우리가 어찌할꼬 하거늘"(행 2:37). "회개하라…"(행 2:38).

마태복음 제28장

그리스도의 위임

28:18. "예수께서 나아와 일러 가라사대 하늘과 땅의 모든 권세를 내게 주셨으니."

28:19. "그러므로 너희는 가서 모든 족속으로 제자를 삼아 아버지와 아들과 성령의 이름으로 세례를 주고."

28:20. "내가 너희에게 분부한 모든 것을 가르쳐 지키게 하라 볼지어다 내가 세상 끝날까지 너희와 항상 함께 있으리라."

Ⅰ. 역사적 배경

마태복음은 찬란한 영광으로 끝이 난다. 예수님의 지시를 따라 열 한 제자는 갈릴리에 있는 한 산에 이르렀다. 가는 도중에 다른 사람들도 합류하여 그 곳에 이르렀을 때는 500명 이상이 모였다(참조. 고전 15:6). 산의 이름은 구체적으로 언급되지 않는다. 이 산이 예수께서 천국의 "성명서"를 발표한(참조. 마 5-7장) 바로 그 곳이었는가? 흥미로운 발상이다. 하여튼 부활과 승천 사이의 40일 동안에 이 사건이 발생하였다. 마태는 승천 장면은 기록하지 않고 대사명을 이야기하면서 복음서를 끝낸다. 마태복음으로서는 적절한 끝맺음이다. 여기서 그리스도는 온 세상을 보고 모든 시대를 거쳐 마지막 때까지 내려다 보신다. 사탄이 과거에 자기 식으로 세상을 얻는 방법을 제안한 적이 있다. 여기서 예수님은 자신의 계획을 펼쳐 보이신다. 그리스도는 나와서 온 세상이 자신의 나라라고 선언하신다.

Ⅱ. 용어 해설

마태복음 28:18. "모든 권세." "권세"란 말은 "존재에서 나온다"는 뜻의 단어를 번역한 것이다. 즉 존재의 본성으로부터 나오는 권위를 의미한다. "주셨으니." 이 단어는 미래의 모든 시간을 포함하는 초시간적인 부정과거 시제이다. "내게." 부활하신 그리스도에게 "하늘과 땅의 모든 권세"를 주신 것이다. 우주적인 절대 권세로 인해 "모든 권세"가 한층 강화된다.

마태복음 28:19. "가라"(go). 이 단어는 명령형이 아니라 분사이다. 말 그대로 하자면 "가서"(going) 혹은 "가면서"(as you go)이다. "가르쳐." 대위임에서 나오는 명령형은 이 단어뿐이다. 그 뜻은 "제자를 삼다" 혹은 "제자"이다. 이 말은 신생을 암시한다(참조. 마 11:29). "모든 족속." 유대인과 이방인 모두를 가리킨다. "세례를 주고." 이것도 분사이다. 제자를 삼은 뒤에는 세례 주는 일이 따른다. "이름." 이름은 권위를 가리킨다. "아버지 … 아들 … 성령." 세 번 세례를 주라는 말이 아니라 삼위일체 하나님의 이름으로 한 번 세례를 주라는 뜻이다.

마태복음 28:20. "가르쳐"(teaching). 이 단어는 19절의 "가르치다"(teach)는 말과 다르다. 중생과 세례 이후의 가르치는 과정을 가리킨다. "지키게 하다"는 실천하게 하다는 뜻이다. "내가 너희와 함께 있으리라." 여기서 "내가"는 강조 용법으로 쓰였다. "부활한 그리스도인 내가 너희와 함께 있으리라"는 말이다. "항상" 혹은 "언제든지"란 긴 시간을 암시한다. "세상 끝날." 문자적으로는 "이 시대의 종말"이다.

III. 교리적 의의

여기서 가르치고 있는 교리는 선교 혹은 좀더 넓은 의미의 복음 전도이다. 또한 여기에는 신생(新生)이 들어 있고 그뿐 아니라 세례, 은혜로 자람, 지식, 봉사, 성화도 다루고 있다. 중간기 동안 그리스도의 임재와 재림이 분명하게 기술되어 있다. "시대의 종말"이란 영화를 암시하기도 한다.

IV. 실천적 목표

모든 그리스도인에게 부과된 의무와 그 의무를 실행하는 방법을 진술하

는 것이다. 복음전도는 개종이나 세례로 끝이 나지 않는다. 그것은 사람의
일생 동안 지속되며 대를 이어 전해지기도 한다. 복음 혼자서 고투하지 않
는다. 복음에는 성령으로 말미암아 그리스도의 임재와 권능의 보증을 받는
다.

V. 설교 개요

제목: "그리스도의 위임."

도입부

사람의 구속을 위한 그리스도 안에서의 하나님의 사역은 완성되었다. 이
제부터는 하나님이 백성들이 성령의 권능을 힘입어 애쓰고 있으므로 그
사역이 이들에게 달려 있다. 그리스도께서 자신의 대사들을 내보내는 것이
다. 어떤 대본 작가도 감히 이런 장면을 그리려고 하지 않을 것이다. 세상
의 권력도 재물도 군대도 없는 몇몇 시골뜨기들이 이교 세계의 힘에 맞선
것이다. 그러나 300년도 채 못되어 이들의 활동은 성공을 거두어 이교 세
계의 황제가 이들의 신앙을 지지하는 것이 정치적으로 편리하다는 것을
깨달았다고 역사는 기록하고 있다. 어떻게 해서 이런 성공을 거두었는가?
그에 대한 답은 다음 세 마디로 요약할 수 있을 것이다. 즉 인격, 프로그램,
임재.

A. 그리스도의 인격.

"모든 권세를 내게 주셨으니."말씀하고 계시는 분은 부활하신 그리스도
이시다. 그리스도는 이름으로만이 아니라 실제로도 왕이시다. "권세"란 단
어는 "존재의 본질로부터 나오는"이란 뜻이다. 따라서 예수께서는 부활하
신 그리스도로서, 바로 그 본질에서 명령을 내시는 것이다. 참으로 웅대한
광경이다! 예수께서는 자기 백성 500여명을 영적 무기만 갖추고서 세상을
정복하도록 내보시는 것이다. 이미 그리스도께서는 "성결의 영을 따라"(롬
1:4) 세상을 정복하셨기 때문이다. 바로 그 영을 힘입어 같은 일을 하도록
자기 백성을 보내신다. 여기서 훨씬 더 주목할 점은 그리스도께서 자기 백

성들에게 그 일을 할 수 있을 것이라고 납득시키셨다!

부활하신 그리스도께서는 지금도 세계 각 나라의 산 위에 서 계시고 세계 도처에 있는 "500여 형제들" 앞에 서 계신다. 그리스도의 권능을 힘입고 이들은 바다를 건넜고 도처에 있는 죄의 요새를 공격했으며, 역사의 강 줄기를 바꾸어 놓았다. 이교 문화에서는 여전히 그리스도를 무시하고 있다. 하지만 왕이신 예수께서 지금까지 싸움터에서 밀려 나신 적이 없으시다. 전쟁터는 사람들의 마음이다. 사람들의 마음은 세상 무기 앞에서는 굴복하지 않는다. 그러나 성령의 검에는 굴복하고 만다. 그 동안 수많은 접전이 벌어졌고, 또 그리스도의 깃발이 모든 사람의 마음에, 곧 모든 민족 위에 부는 산들바람에 펄럭일 때까지 전투를 밀어붙여야 한다. 그리스도께 패하는 것이 즐거운 항복이 될 수 있고 혹은 어쩔 수 없는 복종이 될 수도 있다. "저가 모든 원수를 그 발 아래 둘 때까지 불가불 왕노릇 하시리니"(고전 15:25). 그리스도께서는 지금 중보의 나라에서 통치하고 계신다. 또한 최고의 자리에서 영원토록 통치하실 것이다.

B. 그리스도의 프로그램.

"가서 … 제자를 삼고 … 세례를 주고 … 가르쳐."그리스도께서는 자신의 일을 우연에 맡기지 않으셨다. 세부 사항을 자세히 말씀하셨다. 자기 백성이 가지 않으리라는 것은 암시조차 하지 않으셨다. 가라는 명령을 하지는 않으셨다. "가서" 혹은 "가면서"라고 말씀하셨으므로, 거기에는 이미 명령이 들어 있는 것이다. "모든 족속으로 제자를 삼아." 이들은 목적을 가지고 가게 되어 있었다. 사람들의 마음에 그리스도의 깃발을 꽂으라는 것이다. "세례를 주고." 사람들로 그리스도께 공개적인 충성 서약을 하도록 인도하라는 말이다. "가르쳐." 이들이 순종하는 유익한 하나님 나라 시민이 되도록 하기 위해 가르치라는 것이다.

이 프로그램을 무시하면 비극적인 결과가 따른다. 즉 거듭나지 않은 교인들이 생기게 되는데, 이들은 그리스도인의 표를 받지 않고 지역 교회나 교단에 속하지 않은 게으르고 훈련 받지 않은 쓸모 없는 그리스도인들만 생길 뿐이다. 복음전도는 사람들을 그리스도께 인도하는 것만이 아니다. 복음전도의 일은 들은 사람이 회개하면 일이 다 끝나는 것이 아니다. 인생이 태어나는 것으로 끝나지 않는 것과 같다. 그것은 시작에 불과하다. 학생으로 입학하는 것은 시작이지 끝이 아닌 것이다. 참된 복음전도는 거듭남, 성화, 영화가 포함된다. 이 모든 것을 대 위임에서 볼 수 있다.

C. 그리스도의 임재.

"내가 너희와 함께 있으리라." 마태복음의 이 말씀은 요한복음 14-16장의 내용과 같은 것이다. 그리스도께서는 이때 신체적인 임재가 아니라 영적 임재를 말씀하셨기 때문이다. 능력으로, 지도하는 가운데, 위로 가운데, 용기를 주고, 깨닫게 하고 승리하게 하는 가운데 "너희와 함께" 계시겠다는 말씀이다. 제자들에게는 바로 이 약속이 필요했다. 제자들은 이 약속이 수도 없이 성취되는 것을 보았다.

사람들은 흔히 예수께서 지상에 계실 때 자신들도 신체적으로 예수님과 함께 지냈더라면 좋겠다고 생각한다. 그러나 오늘날 그리스도인들에게는 그 이상의 축복이 있다. 그때에는 예수께서 제자들과 함께 계셨지만 지금은 제자들 속에 계신다. 그때는 예수께서 한 번에 한 곳에만 계셨지만 지금은 어디에나 계신다. 그때는 수년 동안만 함께 계셨지만 지금은 그렇지 않다. 이제는 "내가 세상 끝날까지 너희와 항상 함께 있으리라"고 하신다.

마가복음

랄프 얼

머리말

고대 전승에 따르면, 마가복음에는 베드로의 설교가 반영되어 있다. 베드로는 처음으로 설교를 하고 나서 3천명의 개심자를 얻은 사람이었다. 따라서 오늘날도 우리는 그의 설교에 귀를 기울일 필요가 있다.

마가복음에는 좋은 설교를 하도록 영감을 주는 신선함이 있다. 여기에서 우리는 급속한 행동, 생생한 묘사, 아름다운 필치를 볼 수 있다. 많은 설교자들이 마가복음의 충격에 영향을 받으면 습관적인 생활에서 깨어날 수 있을 것이다.

이 책이 사람들에게 마가복음을 더 연구하고 더 나은 설교를 하도록 이끄는 작은 도구가 되기를 바란다. 이 책에 나와 있는 제안들은 좀더 많은 결실과 상급을 가져다 주는 말씀 사역에 이르는 길을 가르쳐 주는 이정표에 불과하다.

랄프 얼

차례

마가복음 제1장

예수 그리스도의 복음

1:1. "하나님의 아들 예수 그리스도 복음의 시작이라."

I. 역사적 배경

마가는 로마에서 로마인들을 위해 글을 쓰고 있었다. 마가는 예수 그리스도를 전능한 정복자로 소개하면서 또한 고난받는 여호와의 종으로도 소개하기를 원했다. 그래서 마가는 예수님의 유아기 기사뿐 아니라 예수님의 족보는 생략하였다(마태복음과 누가복음에서는 예수님의 족보가 나온다). 로마인들은 사람의 혈통보다는 그 사람의 행위에 관심이 있었다. 그래서 마가는 예수께서 하신 말씀보다는 예수님의 행위와 죽으심을 집중적으로 이야기한다.

II. 용어 해설

"복음"이란 좋은 소식이다. 복음은 논쟁할 제안이나 변호할 교리가 아니다. 선포해야 할 소식이다. "예수 그리스도의"는 주격이 아니라 목적 소유격이다. 따라서 이 구절은 이렇게 번역해 볼 수 있을 것이다. "하나님의 아들 예수 그리스도에 관한 기쁜 소식의 시작이라." 이 첫구절은 마가복음의 표제일 것이다. 사람들 가운데는 이 구절을 세례 요한의 사역에만 적용하는 이들도 있다. 마가가 이 복음서를 쓸 때에는 사람들이 "예수 그리스도"를 받아들였고 고유 명칭으로 사용하였다. 원래는 "예수 그 그리스도" 즉 메시야였다.

III. 교리적 의의

일반적으로 마가복음을 사실 중심의 복음서로 생각해 왔다. 이와 대조적으로 요한복음은 영적이며 신학적인 복음서이다. 그러나 최근에 와서는 마가복음에도 뚜렷한 신학적 목적이 있다는 사실을 인식하게 되었다. 요한과 마찬가지로 마가도 예수님을 하나님의 아들로 소개하고 있다. 이런 경향에 맞추어 요즘은 "하나님의 아들"이라는 마지막 어구를 참된 것으로 받아들이고 있다. 초기 헬라어 사본에는 이 어구가 빠져 있는 것들이 있기도 하다. 이 단어가 RSV(1952)성경과 NEB(New English Bible, 1961)에는 들어 있다. 그랜트(F.C. Grant)는 *The Intrerpreters Bible*(VII, 648)에서 이 점을 변호한다.

IV. 실천적 목표

마가의 주요 목표는 사람들에게 하나님의 아들이요 구주이신 예수 그리스도를 소개하는 것이었다. 그것은 모든 설교자의 제일 중요한 책임이다. 사람에게는 모두 하나님의 구주가 필요하기 때문이다.

V. 설교 개요

제목: **"예수 그리스도의 복음."**

도입부

그 동안 세상은 오랫동안 기다려 왔다. 오랫동안 죄가 번성하였고, 그 결과 세상에 슬픔과 고통이 왔다. 이따금 세상은 눈물어린 눈으로 하늘을 바라보았지만 소용이 없었다. 그런데 마침내 기쁜 선포가 울려퍼졌다. 구주이신 메시야가 오신 것이다!

A. 복음의 시작.

그 동안 우리는 복음을 신앙고백으로, 성경은 조직신학의 교과서로 흔히 생각해 왔다. 그러나 구약은 역사로, 즉 하나님께서 자신의 택한 백성을 다루신 일에 대한 기록으로부터 시작한다. 신약도 역사로 시작한다. 즉 예수 그리스도의 지상 생애와 죽으심, 부활, 오순절 사건 이후의 초대 교회의 전파를 기록하고 있다.

B. 예수 그리스도의 복음.

"복음"이라는 뜻의 유앙겔리온은 바울이 즐겨 쓰는 단어이다. 바울은 서신서에서 이 단어를 60번이나 사용한다. 이와는 대조적으로 마태복음에서는 4번, 마가복음에서는 8번밖에 나오지 않고 누가복음과 요한복음에서는 전혀 사용되지 않는다. 그러나 "복음을 전하다"는 뜻의 유앙겔리조라는 단어는 누가가 복음서에서 10번, 사도행전에서는 15번을 사용한다. 복음은 신학책에 묻어둘 신조가 아니다. 그것은 선포해야 할 기쁘고 영광스런 소식인 것이다. 전해야 할 어떤 것이다.

예수 그리스도를 떠나서는 복음이란 없다. 소위 "사회 복음"이란 잘못된 말이다. 다른 종교는 인생 철학을 설파한 현인으로부터 시작되었다. 기독교는 하나님의 구주로부터 시작되었다. 기독교는 단순한 신조나 윤리가 아니다. 기독교는 곧 그리스도다. 또 복음이다.

C. 하나님의 아들.

예수의 신성이 복음의 기초다. 하나님의 아들이 이 땅에 오시지 않았다면 선포할 복음이란 없었을 것이다. 세계 어떤 종교도 자기 종교의 창시자가 신이라고 주장하지 않는다는 사실은 놀랍다. 모세, 공자, 석가, 노자, 마호메트, 이 모두가 사람이었다. 그러나 예수 그리스도는 영원하신 하나님의 아들이시다. 여기에 기독교의 절대적인 독특성이 있다. 기독교만이 참된 구원의 종교이다. 기독교에만 참된 구주가 있기 때문이다.

예수 그리스도의 신성을 부인하는 것은 기독교의 기초를 제거하는 것이다. 어떤 건물도 기초가 없으면 서 있을 수 없다. 하나님이신 그리스도가 없는 기독교는 더 이상 기독교가 아니다. 그러면 기독교는 분명 복음이 아니다.

마가복음 제1장

최고의 소명

1:17. "나를 따라오너라 내가 너희로 사람을 낚는 어부가 되게 하리라 하시
니."

I. 역사적 배경

공적 취임(세례 받으심)과 개인적인 입문식(시험받으심)을 팔레스타인
남쪽 지역에서 가지신 뒤에 예수께서 북쪽 갈릴리로 가셨다. 여기서 가버
나움을 갈릴리 대사역의 본부로 삼으셨다. 가까이에 있는 호숫가를 거닐면
서 예수께서 어부 네 명을 보고 자기를 따르라고 부르셨다.

II. 용어 해설

"나를 따라오너라"는 말뜻은 "내 제자가 되라"는 것이다. 이 당시 랍비
들은 "자기를 따르는" 제자들을 두었다. 이와 같이 이 네 사람의 어부도
학교에 가서 예수님에게 배우게 되었고, 예수께서는 이들에게 사람을 낚는
법을 가르치게 되었다.

III. 교리적 의의

여기서는 예수께서 사람들의 스승으로 나온다. 예수께서 "오라"고 하셨
고, 사람들은 모든 것을 버리고 예수를 좇았다. 지금도 예수께서는 하나님
의 권위로 이야기하시며, 사람들은 지금도 예수의 음성을 듣고 그 부르심
에 주의를 기울이고 있다.

IV. 실천적 목표

그리스도인 한 사람 한 사람에게 헌신한 청지기의 삶을 살라고 촉구하는 것이다. 우리 모두가 사람을 낚는 어부가 되어야 한다. 그리스도를 좇을 때에야 비로소 우리는 성공적으로 영혼을 구하는 비결을 배울 수 있다.

V. 설교 개요

제목: **"최고의 소명."**

도입부

최고의 소명은 영혼을 구하는 일이다. 이 소명은 사회적으로 가장 인정받는 최고의 정치적 지위를 능가하는 것으로, 목회 사역의 특별한 직무이다. 세상에 이보다 더 큰 직무는 없다.

A. 하나님의 부르심.

"나를 따라오너라." 영혼을 구하는 일은 예술이다. 따라서 이 일은 배워야 한다. 예수님은 최고의 선생이시다. 예수께서는 모든 그리스도인에게 자기를 따라오며 발앞에 앉아 자기를 배우라고 부르신다. 그 부르심을 받는 것은 최고의 특권이자 의무이다.

이것은 단순한 초대가 아니라 명령이다. 그 말은 명령법으로 쓰였다. 따라서 우리에게는 달리 선택할 길이 없다. 따르기를 거절한다면 하나님 나라 왕께 불순종하는 것이 될 것이다. 왕께서 부르시면 가야 한다.

"나를 따라오너라"는 "와서, 나를 따르라"는 뜻이다. 사람이 그리스도인이 되고나서 자기 길을 선택하고 나갈 수 없다. 그리스도인이라면 그리스도를 따라가야 한다.

이들 네 어부에게 있어서 그리스도를 따른다는 것은 모든 것을 버리고 전적으로 봉사에 임하라는 것이었다. 그리스도를 따른다는 것이 이 말 그대로 모든 그리스도인에게 적용되는 것은 아니지만 그리스도를 따르려고 하는 사람은 모든 것을 버려야 한다는 속뜻은 그대로 적용된다. 우리의 의지를 전적으로 그리스도의 뜻에 복종시켜야 한다. 그것이 제자가 되기 위해 치러야 할 대가이다.

B. 하나님의 관심.

"내가 … 되게 하리라." 이 구절에서 암시하고 있는 바는 두 가지다. 첫째는 예수님을 따르지 않고서는 사람을 낚는 어부가 될 수 없다는 것이다. 예수께서 자기를 따르는 자에게 친히 모범을 보이는 방식이 아니고서는 우리를 그런 사람으로 만들 수 없다. 인생에는 책을 통해서 배울 수 없는 것들이 있다. 그런 것은 개인적인 접촉을 통해서만 알 수 있다. 인간적인 수단으로부터 아무리 많은 영감과 지도를 받는다고 해도 영혼 구원의 최고 대가와 직접 교제하는 것을 대신할 수는 없다. 영혼을 향한 그리스도의 열정, 곧 동정적인 사랑의 정신을 붙잡지 않고서는 영혼을 구원하는 사람이 될 수 없다. 이 분야에서 성공하는데는 지름길이 없다.

이 구절에서 암시하고 있는 두번째 사실은 우리가 실제로 예수 그리스도를 따르면 사람을 낚는 어부가 되리라는 것이다. 그렇게 해 주시겠다는 예수님의 약속이 있기 때문이다. 지금 우리가 영혼을 그리스도께 인도하고 있지 못한다면 어쨌든 우리가 그리스도를 따르고 있지 않기 때문이다. 스승을 따르며 스승과 사귈 때 사람을 낚는 어부가 "될" 것이다. 우리가 할 일은 그리스도를 따르는 것이다.

C. 신적 임무.

"사람을 낚는 어부." 임무의 세세한 내용은 다르다. 어떤 사람은 외국 선교지로 부름받는가 하면 어떤 사람은 국내에서 수고하도록 부름받는다. 목사로 임명받는 사람이 있는가 하면 전도자로 위임받는 사람도 있다. 그러나 영혼을 구원하는 일에는 모두가 부름을 받았다. 이 임무는 모든 그리스도인에게 내려지는 것이다.

낚시질을 제대로 하려면 기술이 필요하다. 이 점은 사람을 낚는 일에도 적용된다. 이 일은 참으로 고되지만 지극히 큰 상급이 따르는 일이다. 그 일에는 지식뿐 아니라 인내도 필요하다. 인생에서 이보다 중요한 일은 없다. 그리스도께서는 지금도 자기 제자들에게 사람을 낚는 어부가 되라고 부르고 계신다.

"사람을 낚는 어부"라는 표현에 대해 작고한 라일 주교(Bishop Ryle)는 이렇게 말했다. "이것은 신약에서 목회 직무를 설명할 때 사용하는 명칭 가운데 가장 오래된 것이다. 이 명칭에 맞게 살려고 애쓰지 않는 목회자는 자신의 소명을 잘못 생각하고 있는 것이다."

마가복음 제1장

기도의 대가

1:35. "새벽 오히려 미명에 예수께서 일어나 나가 한적한 곳으로 가사 거기
서 기도하시더니."

I. 역사적 배경

그 동안 예수께서는 가버나움에서 이루 말할 수 없이 바쁜 나날을 보내
셨다. 아침 회당 예배 때 예수께서는 회중을 가르치셨을 뿐만 아니라 사람
에게서 더러운 귀신을 쫓아내기도 하셨다. 예수께서 제자들과 함께 저녁을
먹으러 베드로 집으로 돌아와서 보니 베드로의 장모가 갑작스런 고열로
꼼짝 못하고 드러누워 있었다. 대선생께서 다시 한 번 제자의 곤경을 해결
해 주셨다. 해가 지면서 안식일이 끝나 짐을 나를 수 있게 되자마자 사람
들이 예수께로 모이며 병들고 귀신들린 사람들을 데려 왔다. 마가는 "온
동네가 문앞에 모였더라"는 베드로의 관찰 사실을 기록하고 있다. 해질 무
렵에 이처럼 병든 자들을 고치시고 나서는 해 뜨기 전에 기도하는 시간을
가지셨다.

II. 용어 해설

마가는 예수께서 아주 일찍 일어나 기도하셨다는 사실을 아주 생생하게
표현하기 위해 세 단어를 사용한다. 첫번째 단어는 "일찍" 혹은 "아침에"
이다. 두번째 단어는 "밤에"이다. 세번째 단어는 "매우" 혹은 "대단히"이다.
이 세 단어를 합치면 이런 뜻이다. "아주 이른 아침, 오히려 아직 밤이었을
때"(한글 개역은 '새벽 오히려 미명에')이다.

이 세 단어는 또한 예수님의 행동을 묘사하기도 한다. 이 세 단어 모두 부정과거 시제로서 신속하고 즉각적인 움직임을 가리킨다. 헬라어 원문대로 하자면, "일어나 나가 멀리 가셨다"이다. 예수께서는 때를 놓치지 않고 기도하셨다.

"한적한 곳"이란 문자적으로 하면 "황무지" 혹은 "광야"이다. 주로 사람이 살지 않는 지역을 뜻한다. 여기서 볼 수 있는 생각은 인적이 드문 곳이라는 점이다.

III. 교리적 의의

하나님의 영원한 아들이신 예수 그리스도께서 성부 하나님과 교제를 가질 필요가 있다면 우리야 더 말할 필요가 있겠는가! 예수님의 참된 인성은 그 기도생활에 반영된다. 성령으로 충만해 계시지만 기도할 필요가 있으셨다.

IV. 실천적 목표

그리스도인에게는 무릇 기도가 절대적으로 필요하다는 것을 보여주는 것이다. 또한 기도의 대가는 자기 훈련이라는 것도 가르치는 것이다.

V. 설교 개요

제목: "기도의 대가."

도입부

기도는 영혼의 호흡이다. 그래서 바울이 이렇게 권했다. "쉬지 말고 기도하라." 숨쉬기를 멈추면 신체적으로 죽는다. 그렇듯 기도하기를 멈추면 영적으로 죽는다. 기도를 대신할 것은 없다. 하나님 가까이서 걷는 사람에게는 기도는 숨쉬는 것만큼 자연스런 일이다.

A. 기도의 우선순위.

"새벽 오히려 미명에 일어나." 예수께서는 매우 힘든 하루를 보내셨다.

병을 고치시는 일이 늦은 시간까지 계속되었던 것같다. 따라서 주님은 얼마든지 다음날 아침까지 잠자리에 계셔도 되었다. 예수님은 잠이 필요하셨다.

하지만 예수께서는 기도하기 위해 일어나셨다. 그냥 아무 때 일어나신 게 아니라 "이른 아침, 날이 시작되기 오래 전에"(모팻 성경) 일어나셨다. 예수님께는 기도가 최우선 순위였다.

기도 생활을 잘 해온 사람들은 거의 모두가 기도하기에 가장 적절한 시간은 경험상 이른 새벽이라고 한다. 그렇게 생각하는 데는 여러 가지 이유가 있다. 우리는 마음이 그 날의 갖가지 근심과 해야 할 일로 어지럽혀지기 전에 기도할 필요가 있다. 대체로 마음은 하루 중 이른 아침 시간에 더 맑고 깨끗한 법이다. 하나님과 최상의 친교를 갖는데 반드시 필요한 조용한 분위기란 적지 않게 중요하다. 사람이 낮에 이런저런 일로 허둥지둥할 때 기도하기란 보통 어려운 일이 아니다. 마음에 하늘의 이슬을 받고 싶은 생각이 있으면 아침 일찍 찾아나서야 한다. 잠자리에서 드리는 의미없는 형식적인 기도를 제외하고는 대부분 사람들이 기도를 하루 일과 중 제일 먼저 드리거나 아니면 전혀 드리지 않는다.

B. 기도 장소.

"한적한 곳으로 가사." 기도 시간 다음으로 중요한 것은 기도하는 장소이다. 실제로 "개인의 경건 시간"을 가지려면 하나님과 단 둘이만 있는 시간이 필요하다. 이상적으로 이야기할 때 이것은 고립되어 있는 것을 뜻한다. 그런 장소를 찾을 수 없다면 마음과 정신의 고립에 좀더 신경을 써야 할 것이다.

요즘 가정에서는 한적한 곳을 찾기가 매우 어렵다. 라디오나 TV의 요란한 소리를 들으면서 제대로 기도하기란 어려울 것이다. 다른 식구들이 일어나 라디오를 틀기 전의 이른 시간에야 겨우 조용히 있을 수 있는 가정도 있을 것이다. 하나님께서 자기와 함께 계심을 느끼기를 간절히 바라는 사람은 자기 훈련의 대가를 치르고라도 하나님과 단 둘이 교제를 할 시간과 장소를 구할 것이다. 조금이라도 그렇게 하는 사람들만이 사실 영적으로 살아 있는 생활을 하게 된다.

C. 기도의 연습.

"기도하시더니." 기도를 배우는 법은 기도하는 것밖에 없다. 기도에 관한 책을 읽는 것이 도움이 된다. 그러나 기도에 관한 책을 읽어 기도하기를 배우려고 하는 것은 자전거 타기에 관한 책을 읽어서 자전거 타기를 배우려는 것과 같다. 기도하기를 완전히 익히는 것은 실제로 많은 기도를 해봄으로써만 얻을 수 있는 것이다.

이른 시간에 한적한 곳에서 기도하면서도 제대로 기도를 하지 못하는 수가 있다. 마음이 어수선해도 시간과 장소만 적절하게 잡으면 제대로 기도할 수 있는 것은 아니다. 예수께서는 실제로 기도하셨다. 다른 모든 경우와 마찬가지로 이 경우에도 우리는 그리스도의 모범을 따라야 한다.

마가복음 제1장

사랑의 마음

1:40, 41. "원하시면 저를 깨끗케 하실 수 있나이다. … 내가 원하노니 깨끗
함을 받으라."

I. 역사적 배경

이른 아침에 오랜 시간 기도하고 나서 예수께서는 많은 사람들이 아우
성쳤지만 가버나움으로 돌아가 다시 한 번 대대적으로 병고치는 일을 하
려고 하시지 않았다. 그보다는 다른 마을에 가서 복음을 전해야겠다고 말
씀하셨다. 예수께서 하늘에서 오신 것은 바로 그 때문이라고 하셨다(38
절). 그래서 갈릴리로 가셔서 회당에서 가르치시며 귀신을 쫓아내는 일을
하셨다(41절). 가던 길에 한 문둥병자가 예수께 와서 고쳐달라고 하였다.

II. 용어 해설

"왔다"(40절)는 말이 헬라어 원문에서는 현재로 쓰였다. 마가는 이야기
의 생동감을 더하고 긴박한 느낌을 주기 위해 동사를 역사적 현재 시제로
쓰기를 좋아한다. 사람들은 "문둥병자"를 언제나 불결한 사람으로 보았다.
학자들의 말에 따르면 성경 시대의 문둥병은 피부 질환으로 오늘날의 문
둥병과는 달랐다. 그러나 그 질환을 겪고 있는 사람은 의식(儀式)상 불결
한 자로 취급받았다. 의원인 누가는 그 사람이 "온 몸에 문둥병 들렸다"고
말한다(5:12).

"민망히 여겼다"는 말은 부정과거 분사 수동태이다. 부정과거 시제의 의
미를 분명히 살리려면 그 말을 "동정심에 사로잡혀"라고 번역하는 것이

좋다. 이것이 인간의 슬픔과 고통에 대한 예수님의 즉각적인 반응이다. "민망히 여기다"는 말은 라틴어에서 나왔는데, 헬라어에서는 "동정"을 뜻한다. 둘 다 같은 의미를 담고 있다.

"원하노니"(I will)가 여기서는 미래 시제로 쓰인 것이 아니다. 헬라어 동사 델로는 의지의 활동을 표현하는 "하려고 한다" 혹은 "바라다"는 뜻을 갖는다. 따라서 40, 41절은 이렇게 번역할 수 있다. "네가 원하고 있다면, … 나도 원하고 있다." "깨끗함을 받으라"는 부정과거 수동 명령형이다. 그 말뜻은 "(지금 당장, 즉시) 깨끗할지어다"이다.

III. 교리적 의의

여기서 다시 한 번 예수님의 신성이 강조된다. 예수께서는 즉시 문둥병을 고칠 수 있으셨다. 또한 하나님께서는 능력에 못지 않게 사랑도 크시다는 아름답고 위로가 되는 사실을 우리는 알고 있다. 사랑으로 권능을 통제하고 있을 때 우리는 안전하다.

IV. 실천적 목표

우리가 구하기만 한다면 예수께서 기꺼이 우리의 필요를 채워주시려고 한다는 것을 가르치는 것이다. 우리의 문제가 어떤 것이든 예수께서는 언제나 기꺼이 우리를 도우려고 하신다.

V. 설교 개요

제목: **"사랑의 마음"**

도입부

하나님은 천지를 창조하신 전능하고 영원하신 분이라는 것이 하나님에 대한 가장 일반적인 개념이다. 원자시대인 오늘날 사람들은 이 우주를 구성하는데 사용된 엄청난 권능의 일부를 이제 막 깨닫기 시작하고 있다. 자연계에 나타난 하나님에 대한 뚜렷한 계시는 하나님의 무한한 능력에 대한 것이다.

그렇지만 성경 어디에도 "하나님은 권능이시다"는 말은 없다. 그러나 "하나님은 사랑이시다"(요일 4:8,16)는 말씀은 두 번 나온다. 하나님은 권능이 있으시고 권능을 나타내신다. 그러나 하나님의 본성은 사랑이시다. 그 사실이 바로 본문이 가르치는 교훈이다.

A. 사람의 두려움.

"원하시면." 두려움은 언제나 믿음이 부족하다는 증거이다. 성육하신 거룩한 사랑이신 분께 "원하시면"이라고 말한다는 것은 참으로 불손한 말이다. 사랑에는 언제나 기꺼이 도우려는 마음이 있다. 문둥병자는 예수님의 권능이 나타나는 것을 본 적이 있다. 그런데 어찌된 셈인지 예수님의 사랑이 나타난 것은 보지 못했다. 그는 예수님의 참모습을 제대로 잘 알지 못했다. 그보다 더 안타까운 사실은 사람들이 예수님을 너무도 모르고 있다는 사실이다. 사람들은 하나님의 사랑을 의심하기 일쑤다. 하나님의 사랑을 의심하는 까닭은 사람들이 사랑이신 하나님을 제대로 알지 못하기 때문이다. 성도라고 하는 사람들을 충분히 알게 되면 그 사람들에게 올바르고 친절하고 관대한 일을 기꺼이 할 것인지 물어보지 않는다. 그렇다면 그리스도께 우리가 아주 절망적인 상황에 처해 있을 때 기꺼이 우리를 도와주실 뜻이 있으신지 의심해야 하겠는가?

B. 그 사람의 신앙.

"저를 깨끗케 하실 수 있나이다." 그 사람은 예수님의 능력에 대해 아무런 의문을 갖지 않았다. "하실 수 있나이다"고 말하였다. 예수님의 능력에 대한 믿음은 확고부동하였다. 그 사람은 전능하신 정복자께서 질병을 고치고 귀신을 쫓아내고 물리치시는 것을 본 적이 있었다. 이 사람이 알지 못한 것은 그리스도의 치유 사역에 초자연적인 권능이 나타난 것만큼 하나님의 사랑도 나타나느냐는 것이었다. 그것은 사랑으로 일어나고 추진되는 권능이었다. 이기적인 미움에 의해서 움직이는 권력만큼 세상에서 위험한 것은 없다. 그런가 하면 이타적인 사랑으로 움직이는 권능만큼 인류에게 복된 것은 없다. 핵분열과 융합의 비밀을 발견하게 된 오늘날 하나님께서는 우리 세계가 때늦지 않게 그 교훈을 배울 수 있도록 허락하신다.

하나님의 권능을 의심해서는 안 된다. 또한 하나님의 사랑을 의심하는 죄를 짓지 않도록 하자.

C. 주님의 실행.

"내가 원하노니 깨끗함을 받으라." 원문에는 델로, 카타리스테티라는 두 단어만 나오는데, 영어에서 여섯 단어로 번역되었다. "내가 원하노니 깨끗함을 받으라"(I am willing; be thou cleansed.)

주님의 반응은 즉각적이었다. 그 사람의 불신앙을 꾸짖는 말이 전혀 없었고 그가 망설인다고 피하려는 기색도 전혀 없었다. 또 그의 신앙이 모자란다고 책망하신 일도 없었다. "내가 원하노라"는 말씀은 참으로 위로가 된다. 하나님은 우리가 하나님의 사랑을 의심하였을지라도 우리를 용서하신다.

예수께서는 그 사람의 신앙의 부족을 채워주셨다. 하지만 그것만 하신 게 아니다. 한 걸음 더 나아가서 그에게서 좀처럼 사라지지 않는 두려움을 없애 주셨다. 성경에 보면 하나님께서 사람을 만나셔서 "두려워 말라"는 말씀을 얼마나 많이 하시는지 눈여겨 본 적이 있는가?

예수께서는 근심하는 문둥병자에게 "깨끗함을 받으라"고 말씀만 하시지 않았다. "하신대 곧 문둥병이 그 사람에게서 떠나가고 깨끗하여졌다"(42절). 예수께서는 말씀하시고 또 말씀하신 대로 행하셨다. 하나님께서 말씀만 하시고 권능을 행치 못하시는 일은 없다. 창조때에도 그랬다(창 1:3, 6, 9, 11, 14, 20, 24, 26). 또한 그 점은 오늘날도 마찬가지이다.

마가복음 제2장

역사하는 믿음

2:5. "예수께서 저희 믿음을 보시고 중풍병자에게 이르시되, 소자야 네 죄
사함을 받았느니라 하시니."

I. 역사적 배경

예수께서는 한동안 갈릴리 여러 마을에서 복음을 전하셨다(1:39). 예수
께서는 유대의 랍비이셨기 때문에 안식일에 어느 회당에든지 들어가셔서
원하시는 말씀을 하실 수 있으셨다. 당시의 이런 습관은 후에 바울에게처
럼 예수님께 아주 유리하였다.

마침내 예수께서는 가버나움으로 돌아가 그 곳에 본부를 만들고 계셨다.
"예수께서 집에 계신다"는 말이 들렸다. 즉시 다시 또 사람들이 병을 고치
기 위해 예수께 몰려들었다. 그러나 예수께서는 자신의 임무에 충실하여
"저희에게 도를 말씀하셨다".

II. 용어 해설

"한 중풍병자"(3절)는 헬라어로 파라리티콘이다. 이 말에서 오늘날 말하
는 paralytic(중풍병자)이 나왔을 것이다. "지붕을 뜯어내다"는 말은 말 그
대로 하자면 "지붕을 걷어내다"는 뜻이다. "상"이란 볼품없는 침상을 이야
기하는 것으로 두꺼운 이불을 들것으로 사용했을 것이다.

"소자야 네 죄사함을 받았느니라"(5절). 헬라어 원문에서는 단언의 의미
로 쓰였다. 동사가 현재로 쓰인 사본도 있고 현재 완료로 쓰인 사본도 있
는데, 어떻든 두 가지 다 직설법으로 쓰였다. 현재로 쓰인 경우에는 "네 죄

를 용서한다"이고 현재 완료로 쓰인 경우에는 "네 죄를 용서받았다"이다. "마음에 의논하기를"(6절)이란 말은 "디아로기조마이"란 동사이다. 이 말은 "숙고하다" 혹은 "따지다"로 번역할 수도 있다. "서기관들"은 성경을 연구하고 가르치는 사람이었다.

Ⅲ. 교리적 의의

여수께서는 중풍병자를 그 자리에서 고칠 뿐만 아니라 그의 죄를 사하심으로써도 자신의 신성을 입증하셨다. 죄를 용서하는 것은 서기관들이 깨달은 대로 하나님의 대권에 속하는 일이다. 이들은 예수님을 하나님의 아들로 받아들이지 않았기 때문에, 예수님이 죄를 용서하는 권세를 가졌다고 주장한다고 해서 신성모독이라고 그를 비난하였다. 그러나 예수께서는 병자를 고치심으로써 자신의 주장이 옳음을 입증하셨다.

Ⅳ. 실천적 목표

여수께서는 죄를 용서하실 수 있고 죄로 인해 생긴 중풍병을 고쳐 병자가 새 생명 가운데서 살아가도록 하실 수 있으심을 보여주는 것이다. 하지만 누군가가 죄인을 구주께 데려가는 일을 해야 한다.

Ⅴ. 설교 개요

제목: **"역사하는 믿음."**

도입부

야고보 사도는 편지에서 이렇게 썼다(2:18). "혹이 가로되 너는 믿음이 있고 나는 행함이 있으니 행함이 없는 네 믿음을 내게 보이라 나는 행함으로 내 믿음을 네게 보이리라."

"예수께서 저희 믿음을 보시고." 어떻게 보셨을까? 그들의 행함을 보신 것이다! 그들은 중풍병자를 예수께 데려옴으로써 믿음을 증명해 보였다. 주님께서 그들의 친구를 고치실 수 있다고 믿었다. 이런 믿음이 있어서 행동을 한 것이다. 역사하는(결과를 내는) 믿음이 살아있는 믿음이다.

A. 배경.

"예수께서 집에 계신 소문이 들린지라." 아마도 이 중풍병자는 예수께서 어느 날 가버나움에서 수많은 사람을 고치셨다는 얘기를 들었을 것이다. 그 일은 예수께서 회당에서 귀신들린 사람을 고치신 일로부터 시작되었다 (1:21-28). 그 다음에 베드로의 장모를 고치셨고(1:29-31), 해질 무렵까지 숱한 사람의 병을 고치셨다(1:32-34). 어찌된 셈인지 이 중풍병자는 이때 병고침을 받지 못했다. 친구들이 그를 예수께 데려가지 못했던 것같다.

아마도 그 사람은 속으로 이렇게 말했을 것이다. "좋아, 내일까지 기다려 보는 거야. 내일은 누군가가 나를 그분께 데려갈 거야." 그런데 다음날에는 예수께서 그곳을 떠나시고 말았다! 아침 일찍 기도하시고선 예수께서 다른 곳으로 가버리셨다. 그 사람의 희망은 물거품처럼 사라지고 말았다. 실망의 나날이 계속되었다.

그때 반가운 소식이 들렸다. "예수께서 다시 집에 계신다." 그의 형편을 잘 아는 친구가 그의 곁으로 급히 달려왔다. 저마다 침상 한 귀퉁이를 잡고 급히 이 병자를 예수께 데려 갔다.

B. 장면.

"무리를 인하여 예수께 데려갈 수 없으므로 지붕을 뜯어내고." 들것을 든 친구들이 예수께서 가르치고 계시는 집으로 급히 달려왔다. 그러나 와 보니 이미 많은 사람들이 모여 있었다. 사람들이 빽빽이 들어차 있어서 도저히 예수께 다가갈 수가 없었다. 아무튼 그렇게 보였다.

그러나 "믿는 자에게는 능치 못한 일이 없다." 네 친구는 행동을 통해서 믿음을 보였다. 이들은 밖 계단으로 올라가 병자를 1층 집의 판판한 지붕 위로 올라갔다. 이들은 열심히 지붕을 파 커다란 구멍을 냈다. 밑에 있던 사람들이 깜짝 놀라 쳐다보고 있는데서 중풍병자를 들것에 실어 예수님 바로 앞으로 내려보냈다. 드디어 성공한 것이다. 이들은 자신들이 해야 할 일을 다했다. 나머지는 예수님께 맡겼다.

이 네 친구를 가리켜 우리는 기도, 끈기, 인내, 불굴이라고 부를 수 있을 것이다. 틀림없이 이들은 이 중풍병자를 예수께 데려가는 길에서 만난 도저히 헤쳐갈 수 없어 보이는 장애물들을 극복할 때 서로 격려했을 것이다. 이들은 다 함께 일을 했다. 오늘날 네 사람이 절망적인 죄인을 예수께 데려가는 일에 합심하여 일한다면 어떤 일이 일어나겠는가?

결론

"네 죄사함을 받았느니라 … 일어나 네 상을 가지고 걸어가라." 이 사람에게 무엇보다도 먼저 필요한 것은 죄사함이었다. 그의 중풍병은 그의 죄를 상징하는 것이었다. 어쩌면 그의 심각한 죄책감 때문에 중풍병이 발생했는지도 모른다. 어떻든 예수께서는 제일 먼저 그 사람의 죄를 용서해 주셨다.

서기관들이 그 말씀을 듣고 두려워했다. 하나님을 모독하는 말이었기 때문이다. 그러나 예수께서는 그 사람을 즉시 낫게 하심으로 자신에게 죄 사하는 권세가 있음을 입증하셨다.

이 네 친구는 이 중풍병자를 위해 세웠던 계획 이상의 것을 얻었다. 친구가 신체적으로 뿐만 아니라 영적으로도 치유를 받았기 때문이다. 이들은 틀림없이 그날 친구 집에 가서 잔치를 벌였을 것이다.

주변의 수많은 사람들이 죄로 인해 중풍병에 걸려 있다. 이들은 그에 대해 전혀 손을 쓸 수 없는 것 같다. 그러나 기도, 끈기, 인내, 불굴의 친구가 있으면 그들을 위대한 의사이신 예수께 잘 데려올 수가 있다.

마가복음 제2장

예수와 안식일

2:28. "인자는 안식일에도 주인이니라."

I. 역사적 배경

2:1-3:6을 보면 예수께서 바리새인들과 다섯 번에 걸쳐 충돌하는 장면이 나온다. 첫번째 논쟁은 예수께서 죄 사하는 권세를 가지고 계시다는 주장에 대해서였고(2:1-12), 두번째는 예수께서 세리와 죄인들과 식사하신 것 때문에 논쟁이 벌어졌다(2:13-17). 세번째는 금식에 관해서 논쟁을 벌였고(2:18-22), 네번째는 제자들이 안식일에 밀이삭을 잘라먹은 일 때문에, 다섯번째는 안식일에 손마른 사람을 고치신 일 때문에 논쟁이 일어났다. 마지막 두 가지 논쟁은 동일한 주제, 즉 안식일을 지키는 문제에 대한 것이기 때문에 같이 다루는 것이 좋을 것이다.

II. 용어 해설

"이삭"은 "곡식 이삭"이다. 이 곡식이 가난한 사람들이 일찍 수확해서 먹는 보리였는지 아니면 5월에 익는 밀이었는지 확실히 알 수는 없다.

대제사장 아비아달에 대한 언급(2:26)에는 문제가 좀 있다. 구약의 기사를 보면 이 사건이 일어났을 때는 아비아달의 부친 아비멜렉이 대제사장으로 있었다(삼상 21:1-8). 이에 대한 가장 좋은 해결책은 "아비아달 대제사장 때에"라는 구절을 그 당시 가장 두드러진 대제사장이 된 아비아달 생전을 의미하는 것으로 해석하는 것이다. "진설병"을 헬라어 뜻 그대로 번역하자면 "드린 떡"이라는 말이 된다. 안식일마다 하나님 앞에 신선한

빵을 놓았다(레 24:5-9)

"엿보다"는 헬라어에서 어조가 강한 말이다. 문자적인 뜻은 "사람들이 예수님을 자세히 지켜보았다"는 말이다. 바리새인들은 예수님을 함정에 빠트리기 위해서 지켜보고 있었다(눅 6:7).

"저희를 둘러보시고"(3:5)라는 구절이 헬라어에서는 한 단어로서 부정과거 분사로 쓰였다. 반면에 "근심하사"는 현재분사로 쓰여서 계속적인 행위나 상태를 표시하고 있다. 처음에는 불길 같은 분노가 치밀었지만 이어서 깊은 슬픔(헬라어에서는 강의적인 합성어가 사용되었다)을 계속해서 느끼신 것이다. 그것은 그리스도인의 분노를 가리는 시금석이 된다. 즉 그것이 그리스도의 분노와 같은 것인가를 가리는 기준이 되는 것이다. "완악함"보다는 "완악해지고 있음"이란 번역이 더 낫다. 도덕적 무감각을 뜻한다. 다른 말로 하자면 "굳어짐"이란 뜻이다. 이 헬라어는 뼈에 단단한 물질이 생기는 것을 말할 때 쓰이는 단어이다. 바리새인들은 엄격한 율법주의에 빠져 완고해졌다.

III. 교리적 의의

본문에서는 인자의 주권을 강조한다. 또한 인간이 처한 곤경에 대한 그리스도의 동정이 강조된다(2:23-3:6).

IV. 실천적 목표

안식일에 대한 예수님의 태도는 안식일 준수의 지침이 된다.

V. 설교 개요

제목: **"예수와 안식일."**

도입부

여수께서 바리새인과 갈등을 일으키는 일이 1장여에 걸쳐 다섯 차례 나온다. 마지막 두 번의 충돌은 안식일을 지키는 문제와 관련이 있었다. 본문은 두 사건 사이에 놓여 있으면서(2:23-27; 3:1-6) 두 사건을 한데 묶어

주고 있다. 이 말씀은 이 문제에 대한 예수님의 결론을 보여준다.

A. 논쟁.

"보시오, 저희가 어찌하여 안식일에 하지 못할 일을 하나이까?" 이것은 도적질에 대한 문제가 아니었다. 모세 율법에서는 다른 사람 밭에서 곡식 이삭을 잘라먹는 일을 명확하게 허용하였다(신 23:25). 바리새인들이 비난하는 내용은 제자들이 곡식 이삭을 잘라 손으로 비비고 겨를 불어내고 먹는 가운데 추수하고 타작하며 곡식을 갈았다고 하는 것이다. 침소봉대하기를 잘하는 율법주의자들의 전형적인 태도를 보여주는 사건이다. 그리스도의 비유를 사용하자면 바리새인들은 하루살이는 걸러내고 낙타는 통으로 삼키고 있었던 것이다.

예수께서는 바리새인들에게 그들의 왕인 다윗의 예를 들어 제자들을 변호하셨다. 비상시에 다윗은 제사장만 먹을 수 있는 진설병을 먹었다. 사실 랍비들은 이 문제로 골머리를 앓다가 결론내리기를, 사람이 굶어죽는 것보다는 거룩한 빵이라도 먹는 것이 옳다고 하였다. 하나님의 율법은 사람이 살도록 하기 위해 주신 것이지 죽도록 하기 위해 주신 것이 아니다. 이 사실을 예수께서 인정하셨다.

B. 갈등.

"예수를 송사하려 하여 엿보거늘." 예수께서는 안식일에 병자를 고치시는 일로 바리새인들과 훨씬 더 심각하게 충돌하셨다. 회당에 손 마른 사람이 있는 것을 알고 이들은 동정심이 많은 예수께서 그를 고칠 것이라고 제대로 생각했다. 그래서 이들은 예수님의 행동을 예의주시하였다.

안식일에 병 고치는 것은 노동 금지 조항에 저촉되는 행동이었다. 랍비들은 이런 문제에 세세한 구별을 지었다. 안식일에 고통을 덜어주는 약은 줄 수 있도록 허락하였다. 그러나 종기에 고약을 붙여서는 안 되었다. 왜냐하면 고약이 고름을 나오게 하는데, 그것이 일이 될 수 있기 때문이었다. 사실 예수께서 하신 일은 그 병자에게 말씀하신 것밖에 없다. 그 사람이 손을 내밀라고 명령하신 대로 따르자 손이 나은 것이다.

증교 지도자들인 바리새인들이 나가서 정치인들(헤롯당원)과 함께 "어떻게하여 예수를 죽일꼬"(3:6) 의논한 것을 보면 몹시 화가 났다는 것을 알 수 있다. 예수께서 안식일에 병자를 고치신 것은 잘못이고, 자기들이 안식일에 예수님을 죽일 모의를 한 것은 아주 옳다는 것이었다. 자기 눈 속에 있는 들보는 그대로 두고 있으면서 형제의 눈 속에 있는 티를 빼려고 하는 것에 대해 예수께서 뭐라고 말씀하셨는가?

결론.

"안식일은 사람을 위하여 있는 것이요 사람이 안식일을 위하여 있는 것이 아니니." 율법주의자들은 계율에 관심이 있지만 하나님은 사람에게 관심이 있으시다. 율법주의자들은 사람의 인격이 어떻게 희생되든지 상관없이 자신의 편견과 개인적인 의견을 보호해야 한다. 자신의 엄격한 계율은 그대로 유지할지라도 영혼이 상처를 입고 영원히 파멸된다면 어찌 되겠는가? 하나님의 사랑은 이것과 반대로 작용하였다.

안식일이나 주일에 어떤 일이 옳겠는가? 하나님께서는 물질적인 면이나 정신적인 면, 영적인 면에서 사람의 복지와 최고 선을 위해 안식일을 제정하셨다. 우리를 지으신 하나님께서는 우리에게 휴식이 필요하고 7일 중 하루는 예배를 드려야 한다는 것을 알고 계신다.

주일에 우리는 안식일의 주인이신 주님을 기쁘시게 하는 일이라고 생각하는 일을 해야 한다. 정직한 마음을 가진 사람이라면 이 점에서 그리 빗나가지 않을 것이다. 그리스도를 기쁘시게 하려면 그리스도인이 되어야 한다.

마가복음 제3장

제자들의 성공

3:14. "이에 열둘을 세우셨으니 이는 자기와 함께 있게 하시고 또 보내사 전
도도 하며."

I. 역사적 배경

예수께서는 이미 일곱 사람을 제자로 불러 자기를 따르게 하셨다. 요한
복음 1:35-51에서는 예수께서 부르신 제자가 다섯 명이나 여섯 명이라고
말하고 있다. 요한이 동생 야고보도 데려왔다면 여섯 명이다. 마가는 예수
께서 세리인 레위(2:14)뿐 아니라 갈릴리 해변에서 어부 네 명도 전임 사
역자로 부르셨다고 기록하고 있다(1:16-20). 예수께서는 제자들 가운데 열
둘을 사도로 세우셨다. 즉 사신 혹은 선교사로 선발하셨다. 이 사건이 산에
서 있었는데(13절), 그 일에 적당한 장소인 것 같다.

II. 용어 해설

"세웠다"(ordained)는 것보다는 "임명하였다"(appointed)는 번역이 더
낫다. 세웠다는 말은 성직 임명 예식에 쓰이는 말로서 적절한 표현이 아닌
것 같다. 헬라어 원문에서는 그냥 "삼았다"(made)로 쓰고 있다. 가장 오래
된 두 사본에는 "열 둘"이라는 말 뒤에 "또한 예수께서는 이들에게 사도라
고 부르셨다"는 말이 더 있다. 이 열 둘이 이스라엘 열두 지파를 대표하도
록 선발하셨던 것으로 보인다. "가나안인" 시몬(18절)이라는 말을 누가는
"셀롯"이라고 해석한다(6:15). 그가 그냥 매우 열심있는 사람이라는 뜻으
로 이 말을 썼을 수도 있고, 혹은 그가 후에 유명해진 열심당의 당원이었

음을 나타낼 수도 있다.

III. 교리적 의의.

주이신 그리스도의 주권이 다시 한 번 강조된다. 예수께서 원하신 사람들을 대사로 부르자 이들이 예수께 나아왔다. 신적 치유의 교리가 여기에서도 나온다(15절).

IV. 실천적 목표

하나님 나라의 일을 수행하는 사역의 중요성을 강조하는 것이다.

V. 설교 개요

제목: "제자들의 성공."

도입부

사람의 성공은 그 사람이 일생 동안에 실제로 성취한 것으로 측정하기보다는 후손을 위해 마련한 준비를 가지고 측정해야 한다. 성공이란 장기적인 관점에서 보지 않으면 제대로 평가할 수 없다. 성공이란 하늘을 가로지르는 유성과 같은 섬광이 아니라 미래를 위해 이익을 영구히 쌓아두는 것이다. 이런 관점에서 볼 때에야 비로소 예수님의 짧은 생애를 정확히 평가할 수 있다. 예수께서는 두루두루 돌아다니지 않으셨고 대 운동을 주도하지도 않으셨다. 하지만 예수께서 열두 제자를 세상에 남기셨고, 이들이 오순절 이후 온 세상을 돌고 세계 온 민족에게까지 미친 운동을 계획하였다. 이것이야말로 예수님의 성공을 제대로 잴 수 있는 척도이다.

A. 준비.

"이는 자기와 함께 있게 하시고." 복음을 전하라는 부르심에는 준비하라는 요구도 들어 있다. 사도들이 나가서 예수님을 전할 수 있으려면 먼저 예수님과 함께 지내며 예수님의 정신을 배우는 시간을 보내야 했다.

대부분의 직업이 준비하는데 수년이 걸리는 오늘날 많은 사람들이 목회에 대한 소명은 어떻게 그리 쉽게 생각할 수 있는지 이해하기 어렵다. 변호사가 되려고 하는 사람은 대학에 가야 할 뿐만 아니라 사법 시험에도 합격해야 한다. 영혼을 그리스도께 인도하는 일이 법정에서 소송에 이기는 일보다 덜 중요하겠는가? 내과의사나 외과의사가 되고자 하는 사람은 의과대학에서 아주 비싼 등록금을 내고 힘든 수련 과정을 거쳐야 한다. 영혼을 치료하는 일이 육신을 치료하는 일보다 덜 중요하겠는가? 목회에 대한 소명을 진지하게 생각하는 사람은 적절한 준비의 문제에 깊은 주의를 기울일 것이다. 변호사나 의사에게 법과 대학이나 의과대학이 필요한 것처럼 기독교 사역에 있어서는 목회 소명을 받은 사람에게 신학교가 필요하다.

B. 전도.

"보내사 전도도 하며." 전도란 무엇인가? 이 문제에 대답하려면 영어에서 "preach"로 번역된 각기 헬라어 동사를 살펴보아야 할 것이다. 하나는 유앙겔리조로 "좋은 소식을 알린다"는 뜻이다. "복음을 전한다"는 말의 "evangelize"는 그 헬라어를 문자적으로 번역한 것이다. 따라서 어떤 의미에서 설교(preaching)는 복음을 전하는 것이다.

본문에 나오는 단어는 케리세인이다. 고대 그리스, 로마 군대에서 케릭스는 군대보다 먼저 가서 중요한 사실을 선포하는 포고자였다. 이 단어는 황제나 왕의 의전관을 나타나는데도 사용되었다.

그 다음에 마가복음의 최초 수신자들에게 케리세인이라는 말은 "선포하다"는 의미였을 것이다. 이 열두 사도는 예수의 포고자들이 되어 나가서 예수의 메시지를 선포하게 되었다. 이들은 왕이 말한 사실을 선포하는 왕의 의전관이었다. 사역자라면 누구나 이 사실을 기억해야 할 것이다. 사역자는 다른 사람을 대신해서 말하는 포고자일 뿐이다. 그는 자기 말이 아니라 왕의 메시지를 전해야 한다. 참으로 크나큰 특권이며 막중한 책임이다!

C. 권세.

"귀신을 내어쫓는 권세도 있게 하려 하심이라." 오늘날은 귀신의 실재를 잘 믿으려고 하지 않는 사람들이 많다. 그러나 어두운 이교 국가에서 활동하고 있는 선교사들은 요즈음에도 귀신들리는 일이 벌어지고 있다고 증언한다. 선교사들 가운데는 예수의 이름으로 귀신을 쫓아낸 믿을 만한 보고서를 제출한 사람들도 있다. 귀신 쫓아내는 일이 필요한 곳에서는 하나님의 권세가 필요하다는 것은 분명한 사실이다.

요즈음에 와서는 그리스도의 교회가 대체로 신적 치유를 소홀히 해왔다. 그런데 최근에 영국과 미국의 주요 교단들에서조차 이 주제에 대한 관심이 다시 상당히 고조되었다. 영국 성공회와 스코틀랜드 교회의 목회자들은 기적적인 신적 치유의 사례를 여러 가지로 보고하고 있다.

최근에서야 비로소 인식하게 된 중요한 측면이 또 한 가지 있다. 의사들이 오늘날 질병은 절반 이상이 정신신체의학적인 것이라고 주장하고 있는 것을 볼 때, 질병 치료에 목회자들의 도움이 필요하다는 것을 의사들이 갈수록 더 인정하고 있다. 이제 기민한 목회자들이 병자들에게 유익한 사역을 펼칠 수 있는 광활한 분야가 열린 것이다.

마가복음 제4장

인간 심성의 4중주

4:9. "들을 귀 있는 자들은 들으라."

I. 역사적 배경

열 두 사도를 세운 뒤 예수께서는 하도 사람들이 많이 몰려들어 식사할 겨를도 없으셨다. 친척들은 예수님이 "미쳤다"고 하였다. 서기관들은 달리 생각하였다. "귀신의 왕을 힘입어 귀신을 쫓아낸다." 예수께서는 그들이 성령을 훼방함으로 영원히 사함을 받지 못하는 죄를 짓고 있다고 경고하셨다.

그러는 사이에 친척들이 예수님을 집에 데려가 뭐라도 좀 먹게 하시려고 왔다. 그러나 예수께서는 자신의 참된 가족은 "하나님의 뜻대로 하는" 자라는 말로 답을 대신하셨다(3:35).

II. 용어 해설

복음서에 나오는 "바다"는 거의 언제나 갈릴리 호수를 가리킨다. 그 곁에 살면서 고기를 잡는 사람들에게 갈릴리 호수는 "바다"였다. 여기서 "배"란 고기잡는 작은 배를 가리킨다. 예수께서는 작은 고깃배에 앉아계시고 무리들은 해변을 따라 난 완만한 언덕에 모여 있었다. 예수께서 가르치시기 좋은 환경이었다.

"돌밭"이란 말보다는 "바위 같은"이라는 번역이 더 낫다. 이것은 작은 돌들로 덮인 땅을 말하는 것이 아니라 널찍한 암반 위에 얇게 흙이 덮여 있는 것을 가리킨다. "가시"보다는 "엉겅퀴"가 더 나은 번역이다. "넘어지

는” 이란 “걸려 넘어진다”는 뜻이다. “욕심”이란 말은 “욕망”으로 번역해
야 한다. 헬라어에서 이 단어 자체에는 나쁜 뜻이 전혀 함축되어 있지 않
다.

III. 교리적 의의

메시지의 효과는 듣는 사람의 태도에 주로 달려 있다는 것이 이 비유에
서 강조하고 있는 바이다. 씨는 모두 다 좋다. 이 비유의 요점은 바로 토양
의 차이이다. 이런 이유로 이 비유를 흙의 비유라고 말하는 경우도 있다.
이 비유에서는 어떤 사람이 말씀을 받고 나서 “잠시 견디거나”(17절) 심
지어는 자라다가도(7절) 마침내는 질식되고 마는 수가 있다는 사실이 명
백히 나타난다. 이 점은 그리스도인 생활 가운데 치명적인 자기만족의 태
도를 낳는 “영원히 안전하다”는 잘못된 의식에 대한 엄숙한 경고가 된다.

IV. 실천적 목표

이 비유에서 이야기하고 있는 중요한 교훈이 두 가지 있다. 하나는 하나
님 말씀을 듣는 사람들 가운데 부주의하게(길가) 혹은 냉담하게(돌밭) 받
기 때문에 다른 다른 것들이 자라지만 결국 여러 가지 일(가시떨기)로 인
해서 영적 생활이 질식되고 마는 사람이 많다는 것이다. 두번째는 좋은 땅
이라도 열매 맺는 정도가 각기 다르다(20절)는 것이다. 따라서 이 비유는
열매를 풍성히 맺으라고 촉구하는 것이다(참조. 요 15:2,5).

V. 설교 개요

제목: “인간 심성의 4중주.”

도입부

사람은 저마다 구분이 된다. 이 구분에서 사람은 스스로 자신의 위치를
선택한다. 사람이 구분되지 않은 채로 있을 수는 없다.

어느 날 큰 무리가 갈릴리 해변으로 몰려들었다. 사람들이 하도 빽빽이
들어차서 예수께서는 배에 오르실 수밖에 없었다. 당시 유대인의 풍습대로

예수께서는 앉아서 가르치셨다.

　바로 그 순간 한 사람이 가까이에 있는 밭에서 어깨에 걸머진 자루에서 씨를 한 움큼 꺼내 팔을 휘적이면서 씨를 두루두루 뿌리며 왔다갔다 하였을지도 모른다. 흔히 볼 수 있는 그 장면을 가리키면서 예수께서 해변 언덕에 있는 사람들에게 말씀하셨다. "자, 들어 보라. 씨를 뿌리는 사람이 나가서 씨를 뿌렸다." 무리가 고개를 돌려 예수님을 보자, 예수께서 그 씨에 발생하는 일에 주의를 기울이도록 하셨다. 뿌린 씨 가운데 더러는 길가에, 더러는 돌밭에, 더러는 가시떨기에, 더러는 좋은 땅에 떨어졌다. "바로 이것이 내 가르침에 대해 일어나고 있는 일이다"고 예수께서 말씀하셨다.

A. 무감각한 마음.

　"더러는 길가에 떨어지매." 우리는 일상생활의 단조로움에 마음이 단단한 땅처럼 무감각하게 되지 않도록 주의해야 한다. 우리는 정당한 일상사라고 할지라도 그런 일에 짓눌려 우리를 구원할 수 있는 유일한 수단인 하나님 말씀의 이해력과 성령의 임재에 대한 감수성을 잃지 않도록 살면서 늘 주의하고 기도해야 한다. 날마다 마음을 써야 할 일이 수도 없이 발생한다. 그래서 우리가 마음을 민감하게 잘 유지하고 있지 않으면 교회 예배에 참석은 할지라도 점차 영적인 일에 무감각해질 수가 있다.

B. 얕은 마음.

　"더러는 흙이 얇은 돌밭에 떨어지매." 하나님 말씀에 열정적으로 반응하는 사람들이 있다. 그러나 이들은 깊은 회개에 뿌리를 내리지 않고 죄에 대한 경건한 슬픔에 기초를 두고 있지 않다. 영적으로 얄팍한 생활을 하는 것이다. 깊이 뿌리를 내리지 못하고 피상적인 신앙 생활을 하는 그리스도인들은 환난이나 핍박이 오면 넘어지고 만다. 눈물을 많이 흘리고 열심을 보인 사람들도 때로는 몹시 흔들리기도 한다. 도덕적 인내심이 감정적 열정보다 중요하다.

C. 질식당하는 마음.

"더러는 가시떨기에 떨어지매."

1. 이 세상의 걱정거리("세상의 염려").

신경써야 할 일들이 너무 많아서 영적 생활이 질식당할 수 있다. 이것이야말로 모든 그리스도인들에게 가장 위협적인 존재이다. 너무 바빠서 기도할 수가 없고 너무 바빠서 거룩해지는 일에 시간을 낼 수가 없는 것이다. 그러면 질식되고 굶주리다가 죽어버리고 만다.

2. 재리의 유혹.

디국인들 대부분이 돈은 행복을 가져온다고 생각한다. 그러나 부는 사람을 잘 속인다. 우리가 모든 시간과 정력을 기울여 부를 축적하고나면 부가 우리를 무시한다. 부한 사람치고 행복한 사람은 거의 없다. 이렇게 말하는 사람들이 너무 많다. "돈을 조금 벌고 나면 하나님과 교회를 위해 시간을 내겠다." 그러나 돈을 조금 번 지금에는 그런 시간을 내지 않는다.

3. 기타 욕심.

보통 그리스도인에게는 이것이 최대의 위협거리이다. 우리는 하나님에 대한 의식이 질식되어버릴 정도로 일에 너무 많이 부대끼게 될 수 있다. 라디오, 전화, TV, 네온사인, 이 모든 것이 끊임없이 우리의 주의를 끈다.

루코크(Luccock)는 심장마비, 암 등이 사망 원인이 된다는 것을 인정했다. 그러나 마지막 원인은 차마 말을 하지 못하고 한 자 한 자 글로 썼다. 그것은 "잡다한 것들"이었다. 이런 것이 영적 죽음의 원인이 되는 경우가 너무도 흔하다.

D. 한결같은 마음.

"더러는 좋은 땅에 떨어지매." 열매 맺는 정도에 차이가 있다. 각각 30배, 60배, 100배로 결실을 맺었다. 우리는 자신의 능력을 최대로 발휘하고 있는가? "열매를 많이" 맺을 뿐 아니라 "더 많이" 맺고 있는가?(요 15장).

이와 같은 인간 심성의 네 분류에서 내 자신은 어디에 속하는가?

마가복음 제4장

적을지라도 그 안에 하나님이 계시면 많다

4:30,31. "하나님의 나라는 … 겨자씨 한 알과 같으니."

I. 역사적 배경

비유가 마태복음에는 15번, 누가복음에는 19번 나오는 것에 반해 마가복음에는 비유가 네 가지밖에 나오지 않는다.(요한복음에는 한 번 나온다) 마가복음 네 비유 중 세 가지가 4장에 나오고, 모두 씨뿌리는 것과 관계가 있다. 씨 뿌리는 자의 비유(4:1-20) 다음에 씨가 크게 자라는 비유(4:26-29)가 나온다. "스스로"(28절)란 단어는 아우토마테(automate)인데, 여기서 "automatic"이란 단어가 나왔다. 이 비유가 주는 교훈은 하나님의 말씀을 충실히 뿌리고 나면 말씀이 뿌리를 내리고 자동적으로 자란다는 것을 믿어야 한다는 것이다. 씨가 정말로 자라고 있는지 보기 위해 씨를 파볼 필요가 없다. 하나님의 약속을 믿어야 한다. "내 입에서 나가는 말도 헛되이 내게로 돌아오지 아니하고 나의 뜻을 이루며 나의 명하여 보낸 일에 형통하리라"(사 55:11). 그리스도인 사역자들이 너무 성급해서 씨가 자랄 시간을 기다리지 못할 수가 있다.

II. 용어 해설

세번째 비유는 본문에 나와 있는 겨자씨의 비유이다. "하나님의 나라를 무슨 비유로 나타낼꼬"란 말의 문자적인 뜻은 "하나님의 나라를 비유에서 무엇과 함께 놓을까"라는 것이다. 비유(parable)란 단어는 여기에 사용된 파라볼레(parabole)라는 헬라어에서 왔다. 파라볼레란 단어는 "곁에"를 뜻하는 파라와 "던지다"를 뜻하는 볼레라는 단어에서 왔다. 따라서 파라볼레란 비교하기 위해 다른 것 곁에 던져놓은 것을 뜻하는 말이다. "가금"(fowls)보다는 "새"(birds)가 더 나은 번역이다(한글개역에서는 "새들"로 번역되어 있다). 물새(waterfowl) 같은 이름에 옛 용법의 흔적이 아직 남아있긴 하지만 오늘날은 집에서 기르는 날개 달린 짐승에 대해서 주로 "가금"(fowl)이란 용어를 사용한다.

III. 교리적 의의

하나님은 모든 생명체의 창조자이시다. 과학자들이 씨앗의 화학적 특성을 분석하여 화학적 합성 씨앗을 만들 수 있을 것이다. 그러나 과연 과학자들이 그 인공 씨앗에 생명을 불어넣어 자라게 할 수 있을 지는 의문이다. 하나님은 모든 생명의 창시자이다. 사람들은 불과 수년 전만 같아도 순전히 기적이라고 여길 놀라운 것들을 만들 수 있다. 사람은 기계를 만들 수 있다. 그러나 하나님만이 사람을 만드실 수 있다. 오만한 이 시대가 겸손히 인정할 필요가 있는 것이 바로 그 사실이다.

IV. 실천적 목표

씨를 뿌린 다음에는 하나님께서 우리가 뿌린 씨앗으로부터 추수하도록 해 주실 것을 믿는 것의 중요성을 깨닫게 하는 것이다. 또 시작은 미미할지라도 큰 결과를 가져올 수 있다는 점도 알아야 한다.

V. 설교 개요

제목: "적지만 하나님이 그 안에 계시면 많다."

도입부

이 옛 속담은 겨자씨의 비유에서 아주 잘 증명이 된다. 씨 중의 제일 작은 씨가 자라면 식물 중 가장 큰 나무가 된다. 이 점은 기독교 역사에서 수없이 많이 증명되었다. 이 사실은 여전히 우리 시대에 그리고 구체적인 지금의 우리 상황에도 여전히 해당될 수 있다고 믿어야 한다.

A. 땅에 심김.

"심긴 후에는." 씨는 땅에 심지 않으면 자랄 수 없다. 심지 않으면 씨는 싹을 틔우지 못한 채 마른 대기 중에 언제까지나 그대로 버려져 있을 수 있다. 땅 속에 심을 때에야 비로소 그 안에 생명이 자랄 수 있다.

그 점은 하나님 말씀에 그대로 적용된다. 성경이 거실 테이블에 수년 동안 놓여 있으면서도 그 가정에 아무런 영향을 미치지 못할 수 있다. 그러나 누군가가 정직하고 열린 마음으로 성경을 읽기 시작하면 무슨 일인가가 일어나게 되어 있다. 이런 일은 그 동안 소위 기독교 가정이라고 하는 곳과 이교도의 땅에서 숱하게 일어났다. 백인 선교사를 한 번도 본 적이 없지만 자기 나라의 책장사에게서 성경을 구입하여 혼자 읽고서 기독교 설교를 한 번도 듣지 않은 채 죄에서 구원받는 놀라운 사례에 대한 보고가 적지 않게 있다.

예수께서 이렇게 말씀하셨다. "한 알의 밀이 땅에 떨어져 죽지 아니하면 한 알 그대로 있고 죽으면 많은 열매를 맺느니라"(요 12:24). 예수께서 십자가에 못박혀 죽으신 사실이 이 진리를 가장 잘 입증해 준다. 예수께서는 생전에 충실한 제자들을 그리 많이 얻지 못하셨다. 그러나 못박혀 죽으심으로 말미암아 구속받은 사람들이 허다하게 생겨났다.

이 점은 정말로 우리 같은 기독교 사역자들에게 분명코 해당된다. 우리는 전적으로 하나님을 위해 살기 위해 자신에 대해 죽어야 한다. 영혼을 구원하는 일을 하려면 희생적인 봉사에 몰두해야 한다.

B. 씨 중의 가장 작은 것.

"모든 씨보다 작은 것이로되." 식물학자들이 볼 때는 겨자씨가 씨 중 가장 작은 것은 아니다. 그러나 유대인들 사이에서는 보통 가장 작은 씨로 알고 있다. 이미 겨자씨는 작은 것을 나타내는 속담이 되었다(참조. 마 17:20).

기독교 교회의 시작은 정말로 형편없이 미미하였다. 열 두 사도, 성령 충만한 일백 이십명의 제자들, 이들이 어떻게 세상을 정복할 수 있었겠는가?

그러나 30년이 안 되어 예수 그리스도의 복음은 예루살렘으로부터 로마에 이르기까지 지중해 전역을 휩쓸었다. 그리고 1세기가 안 되어 로마제국을 에워쌌다.

이것 말고도 시작은 미미하였지만 결과는 대단히 큰 사건의 예들을 들 수 있을 것이다. 비텐베르크 시에서 시작된 프로테스탄트 종교개혁, 올더스게이트 가(街)에서 겪은 존 웨슬리의 경험에서 시작된 복음전도의 부흥, 윌리엄 케리가 용기와 믿음으로 추진한 외국선교 대운동, 유명한 건초더미 기도모임에서 시작된 미국 대선교사업 등이 그것이다. 이런 것은 많은 예 중 몇 가지에 불과하다. 우리는 하나님께서 겨자씨만한 우리의 작은 믿음이 성취의 큰 나무로 자라게 하실 것을 믿어야 한다.

C. 식물 중 가장 큰 나무.

"모든 나물보다 커지며." 겨자나무는 4m 가량 자란다고 알려져 왔다. 작은 씨앗에서부터 이렇게 크게 자라는 것이다. 그리스도의 교회를 설명하기에 더없이 좋은 비유이다. "이단"이라고 멸시받던 무리들이 지상 최대의 사업체가 되어 그리스도를 위해 5대양 6대주로 쳐들어간 것이다. 하나님의 나라는 공산주의와 이교사상에 심각한 위협을 받고 있지만 오늘날 단일 세력으로서는 지상 최대가 되었다. 그 영향력은 세계 각국에 미치고 있다. 하나님 나라의 정복지를 일일이 다 셀 수 있는 사람이 어디 있겠는가?

또한 모든 그리스도인의 개인적인 경험이 축소판으로 이 진리를 입증한다. 하나님의 말씀은 회개와 믿음이라는 미미한 시작으로부터 출발하여 그리스도인의 성품이라는 아름답고 튼튼한 나무로 성장하는 것이다.

마가복음 제4장

배에 주님을 모시고

4:39. "예수께서 깨어 바람을 꾸짖으시며 바다더러 이르시되 잠잠하라 고요
하라 하시니 바람이 그치고 아주 잔잔하여지더라."

I. 역사적 배경

예수님의 씨 뿌리는 비유 세 가지를 자세히 말한 뒤에 마가는 예수께서
"이러한 많은 비유로" 사람들에게 가르치셨다고 이야기한다(33절). 이즈음
에 예수께서는 무리들에게는 철저하게 비유적인 방법을 사용하시고 제자
들에게만 비유의 의미를 설명해 주셨던 것 같다(34절).

그날 저녁 예수께서는 무리를 떠나 갈릴리 호수 동편으로 건너가시려고
마음 먹으셨다(35절). 예수님과 제자들은 가버나움 근처에서 바쁜 나날을
보내신 뒤라 그곳에서 한적하게 지낼 수 있기를 바라셨다. 그래서 예수님
일행은 베드로의 고깃배였을 것 같은 작은 배를 타고 건너편으로 떠나셨
다. 이것이 마가가 예수께서 물러나신 사건을 기록하고 있는 것 가운데 첫
번째 사건이다.

II. 용어 해설

"광풍"(37절)이 원문에서는 "폭풍"을 뜻하는 강한 용어로 쓰였다. "일어
나다"는 동사는 미완료시제로 사용되었다. 파도가 "부딪혀" 배 안으로 들
어왔다. "가득하게"는 오역인 것이 분명하다. 정말로 배 안에 물이 가득하
였다면 그 배는 가라앉았을 것이다. 물이 가득 차 있으면서도 물 위에 그
대로 떠있을 수 있는 배는 없다. 여기서 사용된 헬라어는 "벌써 차고 있었

다"고 말하고 있는데, 이것은 전혀 다른 문제이다. "베개"란 아마도 노젓는 사람 자리에 올려놓은 방석이었을 것이다. 작은 배는 노 하나로 방향을 조정하였는데, 요즘도 나일강에서 볼 수 있다. "깨어"(39절)는 "완전히 잠에서 깨어"로 번역할 수 있다. "잠잠하라"는 문자적으로 하자면 "조용하라"는 뜻이다. "고요하라"는 명령은 어조가 강한 말이다. 그 의미를 충분히 살리자면 "입에 재갈을 물리고 그대로 있으라"(완료시제)는 말이다. 요즘 우리말로 하자면 "입다물고 있으라"는 말과 같을 것이다. 간단히 말하자면 "가만히 있으라"고 할 수 있을 것이다.

III. 교리적 의의

예수께서 행하신 이런 모든 기적은 예수님의 신성을 입증하는 것이었다. 자연을 지으신 분은 당연히 자연을 통제할 수가 있으시다.

오늘날은 예수님의 치유 사역을 더 신용하며 그런 치유 사역을 종종 심리 요법 측면에서 설명하는 경향이 있다. 즉 그리스도는 거의 모든 질병의 정신신체의학적 특성을 너무도 잘 알고 있어서 강력한 최면적 암시로 질병을 고쳤다고 하는 것이다. 동시에 자연계에 대한 예수님의 기적에 대해서 의문을 품는다. 예를 들면, 본문의 사건도 예수께서 사랑하시는 천부의 돌보심을 굳게 믿음으로써 제자들의 두려움을 잠재운 것으로 설명한다.

기적의 문제의 요점은 예수님의 신성과 성육신의 사실을 받아들이느냐 하는 것이다. 예수께서 영원하신 하나님의 아들이라는 것을 인정하면 전혀 문제될 것이 없다. 성육신은 크나큰 기적이어서, 그 기적을 믿으면 그보다 못한 모든 기적들은 얼마든지 일어날 수 있다고 믿을 수 있고 또 믿는 것이 당연하다.

IV. 실천적 목표

갈릴리 호수에서 일어난 광풍을 잠재우신 주님께서는 사람 마음에 일어나는 유혹을 잠잠하게 하실 수 있다. 반대로 마음 속에 일어나는 폭풍을 이처럼 잠잠케 하시는 예수님의 기적을 경험했다면 예수께서 바람과 호수의 파도를 잠잠케 하실 수 있으셨다는 것을 믿는 데 전혀 어려움이 없다.

V. 설교 개요

제목: "배에 주님을 모시고."

도입부

예수께서는 갈릴리 서쪽에서 많은 일을 하셔서 거의 탈진할 만큼 지치셨다. 하루 이틀, 일 주일, 이 주일 계속해서 사람들이 예수님에게 몰려들었다. 가르치고 복음을 전파하고 병자를 고치시느라 잠시도 쉴틈이 없으셨다.

그래서 어느날 예수께서 제자들에게 말씀하셨다. "우리가 저편으로 건너가자." 갈릴리 동편은 사람들이 별로 살지 않아 조용하였다. 조용한 그곳에 가면 예수님 일행은 쉬며 긴장을 풀면서 몸과 마음에 다시 활기를 찾을 수 있을 것이었다.

A. 폭풍.

"큰 광풍이 일어나매." 작은 고깃배가 서쪽 호수가를 떠나자 예수께서는 고물에서 노젓는 사람의 방석을 베고 누으셨다. 그리고는 이내 곤히 잠드셨다. 바람이 불기 시작하고 파도가 높아졌지만 예수께서 전혀 깨지 않은 것을 보아 예수님의 피곤이 얼마나 심했는가를 알 수 있다.

처음에는 부드러운 바람이 불었다. 그러다 갑자기 폭풍이 일어났다. 호수 동편 고원에서 바람이 일어나 통풍구 역할을 하는 협곡으로 몰아쳐 내려와서는 맹렬한 기세로 수면을 강타하였다. 얼른 어부들은 돛을 내려 돛대에 단단히 묶었다. 그러나 파도가 뱃머리를 치고 올라와 금세 물이 차기 시작했다. 마침내 생명이 위태로워지자 힘들게 노를 젓던 제자들이 예수님께 달려와 예수님을 흔들어 깨우며 소리쳤다. "선생님이여, 우리의 죽게 된 것을 돌아보지 아니하시나이까."

B. 엄격함.

"깨어 바람을 꾸짖으시며 바다더러 이르시되 잠잠하라 고요하라 하시니." 예수님의 반응은 즉각적이고 강력했다. 천지와 바다의 주께서 일어서셨다. 으르렁거리는 폭풍의 이빨을 보고서 단 두 마디만 하셨다. "잠잠하라 고요하라."

다른 사람의 입에서 그 말이 나왔다면 미친 사람의 말이 되었을 것이다. 그러나 하나님 곧 성부, 성자, 성령 하나님께서 말씀하시면 그 말씀은 신적 권위와 무한한 권능을 지닌다. 이 말은 아무 실효 없는 몸짓이 아니다. 자신의 창조물을 의식적으로 통제하고 계시는 창조주의 행동이신 것이다.

예수께서 바람을 "꾸짖으실" 때 보이신 엄격함을 유의할 필요가 있다. 그것은 마치 이렇게 말씀하시는 것 같았다. '내가 쉬고 있는 동안 네가 무슨 뜻으로 내 제자들을 겁먹게 하느냐? 입 다물어라. 그만 입 다물고 있어라. 이제 단 한 마디도 더 하지 마라."

얼마나 위로가 되는 생각인지 모른다! 예수께서 배에 계시면 우리의 배가 약할지라도 두려워할 필요가 없다. 예수께서는 우리를 안전하게 생명의 바다를 건너 우리의 영원한 항구까지 데려가실 수 있으신 총사령관이시다.

C. 잔잔함.

"바람이 그치고 아주 잔잔하여지더라." 바람이 날뛰던 것을 멈추고 파도가 심하게 일렁이던 것을 그쳤다. 바람과 파도가 고요한 잠에 빠지자 사방이 죽은 듯이 고요해졌다. 따라서 마음 속에 죄악의 폭풍이 잠잠해진 것을 경험한 사람들은 예수께서 바다의 광풍을 잠잠케 하실 수 있으시다는 것을 얼마든지 믿을 수 있다. 사실은 마음 속의 폭풍을 잠잠케 하는 일이 바다의 폭풍을 잠잠케 하는 것보다 더 큰 기적이다.

인생의 폭풍이 아무리 맹렬하게 우리를 에워쌀지라도 우리가 예수께로 얼굴을 돌린다면 "잠잠하라 고요하라"는 예수님의 조용한 명령을 언제든지 들을 수가 있다.

마가복음 제5장

제일의 공적(公敵)

5:3-5. "그 사람은 무덤 사이에 거처하는데 이제는 아무나 쇠사슬로도 맬 수
없게 되었으니 … 아무도 저를 제어할 힘이 없는지라 … 소리지르며 돌
로 제 몸을 상하고 있더라."

I. 역사적 배경

예수님과 제자들이 호수 동편에 이르렀을 때는 조용히 쉴곳을 만날 수
있으리라고 생각했다. 그런데 그러기도 전에 미쳐 날뛰는 귀신들린 사람을
만나셨다. 예수께서는 이렇게 미친 사람의 마음 속에서 일고 있는 폭풍을
잠잠케 하는 기적을 또 한 번 행하셔야 했다. 물론 예수께서는 그 일도 능
히 하실 수 있으셨다.

II. 용어 해설

여기서 지명에 대한 독법에 약간 문제가 있다(1절). 한 곳에 대해 가다
라, 거라사, 게르게사(Gergesenes)라는 세 가지 지명이 있다. 가다라는 근
처에 있는 제일 큰 성읍으로서 갈릴리 호수 남쪽 끝에서 6마일 가량 떨어
진 곳에 있는 성읍을 가리킬 것이다. 거라사와 게르게사는 다같이 케르사
(Khersa)라는 마을을 가리키는 이름일 수도 있다. 이 마을의 유적이 갈릴
리 호수 동편 해안에서 발견되었다. "소리지르며"(5절)란 운다는 뜻이 아
니라 "고함치다" 혹은 "소리치다"는 말이다. "마귀들"(12절, 한글개역은
'귀신들')이란 말은 "귀신들"이라고 번역해야 한다. 헬라어에서는 항시 한
마귀(디아볼로스, 항시 단수로 쓴다)와 많은 귀신(다이아모니아)을 분명히

구별하여 쓴다. 영어에서도 이와 같이 구별해서 써야 한다.

III. 교리적 의의

본문에서 만나는 큰 문제는 귀신론이다. 오늘날은 귀신의 활동을 옛날 사람들이 미친 사람의 현상을 미신적으로 설명한 것으로 간단히 생각하는 경향이 있다. 복음서에서 귀신들림과 정신이상이 종종 연결되어 나오는 것은 사실이다. 귀신들린 사람들은 대부분이 미친 사람들이었다. 그러나 이런 시각은 너무 단순하게 문제를 보는 것이다. 학자들 가운데는 오늘날 세상에서 발생하는 일들은 인간 속에서 활동하는 보이지 않는 악의 세력에 기초를 두고서만 설명할 수 있다고 생각하는 사람들이 많이 있다. 성경에서는 그런 악의 세력을 귀신이라고 부르며, 귀신이 존재한다는 증명은 아주 많고 분명하다.

IV. 실천적 목표

인간의 상황이 아무리 슬프고 절망적으로 보일지라도 하나님은 권능으로 그 사람을 두려운 죄의 속박에서 완전히 해방하실 수가 있다. 사람에게 필요한 것은 예수님을 만나는 일이다. 만나기만 하면 예수께서는 아주 손쉽게 그 사람을 고쳐 주실 수가 있다.

V. 설교 개요

제목: "제일의 공적."

도입부

예수님과 제자들은 동편 호숫가에 배를 대고 뭍으로 내려왔다. 이제 예수님의 일행은 원하던 대로 조용히 쉬게 될 것이었다. 그런데 갑자기 찢어지는 듯한 비명 소리에 한적한 곳의 적막이 산산이 깨어졌다. 언덕을 올려다 보니 반은 사람이고 반은 괴물인 무시무시한 형상이 보였다. 발가벗은데다 머리칼은 산발이고 더러운 몸을 한 사람이 끔찍한 소리로 울부짖으면서 일행에게로 달려 내려왔다. 제자들은 돌아서 배로 달려가 안전을 위해 뭍에서 조금 떨어져 있으려고 했다. 그러나 예수께서 조금 전에 바다에서 광분하는 폭풍을 보셨을 때처럼 엄한 얼굴을 하고 계시는 것을 보고 제자들은 그 자리에 서서 지켜보았다. 귀신들린 사람의 눈길이 예수님과 마주치자 그 사람은 달려오던 걸음을 멈추고 땅에 엎드려 몸을 떨었다. 그러자 예수께서 더러운 귀신에게 그 사람에게서 나오라고 명령하셨다.

가다라의 귀신들린 사람의 기사에 대한 이야기에서 공적 제1호가 되는 죄의 모습을 생생하게 볼 수 있다. 그 기사 중 몇 가지를 유의해 보는 것이 좋을 것이다.

A. 죄는 사람을 자멸시킨다.

"그 사람은 무덤 사이에 거처하는데." 이 사람은 말 그대로 죽음의 땅에 살며 또 그것을 좋아하였다. 그 사람은 그곳이 집보다 더 편했다.

예수 그리스도를 구주로 믿지 않고 있는 사람은 죽음의 땅에서 살고 있는 것이다(요 3:36). 계속해서 죄를 짓고 있는 사람은 더디긴 하지만 확실하게 영적 자살을 저지르고 있는 것이다. 그래서 성경은 이렇게 선언하고 있다. "죄의 삯은 사망이다"(롬 6:23). 사람이 의도적으로 하나님께 불순종할 때마다 자신의 영적 파멸의 관에 못을 또 하나 박고 있는 것이다.

B. 죄는 정신이상에 걸리는 것이다.

"아무도 저를 제어할 힘이 없는지라." 귀신들린 사람이 조금 조용해졌을 때, 가까이에 있는 마을 사람들이 그를 붙잡아 손에 쇠사슬을 매어 뒤로 묶고 그 다음에는 빨리 밧줄로 발목을 단단히 묶었다. 그러나 이내 그 사람 속에 있는 귀신의 세력들이 일어났다. 그러면 그 사람은 쇠사슬을 끊고 발에 채운 착고를 깨트리며 자기를 붙잡은 사람들에게 죽일 듯한 기세로 달려들곤 하였다.

죄는 묶어둘 수 없다. 죄를 한 쪽에 묶어두면 다른 쪽으로 뚫고 나온다. 한 가지 나쁜 습관을 고치면 다른 습관이 여러분을 정복할 것이다. 여러분은 죄를 이길 수 없다! 그리스도만이 죄를 정복하실 수 있다.

또한 죄는 길들일 수 없다. 죄는 난폭한 괴물이어서 아무도 길들일 수 없다. 하나님만이 죄의 문제를 해결하실 수 있다. 북쪽 지방에서는 제일 믿을 수 없는 짐승이 곰이라는 말이 있다. 그 말을 믿지 못할 것이다. 그런 곰을 다 길들였다고 생각할 쯤에는 곰이 우리에게 대들 것이다. 죄가 바로 그와 같다.

C. 죄는 자기 파괴적이다.

"밤낮 무덤 사이에서나 산에서나 늘 소리지르며 돌로 제몸을 상하고 있었더라." 이 귀신들린 사람은 무덤 사이를 헤매고 돌아다니면서 언덕에 굴러 다니는 날카로운 돌로 제몸을 긁어 벌거벗은 몸에 피가 비오듯하여 오물과 땀으로 떡칠이 될 지경에 이르렀다.

참으로 역겨운 모습이 아닐 수 없다! 그러나 그것도 제 영혼을 상처내는 죄인보다는 낫다. 술취함처럼 육신의 죄의 외적 결과는 눈으로 볼 수 있다. 볼이 움푹 들어가고, 눈은 퀭하며, 코끝은 빨갛고, 손가락이 떨리며, 발걸음이 불안하고, 의지가 약해지는 것, 이 모든 것이 자기 파괴의 슬픈 이야기를 말해 준다. 그러나 육신의 죄가 가져오는 해는 그것으로 끝나지 않는다. 분노, 미움, 질투, 교만, 이런 것들도 득세를 한다. 이런 것은 육신의 죄가 몸을 파괴하는 것과 똑같이 영혼을 더 날카롭게 영혼을 파괴한다. 죄는 모두가 자기 파괴적이다.

마가복음 제5장

믿음으로 받음

5:34. "네 믿음이 너를 구원하였으니."

I. 역사적 배경

거라사 지방의 귀신들린 사람은 고침을 받은 후에 예수님을 따르고자 했다. 그가 이같이 감사를 표현하는 것은 당연한 일이었다. 그러나 주께서는 집에 가서 자기에게 일어났던 일을 친구들에게 말하라고 명령하셨다. 그 사람은 기꺼이 복종했고, 이렇게 해서 예수님의 권능에 대한 소문이 데가볼리 전역에 퍼졌다. 이로써 예수께서 후에 그곳에 사역하실 수 있는 준비가 된 셈이다(7:31).

배를 타고 예수님과 제자들은 다시 호수 서쪽으로 돌아가셨다. 그곳에서 야이로라고 하는 회당장이 예수님께 속히 오셔서 죽어가는 자기 딸을 고쳐달라고 청했다. 야이로의 집으로 가는 길에 본문의 사건이 발생했다.

II. 용어 해설

"유출"(27절)이란 "흐른다"는 뜻이다. "밀어닥치다"(27절)는 "몰려들다"는 말이다. "옷"이란 단어는 히마티온으로 겉옷 혹은 길고 헐거운 옷을 말한다. "온전하여지다"(28절, 한글개역은 '구원을 얻다'로 나와 있다)는 말 그대로 하자면 "구원을 받다"는 뜻이다. 소조라는 동사는 복음서에서는 신체적인 치료를, 서신서에서는 영적 치료를 가리키는데 사용되었다. 사도행전에서는 두 가지 방식으로 다 사용되었다. "힘"(30절)은 "능력"(두나미스)을 말한다. 흥미로운 사실은 예수께서 그 여인의 믿음에 대한 반응으로

자기 몸에서 능력이 나간 것을 깨달으셨다는 점이다. "에워싸 밀다"(31절)
는 말의 문자적인 뜻은 "다같이 주님을 밀고 있다"는 것이다. 34절 처음에
나오는 "온전하다"는 "구원받았다"(소조)는 말이나, 두번째 나오는 "온전
하다"는 전혀 다른 단어인 히지에스이다. 여기서 위생학을 뜻하는
"hygiene"이라는 말이 나왔다. 목회서신에서는 이 단어가 "건전하다"라고
번역되었다.

III. 교리적 의의.

예수님의 신성과 인성이 여기서 아름답게 섞여 나온다. 예수께서는 그
여인을 치료하기 위해 자신에게서 신적 능력이 나간 것을 아셨다. 이처럼
알고 계시지만 예수께서는 "누가 내 옷에 손을 대었느냐"고 물으시고 그
사람이 누군지 보기 위해 주위를 둘러보셨다. 그 여자가 고백을 하자, 예수
께서 그 여자가 믿음 때문에 치료를 받았다고 하며 평안히 가라고 명하셨
다.

IV. 실천적 목표.

어린아이같이 단순한 믿음을 가지고 예수께 가면 예수께서 우리의 곤경
을 해결하시리라는 것을 보여주는 것이다. 또 그리스도께서 우리에게 행하
신 일을 증거하는 것의 중요성도 알리는 것이다.

V. 설교 개요

제목: "믿음으로 받음."

도입부

본문에는 복음서에서 아주 독특한 한 사건이 나온다. 이 사건은 두 가지
기적이 아주 긴밀히 연결되어 있다. 예수께서 야이로의 딸을 고치시기 위
해 야이로의 집으로 출발하신다. 야이로의 집으로 가는 길에 한 여인이 예
수님을 만져 병이 낫고 그 사실을 고백한다. 그리고 나서 예수께서는 이어
서 야이로의 집으로 가셔 그의 딸을 일으키신다. 여기서 우리는 영혼 구원

에 반드시 필요한 두 단계 중 한 가지가 상징적으로 암시되는 것을 본다. 죄인들 가운데는 교회로 와서 구원받는 사람들이 있는가 하면, 어떤 사람들에 대해서는 그들 집으로 가서 복음을 전해주어야 하는 경우도 있다. 또 어떤 죄인들은 스스로 예수님께 와서 도움을 청하는가 하면, 어떤 죄인들은 예수님께 스스로 나올 힘이 없는 사람들도 있다. 야이로의 딸 같은 경우에는 사람들이 예수님을 모셔와야만 한다.

A. 여인의 고통.

"열두 해를 혈루증으로 앓는." 생명은 피에 있다. 사람의 피가 끊임없이 흐르면 생명과 힘이 쇠퇴하게 된다. 이런 현상이 이 여인에게서는 열두 해 동안 지속되었다.

이 상황은 여인의 상태가 절망적으로 보인다는 사실로 인해 더 악화되었다. 아주 솔직한 마가는 이 슬픈 이야기를 다음과 같이 기록하고 있다. 한 여자가 있어 "많은 의원에게 많은 괴로움을 받았고 있던 것도 다 허비하였으되 아무 효험이 없고 도리어 더 중하여졌던 차에"(26절). 그 여자의 병은 불치병이었다.

그 여자가 "많은 의원에게 많은 괴로움을 받았다"는 마가의 진술은 당시 유대인 의사들에 관한 기록에서 그 예를 많이 볼 수 있다. 랍비들은 이런 속담을 말했다. "최고의 의사도 지옥에나 가야할 존재이다." 할 수 있는 대로 의사를 많이 부르는 것이 동양의 어떤 곳에서는 아직도 관습으로 남아 있는데, 결과는 환자에게 고통을 줄 뿐이다. 이들이 사용하는 방법은 무자비하고 소용없는 경우가 흔하였다. 그 당시의 유대인의 의약 처방에 대해 더 알고 싶으면 아담 클라크(Adam Clarke)의 책(V, 304)이나 빈센트의 책 *Word Studies*(I, 189)를 보라. 마가도 그 사실을 말했다. 그 여인에 대한 의약 처방은 말할 수 없는 고통만 주었을 뿐 아무 도움이 되지 못했다. 그 여자는 낙담하였고, 모든 희망은 사라졌다.

B. 여인의 믿음.

"그의 옷에만 손을 대어도 구원을 얻으리라." 절망적인 상황에서 여인이 예수님의 병 고치시는 기적에 대한 소문을 들었다. 마음 속에 희망이 솟았다. 예수님이라면 자기도 고치실 수 있을 것이라고 생각한 것이다. 그래서 그 여인은 약한 몸을 이끌고 할 수 있는 대로 빨리 예수님께 왔다. 피흘리는 병 때문에 당연히 그 여자는 공중 앞에 나서기 어려워하였고 나섰다가는 창피당하기 일쑤였다. 그래서 할 수 있는 대로 조심스럽게 군중 속으로 슬그머니 들어가 예수님 뒤에서 손을 뻗쳐 예수님의 옷을 만졌다.

C. 여인의 행운.

"이에 병이 나았다." 즉각적으로 병이 치유된 것이다. 피가 흐르던 것이 "당장에" 그친 것이다. 자신이 나은 것을 그 여인은 알았다. 기뻐 어쩔 줄 모르면서 그 여자는 몸을 돌이켜 그 자리를 떠나려고 했다. 왔던 대로 아무도 눈치 못채게 그 자리를 빠져나가려고 했던 것이다.

그러나 예수께서는 그 여자가 예수님을 대면하고서 감사함으로써만 얻을 수 있는 복을 한 가지 더 그 여자에게 주고 싶으셨다. 감사함으로 받지 않고서는 어떤 복도 온전해지지 않는다. 예수께서 여자가 자신을 드러내고 공개적으로 증거하도록 하신 것은 무정하고 무자비한 마음에서 그러신 것이 아니다. 그 여자를 더 높은 곳으로 이끌어 주시기 위한 사랑에서 그렇게 하셨다. 이제 그 여자는 더 이상 많은 사람들 눈에 띄지 않도록 슬그머니 돌아다닐 필요가 없다. 그 여자는 새로운 삶을 살게 된 것이다. 예수께서는 바로 그 자리에서 그 삶을 시작하도록 해주고 싶으셨던 것이다. 예수님으로부터 직접 "평안히 가라"는 말씀을 듣기 위해서는 그만한 일을 할 가치가 얼마든지 있었다. 그날 그 여자는 몸뿐 아니라 마음도 고침을 받았다.

마가복음 제5장

실패를 모르는 믿음

5:36. "두려워 말고 믿기만 하라."

I. 역사적 배경

야이로의 딸은 예수께서 가다라 지방의 호수를 건너 오시기 전부터 아팠을 것이다. 그렇다면 고통스러워 하는 이 아버지가 위대한 치료자이신 예수님이 돌아오시기를 얼마나 학수고대했겠는가 짐작할 수 있다. 예수께서 호수 서편으로 오셨다는 말을 듣자마자 그 아버지는 호숫가로 급히 달려와 예수님을 만났다. 이때쯤에는 벌써 많은 사람이 모여들어 있었다(21절). 그러나 야이로는 사람들을 밀치고 예수님께 나아가 예수께서 즉시 집으로 와 주시기를 간청하였다.

II. 용어 해설

"저편"(21절)이란 가버나움을 가리킨다(마 9:1). 예수께서는 "고향 동네"에 있는 자기 집으로 다시 오신 것이다. 회당장(22절)이란 회당의 우두머리로 회의를 주재하긴 했지만 가르치거나 설교하지는 않았다. 가르치거나 설교하는 일은 랍비들이 했다. 오늘날처럼 그때도 회당장은 평신도였다. "죽게 되었사오니"(23절)란 좀더 문자적으로 번역하면 "곧 숨이 넘어갈 지경이오니"란 말이 될 수 있다. "들으시고"(36절)라는 말이 헬라어 원문에서는 "무시하고"로 되어 있다(아쿠사스가 아니라 파라쿠사스라는 말을 썼다). 그 합성어의 일반적인 의미가 "무시하다"이다. "두려워 말라"(36절)는 말을 그대로 하자면 "두려워하기를 그치라"(현재 명령형)는 것이다.

"훤화"(38절)란 소란을 뜻한다. 따라서 그 말을 "소란스럽게 떠들어대다"라고 번역하는 것이 더 나을 것이다. 그것을 보면 헬라어로는 두 단어가 연결되어 있는 것을 알 수 있을 것이다. "달리다굼"(41절)은 그 당시 팔레스타인의 일반인들이 흔히 쓰는 아람어이다.

III. 교리적 의의

아이로의 딸을 일으키신 이야기에 대한 기사 사이에 들어 있는 혈루증 앓는 여인을 고치신 이야기에서 보듯이, 예수님의 사랑과 능력이 작용하는 것을 보게 된다. 예수님의 권능의 행위들은 항시 예수님의 사랑의 속성을 드러내는 것이었다. 여기서는 또한 하나님께서 언제나 믿음을 명예롭게 하신다는 것이 나타난다.

IV. 실천적 목표

사랑은 결코 우리를 실망시키지 않는다는 것과, 우리의 유익을 위해 우리 믿음이 시험받을 수 있다는 것, 사태가 더 악화되어가는 것처럼 보일 때에도 하나님께서는 마침내 이루시는 승리에서 더 큰 영광을 얻으실 수 있다는 것을 보여주는 것이다.

V. 설교 개요

제목: **"실패를 모르는 믿음."**

도입부

아이로는 회당장이라는 위치 때문에 동네에서 지극히 존경받는 인물이 되었다. 예수님에 대한 유대인 지도자들의 태도를 볼 때, 아이로가 나사렛 출신의 선지자에게 도움을 청하는 것이 쉬운 일은 아니었을 것이다. 절망은 장벽을 모르며 사랑은 한계를 모르는 법이다. 그래서 이 관원은 와서 아주 겸손하게 예수의 발 앞에 엎드려 간절히 청원했던 것이다. 아이로는 "많이 간구하여 가로되"(23절) 와서 자기 딸을 고쳐달라고 했다.

A. 믿음의 시도.

"오셔서 그로 구원을 얻어 살게 하소서." 진짜 신앙을 가졌으면 언제나 행동을 하게 마련이다. 행함이 없는 믿음은 죽은 것이라고 야고보는 말한다. 야이로는 말할 수 없이 큰 곤경에 처해서 예수께 옴으로써 예수님의 치유 능력을 믿고 있음을 보였다. 그가 주관하고 있는 회당의 랍비들은 전혀 도움을 줄 수 없었지만 예수께서는 도울 수 있다고 믿은 것이다.

그의 믿음은 행동에서만이 아니라 말에서도 나타난다. 야이로는 예수께 오셔서 어린 딸에게 손을 얹어 "그로 구원얻어 살게 하소서"라고 말했다. 예수께서 딸을 살릴 수 있을 것이라고 믿지 않았다면 예수께 그렇게 청하지 않았을 것이다.

B. 믿음의 시련.

"두려워 말고 믿기만 하라." 예수님과 근심에 싸인 아버지가 어린 딸애가 누워 죽어가고 있는 집으로 급히 가고 있는데, 사람들이 주위에 몰려들어 가는 길에 방해를 받았다. 야이로는 가는 걸음이 느려지는 것을 보면서 진작부터 애가 탔을 것이다.

그러나 아직 최악의 사태가 벌어지지는 않았다. 한 여인이 예수님의 옷에 손을 대고 병이 나았다. 그러자 예수께서 걸음을 멈추고 둘러보며 누가 자기에게 손을 대었냐고 물으셨다. 대체 그러실 필요가 있을까? 그런데 그러고만 마시는 게 아니라 계속해서 주위를 둘러보며 자기를 만진 사람을 찾고 계셨다. 마침내 한 여인이 앞으로 나와 일어난 일을 자세히 다 고백하였다. 그러자 예수께서 여인에게 믿음으로 병이 나았으니 그리 알고 평안히 가라고 말씀하셨다.

그러는 사이에 야이로의 집에서 한 사람이 헐레벌떡 달려와 말하였다. 예수께서도 그 말을 들으셨다. "당신의 딸이 죽었나이다 어찌하여 선생을 더 괴롭게 하나이까?" "예수님은 당신한테 관심이 없다. 만약 관심이 있었다면 이 여자하고 그렇게 한가하게 이야기나 주고 받지 않았을 것이다. 예수님이 당신 딸을 조금이라도 생각했다면 조금도 지체하지 않고 곧바로 집으로 왔을 것이다. 이제는 너무 늦었다."

아이로의 심정이 어떠했을까 한 번 생각해 보라. 그런데도 더 이상 예수님을 믿을 수 있었을까? 예수께서는 야이로 집에서 온 사람의 수근거리는 소리를 무시한 채 조용히 명령하셨다. "두려워하지 말고 계속해서 믿어라." 야이로에게는 암울하기 짝이 없는 시간이었다. 그러나 믿음으로 그 시험을 견뎌냈다. 화를 내고 예수님에게서 돌아서지 않고 예수님을 모시고 집으로 갔다.

C. 믿음의 승리.

"소녀가 일어나서." 야이로가 집에 도착해서 보니 왁자지껄하게 떠드는 소리가 들렸다. 삯을 주고 산 호곡꾼들이 벌써 큰 소리로 울며 곡을 하고 있었다. 큰 소리로 곡을 할수록 돈을 더 받았기 때문이다. 믿음을 발휘할 수 있는 분위기가 전혀 아니었다.

예수께서 사람들을 다 내어보내셨다. 여자 아이의 부모와 세 제자를 데리고 아이가 죽어 누워있는 방으로 들어가셨다. 예수께서 여자 아이의 손을 잡고서 친숙한 아람어로 말씀하셨다. 이때 하신 말씀은 아마도 여자 아이의 어머니가 아침에 딸을 부를 때 습관적으로 썼던 말이었을지도 모른다. 아이가 눈을 뜨고 일어나 걸었다. 믿음은 실패한 적이 없었다! 야이로에게는 이것이 얼마나 기쁜 승리였겠는가! 이때에도 부모는 되살아난 아이에게 먹을 것을 주어야 했다. 하나님께서 기적을 베푸신다고 해서 인간이 자기 책임을 하지 않아도 되는 것은 아니다.

마가복음 제6장

헤롯의 불편한 양심

6:16. "내가 목베인 요한 그가 살아났다."

I. 역사적 배경

예수께서 야이로의 딸을 일으키신 후 가버나움을 떠나 "고향" 곧 나사렛으로 가셨다. 이곳에서 안식일에는 회당에서 가르치셨다. 동네 사람들이 예수의 가르치심과 기적을 행하시는 능력을 보고 놀랐는데, 전에 예수님을 시골 "목수"로 알고 있었다는 사실 때문에 넘어졌다("감정이 상했다", 스칸달리조, 한글개역은 '배척한지라', 3절). 슬프게도 예수께서는 이들의 불신앙 때문에 그들에게 치유의 사역을 베푸실 수가 없었다.

그 다음에 예수께서 열 두 사도를 갈릴리 전역에 보내어 복음을 전하도록 하셨다. 그들의 선포 내용(케리소, 12절)은 사람들이 "회개해야 한다"는 것이었다. 헤롯이 예수님의 기적적인 활동을 듣고서 바로 양심이 괴로워지기 시작하였다.

II. 용어 해설

헤롯을 "왕"이라고 불렀다(14절). 사실 헤롯은 갈릴리와 베뢰아를 통치하는 영주였다. 그의 아버지 헤롯 대왕이 팔레스타인 전역을 다스린 왕이었다. 그가 죽자 왕국을 아들들이 나누어 차지하였다. 사람들은 헤롯 안디바를 일반적으로 "왕"이라고 불렀다. 마가가 로마에서 이 복음서를 쓰고 있었는데, 사실 로마인들은 동방의 통치자들을 모두 왕이라고 부르는 경향이 있었다. 마태와 누가는 좀더 정확하게 분봉왕이라는 호칭을 헤롯에게

붙였다. 헤롯 안디바는 B.C.4년에서 A.D.39년까지 통치하였다.

로마를 방문하고 있는 동안 안디바는 동생 빌립의 집에 묵었다. 거기서 헤롯은 동생의 아내와 사랑에 빠졌다(17절). 헤로디아는 남편을 버리고 안디바를 따라 갈릴리로 왔다. 그런데 세례 요한이 이 경건치 못한 행동을 두고 소리 높여 비난한 것이다. 그래서 헤로디아가 "요한을 원수로 여겼다"(19절). 헬라어 원문대로 하자면 "그에게 원한을 품었다"이다.

"보호하다"(20절)는 말은 좀더 정확하게 번역하자면 요한을 암살하려고 하는 헤로디아의 행동으로부터 "요한을 안전하게 지키고 있었다"고 해야 할 것이다. "앉아"(26절)라는 말은 "기대어 앉아 있는" 것을 이야기한다. 이 당시의 풍습은 식사하고 마시는 동안 쿠션이 달린 소파에 기대어 있는 것이었다.

III. 교리적 의의

본문에서는 두 가지 교리를 설명하고 있다. 인간 심성의 극심한 타락과, 영혼의 감시자로서 양심의 역할이 그것이다.

IV. 실천적 목표

사람은 자기 속에 있는 양심의 목소리를 피할 수 없음을 보여주는 것이다. 하나님께서는 비극처럼 보이는 일이 일어나게 하시지만 사실은 하나님 나라의 진행을 위해서 그렇게 하신다는 것을 보여주는 것이다.

V. 설교 개요

제목: "헤롯의 불편한 양심."

도입부

전에 헤롯이 요한을 죽였다. 그런데 마음 속에는 설교자의 목소리가 여전히 살아있고, 그 목소리를 잠잠케 할 수가 없었다. 양심이 끊임없이 따라다니며 과거의 기억들을 가지고 그를 괴롭혔다. 헤롯은 요한을 제거할 수는 있지만 그에게서 피할 수는 없다는 것을 알았다. 그는 의인을 죽인 잔인한 살인자라는 양심의 가책을 지닌 채 살 수밖에 없었다.

A. 양심을 자름.

"내가 목베인 요한." 헤롯 안디바가 예수께서 기적을 행하고 계시다는 소문을 듣자 갑자가 양심이 찔렸다. 그래서 "요한이 죽은 자 가운데서 살아났다. 내가 목베인 요한 그가 살아났다"고 헤롯이 외쳤다.

안디바는 매우 미신적이었기 때문에 틀림없이 그는 세례 요한이 "죽은 자 가운데서 살아났다"고 믿었을 것이다. 예수께서 하고 계시는 일은 다른 누구도 따라 할 수 없다. 그런데 헤롯은 그런 일을 하고 있는 사람이 틀림없이 세례 요한이라고 생각한 것이다.

헤롯은 우유부단한 사람이었다. 20절의 말씀을 제대로 읽으면 그 사실을 알 수 있다. 그는 "당황하였고" 어찌할 바를 몰랐다. 그러나 이세벨이 아합에게 했던 것처럼 헤로디아가 헤롯을 호려 파멸로 이끌었다.

범인들은 자기 죄에 대해 두려운 대가를 치른다. 최악의 형벌은 벌금을 내거나 감옥에 갇히는 것이 아니라 끊임없이 괴롭히는 양심의 고발이다. "허물할 것이 없는" 양심을 가지고 사는 것은 참으로 복된 일이다.

B. 교묘한 묵인.

"헤로디아가 요한을 원수로 여겨." 세상에 간교한 여자만큼 잔혹한 사람은 없다. 「두 도시의 이야기」에 나오는 마담 드파르쥬라는 사람이 생각난다. 그 여자는 자신의 음모에 희생된 수십명의 남자가 단두대로 가는 것을 보면서 뜨개질을 하고 있었다.

여자는 결코 잊지 않는다는 말이 있다. 헤로디아는 세례 요한이 자기가 간음을 하고 있다는 말을 비친 것에 대해 절대로 용서하지 않았다. 그래서 요한을 죽이기로 마음 먹었고 마음 먹은 대로 요한을 죽였다.

헤로디아에게 마침 "기회 좋은 날"이 왔는데, 남편의 생일이 된 것이다. 말할 것도 없이 헤로디아는 온갖 정성을 다들여 잔치를 준비했을 것이다. 헤로디아는 할 수 있는 대로 공개적으로 그 선지자에게 복수를 하고 싶었다.

헤로디아는 틀림없이 헤롯을 만취하도록 만들었을 것이다. 헤롯이 자기 계획대로 만취하여 경솔한 약속을 하도록 만드는 것이 중요하였다.

C. 잔혹한 승낙.

"딸이 춤을 추어." 헤로디아가 꾸민 전략 중 가장 중요한 부분은 이것이었다. 헤롯과 그 신하들이 흠뻑 취해서 기분이 한껏 좋아졌을 때 헤로디아의 딸 살로메가 들어와 사람들 앞에서 아주 관능적인 춤을 추게 하는 것이었다. 물론 공주가 보통 노예 처녀들처럼 그런 춤을 추는 법은 없었다. 하지만 헤로디아는 어떻게 해서든 요한을 죽일 생각에 사로잡혀 친딸을 공중 앞에서 품위를 떨어트리는 부끄러운 일을 하게 해서라도 자기 목적을 달성하려고 했다.

슬프게도 살로메는 어머니의 요청을 수락했다. 살로메가 요한의 피흘리는 머리를 접시에 담아 어머니에게 가져다 줄 때는 정말 기겁했을 것이다. 그러나 헤로디아는 요한을 죽일 수만 있다면 어떤 일이라도 하고 말 생각이었다. 그래서 타락한 딸이 피묻은 선물을 잔혹한 어머니에게 가져다 주자, 인간의 증오가 그 제물을 보고 만족을 느꼈다.

마가복음 제6장

숫종의 보상

6:37. "너희가 먹을 것을 주라."

Ⅰ. 역사적 배경

예수께서 파송했던(7절) 열 두 사도가 이제 돌아왔다(30절). 열 두 사도는 자신들이 행한 기적과 전한 가르침을 보고하였다(참조. 13절).

예수께서는 이들에게 복음 전도의 격무 뒤에 휴식이 필요하다는 것을 아셨다. 서쪽 호수가에서는 쉴 기회가 없었다. 사실 사람들이 끊임없이 몰려들어 식사할 겨를조차 없었다(31절). 그래서 예수께서 제자들에게 말씀하셨다. "너희는 따로 한적한 곳에 와서 잠간 쉬어라." 몇 사람이 배를 타고 호수를 건너가 한적한 곳을 찾았다. 그런데 사람들이 배가 떠날 때 예수님을 알아보고 급히 걸어서 호수 북쪽 끝으로 와 제자들이 도착하기도 전에 먼저 배가 닿는 곳으로 왔다.

Ⅱ. 용어 해설

"빈들"(35절)이란 사막이 아니라 사람이 살지 않는 곳 혹은 외떨어진 곳을 말한다. 1데나리온은 20센트 정도에 불과하지만 일군의 하루 품삯에 해당하였다. "앉다"(39절)는 "비스듬히 기대다"는 말이다. "떼를 지어"에 해당하는 헬라어는 "심포시아, 심포시아"인데, 여기서 "심포지움"이란 말이 나왔다. 마가는 이때의 장면을 생생하게 묘사하고 있다. "배불리 먹다"(42절)는 말을 문자적으로 하자면 "풀을 먹었다"이다. 이 단어는 짐승들이 풀을 실컷 먹어 배부른 상태를 묘사할 때 쓰는 말이다. 열 두 "바구니"(43

절)는 아마도 열 두 사도의 바구니였을 것이다. 떡을 먹은 사람에 대한 기술에서 마태는 "여자와 아이 외에"라는 말을 추가한다.

III. 교리적 의의

예수님의 신성이 다시 한 번 강조된다. 자연계의 기적의 문제가 다시 한 번 나온다. 그리스도의 동정심이 다시 한 번 강조된다.

IV. 실천적 목표

하나님께서 인도하실 때는 힘도 공급하신다, 즉 하나님께서 우리에게 어떤 일을 명령하실 때는 그 일을 할 수 있는 능력도 갖추어 주신다. 우리가 할 일은 순종하는 것이고, 우리에게 능력을 갖추어 주는 것은 하나님께서 하실 일이다.

V. 설교 개요

제목: "순종의 보상"

도입부

하나님께서 불가능해 보이는 것을 하라고 요구하시는 때가 이따금 있다. 이때 우리가 할 일은 순종하는 것뿐이다. 순종하면 하나님께서는 요구하시는 일을 할 수 있는 능력을 주신다.

예수께서는 제자들에게 전혀 할 수 없는 일, 즉 한 사람의 얼마 되지 않는 점심밥으로 사람들 수천 명을 먹이라고 하셨다. 그런데 제자들은 그 일을 해냈다. 이것은 오늘날 우리에게 중요한 교훈을 주는 감동적인 사실이다.

A. 주님의 동정.

"예수께서 나오사 큰 무리를 보시고 불쌍히 여기사." 애초에는 조용히 쉬려고 했다. 예수님과 제자들은 몰려드는 사람을 피하기 위해 서쪽 해변을 떠나셨다. 그런데 무리들이 급히 호수 북쪽 끝으로 달려돌아와 예수님이 배에서 내리시기를 기다리고 있었다.

사람들이 또 몰려 있는 것을 보시고 예수께서 화를 내실 것으로 생각할 사람도 있을지 모르겠다. 그런데 예수께서는 화를 내시지 않고 사람들을 불쌍히 여기시고(부정과거 시제) 열성적인 사람들을 가르치셨다. 몸은 피곤하였지만 사람들이 도움을 필요로 하다는 것을 아셨다.

B. 제자들의 당황.

"무리를 보내어." 저녁이 다가오자 제자들에게 큰 걱정거리가 생겼다. 수천 명의 사람들에게 식사를 제공해야 하는데 줄 것이 아무것도 없었다. 그래서 예수님께 "무리를 보내소서" 하고 말하는 것은 당연한 일이었다.

그렇지 않아도 당황스러운데 예수께서는 또 이렇게 말씀하시는 것이었다. "너희가 먹을 것을 주어라." 너무 어처구니 없는 말씀이었다! 제자들은 가진 거라곤 아무것도 없었다. 설사 제자들에게 반년 치의 품삯이 있을지라도 사람들을 다 먹이기에는 부족할 것이다.

동양의 풍습에서는 대접할 때는 참석한 사람을 다 대접해야 한다는 사실을 유념해야 한다. 제자들로서는 난감하기 짝이 없는 상황이었기 때문에 할 수 있는 한 빨리 그 상황을 모면하고 싶었다.

제자들은 가지고 있는 게 아무것도 없다고 생각했다. 그런데 예수께서 이들에게 조심스럽게 한 번 점검해 보라고 말씀하셨다. 떡 다섯 덩이와 물고기 두 마리를 점심으로 싸 가지고 온 아이가 있다는 소식을 안드레가 가지고 왔다(참조. 요 6:9). 이 많은 사람들에게 떡 다섯 덩이와 생선 두 마리는 너무도 하찮은 것이었다. 남자 애 점심 한 끼로 이 많은 무리를 어떻게 할 수 있겠는가? 제자들은 여전히 어찌할 바를 몰랐다.

C. 무리의 즐거움.

"다 배불리 먹고." 첫째로 예수께서 제자들에게 사람들을 언덕 잔디밭에 50명이나 100명씩 떼를 지어 비스듬히 기대어 앉게 하라고 시키셨다. 이렇게 떼를 지어 사람들을 앉히는 것이 수를 세기도 편하고 음식을 주기도 편했을 것이다. 예수님의 이 명령을 그대로 수행하려면 믿음이 필요했다.

식탁을 차리고 손님들을 앉으라고 했는데 줄 음식은 없었던 것이다! 하지만 제자들은 말씀대로 했다.

그 다음에 예수께서 떡 다섯 덩이와 생선 두 마리를 가지고 축사하시고 나서 떼어 열 두 사도에게 나누어 주셨다. 그 다음에 제자들은 받아 무리에게 가져다 주었다. 식사 대접이 다 끝나자 제자마다 봉사한 것에 대한 수고료처럼 각자 점심 바구니를 음식으로 가득 채울 수 있었다. 그것으로 제자들은 다음날 음식까지 다 장만한 셈이 되었을 것이다.

여기서 배우는 교훈은 명백하다. 예수께서는 "너희가 먹을 것을 주어라"고 하셨다. 하지만 제자들로서는 줄 수 없었다. 그런데 주님의 말씀을 순종하자 말씀하신 그대로 명령을 수행할 수가 있었다. 무리를 배불리 먹인 것이다. 그리스도께서 불가능해 보이는 일을 명령하실 때 우리가 할 일은 순종하는 것뿐이다. 그 행할 수 있는 수단이나 능력을 갖추는 것은 하나님께서 하신다.

마가복음 제6장

어둠 속에서 나타나심

6:50. "안심하라 내니 두려워 말라."

Ⅰ. 역사적 배경

예수께서 행하신 기적 가운데 4복음서에 모두 기록되어 있는 것은 이 기적뿐이다. 이렇게 5천명을 먹이신 후에 주님께서는 제자들을 강권해서 배를 타고 호수를 다시 건너가도록 하셨다. 요한복음을 보면 사람들이 예수님을 왕 삼으려고 했다는 것을 알 수 있다. 떡 다섯 덩이로 5천명을 먹일 수 있는 메시야라면 자신들의 경제적인 문제를 모두 해결해 줄 수 있을 것이라고 생각한 것이다.

예수께서 이 땅에 오신 것은 정치적 왕국을 세우기 위해서가 아니었다. 예수께서는 자기 주님이 왕 되는 것을 보면 좋아했을 제자들을 멀리 보내고 나서 군중을 해산시키셨다. 예수께서 홀로 산으로 가서 밤새워 기도하셨다. 예수께서 이스라엘에 바라신 것은 정치적 혁명이 아니라 영적 부흥이었던 것이다.

Ⅱ. 용어 해설

벳새다의 위치에(45절) 관해 그 동안 논쟁이 좀 있었다. 이곳은 요단강이 갈릴리 호수로 흘러들어가는 입구의 요단강 동편 둑에 있는 잘 알려진 벳새다 율리아로 보는 것이 가장 무난할 것이다. 5천명을 먹이신 일은 벳새다의 남쪽에서 그리 멀지 않은 곳에서 있었다(눅 9:10). 제자들은 가로

질러 벳새다로 가면서 그곳에서 예수님을 태울 수 있을 것으로 생각했을 것이 분명하다. 그런데 그만 폭풍에 휘말려 호수 한 가운데로 밀려나가고 말았다. 예수께서 물 위로 걸어 호수 한 가운데로 가서 제자들을 만나셨다. 그리고 나서 예수님의 일행은 계속해서 호수를 가로질러 게네사렛으로 갔다(53절). 이곳은 호수 서쪽에 있는 작은 평지였다.

"밤 4경쯤"이라(48절). 새벽 3시부터 6시까지를 말할 것이다. "괴로이"라는 갈은 헬라어 원문의 강세를 충분히 드러내지 못한다. 헬라어 원어의 의미는 "고문을 가하여 조사하다"는 것이었다. 따라서 그 말은 "고문받다" 혹은 "괴롭힘을 당하다" "고통을 당하다"로 번역할 수 있을 것이다. 제자들은 약 8시간 가량 배를 저었지만 3, 4마일밖에 가지 못했다(요 6:19). 이들은 호수를 절반밖에 건너지 못했고 아주 고역스런 시간을 보내고 있었다. "지나가려고 하시매"라는 말에 대해 논란이 있어 왔다. 이 말을 목격자의 시각에서 본 것으로 처리하는 것이 가장 간단한 방법이다. 제자들로서는 그 사람이 자기들을 지나가려고 하는 것처럼 보였던 것이다.

III. 교리적 의의

여기서도 예수님의 신성이 두드러지게 나타난다. 예수께서는 아무렇지도 않게 물 위로 걸으실 수가 있으셨던 것이다.

IV. 실천적 목표

우리가 언제나 예수님을 의식하고 있지 않을지라도 예수께서는 우리가 가장 암울하고 어려운 곤경에 처해 있을 때 언제나 우리에게 오신다는 것을 설명해 주는 것이다.

V. 설교 개요

제목: "어둠 속에서 나타나심."

도입부

캄캄한 밤이었다. 역풍이 불었다. 파도가 높게 일렁이었다. 달빛조차 없어 밤은 한층 더 어둠침침하였다.

더 나쁜 것은 예수님을 왕으로 즉위시킬 수 없었던 사실이었을지도 모른다. 그랬더라면 메시야 시대가 개막되었을 것이었다. 그러면 모든 게 평화롭고 행복했을 것인데.

A. 한 광경.

"보고 … 유령인가." 그날 밤에 제자들에게는 모든 것이 자기들을 반대하는 것처럼 보였다. 제자들은 자신들의 의사가 거절당하여 낙심하고 기가 죽어 있었다. 군중과 헤어져 호수 가운데로 와서는 해변에 닿을 수가 없었고 바람에 거슬러 노를 젓느라 기진맥진하였다. 왕국에 대한 꿈은 사라지고 받은 것은 이런 고역뿐이었다.

바로 그때 누군가가 물 위에 뭔가 있는 것을 발견하였다. 흰옷을 입은 것이 마치 유령처럼 보였다. 이들은 두려워 비명을 질렀다. 폭풍우를 만나는 것은 운나쁜 일이었다. 그러나 유령을 만나는 괴로움이란 훨씬 더 나쁜 일이었다. 그 일은 지칠 대로 지친 제자들의 신경을 완전히 꺽어버리는 최후의 일격이었다. 제자들은 겁에 질렸다.

B. 한 음성.

"예수께서 더불어 말씀하여." 제자들이 귀에 익숙한 주님의 음성을 들었을 때 얼마나 안심이 되었겠는가! 유령이 아니었던 것이다. 바로 예수님이었다. 예수께서 제자들에게 건넨 첫마디는 "안심하라 내니 두려워 말라"는 것이었다.

우리는 인생의 암울한 시간에 예수께서 우리에게 오실 때 그분을 알아채지 못하는 경우가 얼마나 많은가? 때로는 예수께서 우리에게 오실 때의 모습이 우리에게 두려움만 더 일으키는 경우가 있다. 밤에는 예수님의 모습을 잘 알아보지 못하기 때문이다.

그러나 그때 예수께서는 우리 마음 속에 작고 조용한 목소리로 말씀하신다. 예수께서 이렇게 말씀하시는 것이 들린다. "용기를 내라. 나다. 그만 두려워 해라." 예수께서는 지금도 인생의 바다 위로 걸어 곤경에 처해 있는 우리에게 오셔서 우리를 안전하게 바다 건너편으로 데려가신다.

C. 침묵.

"바람이 그치는지라." 사나운 바람, 으르렁거리며 부딪치는 파도, 이 모든 게 사라졌다. 갈릴리 호수에는 조용한 평온만 있을 뿐이었다. 구름이 걷히고 맑은 하늘을 볼 수 있게 된 것을 그려볼 수 있다.

바다에서 피할 길도 없이 조그만 배에서 폭풍에 휘말려 이리저리 뒹구는 것만큼 고통스러운 것은 없다. 그때는 절망할 수밖에 없다. 그런가 하면 조용한 바다 위의 배만큼 평화로운 것도 없다. 뒤이어 이어진 침묵 속에서 제자들은 주님의 위로하시는 임재를 느꼈다. 호수를 건너가는 여행을 마저 하면서 제자들은 바다의 조용한 평온을 실컷 즐겼을 것이다. 평온을 제대로 맛보기 위해 폭풍이 필요할 때가 있기도 하다.

마가복음 제7장

의식주의의 죄

7:20. "사람에게서 나오는 그것이 사람을 더럽게 하느니라."

I. 역사적 배경

이 전장의 사건은 갈릴리 호수 서쪽편에 있는 게네사렛이라는 작은 평지에서 생겼다. 여기에서도 각 촌과 성과 마을에서 사람들이 떼지어 예수께 왔고 병든 자를 고치러 데리고 왔다(6:53-56). 본문의 사건은 아마도 아마도 이 지역 근방에서 일어났을 것이다.

II. 용어 해설

"부정한"(2절)이란 문자적으로 하자면 "보통의"라는 말이다. 의식에 집착하는 경향이 있는 바라새인들에게 보통 손이라면 부정한 손이나 다름 없었다. 가장 믿을 만한 헬라어 원문에는 "부지런히"라는 말 대신에 "손"을 뜻하는 피메라는 단어가 나온다. 이 단어는 "손목까지" 혹은 "팔꿈치까지" 등으로 해석되었다. "장로들의 유전"이란 랍비들이 물려 준 것을 후에 문자로 기록한 구전의 법규들이었다.

"씻는다"(4절)는 것은 "세례"를 말한다. 엄격한 유대인들은 의식상의 모든 부정을 제거하기 위해 잔과 주발과 놋그릇에 물을 뿌렸다.

"외식하는 자"(hypocrites)라는 말(6절)은 헬라어 히포크리테스에서 그대로 빌려온 말이다(마가복음에서는 여기에만 나오고, 마태복음에서는 13번, 누가복음에서는 3번, 이밖의 신약 성경 다른 곳에서는 나오지 않는다). 이 말은 본래 무대 위에 있는 배우를 가리키는데 사용되었다. 그리스와 로마 배우들은 많은 청중이 다 들을 수 있기 위해서 사용하는 작은 확성기를 감추기 위해 큰 가면을 썼다. 따라서 외식하는 자가 된다는 것은 거짓된 얼굴을 쓰는 것을 뜻한다.

"고르반"이라는 히브리어는 "선물"을 의미한다. 이 단어는 신전에 바친 선물을 가리키는데 사용되었다. 그러나 예수님 당시에 이 말은 취소할 수 없는 맹세나 서약을 의미할 뿐이었다.

"모든 식물이 깨끗하다"(19절)는 말은 복음서 저자가 덧붙인 설명일 것이다(참조. ASV— "예수께서 이렇게 말씀하심으로 모든 식물을 깨끗케 하셨다"). 즉 깨끗한 음식과 부정한 음식의 구별이 기독교 시대에까지 이어지지 않으리라는 것이다(참조. 행 10:15).

"성각"(21절)이란 "추론"이나 "의도"를 말한다. "흘기는 눈"(22절)이란 시기를 말하는 히브리어적인 표현이다. "훼방"은 하나님이나 사람을 악하게 말하는 것이다. 여기서는 "비방"을 의미한다. 교만을 뜻하는 헬라어(신약성경에서 이 단어는 여기에만 나온다)는 자기를 높이고 다른 사람은 경멸하며 낮추어 보는 것을 나타낸다. "광패"는 정신적인 악이라기보다는 도덕적인 악이다. 그것은 죄를 하찮게 생각하는 태도이다.

III. 교리적 의의

죄는 의식적인 부정이 아니라 도덕적인 부정이다. 죄를 의식상의 부정으로 보는 것이 대부분의 일반종교의 견해이다. 그것은 죄에 대한 피상적이고 거짓된 개념인데, 예수께서는 이 개념을 철저하게 반대하셨다. 기독교 신앙은 안팎으로 올바른 태도를 요구한다. 참된 종교는 의식상의 문제가 아니라 의의 문제라는 것은 아모스와 미가가 목청 높여 강조한 사실이다.

IV. 실천적 목표

내적 도덕적 정결함의 중요성을 설명하는 것이다.

V. 설교 개요

제목: **"의식주의의 죄."**

도입부

많은 "기독교" 유파를 포함한 대부분의 종교의 해악은 의를 의식주의로 대체하는데 있다. 이것을 의식주의의 죄 즉 거짓된 의라고 부를 수 있다. 이것이 바로 바리새인들의 죄이고 예수께서 그처럼 신랄하게 비난하신 것이다.

A. 잔을 씻음.

"잔과 주발과 놋그릇을 씻음이러라." 이것이 바리새인의 종교였다. 유대인의 미쉬나를 보면 접시를 씻는 것에 관해 30장에 걸쳐 설명하고 있다. 도덕적 정결 대신 의식주의를 앞세우는 이것이 바리새인의 죄였다. 내적 정결이 외적 정결보다 더 중요하다는 사실을 예수께서 거듭거듭 강조하셨다.

심지어는 세례마저도 여기서 잔과 주발과 놋그릇을 "씻는다"고 말하는 것과 마찬가지로 전혀 영적 의미가 없는 의식이 되어버릴 수가 있다. 종교는 항시 마음의 문제가 되어야 한다. 그렇지 않으면 참된 종교가 아니다.

바리새인들이 육신의 외적인 것에 집착하는 것을 비판하기는 쉽다. 그러나 오늘날 기독교 신앙을 영적 종교로 유지하려면 끊임없이 노력해야 한다.

B. 고르반의 경우.

"너희는 가로되 사람이 아비에게나 어미에게나 말하기를 내가 … 고르반 곧 하나님께 … 되었다고 하기만 하면 그만이라 하고." 바리새인들이 장로들의 유전에 따라 행하지 않는다고 제자들을 비난하자 오히려 예수께서 바리새인들이 훨씬 더 심각한 죄를 짓고 있다고, 즉 자신들의 유전을 지키기 위해 하나님의 계명을 버린다고 꾸짖으셨다. 예수께서 아주 구체적인 예를 드셨다. 하나님께서 모세를 통해 "네 부모를 공경하라"고 말씀하셨다. 그런데 랍비들은 가르치기를 사람이 부모를 봉양하는데 썼어야 할 것을 두고 "고르반"이라고 선언하면 그것을 필요로 하는 부모님께 드리지 않아도 된다고 하였다. 그런데 그렇게 하는 가운데 노리는 목적은 고르반 된 것을 성전에 가져가지 않아도 된다는 것이었다. 그리고 부모가 죽은 다음이는 물려받아 자기 마음대로 쓸 수 있었던 것이다. 기독교 작가나 유대교 작가나 모두 이것이 당시의 실제 관행이었다고 말한다.

C. 정욕의 성격.

"사람의 마음에서 나오는 것은 악한 생각." 유대인들은 부정한 음식을 먹으면 먹은 사람도 부정해진다고 생각했다. 예수께서는 "아니라"고 힘주어 말씀하셨다. 물질적으로 부정한 것이 사람의 영혼을 절대로 더럽히지 못한다는 것이다. 사람을 더럽게 하는 것은 사람의 정욕에서 나오는 것이다.

정욕의 진짜 성격이 여기서 아주 검고 추하게 나타난다. 사람이 살인, 도적질, 간음을 저지르기 때문에 죄인이 되는 것이 아니다. 죄인이기 때문에 그런 일을 저지르는 것이다. 외적 죄는 내적 죄를 반영하는 것 뿐이고 마음의 죄는 하나님께서 보시기에 육신의 죄와 마찬가지로 악한 것이다.

마가복음 제7장

주님의 다정하심

7:37. "그가 다 잘 하였도다."

Ⅰ. 역사적 배경

바리새인들과 한바탕 설전을 벌이고 난 후 예수께서 세번째로 물러나셨다(참조. 4:35; 6:31). 이번에는 북쪽으로 올라가 두로와 시돈땅으로 들어가셨다. 이곳은 수리아 해변에 있는 곳으로 고대에는 페니키아였고 지금의 레바논이 있는 자리다. 여기서 수로보니게 여인이 예수께 자기 딸에게서 귀신을 쫓아내달라고 간청하였다. 예수께서 여인의 믿음을 시험해보고 나서 그 청을 들어 주셨다. 그리고나서 갈릴리 호수 동편 지역으로 돌아오셨다. 예수께서 헤롯 안디바가 죽이려고 했기 때문에 헤롯 안디바의 영역을 조심스럽게 피해다니고 계셨던 것이 분명하다.

Ⅱ. 용어 해설

"지경"(31절)이란 "접경"을 뜻한다. "데가볼리"는 열 개의 성읍으로 이루어진 한 지역이었다. 이 지역은 멀리 북쪽으로 다메섹까지 남쪽으로는 빌라델비아(지금의 암만)까지 이르렀다. "어눌하다"(32절)는 말이 헬라어에서는 한 단어로 쓰였다. "말하는데 곤란을 겪는다"는 뜻이다. "에바다"(34절)라는 말은 아람어이다. "열리라"는 완전히 열리라는 뜻의 합성어이다. "맺힌 것"(35절)이란 "속박"을 말한다. 말 그대로 그 사람은 혀가 묶여 있었던 듯하다.

III. 교리적 의의

여기서도 우리는 고통받는 몸을 고치시는데서 나타나는 예수님의 신적 권능을 보게 된다. 최고 의원의 애정어린 동정심과, 그 권능에 걸맞는 사랑을 뜨한 보게 된다. 사실 예수님의 능력은 사랑이었다.

IV. 실천적 목표

고통받는 영혼을 다룰 때 얼마나 사려깊고 애정어린 태도를 보여야 하는가에 대한 모범을 보여 주는 것이다.

V. 설교 개요

제목: "주님의 다정하심."

도입부

사람들은 다정한 것은 약한 태도라고 생각하는 경향이 있다. 이것만큼 진실과 다른 생각은 없을 것이다! 전능하신 분은 바로 온전한 사랑이셨다. 그 대문에 예수께서는 궁핍한 사람들을 대하실 때 한없이 다정하셨다. 자신의 힘을 통제할 수 있고 남을 고치고 돕는데만 그 힘을 쓸 수 있다는 것은 내적인 힘이 있다는 증거이다. 무뚝뚝하고 거칠고 무례하며 난폭한 것, 이 모든 것이 약하다는 표시이다. 허풍을 떠는 사람은 대개가 겁쟁이다. 참된 힉은 친절함과 굳건함이 조화를 이룬 가운데 나온다. 예수께서 바로 그러하셨다.

A. 그 사람의 곤경.

"사람들이 귀먹고 어눌한 자를 데리고." 사람들이 한 번은 문둥병자를, 또 한 번은 장님이나 절망적인 중풍병자를 데리고 왔었다. 이제는 귀먹고 말 못하는 사람을 데려왔다. 하지만 천하의 명의이신 예수께서는 어떤 병이든 고치실 수 있었다.

그 사람은 신체적으로 혀가 꼬여 있었던 듯하다. 그 사람은 자기 말을 들을 수 없었기 때문에 딱하게도 자신이 조리가 서지 않는 말을 웅얼거린다는 것조차 알지 못했다.

한 마디도 듣지 못했기 때문에 다른 사람에게 자신에 대해 이야기할 수가 없었다. 그 동안 참으로 외로운 생활을 해온 것이다! 예수께서 그 사람을 불쌍히 여겨 그날 모든 것을 바꾸어 주셨다.

B. 예수님의 치료.

"예수께서 손가락을 그의 양 귀에 넣고 … 그의 혀에 손을 대시며." 그리스도께서 보이신 애정어린 동정을 유의해 보아야 한다. "그 사람을 따로 데리고 무리를 떠나사." 귀먹은 사람은 당황하고 쉽게 혼란스러워 하는 것이 당연하다. 예수께서는 친절하고 사려깊게 그 사람을 무리로부터 따로 데리고 나오셨다.

마가만 기록하고 있는 또 다른 기적인 벳새다의 소경을 고치신 일(8:22-26)과 이 기적을 비교해 보아야 한다. 두 사건에는 공통점이 많다. 예수께서는 친절하게도 그 소경의 손을 잡고 끌고서 성 밖으로 나가셨다. 이 사람들은 한적한 곳에서 조용히 치료할 필요가 있었던 것이다. 신체적인 요인만 아니라 감정적인 요인도 고려해야 했기 때문이다. 공공 장소의 혼란스러움을 떠나 단독으로 죄인을 다루어야 할 때가 종종 있다.

두 경우에서 모두 예수께서는 환부에 손을 대셨다. 귀먹고 어눌한 자의 경우는 귀와 혀를 만지셨다. 그것은 곧 치료될 것을 상징하는 행위였으며 환자의 믿음을 북돋아주기 위한 행동이었다. 소경에 대해서는 눈을 만지셨다. 주께서 행하신 기적들 가운데 특이하게도 이 기적은 두 단계를 거쳐 시행되었다.

"저가 내 눈을 두 번 만지더이다." 이 두 사건에서 배울 수 있는 명백한 교훈은 예수께서 우리를 한 사람 한 사람 개별적으로 대하신다는 것이다. 예수께서는 우리의 구체적인 필요와 저마다의 개성에 맞게 대하시는 법을 알고 계신다.

C. 무리의 증거.

"그가 다 잘 하였도다." 참으로 놀라운 증거다! 예수께서는 그런 평을 받을 만하셨다. 우리는 어떠한가?

두엇보다도 사람의 영혼이 중요하다는 사실을 명심해야 한다. 우리 중 어느 누구도 예수님처럼 한 치의 실수 없이 살 수 있는 사람은 없다. 하지만 하나님의 은혜를 받아 항시 선한 마음가짐을 가지고 살 수는 있다. 그렇게 하면 사람들이 우리가 다 잘하고 있다고 말하게 될 것이다. 사리를 아는 사람이라면 약간의 실수는 용인해 줄 것이다. 그러나 나쁜 마음가짐을 갖고 있으면 어떤 변명도 용납해 주지 않을 것이다.

우리 가운데 예수님을 인격적으로 아는 사람들은 예수님 당시의 사람들처럼 예수님의 행동을 지켜보고 "그가 다 잘 하였도다"고 확실히 말할 수 있을 것이다.

마가복음 제8장

메시야 예수

8:29. "주는 그리스도시니이다."

I. 역사적 배경

귀먹고 어눌한 자를 고치고나서 예수께서 4천명을 먹이셨다. 많은 무리를 먹이신 이 두번째 기적은 마태와 마가만 기록하고 있다.

그 다음에 예수께서는 호수를 건너 다시 서편으로 가셨다. 여기서 바리새인들이 예수께 메시야이심을 증거하는 하늘로서 오는 표적을 보여달라고 하였다. 예수께서는 그들의 분별없는 요구를 들어주지 않으셨다. 그들의 청을 들어주지 않고 다시 한 번 호수를 건너 벳새다에 있는 북쭉 해변으로 가셨다. 그곳에서 소경 한 사람을 고치셨다.

그리고나서 무리를 피하고 제자들을 가르칠 수 있기 위해 다시 북쪽으로 향하셨다. 이때 예수님의 가장 큰 관심사는 예수께서 곧 세상을 떠나셔도 제자들이 잘 견딜 수 있도록 준비시키는 것이었다.

II. 용어 해설

가이사랴 빌립보(27절)는 헤롯 대왕이 해안에 세운 가이사랴와 구별하기 위해 부른 명칭이었다. 이곳은 헤롯 대왕의 아들 빌립이 확장하고 더 아름답게 치장하고서 티베리우스 가이사에게 경의를 표하기 위해 이름을 딴 곳이었다. 이곳은 높게 치솟은 헤르몬산 자락에 자리잡고 있었다. 오늘날은 "모든"을 의미하는 고대 헬라어 판(Pan)을 따라 바니아라고 부른다.

III. 교리적 의의

이 교리는 공관복음에서 교리상 매우 중요한 점이다. 예수께서는 제자들에게 자신에 대한 그들의 믿음을 공표하도록 요구하셨고, 베드로가 제대로 고백하였다. 마태복음 16:16에서는 그 고백이 좀더 길게 나온다. "주는 그리스도시요 살아계신 하나님의 아들이시니이다." 이 고백은 공관복음에서 예수의 신성을 가장 분명하게 단언하는 표현이다.

IV. 실천적 목표

예수님에 대한 우리의 이해를 한번 검토해 보는 것이다. 예수님을 풍문으로 듣고서 믿는 것인가 아니면 실제적인 경험을 통해 믿고 있는 것인가 한번 의심해 보는 것이다.

V. 설교 개요

제목: "메시야 예수."

도입부

장소는 적당한 곳이었다. 헬라어로 판이라고 하는 이곳은 장엄한 헤르몬 산 기슭에 자리잡고 있었다. 여기서 요단강이 바위틈 사이를 급강하하여 남쪽으로 향하여 갈릴리 호수를 지나 사해에 이르는 긴 여정을 시작한다.

고대 헬라의 모든 신의 신전이 있는 바로 여기서 예수께서 제자들이 자신을 메시야로 고백하도록 하셨다. 예수께서 바로 최고신이셨기 때문이다.

A. 일반적인 질문.

"사람들이 나를 누구라 하느냐?" 예수께서 행하신 기적을 듣고서도 "그가 누구냐"고 물어보지 않을 사람은 없을 것이다. 틀림없이 갈릴리에 사는 많은 사람들의 입에 그 질문이 오르내렸을 것이다. 그들은 예수께서 병자를 그치고 귀신을 쫓아내며 많은 사람을 먹이신 것을 보았다. 심지어는 예수께서 죽은 사람도 살리고 폭풍우를 잠잠케 하셨다는 말도 들었다. 도대체 이분은 어떤 사람일까?

먼저 주님께서 제자들에게 사람들이 자기에 대해 무슨 말을 하고 있는지 물어보셨다. 제자들은 사방에 퍼져 돌아다니고 있는 몇 가지 견해를 말씀드렸다. 헤롯 같은 사람들은(참조. 6:16) 세례 요한이 다시 살아났다고 생각했다. 엘리야가 기적을 행했다는 것과 말라기가 그 선지자가 다시 오리라고 예언했던(4:5) 것을 생각하고 예수님을 바로 그 선지자로 보는 사람들도 있었다. 단순하게 "선지자 중의 하나"라고 말하는 사람도 있었다. 그런데 놀랍게도 예수께서 메시야일지도 모른다고 말한 사람은 아무도 없었다.

B. 중요한 질문.

"너희는 나를 누구라 하느냐?" 다른 사람들이 예수님에 대해 뭐라고 말하는지 아는 것은 중요하다. 그러나 정말 중요한 것은 예수님에 대한 우리 자신의 믿음이다.

헬라어는 매우 강조적인 표현으로 쓰였다. "그러면 너희들, 너희들은 내가 누구라고 말하느냐?" 그 동안 제자들은 예수님과 오랜 시간을 같이 지냈다. 함께 먹고 잠자고 여행하고 이야기했다. 온갖 상황과 환경 가운데서 예수님의 행동을 보아 왔다. 예수께서는 어떤 상황에서든지 항상 변함이 없으셨다. 질병을 대하든지 죽음이나 귀신을 만나든지 폭풍우치는 바다를 만나든지 예수께서는 언제나 강력한 정복자이셨다. 이런 예수님을 지켜본 제자들의 결론은 무엇이었는가?

"그리스도를 어떻게 생각하느냐?"는 것만큼 세상에서 중요한 질문은 없다. 그에 대한 답변에 따라 이 세상에서의 우리의 성품과 저 세상에서의 우리의 운명이 결정된다.

C. 확신에 찬 고백.

"주는 그리스도시니이다." 베드로는 주를 따르라고 부름을 받은 처음 네 어부 중 한 명이었다. 베드로는 생업을 버리고 이 새로운 지도자를 따를 만큼의 신앙이 있었다. 베드로는 주께서 많은 기적을 행하시는 것을 보았다. 베드로는 예수께서 야이로의 딸을 일으키실 때 데리고 들어가신 예수 님의 가까운 세 제자 중 한 사람이었다. 이 모든 것을 보고 베드로는 어떤 생각을 했는가? 그 답은 그의 명쾌한 선언에 들어있다. "주는 그리스도시 니이다."

'그리스도"란 히브리어 "메시야"를 헬라어로 옮긴 말이다. 옛 선지자들 은 "이스라엘의 소망"인 메시야가 올 것이라고 예언하였다. 오랜 세월 동 안 사람들은 그 메시야를 기다렸다. 마침내 그 메시야가 나타나신 것이다!

베드로가 예수께서 정말로 메시야라고 공개적으로 고백하는 데는 용기 가 필요했다. 하지만 베드로의 용기는 확신에서 나왔고, 그 확신은 하나님 께서 자신들과 함께 계시다는 의식이 점점 분명해지는데서 생긴 것이다. 오늘날 예수께서 그리스도라는 것을 정말로 알 수 있는 길은 예수님의 하 나님되심과 권능을 개인적으로 경험하는 것밖에 없다.

마가복음 제8장

생명에 이르는 길

8:34. "아무든지 나를 따라오려거든 자기를 부인하고 자기 십자가를 지고 나를 좇을 것이니라."

I. 역사적 배경

예수께서 가이사랴 빌립보에서 제자들의 고백을 들으신 후에 하신 첫번째 일은 당시 유대인들이 가지고 있는 왜곡된 메시야관을 바로잡는 것이었다. 사람들은 다윗의 자손인 오실 왕을 바라고 있었는데, 이 왕이 적을 무찌르고 외국의 지배에서 자신들을 해방하고 찬란한 영광 가운데 이스라엘과 세상을 통치할 것이라고 기대하였다.

그러나 그러기 전에 먼저 십자가를 지는 일이 있어야 한다. 그래서 예수께서 고난받으실 것에 대해 처음으로 말씀하기 시작하셨다(31절).

II. 용어 해설

"구원코자 하면"(35절)이란 번역이 암시하는 것처럼 이 동사가 본래 미래 시제로 쓰인 것은 아니다. 헬라어 원문의 뜻은 "누구든지 구원하고자 원하면"이다.

III. 교리적 의의

본문에서 중요하게 강조하는 점은 자기포기가 영적 생명에 이르는 길이라고 하는 사실이다. 그 다음에는 자기 십자가를 지고 끊임없이 순종해야 하는 것이다. 그리스도께서 이 길을 가셨으므로, 우리도 그리스도를 따르려면 그 길로 가야 한다.

본문에서는 인간 영혼의 가치를 강조하기도 한다. 영혼의 가치는 온 세상보다도 더 귀한 것이다. 영혼을 잃는 것은 모든 것을 잃는 것이다.

IV. 실천적 목표

예수님을 따르는 데에 쉬운 길은 없다는 것을 보여주는 것이다. 예수님을 따르려면 자기 부인과 자기 죽음이 필요하다. 철저한 순종이 필요하다. 주님을 따른다는 것은 그리스도의 삶을 우리의 모범으로 받아들인다는 것을 의미한다.

V. 설교 개요

제목: "생명에 이르는 길."

도입부

인생의 기본 철학에는 두 가지가 있다. 하나는 "네 자신을 주장하라"고 한 독일 철학자 니체의 인생 철학이다. 이 철학은 세상을 피로 물들인 히틀러 같은 초인을 배출하는데 도움이 되었다. 다른 하나는 "네 자신을 부인하라"고 말씀하신 예수 그리스도의 인생 철학이다. 예수께서는 세상을 구원하고 세상에 평화를 가져오기 위해 자신의 피를 흘렸다.

A. 자기 부인.

"자기를 부인하고." 그리스도인의 삶으로 들어가는 현관 위에는 이런 말씀이 적혀 있다. "여기에 들어가려고 하는 사람은 모두 자신을 부인하라." 사실 이 말씀 때문에 그리로 들어가는 사람이 그렇게도 적다. 사람들 대부분이 거기에 들어가기 위해 자기 부인이라는 대가를 치르려고 하지 않는다. 사람들은 돈이나 시간, 정력은 희생하려고 한다. 그러나 자기 자신을 부인한다는 것이 사람들에게는 너무도 큰 요구이다.

예수께서 "자신의 이런 면이나 저런 면을 부인하라"고 말씀하시지 않았다는 사실을 유의해야 한다. 예수께서는 "자기를 부인하라"고 말씀하셨다.

실제로 자아를 부인한다는 것은 일반적인 자기 부정의 개념과는 전혀 다른 것이다. 자기 부정이라고 할 때는 선교 헌금을 내기 위해 용돈을 희생하는 것 정도를 의미할 수 있다. 자아를 부인한다는 것은 자신의 길을 버리고 그리스도의 길을 받아들이는 것을 포함하는 자기 부인을 요구한다. 그것은 자아에 대해서는 "아니오"라고 말하고, 그리스도에 대해서는 "예"라고 말하는 것을 의미한다.

B. 자아의 죽음.

"자기 십자가를 지고." 많은 사람들은 자기 십자가를 지는 것을 류머티즘 같은 다소간에 피할 수 없는 고통을 견디는 것으로 생각한다. 그런데 예수께서는 "자기 십자가를 지라"고 말씀하셨다. 그것은 우리가 거부할 수도 있는 것을 자발적으로 받아들이는 것을 말한다.

십자가는 죽음의 상징이다. 신약 성경에서는 자기 십자가를 지는 것이 능력의 대가이며 승리의 비결이라고 강조한다. "우리가 알거니와 우리 옛 사람이 예수와 함께 십자가에 못박힌 것은 죄의 몸이 멸하여 다시는 우리가 죄에게 종노릇 하지 아니하려 함이니"(롬 6:6). 또 이런 말씀도 있다. "내가 그리스도와 함께 십자가에 못박혔나니 그런즉 이제는 내가 산 것이 아니요 오직 내 안에 그리스도께서 사신 것이라"(갈 2:20). 헬라어 원문의 순서대로 하면 그리스도께서 바울의 존재 중심에 있는 육신의 자아의 위치를 차지하였다는 사실이 생생하게 강조된다.

그리스도께서 십자가를 지시고나서 그 십자가에 못박혔던 것과 똑같이 그리스도인은 누구나 자신을 십자가에 못박은 갈보리를 가지고 있어야 한다. 그때서야 우리도 바울처럼 "내가 산 것이 아니요 그리스도께서 사신 것이라"고 말할 수 있다.

C. 자아의 결단.

"나를 좇으라." "부인하다"와 "지다"는 말은 다같이 부정과거 시제로 쓰여서 개심과 헌신의 결정적인 단계를 나타낸다. 그러나 "좇으라"는 말은 현재 시제로 쓰여서 계속적인 행동을 의미한다. 그리스도를 끝까지 철저하고 분명하게 따르겠다는 개인의 의지의 결단이 끊임없이 필요하기 때문이다. 이것은 일생 지속되는 과제이다.

본문의 배경은 매우 중요하다. 예수께서는 이제 막 수난을 예언하셨다. 따라서 그리스도를 따른다는 것은 갈보리의 길을 따르겠다는 의미였다. 예수님이 그러셨듯이 예수님을 따르는 모든 사람들에게서도 먼저 십자가를 지는 일이 없이는 부활도 없다. 그리스도와 함께 죽은 사람들만이 승리의 부활의 삶을 살 수가 있는 것이다.

마가복음 제9장

변화하신 그리스도

9:2. "예수께서 저희 앞에서 변형되사."

I. 역사적 배경

이 장의 첫절은 전장에 속하는 것으로 보는 것이 좋을 것이다(참조. 마 16:28; 17:1). 이 구절의 언급은 1주일 후에 발생한 변화산상의 사건과 거의 관계가 없을 것이다. 이 구절에 대한 바른 해석은 이 구절을 오순절 사건과 그 후반부, 즉 하나님의 나라가 성령의 능력으로 확장되어 나가는 일에 적용하는 것이다.

예수께서 세 제자를 "따로" 데리고 올라가신 "높은 산"은 전통적으로 갈릴리와 사마리아 사이에 있는 다볼산으로 간주된다. 그런데 다볼산은 다소 낮은 산이다. 게다가 로마 시대는 그 산 정상에 군대 요새가 있었다는 표시들이 있다. 그래서 오늘날 대부분의 학자들은 헤르몬산을 더 꼽는데, 산이 높고 한적한 곳에 있기 때문이다.

II. 용어 해설

"엿새 후"(2절: 마 17:1)가 누가복음 9:28에서는 "팔일쯤"으로 나온다. 두 표현 모두 "일주일 후"를 뜻한다. "초막"(5절)이란 나무 가지로 만든 임시 오두막을 말할 것이다. 여기서 말하는 "구름"(7절)은 구약 성경의 쉐키나를 암시한다. "사랑하는"이란 말은 "유일한"이란 뜻도 지니고 있다. 13절의 말씀은 마태가 설명하듯이(17:13) 세례 요한을 가리킨다.

III. 교리적 의의

본문에서는 공관복음서의 다른 어느 곳에서보다 예수님의 신성이 더욱 두드러진다. 여기서는 예수님의 신적 영광이 나타날 뿐만 아니라 하늘로부터 명백한 말씀도 들린다. "이는 내 사랑하는 아들이니 너희는 저의 말을 들으라"(7절). 모세와 엘리야가 여전히 살아있는 것이 보이므로, 불멸의 교리도 암시하고 있다.

IV. 실천적 목표

사람들에게 변화된 삶을 살도록 권하는 것이다.

V. 설교 개요

제목: "변화하신 그리스도."

도입부

위대한 생애를 산 사람마다 인생에서 중대한 국면들을 지난 경험들이 있다 예수님도 마찬가지였다. 세례 받으신 일이 있었고, 광야에서 시험받으신 적이 있었고 변화산상의 경험도 있으셨다. 인생의 대부분은 일상적인 의무를 이행하는 가운데 지나간다. 그러나 삶이 좀더 큰 의미를 지니게 될 때는 때때로 변화산상의 경험들을 하게 된다.

A. 변화 사건의 의미.

"엿새 후에." 엿새 후에라고 했는데, 어떤 일이 있은지 엿새 후인가? 가이사랴 빌립보에서 제자들의 고백이 있고 앞으로 예수께서 고난받으시리라는 예고의 말씀이 있은 지 엿새 후이다. 그때 베드로가 "주는 그리스도시니이다"고 밝히 말하였다. 베드로가 볼 때 이제는 예루살렘에 메시야 왕국을 세울 때가 왔던 것이다. 참으로 영광스런 날이 가까이 온 것이다!

그런데 갑자기 모든 꿈이 산산이 부서졌다. 예수께서 이제 예루살렘에 올라가려고 하는 것은 왕관을 받기 위해서가 아니라 십자가를 지기 위함이고 통치하시기 위함이 아니라 죽기 위함이라고 말씀하시는 것이었다. 베드로는 즉각 항의하였다. 베드로 생각에 그런 일은 일어나서는 안 되었다. 그에 대해 예수께서는 베드로를 꾸짖으시며 그를 적이라고 하시면서 사태를 하나님의 관점에서 보지 않는다고 하셨다. 그리고나서 제자들도 십자가의 길을 따라와야 한다고 가르치셨다(8:34). 이 모든 말씀을 듣고서 제자들은 슬프고 혼란스러워졌다. 예수께서 참으로 그리스도이신가 하는 의문도 생겼다.

변화산상의 사건이 답이었다. 적어도 베드로, 야고보, 요한에게는 그랬다. 이 세 사람은 예수 그리스도 안에 있는 신적 영광이 육신의 껍질을 뚫고서 나타났고 장막을 통과하여 비쳤으며 뚜렷한 광채로 나타났다. 이들은 예수 그리스도의 얼굴에서 얼핏 하나님의 영광을 볼 수 있었다. 그 모습은 단순한 사람의 모습이 아니었다. 예수께서는 참으로 하나님의 아들이셨다!

이렇게 해서 괴롭게 따라다니던 모든 두려움을 다시 한 번 믿음으로 쫓아버렸다. 변화산상의 사건은 가이사랴 빌립보에서 제자들이 한 고백을 확정해 주는 일이었다.

그러면 이 제자들의 메시야가 죽는다는 것에 관해서는 어떤 답이 있었는가? 그 답은 모세와 엘리야의 대화에서 나왔다(참조. 눅 9:31). 이 모든 것은 세상의 구원을 위한 하늘의 계획의 일부였다.

B. 변화산상의 메시지.

"이는 내 사랑하는 아들이니 너희는 저의 말을 들으라." 하늘에서 나온 이 목소리는 두 번 울렸다. 한 번은 예수께서 세례받으실 때이고, 또 한 번이 변화산상에서이다. 이것은 베드로의 고백 후에 나온 하나님의 선포였다. 인간의 확언에 대한 하나님의 증명이었다.

이 메시지의 두번째 부분인 "저의 말을 들으라"는 말씀은 초막 셋을 짓자고 한 베드로의 말에 대한 책망이었을 것이다. 베드로는 그렇게 제안하는 가운데 예수님을 다른 두 인간 선지자와 동렬에 놓은 것이다. 그러나 그리스도는 유일무이한 분으로 만주의 주로 홀로 서 계신다.

C. 변화 사건의 교훈.

"아무도 보이지 아니하고 오직 예수와 자기들 뿐이었더라." 베드로는 그 광경과 그 자리에 나타난 사람들에 넋이 빠졌었다. 그런데 그 사람들은 모두 사라졌다. 무엇이 남았는가? 오직 예수님만 남았다.

환상의 가치는 남아있는 결과에 달려 있다. 이것은 어떤 환희나 감정의 경험에 다 적용된다. 그런 경험들이 우리를 다르게 만드는가? 주님을 새로운 빛 가운데서 보았기 때문에 예수님의 임재를 더 현실적이고 더 귀하게 여기는가? 이것이 바로 모든 종교적 경험의 진실성을 가리는 시금석이다. 어느 정도라도 그 경험이 우리를 변화시키지 않는다면 그것은 참된 영적 경험이 아니다.

어떻게 하면 우리가 변화된 삶을 살 수 있는가? 하나님의 임재가 우리 마음과 인격에 차고 넘쳐서 우리의 삶을 통해서 빛나도록 하는 것뿐이다. 이렇게 함으로써 우리는 그리스도를 세상에 재연할 수 있을 것이다.

마가복음 제9장

부주의함에 대한 크나큰 대가

9:43. "만일 네 손이 너를 범죄케 하거든 찍어 버리라."
9:45. "만일 네 발이 너를 범죄케 하거든 찍어 버리라."
9:47. "만일 네 눈이 너를 범죄케 하거든 빼어 버리라."

Ⅰ. 역사적 배경

변화산을 지난 다음에는 근심의 골짜기를 지나게 되었다. 예수께서는 아래서 비참하고 괴로운 곤경이 벌어지고 있는데 산꼭대기에서 천상의 교제만 나누고 계실 수 없었다. 그래서 산에서 내려와 귀신들린 사내 아이를 고치셨다(14-29절). 그리고나서 방향을 아래쪽으로 바꾸어 갈릴리로 지나가시면서 사람들을 피하셨다. 제자들을 가르치고 싶으셨기 때문이다. 제자들에게 장차 고난 받으실 것을 두번째로 말씀하셨다(30-32절).

마침내 예수님과 제자들이 가버나움에 도착하셨다. 거기서 예수께서는 제자들이 누가 크냐는 것을 놓고 입씨름을 벌인 것에 대해 꾸짖으셨다(33-37절). 또한 편협된 분파주의적인 정신에 대해서도 책망하셨다(38-41절).

Ⅱ. 용어 해설

여기서 "범죄케 하거든"이라는 말로 번역된 헬라어 스칸달리조라는 동사는 신약성경에서 번역하기 매우 까다로운 단어이다. 이 동사는 미끼나 올가미를 의미하는 스칸달론이라는 명사에서 나왔다. 그래서 이 동사를 "덫으로 잡다" 혹은 "함정에 빠트리다"로 번역하였다.

"연자 맷돌"(42절)은 문자적으로 하자면 "당나귀의 맷돌"이다. 즉 가정에서 여인들이 돌리는 작고 평평한 맷돌이 아니라 당나귀가 돌리는 커다란 맷돌이었다.

"지옥"이란 게헨나를 말한다. 이 단어는 예루살렘 남쪽에 있는 힌놈 골짜기인 게힌놈이란 말에서 나왔다. 여기서 이스라엘 사람들이 자녀들을 몰록에게 바쳤는데, 몰록의 신상 앞에서 아이를 불에 태워 죽였던 것이다(렘 7:31). 요시야 왕이 그곳을 더럽다고 선포하고나서는(왕하 23:10) 성읍 쓰레기장이 되었다. 온갖 쓰레기를 태우는 무시무시한 불꽃 때문에 지옥을 상징하는데 적합하였다.

"하나님의 나라"(47절)가 "영생"과 동일시되고 있는 점에 유의할 필요가 있다. "구더기"란 지옥에서 겪는 고통인 고통스런 기억을 말한다.

III. 교리적 의의

신약 성경에서 지옥에 대해 아주 명확하게 언급하고 있는 구절 중의 하나가 여기에 나온다. 영원한 형벌에 대한 사실뿐 아니라 그 성격도 48절에 생생하게 기술되어 있다.

IV. 실천적 목표

영원히 멸망하게 될 수도 있는 부주의를 범하지 않도록 경고하는 것이다.

V. 설교 개요

제목: "부주의함에 대한 크나큰 대가."

도입부

지옥의 교리는 한물간 얘기라고 말하는 사람들이 있다. 그 동안 기독교 신앙에 침투해 온 왜곡된 교회 사상들은 치워버리고 너그러우신 예수님에 대해 가르치라고 한다.

그렇게 말하는 사람들은 복음서를 주의깊게 읽지 못한 사람들이다. 사실

신약 성경에서 지옥을 영원한 형벌의 장소라고 강력하게 가르치고 있는 것을 최초의 복음서인 마태복음 9장에서 보게 된다. 예수께서 백합과 참새에 대해서나 사랑과 빛에 대해 하신 말씀은 받아들이면서 영원한 고통에 대한 경고의 말씀은 받아들이지 않을 수는 없다. 이 모든 말씀이 다 똑같이 신빙성 있는 말씀으로 성경에 기록되어 있다.

A. 손으로 범죄함.

"만일 네 손이 너를 범죄케 하거든 찍어 버리라." 손은 우리가 하는 일을 상징한다. 우리가 하고 있는 일 가운데 우리를 넘어지게 하는 것이 있다면 그런 일들을 버려야 한다. 아무리 우리가 그 일을 즐길지라도, 그 자체로는 아무 문제가 되지 않는 것처럼 보일지라도 그 문제를 과감하게 정리해야 한다. 지옥에 가는 것을 피할 수 있다면 어떤 대가를 치르더라도 그렇게 해야 한다. 바로 그 점을 예수께서 말씀하고 계셨던 것이다.

물론 이때 예수께서 말 그대로 신체를 절단하는 것이 옳다고 말씀하고 계셨던 것은 아니다. 사람이 그런 식으로 해서 죄를 없앨 수는 없다. 예수께서는 비유적으로 말씀하고 계셨다. 예수님의 경고의 말씀을 잘 적용해 보자면 이런 것이다. 목숨만큼이나 소중한 친구가 있는데 그 친구가 삶에서 하나님이 바라시는 최선의 길을 떠나도록 종용한다면 당장에 철저하게 친구 관계를 끊는 것이다. 그것만이 안전한 방책이다.

B. 발이 범죄함.

"만일 네 발이 너를 범죄케 하거든 찍어 버리라." 발은 사람들이 가는 곳을 상징한다. 영적으로 해가 될 곳으로 가고 싶은 생각이 들면 단호한 조처를 취해야 한다. 나쁜 환경에 끌려들어가는 것보다는 직업을 바꾸거나 심지어는 거처를 옮기는 결단을 내리는 것이 낫다. 잘못된 길로 이끄는 것이 있다면 무엇이든지 어떠한 대가를 치르더라도 끊어버려야 한다. 우리를 지옥에서 구하기만 한다면 그 어떤 대가도 값싼 것이다. 예수께서는 이 문제를 더할 수 없이 생생하고 철저하게 설명하셨다.

C. 눈이 범죄함.

"만일 네 눈이 너를 범죄케 하거든 빼어 버리라." 눈은 사람들이 보는 것을 상징한다. 눈은 여러 가지 면에서 신체 중 매우 귀한 부분이다. 눈을 잃는 것보다는 차라리 손이나 발을 잃는 것이 낫다.

이 경고는 특별히 오늘날 적합한 말씀이다. 한 세대 전만 해도 기독교 가정에서 자란 사람들은 좀처럼 "안목의 정욕"에 접하게 되지 않았다. 그런데 오늘날의 상황은 어떠한가? 도처에 성욕을 자극하는 것들이 눈에 띈다. 항상 켜있다시피 하는 TV는 그만 두고라도 광고 간판, 서점에서 파는 잡지, 극장 광고 등이 도처에 깔려 있다.

그 치료책은 무엇인가? 우리를 걸려 넘어지게 하는 자극적인 것은 무엇이든지 끊어버려야 한다. 때때로 이것은 시험에 들게 하는 광경을 보지 않도록 눈을 감거나 눈길을 돌리는 것을 의미하기도 한다.

마가복음 제10장

이혼에 대한 예수님의 견해

10:9. "그러므로 하나님이 짝지어 주신 것을 사람이 나누지 못할지니라."

I. 역사적 배경

예수께서는 지금 마지막으로 예루살렘을 가시는 길이었고, 가서는 거기서 십자가에 못박히시게 될 것이었다. 예수께서는 약 1년 반 동안 갈릴리 대사역 기간에 본부로 삼으셨던 가버나움을 마지막으로 떠나셨다. 예수께서 "유대 지경과 요단강 건너편으로 가셨다." 당시에는 이곳을 베뢰아(오늘날의 트랜스요르단)라고 불렀는데, "건너다"는 뜻의 페란에서 나온 말이다. 이곳에서 바리새인들이 예수께 와서 이혼에 관해 물었다.

II. 용어 해설

"시험하여"(2절)란 1차적인 의미가 "시험하다"는 뜻인 페이라조라는 동사이다. 이때 바리새인들은 악의적인 동기를 품고 있었던 것이 분명하다. "떠나서"(7절)란 말의 문자적인 뜻은 "에게 들러붙다"는 것이다. 오늘날 대부분의 결혼에는 두 사람이 굳게 결속되기 위해 접착제(비이기적인 사랑)가 더 필요하다는 것은 말할 것도 없는 사실이다.

12절의 말씀이 마태복음의 병행 구절에는 나오지 않는다. 마태복음은, 여자가 남편과 이혼하는 것을 허락하지 않은 유대인들을 위해 쓴 글이었다. 그러나 마가복음은, 여성들에게 높은 지위를 주고 남편과 이혼할 수 있도록 허용한 로마인들을 위해서 쓴 것이다.

III. 교리적 의의

사람은 하나님의 형상으로 지음을 받았기 때문에 경건한 생활을 해야 한다는 암시뿐 아니라 여기서는 창조의 교리도 강조하고 있다. 사람의 결혼에 대한 하나님의 이상적인 생각은 일부일처주의였다는 것이 분명히 나타는다.

IV. 실천적 목표

이혼이라는 매우 중대한 문제에 대한 예수님의 말씀을 살펴보는 것이다.

V. 설교 개요

저목: "이혼에 대한 예수님의 견해."

도입부

단일 문제로서 이혼만큼 현대 사회를 괴롭히는 것은 아마 없을 것이다. 우리는 사방에서 이혼의 문제에 맞닥뜨린다. 교회마저도 이혼 문제로 심각한 어려움에 봉착해 있다. 이혼의 문제를 어떻게 다루어야 하는가?

그리스도인에게 최고의 권위는 그리스도가 되어야 한다. 그리스도께서는 이혼에 대해 뭐라고 말씀하셨는가? 바로 그 점이 우리가 물어야 할 가장 중요한 문제이다. 본문에서 그 답을 찾을 수 있다. 예수께서는 오래 지속되어 온 이 문제를 피하지 않으셨다.

A. 함정이 있는 질문.

"사람이 아내를 내어버리는 것이 옳으니이까?" 이 질문은 시간의 역사만큼 오래된 것이다. 이 질문은 단순히 법에서 이혼을 어떻게 규정하고 있느냐를 물은 것이 아니다. 헬라어 동사의 의미대로 하자면, "아내를 내어버릴 수 있느냐? 아내를 내어버리는 것이 타당하냐"는 것이다.

바리새인들은 이 질문으로 예수님을 곤경에 빠트리기를 바랐다. 베뢰아는 헤롯 안디바 치하에 있는 곳이었다. 헤롯은 세례 요한이 자기가 헤로디아와 부정하게 결혼한 것을 정죄했다고 해서 그를 처형한 적이 있었다. 바리새인들이 예수님을 함정에 빠트려 이혼을 강력히 반대하는 말을 하도록 만들 수 있다면 헤롯 안디바가 예수님을 처형할 것이고 그렇게 되면 그들로서는 이 적을 없애게 될 것이다. 적어도 한 번은 시험해 볼만한 일이었다.

B. 반대 질문.

"모세가 어떻게 너희에게 명하였느냐?" 때때로 예수께서는 함정에 빠트리기 위한 질문에 대해 반대 질문으로 답변하셨다. 그것은 사람을 곤경에 빠트리기 위한 "저의가 숨겨 있는" 질문을 하는 사람들에게 지혜있게 대답하는 방법이다.

유대인들은 모세를 최고의 권위로 생각했다. 따라서 이 문제는 논리적이면서도 시기적절한 것이었다.

이 질문에 대한 답으로 바리새인들은 모세가 이혼 증서를 써주고 아내를 버리도록 허락했다고 말하였다. 그러므로 이혼이 아주 정당하지 않느냐는 것이었다. 그러나 예수께서는 모세가 그렇게 허락한 것은 사람들의 마음이 완악하기 때문이었다고 설명하셨다.

여기서 유의해야 할 점은 모세의 조처는 이혼을 권장하기 위한 것이 아니라 말리기 위한 것이었다는 사실이다. 모세는 이혼을 더 쉽게 만들려고 한 것이 아니라 더 어렵게 만들려고 하였던 것이다. 사람이 유급 서기를 고용해서 이혼의 사유를 적도록 함으로써 쉽게 이혼하는 이 풍습이 널리 퍼지지 않도록 하려고 했던 것이다.

결론.

"그러므로 하나님이 짝지어주신 것을 사람이 나누지 못할지니라." 이혼에 대한 하나님의 태도는 어떤 것인가? '하나님께서는 이혼을 반대하신다!'는 간단한 한 문장으로 하나님의 태도를 요약할 수 있을 것이다. 예수께서 지적하셨듯이 하나님께서는 창조 때 한 남자와 한 여자를 만드심으로써 그 점을 보이셨다. 그것은 지금도 여전히 하나님의 뜻이다.

결혼을 하면 두 사람이 "한 몸"이 된다. 그 때문에 두 사람을 나누는 것은 죄이다. 부부관계는 인생에서 사업상 동반자 관계나 그밖의 어떤 관계와도 다른 것이다. 부모나 자녀, 형제 자매도 남편과 아내만큼 가까운 관계를 유지하지 못한다. 따라서 부부관계는 지극히 신성하게 다루어야 한다.

　이것이 성공적인 결혼 생활의 근본적인 비결이다. 결혼을 신성한 것으로 생각하면 결혼이 영적 은혜를 받는 진정한 성례가 될 수 있다. 그러나 정욕이 사랑을 대신하면 이기심이 사랑을 좀먹기 시작하고 더 이상 사랑이라는 이름을 붙일 수 없게 되고 그렇게 되면 결혼생활은 심각한 곤경에 처하게 된다.

　결혼 생활이라는 바로 그 속성 때문에 자기 중심적인 사람은 한 몸으로서 행복한 결합을 이룰 수가 없다. 세상에서 결혼 생활만큼 철저하게 비이기적인 사랑이 필요한 관계는 없다. 각자가 다른 사람을 먼저 생각할 때에야 비로소 다른 사람을 행복하게 해주려고 하는 가운데 두 사람이 함께 최고의 행복을 맛볼 수 있게 되는 것이다.

마가복음 제10장

참된 위대함

10:45. "인자의 온 것은 섬김을 받으려 함이 아니라 도리어 섬기려 하고 자
기 목숨을 많은 사람의 대속물로 주려 함이니라."

I. 역사적 배경

예수께서 이혼에 대해 단호하게 반대하는 말씀을 하신 후에 아이들을
안고 축복하셨다(13-16절). 이 시대의 가장 불쌍한 난민 중 하나가 이혼한
부모의 아이들이다. 흔히 아이들은 부모를 다 사랑하고 부모와 함께 살고
싶어한다. 그러나 부모들의 이기적인 죄 때문에 그렇게 되지 못한다.

이때 예수께서 영혼의 평안을 얻기 위한 대가를 치르지 못한 젊은 부자
관원을 만나셨다(17-22절). 예수께서 세번째이자 마지막으로 자신이 고난
받으실 것에 대해 예고하셨다(32-34절). 그리고나서 야고보와 요한이 하나
님 나라에서 첫번째 자리에 앉게 해달라는 부끄러운 요청이 있었다.

II. 용어 해설

"잔"(38절)이란 고통을 겪는 것을 상징하였다(참조. 시 75:8). 여기서
"세례"란 감당하기 어려운 고통이 넘치는 것에 대한 비유적인 표현이다
(참조. 사 43:2). 잔이라는 말은 마음 속의 영적 고통을 표시하고 세례란
말은 외적 박해와 고통을 말하는 것일 수도 있다. "분하여"(41절)란 "성났
다"는 말이다. "주관하다"(43절)는 것은 말 그대로 하자면 "군림하다"는
말이다. "섬기다"(43절)란 헬라어로 디아코노스로서 단순히 "종"을 뜻하는
말이다.

III. 교리적 의의

"대속물"(45절)을 뜻하는 헬라어는 그 당시에 노예를 해방시키는데 지불하는 속전을 표시하는데 사용되었다. 예수께서는 우리를 "위하여" 죽으셨을 뿐만 아니라 우리 대신 죽기도 하셨다. 예수께서 생명의 피를 바쳐 우리를 죄에서 해방하신 것이다.

IV. 실천적 목표

진정 위대한 것이 무엇인지를 알아보고 우리를 위한 그리스도의 대속의 사역을 이해하는 것이다.

V. 설교 개요

제목: **"참된 위대함."**

도입부

자기 야망을 자랑하는 볼썽사나운 모습이라니! 예수께서는 이때 자신이 장차 예루살렘에서 고난 받고 죽으실 것에 대해 세번째로 예고하셨다. 그런데 바로 이어서 야고보와 요한이 예수께 와 예수님이 영광을 받으실 때 자기들이 양쪽에 앉게 해달라고 청하였다. 두 사람은 보좌 옆에 설 준비는 되어 있으나 고난을 받을 준비는 되어 있지 않았다. 이들은 대관식을 원했지 십자가를 지는 것은 바라지 않았다. 희생은 바라지 않고 야망의 성취만을 바랐다. 제자들의 그와 같은 이기심과 영적 무지를 보았을 때 예수께서는 참으로 마음이 아프셨을 것이다. 더구나 이 두 사람은 변화산상에서 예수님과 함께 있었던 사람들이 아니던가! 그때 이상을 보고서 이들의 마음은 하나님의 나라가 임할 것에 대한 기대만 잔뜩 부푼 셈이었다. 이들은 항시 영광에 앞서 지나가야 하는 고난은 피하려고 했다.

A. 위대함의 대가.

"너희가 나의 마시는 잔을 마시며 나의 받는 세례를 받을 수 있느냐?" 위대해지기를 바라는 사람은 많으나 위대해지는 사람은 별로 없다. 사람들이 위대해지기 위한 대가를 치르려고 하지 않기 때문이다. 참된 위대함은 큰 희생이 따르는 준비 기간이 없이는 결코 얻지 못한다. 고난의 수련을 거친 사람들만이 자신의 성품을 최고로 개발할 수가 있다.

"너희가 할 수 있느냐"는 질문을 받고서 제자들은 입심 좋게도 "할 수 있나이다"고 대답하였다. 제자들은 예수님의 말씀이 무엇을 의미하는지 제대로 알지 못했다. 예수께서 겟세마네 동산에서 애쓰며 기도하실 동안에 제자들은 무엇을 하고 있었던가? 자고 있었다. 예수께서 관원들에게 잡히실 때는 어떻게 했는가? "제자들이 다 예수를 버리고 도망하였다." 예수께서 빌라도 앞에서 재판을 받고 십자가에 못박히기 위해 끌려가실 때 이들은 어디에 있었는가? 그 자리를 피하였다.

그러면 아무 생각 없이 "우리는 할 수 있다"는 복음송을 부르는 오늘날의 사람들은 어떤가? 그 노래를 부르는 사람들 가운데 그 의미를 제대로 알고 있는 사람이 얼마나 되는가? 그리스도인들이 겉으로만 큰 소리치는 경우가 너무도 흔하다.

B. 위대함의 실천.

"너희 중에 누구든지 크고자 하는 자는 너희를 섬기는 자가 되고." 다른 열 제자가 야고보와 요한의 청을 듣고는 성이 났다. 제자들 마음의 이기심을 아는 우리로서는 나머지 제자들이 첫째 자리를 요구할 마음이 없었기 때문에 성을 냈는지 궁금하다.

예수께서 제자들을 모두 불러 참된 위대함에 대한 교훈을 가르치셨다. 먼저 제자들에게 세상에서 위대함을 생각하는 방식을 일깨워 주셨다. 즉 세상의 위대하다고 하는 사람들은 아랫 사람들에게 군림한다는 것이다. 그러나 예수님의 사람들은 그렇지 않아야 한다고 말씀하셨다. 크고자 하는 사람은 다른 사람들을 섬기는 자가 되어야 하고 으뜸이 되고자 하는 사람은 모든 사람의 종이 되어야 하는 것이다. 이것이 기독교 방식이다.

C. 위대함의 모범.

"인자가 온 것은 섬김을 받으려 함이 아니라 도리어 섬기려 하고 자기 목숨을 많은 사람의 대속물로 주려 함이니라."

참된 위대함의 최고의 모범은 바로 예수 그리스도시다. 예수께서는 가르치는 바를 실천하셨다. 거기에서 그치지 않고 사람들이 할 수 있는 것 이상의 것을 하셨다. 예수께서는 비이기적인 봉사의 삶을 사셨을 뿐만 아니라 마지막에는 자신을 우리 죄를 위한 속죄 제물로 주시기까지 하였다.

이 구절이 함축하고 있는 신학적 의미는 엄청나다. 우리가 죄의 속박으로부터 자유로워지기 위해 그 대가로 예수 그리스도께서 십자가에서 죽으셔야 했다. 예수께서는 우리를 해방하시기 위해 자신의 목숨을 기쁘게 대속물로, 곧 속전으로 지불하셨다. 예수께서 우리 대신 죄인이 되어 정죄를 받고 죽으셨던 것이다. 하나님의 무한한 사랑을 이보다 더 웅변적으로 증명해 줄 수 있는 것은 없을 것이다.

마가복음 제11장

승리의 입성

11:9. "호산나 찬송하리로다 주의 이름으로 오시는 이여."

I. 역사적 배경

장소는 예루살렘에서 기드론 계곡을 건너가면 나오는 감람산이었다. 갈릴리 출신의 순례자 무리들이 여리고 길을 지나 산 동쪽 기슭에 있는 베다니 마을에 가까이 이르게 되자 예수께서 두 제자를 먼저 벳바게로 보내셨다. 제자들에게 예수께서 타고 예루살렘에 들어갈 망아지를 한 마리 데려오라고 이르셨다. 이 날은 유월절 주간이 시작되는 첫 종려주일이었다.

II. 용어 해설

벳바게의 위치는 확실히 알 수 없다. 탈무드에 나오는 얘기를 보면 벳바게는 예루살렘을 마주보고 있는 감람산 서쪽 기슭에 있었던 것같다. 벳바게란 "무화과의 집"이란 뜻이고 베다니는 "대추야자의 집"이란 뜻이다. 헬라어 원문에서 3절 후반부는 이렇게 읽을 수 있다. "주께서 필요로 하신다. 주께서 곧 돌려주실 것이다." "호산나"(9절)의 문자적인 의미는 "이제 구원하소서" 혹은 "기도하옵나니 구원하소서"이다.

그러나 여기서는 "하나님이시여 그리스도를 구원하소서"라는 말과 같이 단순한 찬양의 외침만이 아닌 것같다. 누가는 헬라 독자들을 위해 그 뜻을 "영광"이라고 해석해 주고 있다. 여기서 "성전"(11절)이란 성전 구역을 가리킨다. 예수께서 성전의 상황을 빨리 둘러 보신 것은 다음날 성전을 청결하게 하시는 일을 하기 위한 준비였다.

III. 교리적 의의

여기서 주목할 사실은 사람들이 예수님을 가리켜 메시야라고 환호하였을 때 예수께서 거기에 대해 이의를 제기하지 않으셨다는 것이다. 예수께서 그리스도가 아니셨다면 선한 사람도 아니고 사기꾼인 셈이다.

IV. 실천적 목표

우리 생활에 그리스도를 만왕의 왕이요 만주의 주로 모시도록 권고하는 것이다.

V. 설교 개요

제목: "승리의 입성."

도입부

이번으로써 예수님은 예루살렘을 마지막으로 방문하신 것이다. 예수께서 즐기 때마다, 유월절이나 오순절, 장막절 때에 예루살렘에 올라가셨지만 자비의 행동 때문에 비난을 받고 유대인 지도자들에게 생명의 위협을 받곤 하셨다. 이제 예수께서 그들에게 마지막 기회를 주려고 하셨다.

A. 준비.

"예수께서 제자 중 둘을 보내시매." 예수께서는 어떤 일이든지 아무렇게나 혹은 치밀한 준비 없이 하시는 법이 없었다. 주일 아침이었다. 예수님의 지상 사역 막바지에 이르러 예루살렘으로 다가가고 있었다. 하나님의 택한 백성인 유대 민족에게 최종적으로 거절을 당하기 전에 예수께서는 공개적으로 자신을 메시야로 알리셔야 했다. 유대인들에게 그리스도를 메시야로 받아들일 충분한 기회를 주셔야 했던 것이다.

그래서 예수께서 제자를 보내어 나귀를 한 마리 가져오게 하셨다. 스가랴 선지자가 과거에 이렇게 예언했다(9:9). "보라, 네 왕이 네게 임하나니 그는 공의로우며 구원을 베풀며 겸손하여서 나귀를 타나니 나귀의 작은 것 곧 나귀 새끼니라." 예수께서는 의도적으로 이 예언대로 행하여 친히 예언을 성취하셨다. 그런데 유대 지도자들은 메시아에 관한 이 구절을 아주 잘 알고 있었으면서도 예수님을 받아들이지 않았다. 이들은 마음 속으로 이미 예수님을 거부하고 있었고 마음을 바꾸기를 완고하게 거절하였다.

B. 행렬.

"앞서 가고 뒤에 따르는 자들이." 유대 지도자들은 주님을 만나 최종적으로 철저하게 거부하였지만 예수님을 사랑하게 된 갈릴리에서 온 순례자들은 예수님을 환호로써 맞이하였다. 이들에게는 이 행렬이 진정한 승리의 입성이었다. 이들 가운데 많은 사람들이 크게 감격하여 겉옷을 땅에 펴서 예수께서 타고 지나가실 "붉은 카펫"을 만들었다. 좀더 신중한 사람들은 나무 잎사귀를 길에 깔았다. 모든 사람이 그 순간의 분위기에 크게 감격하였다. 이때야말로 그들이 그토록 오랫동안 기다려 왔던 순간이었다. 메시야가 오신 것이다! 새 시대가 밝아온 것이다! 또 사실 그랬다. 그렇지만 이들이 기대하던 방식으로 오지는 않았다.

C. 찬양.

"호산나 찬송하리로다 주의 이름으로 오시는 이여 … 가장 높은 곳에서 호산나." 이 찬양은 단순히 새로운 어떤 선지자를 맞이하는 정도의 말이 아니었다. 10절의 말을 보면 환호하는 이 무리들은 당장에라도 메시야의 왕국이 세워질 것으로 기대했다는 것을 알 수 있다. 로마의 통치가 끝나리라고 생각한 것이다. 황금의 시대가 왔고 시대가 성취되었다고 생각한 것이다. 그러나 그 날은 죄가 승리하였다. 종교 지도자들의 반응을 보면(참조. 마 21:15; 눅 19:41-44) 유대 민족과 이 세상이 필요로 하는 것은 무력 정복자가 아니라 죄에서 구원할 구주시라는 사실이 명백히 입증되었다. 승리의 입성에는 비통한 면이 있었다. 그래서 예수께서는 입성하실 때 영혼으로는 흐느껴 우셨다. 유대인들이 메시야를 거부한 대가로 치러야 할 비극적인 경험은 예수님만 알고 계셨다. 지금도 구주를 거절하는 것은 엄청난 손실이다. 사람이 이보다 더 큰 손실을 겪을 수는 없다. 그러면 우리는 오늘날 예수님께 대해 어떤 태도를 취하고 있는가?

마가복음 제11장

믿음의 능력

11:22. "하나님을 믿으라."

I. 역사적 배경

승리의 입성은 주일에 있었다. 다음날 아침 예수께서 베다니에서 예루살렘으로 가시는 도중에 잎이 무성한 무화과 나무를 보셨다. 가던 걸음을 멈추고 열매가 있는가 보셨지만 전혀 없었다. 그러자 그 무화과 나무가 두 번 다시 열매를 맺지 못할 것이라고 선언하셨다. 예수께서 무화과 나무를 저주하신 것은 열매가 없었기 때문이 아니라 잎이 무성하여 열매가 있는 것처럼 보이면서 정작 열매는 없었기 때문이었다. 무화과 나무가 시들어버린 것은 종교가 있다고 외치면서 정작 의의 열매는 없는 유대 민족에게 닥칠 일을 심각하게 경고하는 말씀이었다.

바로 그 날 월요일에 예수께서 성전을 청결케 하셨다. 성전 중 이방인의 뜰 한쪽 구석이 환전소만이 아니라 가축 시장으로 변해버린 것이다. 예수께서 더 이상 그렇게 사용하지 못하도록 하셨고 거룩한 곳을 짐을 싣고 성읍을 지나가는 사람들의 길로 사용하는 것을 금하셨다. 제사장들이 하나님의 집을 강도들의 굴로 만들었다고 책망하셨다.

화요일 아침 예수님의 일행이 다시 예루살렘으로 돌아오는 길에 베드로가 무화과 나무가 벌써 시들어버린 것을 보고 예수께 보라고 말씀드렸다. 그 사실을 두고서 예수께서 제자들에게 믿음에 관한 교훈을 가르치셨다.

II. 용어 해설

"무화과 때"(13절)는 보통 6월이었다. 그런데 이때는 4월 초순경이었다. 여기서 "성전"(15절)이란 성소가 있는 건물을 가리키는 게 아니고 성전 구역을 말하는 것으로서 특별히 밖에 있는 이방인들의 뜰을 가리킨다. "돈 바꾸는 자들"은 매년 내는 성전세 곧 35센트 정도에 해당하는 페니키아 은화 반세겔을 받기 위해 그곳에 있었다. 일반적으로 사용되는 돈은 로마 화폐였다. "교훈"(18절)이란 그냥 "가르침"을 뜻한다. 19절 말씀이 미완료 시제로 쓰인 것은 아마도 습관적인 행동을 가리키기 위해서인 것같다. "매양 저물매 저희가 성밖으로 나가더라."

III. 교리적 의의.

무화과 나무를 금방 시들게 하는 데서 예수님의 신적 권능이 다시 한 번 나타났다. 그러나 예수께서는 하나님을 온전히 믿는 사람은 누구든지 기적을 행할 수 있다고 말씀하셨다.

IV. 실천적 목표

믿음의 위대한 가능성과 믿음이 반드시 필요하다는 것을 설명하며 우리의 기도가 응답을 받으려면 다른 사람을 용서하는 마음을 가져야 함을 가르치는 것이다.

V. 설교 개요

제목: **"믿음의 능력."**

도입부

예수께서 무화과 나무를 저주하시자 나무가 시들어버렸다. 이것은 유대 민족이 위선 때문에 멸망할 것을 가리키는 비유였다.

무화과 나무를 저주하고 그 나무가 시드는 사건 사이에 성전을 청결케 하는 일이 있었다. 예수께서는 "더러운 가축 시장의 후덥지근한 냄새와 그보다 더러운 돈 바꾸는 곳의 옥신각신하는 모습"을 보고 몹시 노하셨다. 그 사람들의 부정직과 탐욕을 보고 예수께서 저들이 성전을 강도의 굴혈로 만들었다고 하셨다. 백성들은 제사장들이 인정한 짐승만을 제물로 사야 했다. 자기가 가져간 짐승이 퇴짜 맞는 것보다는 성전에서 그 가축과 양을 사는 것이 더 안전했던 것이다. 또 성전세를 페니키아 돈으로 치러야 했는데, 제사장의 대리인들이 그 돈을 로마돈으로 바꾸면서 15퍼센트 정도 비용을 거두어들였다. 이러니 예수께서 그곳을 강도의 굴혈이라 부르신 것이 당연한 일이었다.

저녁마다 예수께서 성밖으로 나가셨다. 성밖은 은밀히 암살당하는 것을 예방하는데 좀더 안전했기 때문이다. 대왕의 도성에 왕이 갔는데, 오히려 왕에게 안전한 곳이 못된 것이다.

A. 믿음의 명령.

"하나님을 믿으라." 하나님은 우리 믿음의 원천이시자 대상이시다. 헬라어 본문의 말을 그대로 옮기자면 "하나님의 믿음을 가져라"이다. 즉 소유격으로 쓰였는데, 뜻인즉은 하나님께서 주시는 믿음을 가져라는 것이다. 에베소서 2:8에도 믿음은 하나님의 선물이라는 말씀이 나온다. 그렇지만 여기서는 목적격으로 쓰인 것으로 보는 것이 더 타당한 것 같다. 즉 "하나님을 믿으라."

하나님이 아닌 다른 어떤 존재를 믿으면 필연 실망할 수밖에 없다. 하나님 이외의 어떤 것이든 우리를 실망시킬 것이다. 그러나 하나님은 결코 우리를 실망시키지 않으신다!

B. 믿음의 성격.

"마음에 의심치 아니하면." 믿음은 하나님께서 약속하신 것을 행하리라고 굳게 믿는 것이다. 궁극적으로 믿음은 한 인격체, 곧 전지 전능하시고 사랑이 무한하신 하늘의 아버지에 대한 신뢰이다.

예수께서 말씀하시기를, 사람이 산을 명하여 바다에 던지우라 하고 마음에 의심하지 않으면 그대로 될 것이라고 하셨다. 물론 이때 예수께서 어떤 사람들이 말하듯이 감람산을 염두에 두고 말씀하고 계셨던 것은 아니다. 하나님께서 쓸데없는 어리석은 일이나 한가롭게 하시는 분이 아니시다.

"산을 제거한다"는 것은 어려운 일을 해결하는 것을 뜻하는 유대적 비유이다. 제자들은 주님께서 어떤 뜻으로 말씀하시는지 알아들었을 것이다. 요즘도 그리스도인들은 불가능해 보이는 장애물들이 믿음으로 드리는 기도에 대한 응답으로 제거되는 것을 경험하고 있다.

그렇지만 믿되 항상 믿어야 한다. "믿으라"(24절)는 말씀은 말 그대로 하자면 "계속해서 믿고 있으라"는 것이다. 이것은 기도의 응답을 받는데 있어 반드시 갖추어야 할 요건 중의 하나이다. 우리는 우리의 기도가 이루어지기도 전에 낙심하거나 믿기를 그치는 경우가 너무도 많다.

C. 믿음의 조건.

"용서하라." 용서하지 않고서 믿는다는 것은 불가능한 일이다. 사람들이 믿지 못하는 것은 그들의 잘못된 태도 때문이다. 대상이 누가 되었든지 그를 용서하는 마음이 없다면 그것은 우리의 기도가 응답되는데 실제적인 방해물이 되고 우리의 믿음이 훼손되게 된다. 용서하지 못하는 분위기에서는 믿음이 발휘되지 못하는 법이다.

응답받는 기도를 드릴 수 있는 첫번째 요건은 영혼의 진실성이다. 우리가 하나님께서 우리의 기도를 들으시고 응답해 주시기를 바란다면 하나님 앞에 정직한 마음을 가져야 한다.

마가복음 제12장

세금을 내야 하는가?

12:17. "가이사의 것은 가이사에게 하나님의 것은 하나님께 바치라."

I. 역사적 배경

예수께서 무화과 나무가 시든 것을 보고서 믿음에 관해 가르치시고나서 다시 예루살렘에 들어가셨다. 예루살렘에서 공회원들을 만나셨는데, 이들이 예수께 무슨 권세로 성전을 청결케 하는 일을 했는지 이야기해 줄 것을 요구했다. 그러자 예수께서는 그에 대한 대답으로 한 가지 질문을 하셨다. 세례 요한의 권세가 하늘로서 받은 것인지 사람으로부터 받은 것인지를 물으셨다. 이 종교 지도자들의 윤리적으로 부끄러운 태도가 31, 32절에 명백히 나타난다. 이들은 도덕적 의가 아니라 편의주의에 따라 처신하였다. 그리스도께서 그렇게 하신 것은 참으로 잘 하신 일이었다. 예수님의 질문에 바른 대답을 하면 공회원들이 예수께 물은 질문에 대해서도 답을 얻게 될 것이었기 때문이다.

이 일 뒤에 예수께서 악한 농부들의 비유를 말씀하셨다. 이 종교 지도자들은 자기들이 그 비유에 나오는 농부들이라는 것을 알아듣고서 예수님을 죽이고자 하였다. 그러나 백성들이 무서워 때를 기다리기로 했다.

II. 용어 해설

헤롯 당원들에 대해서는 요세푸스가 언급하지 않는다. 그러나 이들의 명칭으로 보건대 이들은 헤롯 가문을 통한 로마의 통치를 지지하는 자들이었던 것으로 보인다. "책잡으려 한다"(13절)는 헬라어는 사냥이나 낚시로

"잡는다"는 것을 의미한다. "예수의 말씀을"이란 "한 마디만으로도" 혹은 "한 문장만으로도"라는 말이다. 여기서 말하는 "세"(14절)란 인두세를 가리킨다.

III. 교리적 의의

예수께서는 영적 책임만이 아니라 사람의 시민으로서 의무, 사회적 의무도 가르치셨다. 세금을 내는 것에 대해서는 로마서 13:7과 베드로전서 2:13을 비교해 보라.

IV. 실천적 목표

사람은 정부와 하나님께 대해 법적 의무를 다 이행해야 한다는 것을 가르치는 것이다.

V. 설교 개요

제목: "세금을 내야 하는가?"

도입부

바리새인들과 헤롯 당원들은 불구대천의 원수지간이었다. 바리새인들은 민족주의자로 외국의 지배를 반대하였다. 헤롯당원들은 외국의 지배를 지지한 정치가들이었다. 그런데 이 두 집단이 한데 연합하여 그리스도를 대적하였다. 사람들은 오늘날도 그렇게 행동한다.

A. 질문.

"가이사에게 세를 바치는 것이 가하니이까 불가하니이까?"

과정은 "부드럽게" 시작하고 있는 것에 유의할 필요가 있다. 이들은 예수께서 사람들이 자신의 가르침에 어떻게 생각하는지 전혀 개의치 않는 것을 알고 있다고 말하면서 예수께 아첨하려고 하였다. 예수께서는 언제든지 어떤 결과가 올지 전혀 두려워하지 않고 진리를 말씀하셨다는 것이다. 이들은 이렇게 해서 예수께서 방심하여 곤경을 초래하게 될 말씀을 부지

불식간에 하기를 바랐다. 그리고나서 불쑥 질문을 던졌다. "가이사에게 세를 바치는 것이 가하니이까 불가하니이까?"

이들은 예수님을 꼼짝못할 곤경에 빠지게 했으므로 예수께서 피할 수 없을 것이라고 생각했다. 만일 예수께서 "바치라"고 말한다면 바리새인들이 택성들에게 예수는 애국심이 없는 민족의 반역자라고 말할 것이다. 그러나 만일 "바치지 말라"고 말한다면 헤롯 당원들이 즉각 관원들에게 예수가 백성들에게 로마의 통치를 인정하는 표시인 인두세를 바치지 말라고 가르치는 위험한 혁명분자라고 고발할 것이다. 이제야말로 이 건방진 선지자는 꼼짝없이 걸려들 것이라고 생각했다.

B. 요청.

"데나리온 하나를 가져다가 내게 보이라."

유대인 지도자들은 예수님의 이러한 비범한 통찰력을 미처 생각하지 못했다 예수께서는 이들의 위선을 곧바로 꿰뚫어 보셨다. 그래서 그들의 질문에 바로 대답하지 않으시고 데나리온 하나를 가져와 보라고 하셨다. 가져온 데나리온을 보시면서 거기에 있는 그림이 누구의 것이냐고 물으셨다. 그것은 당시 로마의 통치자인 티베리우스 가이사의 흉상이었다. 뒷면에는 황제의 비명이 새겨져 있었다.

C. 명령.

"가이사의 것은 가이사에게 하나님의 것은 하나님께 바치라."

예수님의 논리는 날카롭고 피할 수 없는 것이었다. "글쎄, 이 돈에 가이사의 화상과 글이 있다면 이것은 가이사의 것처럼 보이니 가이사에게 돌려주는 것이 좋겠다." 예수님의 이 말씀에는 이런 뜻이 포함되어 있을 수도 있다. "너희가 가이사를 그렇게 미워한다면 어째서 너희들은 주머니에 가이사의 화상을 가지고 다니느냐?"

예수께서는 세금을 내는 문제에 대해 아주 명확하게 입장을 밝히셨다. 예수께서는 세금은 우리가 정부로부터 여러 가지 봉사를 제공받고 있으므로 당연히 정부에 내야 하는 빚이라고 가르치셨다. "바치라"는 동사는 문자적으로 하자면 "돌려주라"는 말이다. 세금이나 십일조는 기부하는 게 아니라 지불하는 것이다. 그것은 우리가 책임을 다해야 하는 의무인 것이다.

예수께서는 그들의 질문에 대해서만 답하시고 말지 않았다. 종종 예수께서는 요구받은 이상의 것을 하시곤 하셨다. 여기서도 이 말씀을 덧붙이셨다. "하나님의 것은 하나님께 바치라."

그러면 어떤 것이 하나님의 것인가? 첫째는 영혼이다. 이 말씀은 사실 모든 것을 포함한다. 우리에게 있는 모든 것이 하나님에게서 왔으므로 하나님께서 마음대로 사용하시도록 드려야 한다. 실로 모든 것이 다 하나님의 것이다. 우리는 하나님의 재물을 지키는 청지기일 뿐이다. 우리 그리스도인은 하나님의 청지기로서 우리의 시간과 재능, 힘과 능력 모든 것을 하나님께 완전히 바쳐야 한다.

마가복음 제12장

제일 큰 계명인 사랑

12:30. "네 마음을 다하고 목숨을 다하고 뜻을 다하고 힘을 다하여 주 너의
하나님을 사랑하라 하신 것이요."
12:31. "네 이웃을 네 몸과 같이 사랑하라 하신 것이라."

I. 역사적 배경

바리새인과 헤롯 당원들이 예수께 세금 내는 문제를 물어본 후에 사두
개인들이 시험하러 왔다. 사두개인들은 부활을 믿지 않기 때문에 남편을
일곱이나 둔 가상의 여인을 문제로 제시했다. 부활 때에는 누가 그 여자의
남편이 될 것이냐는 것이었다. 사두개인들은 바리새인들과 예수님이 주장
하는 부활의 교리가 참으로 불합리하다는 것을 보여주고 싶었다. 그런데
그리스도께서는 이들이 성경과 하나님의 능력을 알지 못해서 잘못을 범했
다고 책망하고서 사두개인들이 유일하게 성경으로 받아들이고 있는 모세
오경에도 부활이 암시되어 있음을 증거하셨다.

II. 용어 해설

"서기관"(28절)은 바리새인들이 대부분 그 구성원으로 부활을 믿는 사
람들이었다. 이 서기관들 가운데 한 사람이 예수께서 사두개인들에게 아주
적절하게 답변하시는 것을 보고 기뻐서 교훈의 요지를 물었다. 그 질문을
말 그대로 옮기자면 이런 것이다. "모든 것의 으뜸이 되는 계명은 어떤 것
입니까?" 말하자면 그 서기관은 종교에서 가장 중요한 것이 무엇인지 알
고 싶었던 것이다. 랍비라고 하는 이들은 248개의 명령과 365개의 금령을

"중한 것"과 "경한 것"으로 나누어 가르쳤던 것이다. 서기관은 이 계명들 중 어떤 계명이 가장 중한지 알고 싶었다.

답변으로 예수께서는 경건한 바리새인이라면 하루에 두 번씩 암송하는 쉐마(신 6:4,5)를 이야기하셨다. 바리새인들은 이 구절을 단일 성구로서는 성경에서 가장 중요한 구절이라고 보았다. 그 서기관은 예수님의 답변이 옳다고 인정하였다(32, 33절).

III. 교리적 의의

여기서는 세 가지 교리가 나온다. 첫째는 하나님의 단일성이다. 둘째는 하나님의 형상을 닮은 사람의 의무로는 하나님을 사랑하는 것이 으뜸이라는 사실이다. 셋째는 이웃에 대한 사랑으로, 이는 마음으로 하나님을 사랑하는 결과이고 그 사랑에 대한 증거이다.

IV. 실천적 목표

사랑이 첫째 가는 계명임을 가르치는 것이다. 하나님에 대한 사랑의 증거로서 이웃에 대한 사랑도 중요함을 설명하는 것이다. 매일의 생활에서 이웃에 대한 사랑을 나타내 보여야 한다.

V. 설교 개요

제목: **"제일 큰 계명인 사랑."**

도입부

종교에서 가장 중요한 것이 무엇인가? 한 서기관이 어느날 그 질문을 가지고 예수께 왔다. 주님의 답변은 이 한 마디로 요약할 수 있을 것이다. 즉 사랑이다. 바로 사랑이 종교의 핵심이다.

A. 하나님 계명의 기초.

"주 곧 우리 하나님은 유일한 주시라." 사람을 다스리시는 하나님의 권세의 기초가 여기서 간명하게 진술되고 있다. 신이 많이 있다면 어째서 여호와 하나님께만 복종해야 하는가? 그 답은 하나님은 오직 한 분 이스라엘의 하나님 여호와밖에 계시지 않다는 것이다. 그 말씀을 말 그대로 옮기자면 이것이다. "주(여호와) 우리 하나님, 주는 한 분이시다." 이 말씀은 명백히 하나님의 단일성을 주장하는 것이다. 이 주장은 하나님의 단일성뿐만 아니라 유일성도 은연중에 확언하고 있는 것이다. 이스라엘이 다신론으로 고통받고 있는 세상에 공헌한 점은 일신론을 강조한 것이다. 이 말뜻은 여호와께서 이스라엘의 한 분이실 뿐만 아니라 그만이 세상의 유일한 신이시라는 것이다. 기독교는 참되신 한 분 하나님의 유일무이성에 대해 이같이 증거한다.

여호와는 창조주이시고 만물의 주이시므로 우리에게 마땅히 사랑과 복종을 명령하실 수 있으시다. 이것이 하나님의 모든 율법의 기초이다.

B. 첫째 계명.

"네 마음을 다하고 목숨을 다하고 뜻을 다하고 힘을 다하여 주 너의 하나님을 사랑하라 하신 것이요." 구약 성경의 히브리어 원문에서는 '마음과 영혼과 힘'이라고 말하고, 70인역에서는 '지성과 영혼과 힘'이라고 말한다. 예수께서는 이것들을 합해서 네 가지로 나누어 말씀하셨다.

"마음"과 "영혼"은 나눌 수 없을 것이다. 게다가 "마음"을 뜻하는 히브리어가 때로는 "총명"을 의미하기도 한다. 이 둘 사이의 구별이 여기서는 중요한 것이 아니다. 그보다는 그 의미를 아는 것이 중요하다. 즉 하나님을 전존재와 전능력으로 사랑해야 한다는 것이다. 감정과 지능, 의지, 이 모든 것을 하나님께 집중해야 한다는 말씀이다. 종교를 전인(全人)의 문제로 생각해야 하는 것이다. 하나님께서 바라시는 것은 우리 전존재의 온전한 반응이다.

C. 둘째 계명.

"네 이웃을 네 몸과 같이 사랑하라 하신 것이라." 하나님을 사랑하라는 계명과 이웃을 사랑하라는 계명을 하나로 합친 분은 예수님이 처음이었던 것이다(신 6:5; 레 19:18). 신비주의자들은 흔히 첫째 계명만 강조한다. 복음주의자들 가운데도 그와 똑같은 실수를 범하는 이들이 너무도 많다. 사회복음주의자들은 둘째 계명만 이야기하는 경향이 있다. 그러나 참된 종교는 두 계명 모두 지극히 중요하다는 것을 안다.

사람이 이웃에 대해서는 사랑을 보이지 않으면서 하나님을 사랑한다고 고백한다는 것은 쓸데없는 일이다(요일 4:20). 하나님을 정말로 사랑한다는 것을 보일 수 있는 증거는 다른 사람을 사랑함으로써 그 사랑을 보이는 방법밖에 없다. 또한 하나님의 사랑은 우리가 이웃 사람들을 사랑하는 가운데 우리를 통해 하나님의 사랑이 흘러나오도록 할 때에야 비로소 "온전해"지는 것이다(요일 4:12). 사랑을 드러내지 못한다면 사랑이 없는 것이다. 사랑은 진공상태로 있을 수 없다. 사랑은 추상적인 것이 아니다. 이웃에 대한 친절을 통해 구체적으로 나타나는 사랑만이 진정한 사랑이다. 이 진리를 잘못 알고 있는 그리스도인들이 너무도 많다.

마가복음 제13장

온 세상을 위한 온전한 복음

13:10. "또 복음이 먼저 만국에 전파되어야 할 것이니라."

Ⅰ. 역사적 배경

예수께서 바리새인들과 헤롯 당원, 사두개인들, 그리고 서기관 한 사람에게서 질문을 한 가지씩 받고 난 다음 친히 질문을 한 가지 하셨다. 메시야가 어떻게 다윗의 주가 되시면서 또한 다윗의 자손이 될 수 있느냐는 질문이었다. 사람들이 아무도 대답하지 못했다. 성육신이 그 대답이다. 즉 예스 그리스도는 신인이셨기 때문에 다윗의 주도 되시고 자손도 될 수 있었던 것이다.

디 다음에 과부의 두 렙돈 사건이 왔다. 예수께서, 헌금은 내놓은 양으로 재는 것이 아니라 남은 양으로 재는 것이라고 단언하셨다. 이 과부는 가지고 있는 전부를 냈기 때문에 가장 많이 낸 것이다.

예수께서 그 동안 가르쳐 왔던 장소인 성전을 떠나시자 제자들이 성전의 거대한 돌과 장엄한 모습을 한 번 보시라고 예수께 말씀드렸다. 그러자 예스께서는 이 모든 것이 무너지리라는 무서운 예언의 말씀을 하셨다. 잠시 후 예수께서 성전 맞은편에 있는 감람산에 앉아계실 때 어부 출신 제자 네 사람이 예수께 언제 그 모든 일이 일어날 것인지를 여쭈었다. 그리스드께서 이때 하신 긴 답변을 감람산에서 말씀하신 것이라 해서 감람산 강화라고 부른다.

Ⅱ. 용어 해설

마가는 제자들의 질문을 두 가지로 본다. "어느 때 이런 일이 있겠사옵 나이까?"라는 질문과 "이 모든 일이 이루려 할 때에 무슨 징조가 있사오리 이까?"라는 질문으로 본 것이다(4절). 마태는 세 가지로 본다. "어느 때에 이런 일이 있겠사오며? 또 주의 임하심과, 세상 끝에는 무슨 징조가 있사 오리이까?"(마 24:3).

감람산 강화를 주해하기는 쉽지 않다. 이 강화의 어떤 부분들은 40년 후 에 발생한(A.D.70) 예루살렘과 예루살렘 성전의 파멸을 언급하고 있는 것이 분명하다. 그리고 어떤 부분들은 재림과 종말에 관련된 미래의 사건 에 대한 예언으로 밖에 볼 수 없는 것이 분명하다. 그런데 문제는 이 강화 가운데 어떤 부분을 그렇게 구분할 수 있느냐는 것이다.

가장 좋은 해결책은 예언이 망원경식으로 이루어져 있다고 보는 데 있 다. 예언에는 선지자의 시대에 부분적으로 성취되는 좀더 가까운 시대에 대한 예언이 있다. 그런가하면 그리스도의 초림과 재림과 관련하여 그리스 도에게서 성취되는 먼 시대에 대한 예언이 있다. 이 점을 깨닫지 못하면 깊은 혼란에 빠지게 된다. 이렇게 이해하면 많은 논란의 대상이 되고 있는 이사야 7:14의 말씀이 얼마간 해결될 수 있을 것이다.

III. 교리적 의의

신약에서는 재림의 교리가 많은 부분을 차지한다. 따라서 오늘날 우리는 재림의 교리를 소홀히 해서는 안 된다. 종말론에 대해 온갖 사변적인 생각 이 쏟아져 나오긴 했지만 종말론은 성경 신학의 중요한 분야이다. 따라서 우리는 이 주제를 온건하고 지각있게 다루어야 한다.

IV. 실천적 목표

우리가 어떻게 하면 그리스도의 재림이 속히 이루어지게 할 수 있는지, 그리고 그 문제에서 우리의 책임은 무엇인지를 설명하는 것이다.

V. 설교 개요

저목: **"온 세상을 위한 온전한 복음."**

도입부

감람산 강화는 세 공관복음서에 모두 기록된 메시지 가운데 가장 긴 것이다. 따라서 그 중요성을 간과해서는 안 된다. 공관복음서들 모두에 나오는 것으로 가장 긴 강화가 재림에 대해 이루어진 것이라는 사실이 의미심장한 것이다.

이 주제에 대해 "위험을 무릅쓰고" 어리석은 사변에 빠져들어 날짜를 계산하거나 적그리스도가 누구인지 밝혀보려고 한 사람이 너무 많았다고 해서 성경의 중요한 이 주제를 소홀히 한다는 것은 핑계가 되지 않는다. 그렇게 하기보다 우리는 우리가 해야 할 일이 무엇인지 찾아 보아야 한다. 악의 세력이 득세하는 것을 막기 위해 우리가 조금이라도 도울 수 있는 일이 없는가 하고 생각해 보는 것이다. 본문이 그에 대해 답을 준다.

A. 복음.

의학이나 교육이 중요하긴 하지만 선교는 그 이상의 것이다. 선교는 근본적으로 복음을 전하는 것이다. 복음이란 무엇인가? 그것은 예수 그리스도께서 죄인을 구원하기 위해 세상에 오셨다는 기쁜 소식이다. 복음은 인간의 죄를 인식하는데서부터 시작하여 하나님의 구주를 선포하는 데로 나아간다. 온전한 복음만이 멸망한 죄인을 구원할 수 있다.

B. 복음을 전함.

복음을 전하지 않고는 아무에게도 은혜를 끼치지 못한다. 진리를 자기만 간직하고 있으면 죄인을 하나도 건지지 못한다. 복음을 전파할 때에만 비로소 구원에 이르는 하나님의 능력이 믿는 모든 사람에게 미치게 된다. 사람들이 듣지도 못한 이에게 어떻게 구원하여 달라고 부르짖을 수 있겠는가? 복음을 전하는 자가 없이 어떻게 복음을 들을 수 있겠는가? 다음은 지금도 여전히 중요한 질문들이다.

영혼이 영원히 멸망해 가는 것에 대해서는 누가 책임을 져야 하는가? 복음을 즐기면서 왜 남에게는 전하려고 하지 않는가? 우리는 이런 점에 잘못은 없는가?

C. 전파하러 감.

온 세상에 복음을 전한다는 것은 누군가가 가야 한다는 말이다. 사실 이 말씀은 그리스도인은 누구나 가야 한다는 것이고, 직접 가지 못한다면 적어도 헌금이나 기도를 통해서라도 가야 한다는 의미이다.

먼저는 복음이 만국에 전파되어야 한다고 말씀하셨다. 마태복음에서는 이 말씀이 덧붙여진다(24:14). "그제야 끝이 오리라." 어떤 끝이 온다는 말인가? 이 시대의 종말이 온다는 얘기이다. 끔찍한 악의 통치가 끝나는 것이다. 그리스도께서 권능과 영광 가운데 오실 때(26절) 비로소 죄가 끝나고 의의 통치가 시작될 것이다.

그리스도인들이라면 누구나 이 모든 것을 위해 열심히 기도한다. 그러나 그것을 위해 우리 그리스도인들이 뭐라도 조금 할 수 있는가? 우리가 잘 알고 있는 성경 구절에는 이런 말씀이 있다. "하나님의 날이 임하기를 바라보고 간절히 사모하라"(벧후 3:12). 그러나 이 말씀을 좀더 정확히 번역하자면 하나님의 날을 "사모하고 속히 임하도록 하라"가 된다. 즉 우리가 일함으로써 그리스도의 날이 임하는 것을 앞당기도록 해야 한다는 것이다.

이 말씀은 예수의 말씀을 보충해 준다. 언제 예수께서 다시 오실 것인가? 복음이 만국에 전파되었을 때이다. 복음이 만국에 다 전파되었는가? 거의 전파되어가고 있다. 개인 한 사람 한 사람이나 부족 하나하나가 다 하나님의 말씀을 들은 것은 아니다. 아직 복음이 전혀 전파되지 못한 "민족"도 있다.

우리가 할 일이란 온 세상에 복음 전하는 일을 마무리짓는 것이다. 현대의 통신과 운송 수단을 사용하면 그 일을 이룰 수 있다. 또 반드시 이루어야 한다. 우리 기도가 응답되도록 자발적으로 도우려고 하지 않으면서 그리스도께서 오시라고 기도해서는 안 된다.

마가복음 제13장

주님의 재림

13:33. "주의하라 깨어 있으라 그 때가 언제인지 알지 못함이니라."

I. 역사적 배경

이 장면은 앞의 본문과 같은 장면이다. 예수께서는 이 말씀을 아마도 A.D.30년 돌아가시기 하루 이틀 전에 하셨을 것이다. 40년 후인 A.D.70 년에 이 말씀이 예루살렘 멸망에서 부분적으로 성취되었다. 마지막 전쟁 때(A.D.66-70년) 예루살렘에 있던 그리스도인들은 예수님의 경고를 기억하고 성에서 도망나와 요단강 동쪽에 있는 펠라에 안전하게 피신했다. 그렇기 해서 예루살렘 마지막 달의 무서운 공포와 뒤이어 벌어진 죽음과 노예화를 피할 수 있었다. 그것은 유대인이 그때까지 겪어보지 못한 최악의 "환난"이었다(19절). 이들은 이때 도리에 맞지 않게 오지 않을 초자연적인 구원을 기대하고 있었기 때문이다. 정신적이고 영적인 고통 때문에 그날의 육치적인 고통이 가중되었다.

II. 용어 해설

감람산 강화는 세 부분으로 나눌 수 있는 것 같다. 첫째 부분(5-13절)은 전강화의 서론으로서 A.D.70년과 시대의 끝에 관한 것이다. 둘째(14-23 절)은 주로 전자의 사건을 다루고, 반면에 세번째 부분(24-37절)은 후자의 사건을 다루고 있다. 이렇게 구분해 보면 이 강화를 해석하는데 다소 지침을 얻게 될 것이다.

"재난"(8절)을 말 그대로 하자면 "진통"이다. 이 시대의 끝에 있을 재난은 메시야 시대가 시작되는 진통이 될 것이다. 좀더 제한된 면에서 보자면 1세기의 재난을 그와 같은 식으로 말할 수 있을 것이다.

24, 25절의 말씀을 문자적으로 보아야 하느냐 아니면 비유적으로 보아야 하느냐를 놓고 그 동안 많은 논란이 벌어졌다. 후자의 해석을 지지하는 입장은, 묵시 언어의 전반적인 특성을 상징적인 것으로 보는 것이다. 그러나 오늘날 같은 원자 우주 시대에서는 이 징조들이 그 동안 가능하리라고 생각했던 것보다 더 문자적으로 물질 세계에서 이루어질 수도 있다는 증거를 보고 있다.

30절의 말씀은 확실히 이해하기 어렵다. A.D.70년의 사건을 언급하는 것으로 본다면, 물론 문제가 없다. 그러나 이 강화 마지막 부분(24-37절)에서 그리스도의 재림에 대한 언급이 있다고 말했다. 그래서 학자들 가운데는 "세대"라는 말을 "민족"으로 번역하려고 하는 사람들도 있었다. 또 어떤 사람들은 재난의 시작을 본 세대가 재난의 끝도 보리라고 생각하였다. 즉 이 시대 마지막에 있을 것으로 예언된 사건들이 이 시대 동안에 일어나리라는 것이다. 이 문제의 최종적인 해결책은 아직까지 나오지 않았다.

III. 교리적 의의

여기서도 재림의 교훈이 나온다. 32절은 또한 그리스도의 낮아지심의 교리를 말하고 있다. 하나님의 아들이 성육신하심으로써 스스로 어떤 지식이나 능력상의 제한을 지셨는가? 이것은 중요한 질문이기는 하나 쉽게 대답할 수 없는 것이다.

IV. 실천적 목표

앞의 본문에서 교회의 책임은 온 세상에 복음을 전함으로 그리스도의 재림을 앞당기는 것이라고 이야기했다. 여기서는 신자 개인들이 깨어 기도함으로 준비해야 할 것을 보게 된다.

V. 설교 개요

제목: **"주님의 재림."**

도입부

재림은 대다수의 교회가 기피해온 주제이다. 그것은 종종 재림에 관한 어리석고 광신적인 극단적 해석 때문이다. 신약 성경에서 곧 복음서, 서신서, 계시록 같은 데서 재림에 관한 말씀이 많이 나오는데, 우리가 못보고 지나가는 것이 너무도 많다. 하나님의 말씀을 주의깊게 읽는 사람이라면 그리스도인 개인으로서 우리가 주님의 재림을 준비하는 것만큼 중요한 일이 거의 없다는 것을 알 것이다.

A. 언제.

"그 날과 그 때는 아무도 모르나니." 지금까지 그리스도의 재림의 때에 관해서 만큼 글이 많이 발표된 주제는 거의 없다. 아무도 그 날과 그 때는 모른다고 예수께서 몇 번이고 거듭 경고하신 점에 비추어 볼 때 이것은 한층 더 놀라운 사실이다. 극단적으로 치우쳐 이렇게까지 단언한 사람들도 있었다. "물론이다. 그러나 예수께서 우리가 그 해도 알 수 없을 것이라고 말씀하시지는 않았다." 그와 같은 해석을 따르면 헤어나올 수 없는 어리석은 혼란의 수렁에 빠질 뿐이다.

여수께서는 자신조차도 알지 못한다고 하셨다. 오직 아버지 하나님만 그 시간표를 알고 계신다. 그렇다면 사람이 그 날짜를 정하여 그리스도보다 더 지식이 있다고 주장한다는 것이 얼마나 어리석은 일이겠는가! 그런데도 이 병은 초대 교회 때부터 내내 교회를 괴롭혀 왔다.

B. 주의.

"주의하라 깨어 있으라." 문제는 "언제 오시는가"가 아니라 "깨어 있으라"는 것이다! 예수께서 재림에 관해 가르치실 때 강조하시는 점이 바로 그것이다. 바울과 베드로와 요한도 그 점을 강조한다. 따라서 우리도 그와 같이 해야 한다.

그리스도 재림의 날짜에 관해서는 생각을 많이 한 사람들이 재림에 대한 준비는 하지 못한 것은 슬픈 일이다. 논쟁을 좋아하고 독단적인 그들의 정신을 보면 그리스도의 성품을 닮은 것이 보이지 않고, 이런 이들은 하나님 나라에서 자리를 차지하지 못할 것이다.

우리가 개인적으로 가장 관심을 기울여야 할 것은 우리 마음을 하나님 나라에 맞게 항상 조율하고 있어야 한다는 것이다. 그것은 더디 오시는 주님과 교제를 나눌 때만, 곧 주께서 우리와 함께 계신다는 것을 의식하면서 "기도하고 있을" 때에만 할 수 있는 일이다. 그리스도와 끊임없이 교제를 나누고 있다면 우리가 그리스도의 재림을 맞이할 준비를 하고 있다는 확신을 가질 수 있다.

33절의 "주의하라"는 말씀은 "자고 있지 마라"는 뜻이다. 즉 "깨어 있으라"는 것이다. 35, 37절에서는 "주의하라"는 뜻의 다른 동사가 사용되었지만 본질적으로는 같은 사실을 강조하는 말이다. 즉 "주의하고 있으라"는 말이다. 이 세 가지 경고를 종합하면 이런 뜻이다. "깨어 있으라, 언제든지 방심하지 말고 있으라." 바로 이것이 이 대 강화를 끝내시면서 하시는 말씀이다.

C. 이유.

"그 때가 언제인지 알지 못함이니라." 야경꾼이 도둑이 언제 올지 안다면 그 때에 맞춰 준비할 것이다. 알지 못하기 때문에 항시 준비하고 있어야 하는 것이다.

우리도 그와 같다. 항시 주의하면서 방심하지 않고 있어야 한다. 그렇게 할 때에만 주께서 예기치 못한 시간에 오실지라도 맞이할 수 있을 것이다.

마가복음 제14장

겟세마네

14:36. "아바 아버지여 아버지께는 모든 것이 가능하오니 이 잔을 내게서 옮기시옵소서 그러나 나의 원대로 마옵시고 아버지의 원대로 하옵소서."

I. 역사적 배경

감람산 강화는 화요일 오후에 하신 것이 분명하다. 목요일 저녁에는 예수께서 제자들과 함께 마지막 유월절을 지내셨고(12-21절) 주의 성찬을 제정하셨다(22-25절). 이 일은 예루살렘에 있는 한 다락방에서 있었다(15절).

저녁을 먹은 후에 예수님과 제자들은 찬송을 불렀다(26절). 이때 부른 찬송은 시편 115부터 118편까지로 구성된 대할렐("찬양하라")의 마지막 부분이었을 것이다. 그리고 나서 일행은 감람산으로 떠났다. 가는 길에 예수께서 베드로가 예수님을 부인할 것이라고 예언하셨다(27-31절).

II. 용어 해설

겟세마네(32절)란 "기름짜는 곳"이란 뜻으로, 감람나무에서 기름을 짜내던 곳이었다. 이곳은 감람산 기슭에 있었다. 예수께서 감람나무 숲에 들어가셨던 것같다. 헬라어 원문에서 "곳"이란 울타리 쳐진 곳을 뜻한다.

"심히 놀라시며"(33절)란 헬라어에서 별로 쓰이지 않는 강한 뜻을 가진 합성어로 "겁먹고 놀라다"는 것을 말한다. "심히 고민하여"라는 말씀도 그와 같은 경우로 "고민스럽다" 혹은 "괴롭다"는 뜻이다. 34절과 더불어 이 말씀들에서 우리는 "이때"의 고통이 어떤 것인지 얼핏 짐작할 수가 있다.

"엎드리어"란 말 그대로 하자면 "엎드리어 있었다"(미완료 시제)는 뜻이다. 이 말씀에서 우리는 예수께서 매우 놀라고 당황하여 마침내는 엎드리어 얼굴을 땅에 댈 지경까지 이른 모습을 그려볼 수 있다. "아바"(36절)는 "아버지"에 대한 아람어이다. "한 시 동안"(37절)이란 예수께서 이때 처음 기도한 시간을 표시하는 말일 수도 있다. "육신"(38절)이란 몸을 의미할 것이다. "말씀"(words; 39절)이 헬라어에서는 단수로 쓰였다. 따라서 그 의미는 "같은 말씀으로 호소하다"는 말이다.

41절과 42절에 명백히 보이는 모순되는 표현은 다음 두 가지 중 어느 한 방식으로도 해명할 수 있을 것이다. 어떤 사람은 예수님의 말씀을 풍자적인 표현으로 받아들일 것이다. "그러면 자거라, 자는 것이 네 소원이면. 쉴 수 있을 때 쉬어라"는 뜻으로 보는 것이다. 하지만 이렇게 고통스러운 분위기에서는 그런 풍자를 할 수 있는 상황이 아니다. 가장 납득할 만한 해결책은 그 말씀을 다음의 질문으로 보는 것이다. "여전히 자고 싶고 쉬고 싶으냐?" 헬라어 원문도 이와 같이 번역할 수 있고 또 이렇게 보는 것이 그 상황에 아주 적합하다.

III. 교리적 의의

성자께서 성부께 복종하는 것이 본문의 중심 주제이다. 또한 본문에서는 그리스도 수난의 의미도 다루고 있다.

IV. 실천적 목표

그리스도께서 성부께 전적으로 복종하심으로써 우리에게 본을 보이셨음을 주목하는 것이다. 여기서 우리가 직면해야 할 문제는 이것이다. 우리는 그리스도의 고난을 함께 지고 있지 않은가?

V. 설교 개요

제목: "겟세마네."

도입부

그리스도에게는 그리스도의 겟세마네가 있었다. 그리스도를 따르고자 한다면 우리도 겟세마네 동산을 지나가야 한다. 즉 하나님의 뜻에 전적으로 순종해야 하는 곳을 거쳐가야 한다는 말이다.

A. 슬퍼하시는 그리스도.

"이 잔을 내게서 옮기시옵소서." 예수의 고통하시는 모습이 놀라울 정도로 생생하게 묘사되었다. 예수께서 여덟 제자는 동산 입구에 남겨 두고 베드로, 야고보, 요한을 데리고 감람산 안으로 들어가셨다. 십자가의 캄캄한 그림자가 마음 속을 덮어오자 예수께서 몹시 겁먹고 놀라시며 큰 고통에 사로잡히셨다. 깊은 고통 가운데 하나님께 부르짖으셨다. "내 마음이 심히 고민하여 죽게 되었으니." 다른 말로 하자면, "고통으로 내가 죽게 되었사오니, 내 생명이 소진하게 되었사오니." 제자들에게 옆에서 지켜 보면서 기도하라고 부탁하시고서 예수께서 동산 숲속으로 조금 더 들어가셨다. 거기서 "땅에 엎드리셨다." 다시 말해서 감당하기 어려운 세상 죄 때문에 땅에까지 짜부러지신 것이다.

예수께서 자기에게서 옮겨달라고 하신 "잔"은 무엇이었는가? 비웃는 자들은 예수님을 겁쟁이라고 하였다. 예수께서 십자가를 앞에 두고 겁먹고 죽음을 피하려고 한다고 비난하였다. 예수께서는 순교자로 죽게 되신 것이 아니다. 예수께서 두려워하신 것은 신체적인 고통이 아니었다. 죄를 알지도 못하시는 분이 우리를 대신해서 죄인이 되실 때 성부 하나님 면전에서 떨어져 나가야 하는 순간을 두려워하신 것이었다.

B. 복종하시는 그리스도.

"그러나 나의 원대로 마옵시고 아버지의 원대로 하옵소서." 이때는 예수께서 구속의 대가를 치르기 위해서 마음 먹고 십자가를 지신 때였다. 싸움은 다음 날 치러지는 것이 아니라 바로 이때 시작된 것이다. 다음 날은 성부 하나님의 뜻으로 이미 받아들이신 것을 수행한 것뿐이다.

"나의 원대로 마옵시고 아버지의 원대로 하옵소서"라는 이것은 그리스도인이라면 누구나 드릴 수 있는 최고의 기도이다. 이렇게 기도하는 데에는 철저한 자기 포기와 지속적인 자기 복종이 들어 있다. 하나님께서 우리 모두에게 바라시는 것은 하나님의 뜻에 전적으로 복종하는 것 외에 아무 것도 없다. 또 바로 그것이 그리스도인이 되려고 할 때 치러야 하는 대가이다.

C. 잠자고 있는 제자들.

"제자들의 자는 것을 보시고." 보초들이 근무지에서 깊이 잠들어 있는 모습을 보았을 때 고통과 실망감이 어떠했을까 한 번 생각해 보라. 그러나 장군은 이들을 군법회의에 회부하지 않으셨다. 예수께서 베드로에게 나무라듯이 말씀하셨다. "시몬아, 자느냐?" 베드로가 사도로 부르심을 받은 (3:16) 이후로 이 이름으로 예수께서 부르신 것은 이번이 처음이었다. 이때는 베드로가 아니었다. 즉 아직은 반석이 못 되었던 것이다. 그 다음에는 세 제자 모두에게 말씀하셨다. "시험에 들지 않게 깨어 있어 기도하라." 이 말씀도 여전히 우리에게 유익한 경고의 말씀이다.

예수께서는 세 번에 걸쳐 혼자서 고통 가운데 기도하셨다. 제자들이 기도로 도와줄 것을 기대하고 세 번씩 와서 보았지만 저들이 깊이 잠들어 있는 것만 보았을 뿐이었다. 그런 모습을 보았을 때 예수님의 고통이 얼마나 더 심해졌겠는가.

그러면 우리는 이 사도들보다 조금이라도 더 나은가? 우리는 오늘날 사람들의 죄 때문에 예수께서 슬퍼하시는 순간에 예수님을 실망시킨 적이 얼마나 많은가? "참으면 또한 함께 왕 노릇 할 것이요"(딤후 2:12).

마가복음 제14장

대 어부의 최악의 순간

14:72. "기억되어 생각하고 울었더라."

I. 역사적 배경

예수께서 겟세마네 동산에서 기도를 마치고나서 체포되시자 제자들이 모두 버리고 달아났다(43-52절). 사람들이 예수님을 체포하여 대제사장의 집으로 데려갔다. 그 곳에서 공회원들이 비공식적으로 모여 예수님에게 사형을 선고하였다(53-65절). 이 때 베드로가 주님을 부인한 사건이 일어났다.

II. 용어 해설

"대제사장들과 장로들과 서기관들"(53절)이 산헤드린 혹은 공회(55절)를 구성하였다. "찬송받을 자"(61절)란 예수께서 하나님을 말씀하실 때 쓰는 완곡어법이었는데, "권능자"(62절)라고도 하셨다. 62절의 말씀은 다니엘 7:13과 시편 110:1을 결합한 것이다.

이러는 중에 군사들은 예루살렘이 산지 높은 곳에 자리잡고 있어 봄날 밤공기가 추우므로 불을 피웠다. "앞뜰"(68절)이란 안뜰과 도로로 나있는 바깥 문 사이에 있는 "연결 통로"(현관)였다. 베드로는 불빛을 피하려고 했던 것이다. 그런데 그의 갈릴리 지방 말씨 때문에 정체가 탄로났다(70절).

"저주하며 맹세하되"(71절)라고 말했는데, 이는 베드로가 어부의 거친 말을 썼을 수 있으나 신성모독의 말을 했다는 뜻은 아니다. 저주하다는 동사는 신약 성경에서 이 곳 말고는 사도행전 23:12, 14, 21에만 나오는데, 거기에서는 "맹세하다"로 바르게 번역되었다. 맹세하다는 동사는 사람들이 법정에서 하듯이 맹세를 선서한다는 뜻이다. 따라서 베드로는 이 때 이렇게 말하고 있었던 것이다. "내가 지금 참말을 하고 있지 않다면 저주를 받겠다. 엄숙히 맹세하지만 나는 이 사람을 모른다." 물론 이것은 새빨간 거짓말이다.

III. 교리적 의의

확실히 여기서는 인간 심성의 타락상이 그대로 드러난다. 베드로는 예수님과 함께 3년을 지냈고 예수님을 사랑했다. 그런데도 베드로는 부끄럽게도 자기가 그 동안 예수님을 알고 지냈다는 사실을 부인했다.

IV. 실천적 목표

지나친 장담이나 자신을 잘못 신뢰하는 것의 위험이 어떤 것인지를 보여 주는 것이다. 강하다고 하는 사람들도 실상은 약한 존재이다. 비참하게 실패하는 사람들을 용서하시는 하나님의 은혜도 또한 보여주는 것이다.

V. 설교 개요

제목: **"대 어부의 최악의 순간."**

도입부

인생이라는 대 드라마에서는 사람은 누구나 베드로와 같은 역할을 한 적이 있다. 우리 각 사람은 어디에선가 때로 주님을 부인한 적이 있다.

하지만 여기서 중요한 문제는 이것이다. 끝을 맺는데서도 베드로가 한 것처럼 했느냐는 것이다. 우리는 비통한 눈물을 흘리며 회개했는가? 용서를 받고 다시 힘을 얻었는가? 하나님께 부름을 받고 사명을 받았는가? 성령의 능력을 받았는가? 과거에는 실패했지만 우리의 사역을 통해 사람들에게 복을 주는 열매를 맺었는가?

A. 베드로의 실수.

"불을 쬐다." 베드로는 중대한 실수를 세 가지 범하므로 실패의 나락으로 떨어지게 되었다.

1. 경고를 무시하였다.

예수께서 "내가 진실로 네게 이르노니 오늘 밤 … 네가 세 번 나를 부인하리라"고 말씀하셨다. 베드로는 자기가 주님보다 더 잘 안다고 생각했다. 베드로는 단호하게 대답했다. "내가 주와 함께 죽을지언정 주를 부인하지 않겠나이다"(31절). 그리고 그렇게 하려고 했다. 파송된 무리들이 예수님을 붙잡았을 때(43절) 베드로는 재빨리 검을 빼 그 중 한 사람을 쳤다. 아마도 베드로는 주님이 검을 버리라고 명하시지 않았다면 마지막까지 싸우려고 했을 것이다.

2. 멀찍이 좇았다(54절).

안전하게 좇으려고 했다. 그런데 말썽이 난 것이다. 가장자리에서 맴도는 생활이 사실은 위험한 것이다.

3. 잘못된 무리와 함께 앉았다.

대제사장의 비자 하나가 베드로를 의심했을 때 베드로는 군사들과 함께 "불을 쬐고" 있을 때였다. 잘못된 친구와 어울릴 때 사람은 주님을 부인하기 쉽다.

B. 베드로의 부인.

"나는 이 사람을 알지 못하노라." 베드로가 맨처음에 비자에게 질문을 받은 사실이 4복음서에 모두 기록되어 있다. 겟세마네 동산에서 베드로는 용감한 전사였다. 수많은 적들에 맞서 주님을 방어하려고 했다. 그런데 비자의 고소하는 말에 기가 죽은 것이다. 살다보면 큰 문제보다 작은 문제를 해결하기가 더 어려운 경우가 때로 있는 법이다.

여러 사람이 베드로가 "그 당"이라고 지적하는(69절) 일이 벌어졌다. 이 일은 4복음서에 각기 다르게 기록되어 있다.

마침내 곁에 서 있던 사람들이 베드로의 갈릴리 억양을 근거로 다같이 추궁하였다. 이렇게 되자 베드로는 사람들이 말하고 있는 그 사람을 알지 못한다는 사실을 거짓으로 말하고 있다면 자기가 저주 받아도 좋다고 맹세하였다.

C. 베드로의 회개.

"기억되어 생각하고 울었더라." 수탉이 울었다. 예수께서 돌이켜 예수님을 바라보았다(눅 22:61). 베드로는 무리에게서 도망쳐 나와 깊은 참회의 눈물을 터트렸다. 압박을 받는 바람에 자기가 하리라고는 상상도 못한 일을 저지르고 만 것이다. 주님을 부인하고 만 것이다. 그러나 즉시 신앙의 고통을 느꼈고 진정 회개하였다. 베드로는 예수께서 부활하신 날에 다시 주님과 교제를 나누게 되었고 후에는 그리스도의 양무리를 치라는 사명을 받았으며 오순절날 성령의 능력을 받았고 초대 교회의 우두머리 지도자가 되었다.

우리도 우리 주님을 부인하는 죄를 짓고 있는가? 베드로가 그랬던 것처럼 직접적으로 주님을 부인하는 사람도 있다. 그리스도를 변호하지 못함으로 소극적으로 주님을 부인하는 사람도 있다. 그리스도인이라고 고백하는 사람들 가운데 생활로써 자기 주님을 부인하는 사람은 더욱 많다. 세상적이고 이기적이며 그리스도를 닮지 않은 생활을 통해 주님을 부인하는 것이다. 그러나 회개하는 영혼은 여전히 용서받을 수 있는 것이다.

마가복음 제15장

바라바냐 예수냐

15:15. "빌라도가 무리에게 만족을 주고자 하여 바라바는 놓아 주고 예수는 채찍질하고 십자가에 못박히게 넘겨 주니라."

I. 역사적 배경

유대 공회는 지극히 공정하게 직무를 수행해야 했다. 공회의 법규에 따르면, 한 날에 무죄 석방의 평결을 내릴 수 있을 경우에는 유죄 평결은 다음 날로 연기해야 했고, 형사재판은 어떤 것도 밤에 집행해서는 안 되며, 사형을 선고한 재판장은 하루 종일 금식해야 했다. 예수님의 경우에는 이 모든 법규가 하나도 지켜지지 않았다, 즉 예수님의 재판을 불법적으로 진행한 것이다. 공회는 자신들의 유죄 선고를 공식화하기 위해 새벽에 잠깐 개정했다(1절).

그리고나서 예수님을 빌라도에게 데려갔다. 빌라도 앞에서 예수께서는 태연한 모습으로 침묵을 지켰고, 이것을 본 빌라도는 기이히 여겼다(5절). 누가와 요한의 좀더 상세한 보고에 따르면 빌라도는 예수님의 무죄를 확신하고 있었다. 빌라도는 유대 지도자들이 예수를 정죄한 진짜 이유를 눈치챘다고 기록되어 있다(10절). 그래서 명절의 관례대로 예수님을 석방시키려고 애썼다(6절). 그러나 뜻대로 되지 않았다.

II. 용어 해설

바라바는 아람어로서 "아들"을 뜻하는 바르와 "아버지"를 뜻하는 아바로 구성되었다. 따라서 그 이름의 의미는 "아버지의 아들"이다. "민란"(7

절)이란 로마 정부에 대항하는 폭동이었을 것이다. 폭동은 통치하는 관원들이 볼 때는 가장 심각한 범죄였다. 로마는 많은 일에 관대하였지만 그 권위를 위협하는 움직임이 있을 때는 결코 용납하지 않았다.

대제사장들이 예수님의 죽음을 요구하는데 앞장 섰다(11절)는 점이 주목할 만한 사실이다. 일찍이 갈릴리에서 그리스도를 반대하였던 사람들은 바리새인들이었다. 그러나 예수께서 성전을 청결케 함으로 제사장으로 있는 사두개인들의 권위와 수입을 건드리신 것이다. 이제는 이들이 예수님을 제거하기로 마음 먹었다.

III. 교리적 의의

여기서 죄의 본질이 뚜렷하게 나타난다. 죄는 속의 부패한 것을 외적 의로 얇게 겉치장한 것이다. 인간 심성의 부패함은 백성들이 죄없는 사람을 처형하라고 외치는 일에 합세하였다는 점에서도 드러난다.

IV. 실천적 목표

사람은 누구나 그리스도를 위하든지 아니면 반대하든지 어느 한 쪽을 선택해야 한다는 것을 이해시키는 것이다.

V. 설교 개요

제목: **"바라바냐 예수냐?"**

도입부

사람은 누구나 자기 인생을 위해, 즉 예수 그리스도를 위하든지 반대하든지 최선의 선택을 해야 한다. 이 이외의 수천 가지 일에서 우리는 중립적 입장을 취하거나 무관심할 수 있다. 그러나 그리스도께서는 모든 사람을 인생의 교차로에 세우고 결단을 내리도록 촉구하신다. 우리는 주님을 따라 영원한 복에 이르는 길을 가든지, 예수께 등을 돌리고 이 세상의 빛에서 멀어지고 우리 자신의 불순종으로 더욱 어두워진 암흑 속으로 들어가든가 하게 된다.

A. 아버지 하나님의 가짜 아들.

"바라바는 놓아 주고." 묘하게도 바라바는 이름의 뜻이 "아버지의 아들"이다 바라바는 로마 정부에 반기를 든 폭동의 지도자로서 이스라엘의 구주로 자처하였다. 백성들이 자기를 따르면 외국 지배에서 해방하여 주겠다는 것이다. 바라바는 사람들에게 정치적 자유를 약속하였다.

그것은 바로 사람들이 원하는 바였다. "빌라도가 무리에게 만족을 주고자 하여 바라바는 놓아 주었다." 사람들은 인류의 구주를 택하기보다 살인자를 자기들 가운데 풀어 주는 것을 택하였다.

B. 아버지 하나님의 참 아들.

"예수는 채찍질하고 십자가에 못박히게 넘겨 주니라." 천국에 이르는 길을 브여주러 오신 참 아버지 하나님의 참 아들이 여기 계셨다. 이 아들은 살인자이기는커녕 생명을 주시는 분이셨다. 이분은 어느 누구도 상처를 주거나 해치신 적이 없다. 오히려 곤경에 처한 사람은 누구나 고치고 도와주셨을 뿐이다. 얼마나 대조적인 모습인가! 그런데도 사람들은 참 아들의 죽음을 외쳐댔다.

C. 거짓 구원과 참 구원.

유대인들이 원했던 구원은 외국 지배로부터 해방이었다. 이들이 깨닫지 못했던 것은 죄의 지배가 훨씬 더 큰 재난이라는 사실이었다. 이들은 물질적 번영은 원했으나 자신들의 영적 곤경은 무시했다.

유대인들이 예수보다 바라바를 선택한 것을 보면서 사람들은 "이 사람들이 어찌 이렇게 어리석은 일을 할 수 있을까?"하고 말한다. 그런데도 지금도 여전히 수백만의 사람들이 그와 똑같은 선택을 하고 있다. 사람들은 구주이신 예수를 받아들이기보다는 죄인 살인자에게 매달리기를 더 원한다. 사람들은 영적 구원을 약속하는 복음은 거절하고 자신들에게 경제적 안정과 정치적 자유를 제공하는 정치적이거나 사회적인 구주를 따르려고 한다.

그런 경향이 바로 지금처럼 뚜렷하게 나타난 적은 없다. 국제적인 면에서 볼 때 그것은 공산주의 대 그리스도의 관계이다. 국가적인 상황에서는 물질주의 대 의(義)의 관계이다. 개인 마음의 경우에서는 죄냐 혹은 구주냐 하는 문제가 된다. 바라바냐 예수냐? 이것은 모든 사람이 최종적으로 선택해야 하는 문제이다.

마가복음 제15장

자신을 구원하느냐 남을 구원하느냐

15:31. "저가 남은 구원하였으되 자기는 구원할 수 없도다."

I. 역사적 배경

무자비한 로마 군사들은 곧바로 그리스도를 처형 장소로 데려가지 않고 먼저 모의 대관식을 거행했다. 전 부대를 불러모으고 예수께 자줏빛 옷을 입혔다. 예수님 머리에는 가시관을 씌웠다. 그리고나서 예수님 앞에 무릎 꿇고 가짜로 경배하며 인사하였다. "만세, 유대인의 왕이시여!" 이들은 거기에 만족하지 않고 갈대로 예수님의 머리를 치고 얼굴에 침을 뱉었다. 제자들이 예루살렘에서 기대했던 것과는 전혀 딴판인 대관식이었다!

마지막으로 예수님을 성밖으로 데리고 나가 아프리카인 시몬을 강제로 징발하여 십자가를 지고 가게 하였다. 예수께서 너무 허약해져 십자가를 지고 갈 수 없었던 것 같다. 해골의 곳이라는 골고다에서 예수님을 나무 십자가에 못박았다. 예수께서는 9시에 십자가에 못박혀 오후 3시에 죽기까지 6시간 동안 십자가에 달려 계셨다. 그 동안에 지나가는 자들이 예수님을 조롱하였다.

II. 용어 해설

"골고다"(22절)는 아람어로 해골이라는 말이다. 사람들이 익숙히 알고 있는 "갈보리"라는 말은 "해골"을 뜻하는 라틴어 갈바리움에서 왔다. 이곳은 예루살렘 북쪽에 있는 해골 모양의 언덕이었을지 모른다. 현재는 그 위치를 정확히 알 수 없다.

사람들이 "몰약을 탄 포도주를 주려고 했다"(23절). 그러나 예수께서는 예루살렘의 여인들이 십자가에 못박힌 범죄자들을 동정하여 주었던 이 약을 받지 않으셨다. 그 포도주는 고통을 줄이기 위해 만든 것인데, 예수께서는 고통을 그대로 당하고자 하셨다.

"제삼시"는 오전 9시였다. "제육시"(33절)는 정오였다. "제구시"(34절)는 오후 3시였다. 버리셨다는 그 외침(34절)은 아람어로 하신 말씀이다. "휘장"(38절)은 지성소 앞에 있는 휘장이었다.

III. 교리적 의의

이 사건에는 구속의 전 교리가 감춰어 있다. 예수께서 거룩하신 하나님과 죄인 사이에서 중보자로 일하시기 위해서 자신의 생명을 대가로 치르셨다.

IV. 실천적 목표

예수께서 다른 사람은 구원하면서 자신은 구원하시지 못한 이유를 설명하고, 그것을 우리 자신에게 적용해 보도록 하는 것이다.

V. 설교 개요

제목: **"자신을 구원하느냐 남을 구원하느냐."**

도입부

군사들이 예수님을 빌라도의 궁전에서 조롱한 것만으로도 충분히 악한 일이었다. 옆으로 지나가던 유대인들이 예수님을 욕하며 예수께서 사흘만에 성전을 다시 짓겠다고 하신 말씀을 가지고 조롱하면서 소리쳤다. "네가 너를 구원하여 십자가에서 내려오라."

그러면 추측컨대 사람들 사이에서는 거룩하다는 평판을 들었을, 성소에 들어가는 대제사장들에 대해서는 어떻게 말할 것인가? 틀림없이 그 사람들은 존경심은 없다고 할지라도 예수님을 존중하며 다루었을 것이라고 생각할 수 있다. 그러나 그렇지 않았다. 그들은 예수에 대해 서로 조롱하는 말투로 이야기하였다. "저가 남은 구원하였으되 자기는 구원할 수 없도다."

A. 자신들을 구원한 유대인들.

"너를 구원하라." 이 말은 그들의 인생 철학을 그대로 반영하는 것이다. 스스로 주의하라. 다른 아무도 주의해 주지 않으니까. 이들은 언제나 자신의 이기적인 이해타산만 생각하고 있었다. 복음서에는 거듭거듭 이에 대한 증거가 나온다. 그들 눈에는 자신이 제일 중요한 대상이었다.

B. 남을 구원하신 예수님.

"저가 남은 구원하였으되." 유대인 지도자들은 한 번도 진실을 말한 적이 없었다. 이들은 비아냥거릴려고 이 말을 했을 것이다. 그러나 이들의 말은 문자적으로 예수님 전 생애에 그대로 들어맞는 것이었다. 예수께서 공생애 기간에 병든 자를 고치고 절름발이를 걷게 하고 중풍병자에게 힘을 주고 소경이 보게 하고 귀머거리가 듣게 하며 배고픈 자를 먹이시며 지내셨다. 맞다. 심지어는 죽은 자도 일으키셨다. 언제나 남을 구원하는 일을 하셨다.

그리스도를 따르려면 우리도 예수께서 하셨던 것처럼 남을 구원하는 삶을 살아야 한다. 이것은 주님의 이름으로 냉수 한 잔을 주는 등 친절을 베푸는 사소한 행위로부터 시작해서 잃어버린 영혼들을 위해 도고하는 것에 이르기까지 늘 나타나는 사랑을 보이라고 요구하는 것이다. 다른 사람을 구원하는 일을 하고 있지 않다면 우리는 그리스도인이라고 하면서도 그리스도를 따르고 있지 않는 것이다.

C. 남을 구원하는 대가.

"자기는 구원할 수 없도다." 남을 구원하는 것은 값비싼 일이다. 남을 구원한다는 일이 예수께는 분투 노력하는 생활은 물론이려니와 치유하는 사역의 생활이며 또한 십자가에서 참혹하게 죽는 것도 의미하였다. 이 외에 다른 길은 없었다.

　유대인 지도자들이 "저가 남은 구원하였으되 자기는 구원할 수 없도다"고 말했을 때 자기도 모르게 진리를 이야기한 것이다. 정확한 진리는 예수께서 남을 구원하면서 자신을 구원하실 수는 없으셨다는 것이다. 오직 자기 목숨을 버려야만 남의 생명을 구할 수 있었다.

　주인에게 참되었던 것은 그 종들에게도 참될 것이다. 우리의 일차적인 관심이 우리 자신을 구원하는 것이라면 우리 주변 사람은 구원할 수 없다. 이기적인 봉사로는 아무도 구원하지 못할 것이다. 오직 희생적인 사역만이 남을 구원할 수 있다. 자신을 버리고 남을 사랑으로 섬김으로써만 우리는 더 큰 생명을 얻고 다른 사람을 그리스도께 인도할 수 있다.

마가복음 제16장

빈 무덤의 메시지

16:6. "너희가 십자가에 못박히신 나사렛 예수를 찾는구나 그가 살아나셨고
여기 계시지 아니하니라 보라 그를 두었던 곳이니라."

I. 역사적 배경

안식일이 시작되는 때인 해지기 전 금요일 저녁에 아리마대 사람 요셉이 빌라도에게 가서 대담하게 예수의 시신을 달라고 했다. 총독은 그리스도께서 벌써 죽었다는 사실에 깜짝 놀랐다. 흔히 범죄자들은 십자가에 달린 채 여러 날이 지나야 숨이 끊어졌기 때문이다.

요셉은 예수의 시신을 견고한 바위를 쪼아서 만든 새 무덤에 장사했다. 마리아라는 이름을 가진 두 여자가 예수를 뉘였던 곳을 주의깊게 살펴보았다. 안식일이 끝나는 때인 토요일 저녁에 그 두 여자는 시신에 바를 향료를 가져왔다. 하지만 시신에 향료를 바르기에는 날이 너무 어두워 주일 이른 아침까지 기다렸다.

II. 용어 해설

막달라 마리아는 갈릴리 해변에서 예수께서 일곱 귀신을 쫓아내 주신 막달라 출신의 여자로 잘 알려져 있다. 야고보의 어머니 마리아는 글로바혹은 알패오(형태는 다르지만 같은 아람어 어원에서 나온 이름이다)의 아내로 종종 간주된다. 살로메는 세베대의 아내이며 야고보와 요한의 어머니이다.

"향품"(1절)은 헬라어로 아로마이다. "돌"은 "심히 컸다." 아마도 직경

1.5m 정도 되는 이정표 비석처럼 둥근 돌이었을 것이다. "베드로에게"라는 말에는 아름다운 필치가 들어 있다. 이 말로써 이 사도가 부인했던 주님에게 용서를 받았다는, 아니면 적어도 주께서 그를 잊어버리지 않으셨음을 보여 주고 있다. "너희에게 말씀하신 대로"(7절)란 14:28 말씀을 가리킨다.

이 여인들이 처음에 놀라고 두려워한 것은 지극히 당연한 반응이었다. 이 여인들은 전에 그 곳에서 본 적이 있는 천사의 모습을 보고 깜짝 놀라 무덤에서 도망하였다. 그리고 처음에는 아무에게도 말하지 않았다(8절). 그런데 다른 복음서들의 기사를 보면, 이들이 마음을 가라앉히고 나서는 몇몇 제자들에게, 특히 베드로와 야고보에 말했다. 자기들이 겪은 일을 외부 사람에게 말하려고 하지 않은 것은 당연한 처사였다.

III. 교리적 의의

본문에서는 신약 성경 어디서보다 부활의 교리가 많이 다루어진다. 그런데 어쨌든 우리는 부활 교리의 중요성을 오늘날 놓치지는 않았는가?

IV. 실천적 목표

빈 무덤이 우리에게 주는 의미를 생각해 보도록 하는 것이다.

V. 설교 개요

제목: "빈 무덤의 메시지."

도입부

북 캐롤라이나 주 윈스턴 살렘에 있는 유명한 홈 모라비안 교회에는 성소 뒷편에 특이한 스테인드 글래스 창문이 네 쪽 있다. 안쪽에서 그 창문들을 보면, 입구 왼편에는 겟세마네와 갈보리의 장면이 보이고, 오른편에는 부활과 승천의 장면이 그려 있다. 하나님의 섭리로 생각되는데, 묘하게도 이웃에 있는 건물이 겟세마네와 갈보리 장면이 그려져 있는 창문 아주 가까이에 세워져 있어서 그 부분은 항시 어둡다. 반면에 밝은 오후의 햇살은 부활과 승천의 그림을 환하게 비춘다. 이것은 갈보리에서 빛이 꺼졌다가 부활절 아침 빈 무덤에서 다시 빛이 비치기 시작하는 사실을 아름답게 비유해 주고 있는 것처럼 보인다.

A. 빈 무덤의 신비.

"그가 여기 계시지 아니하니라." 오늘날 우리가 그 중요한 주일 아침에 이 여인들의 입장이 되어 본다는 것은 어려운 일이다. 20세기의 기독교 역사가 부활절의 의미를 설명해 준다. 처음에 이 여인들이 가진 것이라곤 빈 무덤뿐이었다. 거기에는 그리스도가 없었다. 아직 이들은 살아계신 그리스도를 만나지 못했다. 우리는 부활하시고 살아계신 주님의 전통 가운데 자랐다. 그러나 이 여인들에게 빈 무덤은 이상하고 신비스러울 뿐이었다.

B. 빈 무덤의 기적.

"그가 살아나셨다." 부활은 전 역사에서 가장 위대한 기적이다. 이 부활의 사건이 과거에 여러 차례 공격을 받았다. 지금도 부활을 순전히 제자들의 주관적인 경험으로 언제나 설명하려고 하는 급진적인 자유주의자들이 있다(예를 들면, 불트만 같은 이들). 그러나 오늘날 수많은 지도적인 신학자들과 성경 학자들이 부활의 사실을 기독교 신앙의 필수불가결한 요소로 강조하고 있다는 점을 아는 것으로 충분할 것이다.

C. 빈 무덤의 의미.

"가서 … 하라." 신약 성경에서는 부활이 오늘날 우리에게 의미하는 바를 적어도 세 가지 이야기하고 있다.

1. 제사를 받으심.

바울은 로마서 4:25에 그리스도에 대해 이같이 썼다. "예수는 우리의 범죄함을 내어줌이 되고 또한 우리를 의롭다 하심을 위하여 살아나셨느니라." 예수께서 죽고 다시 살지 않으셨다면 우리는 여전히 소망 없이 지내게 될 것이다. 우리 죄 때문에 드린 그리스도의 희생이 받아들여졌다는 사실, 즉 그리스도의 대속의 죽으심이 우리에게 효력 있게 되었다는 사실을 입증하는 것이 바로 그리스도의 부활이었다. 부활은 십자가에 못박히심에 절대 필요한 요소이다. 부활이 없이는 십자가에 못박히심도 완성되지 못할 것이었다.

2. 지속적인 임재.

예수께서 죽은 자 가운데서 살아나셨기 때문에 우리는 부활하신 그리스도께서 언제나 우리와 함께 하심을 누릴 수가 있는 것이다. 빈 무덤은 시신이 없다는 것을 증거한다. 그러므로 그것은 또한 영적 임재를 함축하고 있다.

3. 재판장으로 임명되심.

바울이 아덴의 아레오바고에서 하나님께서 모든 사람에게 회개하라고 명하셨다고 선언하면서 이렇게 말했다. "이는 정하신 사람으로 하여금 천하를 공의로 심판할 날을 작정하시고 이에 저를 죽은 자 가운데서 다시 살리신 것으로 모든 사람에게 믿을 만한 증거를 주셨음이니라"(행 17:31). 부활은 우리 구원의 보증이 될 뿐만 아니라 심판의 확실함을 경고하는 말씀이 되기도 한다.

누가복음

머리말

"지금까지 쓰여진 책 중 가장 아름다운 책이다." 르낭(Renan)이 누가복음을 두고 한 말이다.

누가복음은 특별히 사람들의 관심을 끄는 매력이 있다. 누가의 개성이 아주 선명하게 드러난다. 누가는 매우 품위있는 기독교 신사였다. 아마도 누가는 1세기 교회에서 어느 누구보다도 폭넓게 글을 읽고 두루두루 여행을 했던 사람일 것이다. 성경의 기자 가운데 이방인은 누가뿐이라고 대체로 즈장한다. 누가는 신약 27권 가운데 두 권, 곧 누가복음과 사도행전을 썼다. 두 권밖에 안 되지만 두 권 다 모두 아주 길어서, 합치면 신약 전체 분량의 4분의 1이상이 된다.

누가는 사회적 희생자들의 친구였다. 이방인, 사마리아인, 여인, 어린이, 가난한 자나 죄인, 부랑자들의 권리를 옹호하는 사람이었다. 사회적 공의가 강하게 변호되는 날이 있을 것이라고 누가는 말한다.

사람들에게 가장 잘 알려져 있고 또 가장 사랑을 받는 비유들 가운데 누가복음에만 나오는 것들이 많다. 그 중에 몇 가지만 들어보면 다음과 같다. 선한 사마리아인의 비유, 방탕한 아들의 비유, 불의한 청지기의 비유, 어리석은 부자의 비유 등이 있다.

누가는 분명 위대한 기도의 사람이었다. 이 점은 누가가 다른 어떤 복음서 기자보다 기도에 대하여 많은 주의를 기울인다는 사실에서 알 수 있다. 두 가지 면에서 누가는 기도에 대해 많은 주의를 기울인다. 첫째, 누가는 다른 복음서 기자들은 생략하고 있는 여섯 번의 경우(예를 들면, 예수께서 세례받으실 때, 변화산상에서)에 예수께서 기도하신 사실을 언급하고 있다. 둘째, 기도에 대한 예수님의 가르침을 더 많이 기록하고 있다. 기도에 대한 중요한 비유 세 가지를 더 우리에게 전하고 있는 것도 누가뿐이다. 즉 한밤중에 와서 귀찮게 조르는 친구의 비유, 끈질긴 과부(불의한 재판장)의 비유, 바리새인과 세리의 비유가 그것이다. 이러한 비유들이 11장과 18장에 나온다.

누가는 예수님을 인자로 묘사한다. 마르다와 마리아가 집에서 예수님을 대접한 영원히 기억에 남을 일(10:38-42)이나 엠마오로 가는 두 제자(24:13-35)의 이야기를 아름다운 필치로 전하고 있다. 누가는 언어의 예술가였다. 누가가 화가였다는 고대 전승이 있다. 누가는 시를 매우 좋아한다. 바울은 누가를 일러 "사랑을 받는 의원"이라고 한다(골 4:14). 누가는 위대한 영혼의 소유자였다. 누가복음은 설교의 풍부한 자원이 될 수 있다.

차례

누가복음 제1장

거룩한 섬김

1:74-75. "우리로 원수의 손에서 건지심을 입고 종신토록 주의 앞에서 성결
과 의로 두려움이 없이 섬기게 하리라 하셨도다."

I. 역사적 배경

누가는 대역사가였다. 누가는 고전 헬라어의 주옥과 같은 네 절에 걸친
간단한 머리말에 이어서 1:5에서 자신의 복음을 시작한다. 복음서를 시작
하는 말은 이것이다. "유대 왕 헤롯 때에." 이 헤롯은 B.C.37-4년까지 팔
레스타인을 통치한 헤롯 대왕을 가리킨다. 헤롯 대왕은 유대인의 피가 흐
르는 이두매(에돔) 사람이었다. 여기에 기록된 사건은 아마도 B.C.6년에
일어났을 것이다. 그러니까 예수께서 B.C.5년에 태어나기 1년전 쯤에 발
생한 사건이다.

II. 용어 해설

그리스도는 죄와 사탄의 수중에서 사람들을 구출하기 위해 오셨다. 이렇
게 해서 구원받은 사람들은 자신의 구주를 섬겨야 하는 것이다.

각기 다른 네 가지 헬라어 동사가 KJV 신약 성경에서는 "섬기다"
(serve)로 번역되었다. 여기에 나오는 헬라어 동사는 라트레우오이다. 이
단어는 "경배하다"로 번역할 수도 있다. 사실 참된 예배의 1차적인 요소는
하나님이 받으실 만한 예배에 있다.

"거룩함"을 뜻하는 헬라어는 드물게 사용되는 단어로서 여기와 에베소
서 4:24에만 나온다. 두 구절에서 이 단어는 "의"와 관계가 있다. 호시오테

스의 본질적인 의미는 "경건" 즉 하나님께 대한 믿음이 깊은 태도를 말한다. 크레머(Cremer)는 말하기를, "경건이란 하나님과 교제하게 된 사람의 정신과 태도이다"고 하였다.

"의"는 신약성경에서 100번이나 사용되는 아주 흔하게 나오는 단어이다 (로마서에서 41번 나온다). 여기에 사용된 헬라어는 디카이오수네이다. 세이어(Thayer)는 이 단어를 이같이 정의한다. "삶의 성실성, 덕, 순결, 즉 사고와 느낌과 행동의 올바름, 단정함." 세이어는 디카이오수네와 호시오테스에 대해 이같이 말한다. "디카이오수네는 사람에 대한 바른 행동을, 호시오테스는 하나님에 대한 경건을 가리킨다."

III. 교리적 의의

구속이 본문의 요지이다(참조. 1:68). 하나님께서 자기 백성을 되사셨다. 즉 죄의 속박으로부터 구속하셨다. 이렇게 구속하려면 사람에게 구원을 가져다주는 사죄가 따라야 한다(1:77). "어두움과 죽음의 그늘에 앉은 자에게 비취고" "우리 발을 평강의 길로 인도하시기" 위해서 "돋는 해"가 나타났다(1:78-79). 이것은 하나님의 사랑의 빛을 보고 나아오는 자에 대해 구원이 주는 바이다.

본문의 내용이 구약의 언어로 표현되는 것은 당연한 일이다. 스가랴는 구약의 시대에 속하는 인물이기 때문이다. 그러나 스가랴가 단순히 구약의 사실만을 이야기한 것이 아니다. 스가랴는 성령의 영감을 받아(1:67) 대구원자이신 예수 그리스도께서 준비하실 구원을 예언하였다. 구약의 예언들은 메시야가 오심으로써 성취될 것이었다.

IV. 실천적 목표

구원이 우리 자신의 노력을 통해서가 아니라 하나님의 구출을 통해 온다는 사실을 보여 주는 것이다. 스스로를 구원할 수 있는 사람은 아무도 없다. 구원받으려면 누구나 하나님을 바라보고 하나님만을 의지해야 한다.

V. 설교 개요

제목: "거룩한 섬김."

도입부

유대인들이 바랐던 것은 정치적인 구원, 즉 로마지배로부터 해방되는 것이었다. 하지만 그들에게 필요한 것은 개인적인 구원, 곧 죄의 지배로부터의 해방이었다.

이 점은 오늘날도 마찬가지이다. 현대 사회는 개혁, 곧 인종 개혁, 사회 개혁, 경제 개혁, 정치 개혁을 소리쳐 요구하고 있다. 하지만 현대인들에게 절실하게 필요한 것은 중생, 곧 영적 갱신이다.

스가랴 노래(1:68-79)의 중심 주제는 구원이다. 구원은 사죄와 거룩한 생활을 뜻한다. 우리가 구원받아야 하는데, 죄 안에서가 아니라 죄로부터 구원받아야 하는 것이다. 경건 곧 믿음이 평안에 앞서야 한다. 그리스도께서는 믿음과 평안을 모두 주신다.

거룩한 섬김이란 이런 것이다.

A. 두려움이 없는 섬김.

우리는 믿음으로 구원받는다. 믿음은 두려움을 내어쫓는다. 믿는 영혼은 두려워하지 않는다.

바울은 디모데에게 이렇게 썼다. "하나님이 우리에게 주신 것은 두려워하는 마음이 아니요 오직 능력과 사랑과 근신하는 마음이니"(딤후 1:7). 두려워하는 신자는 하나님이 받으실 만하게 섬기지 못하고 효과적으로 섬기지도 못한다.

두려움을 영원히 쫓는 비결은 우리가 "그리스도 안에" 있음을 깨닫는 것이다. 그리스도 안에서 우리는 우리의 대적 곧 죄로부터 구원받는다. 그리스도 안에서 우리는 사탄의 맹공격으로부터 보호를 받는다. 그리스도 안에서 우리는 평안과 정결과 능력을 받는다. 그리스도를 떠나서는 이 중 어떤 것도 받지 못한다.

두려워함은 믿음을 부인하는 것이다. 하나님께서는 자기 자녀들이 두려움 가운데 사는 것을 원치 않으신다. 베드로는 예수님을 바라보고 있는 동안은 아무 문제 없이 물 위로 걸을 수 있었다. 그러나 주변 상황으로 눈을 돌리자 그는 겁을 집어먹고 물에 빠지기 시작했다. 이 점은 우리도 마찬가지일 것이다. 그렇지만 예수께서 베드로에게 하셨듯이 예수께서는 바로 우리 곁에 계셔서 우리를 구원해 주신다.

B. 거룩한 섬김.

거룩함은 무엇보다도 하나님과의 교제와 관계가 있다. 이 점이 첫째이다. 우리의 현재 상태가 우리의 행위보다 중요하다. 내적 경건이 외적 성취보다 앞서야 하고 내적 경건에서 외적 행위가 나와야 한다. 마음으로 하나님과 거룩한 교제를 갖지 않으면서 사람들 앞에서 의로운 생활을 할 수는 없다.

대부분의 현대 종교의 문제점은 사람의 내면이 아니라 사람의 외면에서부터 시작한다는 것이다. 사실, 종교심리학 분야의 유명한 한 저자는 종교를 "인간관계의 총합"이라고 규정하였다.

인본주의에서 하나님을 제거하면 죄의 실재도 부인하게 된다. 죄가 없고 구주도 없게 되는 것이다. 그러나 이것은 성경의 신앙과는 거리가 먼 외침이다. 성경은 하나님으로부터 시작하며 죄책이 있고, 죄의 노예가 된 인간을 보여 주고 나서 구원자를 제시한다.

거룩한 마음을 가질 때에만 우리는 하나님이 받으실 만하게 하나님을 섬길 수 있다. 하지만 그러기 전에 먼저 하나님께서 우리를 거룩하게 만드셔야 한다.

C. 의로운 섬김.

삶의 수직적 관계가 매우 중요하지만 또한 수평적 관계도 중요하다. 사람들과 바른 관계를 유지하지 않으면서 하나님과 바른 관계를 유지할 수는 없다. 이 점이 히브리서 12:14의 주요 취지이다. "모든 사람과 더불어 화평함과 거룩함을 좇으라 이것이 없이는 아무도 주를 보지 못하리라."

바로 이 때문에 우리는 하루 종일 사람을 만나기 앞서 아침에 하나님을 만나야 한다. 그리스도인다운 삶을 살려면 내적으로 그리스도와 교제를 나누어야 한다.

먼저 하나님과 바른 관계를 맺지 않고서는 사람들과 바른 관계를 유지할 수 없다. 마음의 내적 거룩함이 생활의 외적 의에 앞서야 한다. 우리는 사람을 만날 때 우리가 위치상에서 뿐만 아니라 능력면에서도 "그리스도 안에' 있음을 확실히 알고 있을 필요가 있다. 사람들은 우리 안에 계신 그리스도를 만나야 한다.

누가복음 제2장

하나님의 영광과 사람의 선

2:14. "지극히 높은 곳에서는 하나님께 영광이요 땅에서는 기뻐하심을 입은
사람들 중에 평화로다."

I. 역사적 배경

우리는 예수께서 태어나신 정확한 해나 달, 일자는 확실히 알지 못한다.
목자들이 "밖에서 밤에 자기 양 떼를 지키더니"(8절)라고 했기 때문에 예
수께서 12월 하순에는 태어나지 않으셨을 것이라고 주장하는 사람들도 있
다. 그래서 그 대안으로 10월을 제시하기도 했다. 그러나 사무엘 앤드류는
이렇게 쓰고 있다(*Life of Our Lord*, p. 16). "목자들이 12월 중에 밖에서
양떼를 먹일 수 없었을 것이라고 단정지을 충분한 근거는 없다."

어느 해에 태어나셨는가? 6세기에 디오니시우스(Dionysius)라고 하는
사람이 그리스도 탄생의 때를 계산하였다. 그래서 주후 사건들의 연대를
계산하는 그의 방식이 샤를마뉴(9세기) 시대에는 보편화되었다. 그러나 이
제 우리는 디오니시우스가 그 계산에서 적어도 4년은 빗나갔다는 것을 알
고 있다. 헤롯 대왕이 B.C.4년에 죽었고, 예수께서 태어나시던 때에 헤롯
대왕은 재임 중에 있었기(마 2:1) 때문이다. 오늘날은 그리스도께서 팔레
스타인이 로마의 지배하에 있던 B.C.5년이나 어쩌면 6년에 태어나셨다는
주장이 일반적으로 받아들여지고 있다.

II. 용어 해설

"영광"(독사)이라는 단어는 "찬양" 혹은 "명예"로 번역할 수도 있다. 천

사의 무리가 "하나님을 찬송하고"(13절) 있었다고 기록되어 있다.

"평화"는 에이레네인데, 여기서 이레네라는 이름이 나왔다. 이 단어는 본래 평화의 여신을 일컫는 이름이었다. 세이어는 이 단어가 신약에서 여러 가지 용법으로 쓰이고 있다고 지적한다. 먼저 이 단어는 "국가적 평안의 상태, 전쟁의 광포와 파괴가 없는 상태"를 의미하였다. 그 다음에는 "개인들간의 평화, 즉 일치"를 뜻하는데 사용되었다. 셋째로는 "안전, 안심, 번영"을 의미했다. 넷째로, "메시야의 평화"라는 특별한 의미가 있다. 다섯째로는, 뚜렷한 기독교적 개념이 있다. "그리스도로 말미암아 구원을 보장받아서 하나님을 전혀 두려워하지 않고 세상에서 자신의 위치가 어떠하든 만족하는 영혼의 평온한 상태"를 의미하기도 한다.

III. 교리적 의의

평화는 하나님께서 사람에 주시는 가장 좋은 선물이다. 평화는 사람이 달성하는 것이 아니라 하나님의 선물이라는 것을 언제나 깨닫고 있어야 한다. 그리스도의 임재하심이 곧 평화이다.

IV. 실천적 목표

개인, 사회가 평화를 얻을 수 있는 유일한 방법을 알려 주는 것이다.

V. 설교 개요

제목: **"하나님의 영광과 사람의 선."**

도입부

하나님께서 평화를 주시겠다고 선포하셨을 때 그 평화는 왕궁이나 회의 석상에 오지 않았다. 이 평화의 선언은 들판에 있는 목자들 몇 사람에게 내려졌다. 하지만 그 역사적 순간의 광휘는 일찍이 사람이 마련할 수 없었던 크나큰 것이었다. 왜냐하면 "주의 사자가 곁에 서고 주의 영광이 저희를 두루 비취었기"(9절) 때문이다. 이 목자들이 오랫동안 기다려왔던 소식, 곧 메시야가 오셨다는 사실을 들을 때 하나님의 임재의 세키나가 그들을 덮었다. 그 날 다윗 성에 태어나신 그 분은 구주, 곧 그리스도 주가 되실 분이었다.

A. 하나님께 영광.

웨스터민스터 요리문답에서 우리가 잘 알고 있는 사람의 제일 되는 목적은 "하나님을 영화롭게 하고 영원토록 그를 즐기는 것"이다. 어떤 사람들은 이 문답이 잘못되었다고 하며 영적 경건보다는 사회적 책임을 앞세워야 한다고 주장하였다. 그러나 우리가 깨달아야 할 것은 하나님의 영광만이 사람에게 최고의 선을 가져다 준다는 것이다.

하나님을 영화롭게 할 수 있는 방법이 세 가지 있다. 첫째는 입술로 하나님을 찬양하는 것이다. 이 일은 다른 교인들과 함께 찬송하거나 우리에게 베푸신 하나님의 선과 사랑을 개인적으로 증거함으로써 할 수 있다. 두 번째 방법은 생활에서 그리스도를 높임으로써, 즉 진정 그리스도인다운 생활을 통해 하나님으로부터 받은 거룩함을 드러냄으로써 하나님을 영화롭게 하는 것이다. 세번째 방법은, 사람들을 하나님 나라로 인도함으로써 하나님을 영화롭게 하는 것이다. 이 모든 것은 사람에게 복을 가져다줄 뿐 아니라 하나님을 영화롭게도 한다.

B. 땅에는 평화.

사람들이 무엇보다 바라는 것이 평화이다. 그러나 사람들은 평화를 잘못 추구한다. 성경 전반에서 가르치는 바는 평화에 앞서 의가 와야 한다는 것이다. 하나님 앞에서 바르게 되지 않고서는 "하나님과 평화"할 수 없다.

1. 대부분의 사람들은 정치적 평화를 희구한다.

사람들은 전쟁의 중지를 소리쳐 요구한다. 평화롭게만 살 수 있다면 사람은 누구나 행복할 수 있을 것이라고 생각한다.

이런 생각이 안고 있는 문제점은 사실이 그렇지 않다는 것이다. 국가적으로, 또 국제적으로 평화로운 시기에 도덕적인 진보가 있지 않았고 사람 마음에 사랑과 기쁨이 충만하지도 않았다. 갈등과 미움이 있는 경우가 허다하다. 외적 평화와 번영은 사람의 깊디 깊은 필요를 채워주지 못했다.

2. 선한 사람은 누구나 사회적 평화를 갈망한다.

어떠한 형태든지 계층간의 충돌을 우리는 보게 된다. 모든 사람에게 공의와 함께 자유가 있어야 한다. 그러나 사회적 문제라는 것이 법만 있으면 해결되는 것이 아니다. 올바르게 행하려는 의지가 있어야 한다.

3. 사람에게 가장 필요한 것은 영적 평화이다.

영적 평화는 평화의 왕이 오심으로만 얻을 수 있다. 평화의 왕께서 우리 마음 속에서 다스리실 때 마음에 평화가 있는 법이다. 그리고 바로 여기서 모든 진정한 평화가 시작된다.

C. 사람에게 향하신 선의.

가장 신뢰할 만한 헬라어 원문에는 이렇게 나와 있다. "선의를 가진 사람들 중에는." 하지만 이것은 적절한 번역이 아니다. 유도키아는 "호의, 선한 즐거움"을 의미할 수도 있다. 학자들 대부분이 여기서 의미하는 바가 바로 이것이라고 생각한다. 즉 "하나님께서 기쁘게 여기시는 사람들에게"라는 말이다. 즉 평화는 하나님의 은혜를 받는 사람에게 임한다는 뜻이다.

사실 이 두 개념은 밀접하게 연결되어 있다. 선의를 가진 사람들이란 하나님 뜻에 복종한 사람들이다. "선하다"는 말과 "하나님"이란 말은 긴밀하게 연결되어 있다. 실제로 "선하다"는 말은 "하나님"에게서 파생된 것이다. 궁극적인 의미에서 경건한 자들만이 선하다.

하나님께서는 자신의 호의를 받아들이고 그래서 하나님의 기뻐하시는 자가 되는 사람들에게만 평화라는 은혜로운 유산을 줄 수 있다. "평안을 너희에게 끼치노니 곧 나의 평안을 너희에게 주노라"(요 14:27)는 말씀을 예수께서는 세상을 향하여 말씀하시지 않고 제자들에게 하셨다. 그리스도를 다음에 모셔들일 때 그리스도의 임재가 우리의 평안이 되는 것이다.

오늘날 우리 민족이 해야 할 일은 인간적인 방식으로 평화를 찾는 일을 중단하고 회개하고 평화의 왕에게로 가는 것이다. 개인들도 이같이 해야 한다. 평화는 심리학이나 사회학에서 찾을 수 없다. 오직 예수 그리스도에게서만 찾을 수 있다.

누가복음 제3장

하나님의 네 가지 공식

3:4. "너희는 주의 길을 예비하라."
3:5. "모든 골짜기가 메워지고 모든 산과 작은 산이 낮아지고 굽은 것이 곧
　　아지고 험한 길이 평탄하여 질 것이요."
3:6. "모든 육체가 하나님의 구원하심을 보리라."

I. 역사적 배경

누가는 초대 교회의 지도적인 역사가였다. 누가가 지닌 지성의 역사적 성향이 이 장에서 뚜렷이 드러난다. 세례 요한이 사역을 시작한 것이 "디베료 가이사가 위에 있은 지 열다섯 해"(1절)에 된 일이라고 연대를 밝히고 있다. 디베료는 로마제국의 두번째 황제였다. 디베료의 재위 연대는 대개 A.D.14-37년으로 계산한다. 하지만 디베료는 A.D.11년이나 12년에 아구스도와 함께 황제로서 통치하였다.

이 점을 고려하면 열다섯 해 되던 해는 A.D.26년이 될 것이다. 그리고 이 연대는 A.D.30년에 예수께서 죽으신 것과도 잘 맞는다(세례 요한이 여섯 달 동안 회개의 세례를 전파하고 예수께서 3년 반 동안 공생애 사역하신 것을 포함한 기간이 될 것이다).

누가는 요한의 사역의 배경을 설명하면서 통치자 다섯 명과 제사장 두 명의 이름을 언급한다. 본디오 빌라도는 유대 총독이었고(A.D.26-36), 헤롯 대왕의 아들인 헤롯 안디바는 "갈릴리(그리고 베뢰아) 분봉왕"이었다. 그 동생 빌립은 갈릴리 북동쪽 지역을 다스렸고, 루사니아는 훨씬 북쪽으로 다메섹 가까이 있는 지역을 통치하였다.

안나스와 가야바는 "대제사장"으로 언급된다(2절). 당시 공식적인 대제사장은 가야바였다(A.D.18-36). 그러나 그의 장인인 안나스가 여전히 권한을 행사하였다. 안나스는 A.D.6-15년까지 대제사장직에 있었고, 뒤를 이어 사위와 다섯 아들이 대제사장이 되었다. 이들은 제사장들보다 더 정치적인 인물들로 모두 악한 사람들이었다. 이스라엘 국가는 영적 부흥이 절대적으로 필요한 상태에 있었다. 이것이 세례 요한의 사역에 지워진 짐이었다.

II. 용어 해설

요한은 "죄사함을 얻게 하는 회개의 세례"(3절)를 전파하였다. 즉 요한은 회개 세례를 준 것이었다. 요한은 먼저 죄를 고백하지 않으면 아무에게도 세례를 주려고 하지 않았다(막 1:4-5).

"회개"에 대한 헬라어는 "마음의 변화"를 뜻한다. 세이어는 다음과 같은 글로써 이 점을 잘 표현한다. "자신의 잘못과 죄를 미워하기 시작하고 좀더 나은 삶을 살기로 결심한 사람의 마음의 변화를 특별히 나타내는 것으로서, 이것은 죄를 인정하고 슬퍼하며 진심에서 우러난 행동을 하는 것을 포함한다."

III. 교리적 의의

사람들은 흔히 회개를 피상적으로 생각해서 유감스럽게 여기는 정도로 이해하는 경우가 허다하다. 좀더 적절히 표현하자면 "그만둘 만큼 유감스럽게 여기는 것"을 의미한다. 그러나 실제 의미는 하나님에 대해, 죄에 대해, 세상과 우리 자신에 대한 태도의 철저한 변화를 말한다.

IV. 실천적 목표

회개의 필요성과, 회개의 결과로 하나님의 복을 받음을 가르치는 것이다.

V. 설교 개요

제목: "하나님의 네 가지 공식."

도입부

"너희는 주의 길을 예비하라." 이 말씀은 동양의 군주가 자신의 속국을 공식적으로 방문할 때의 모습이다. 외곽에 사는 사람들이 골짜기를 메우고 언덕을 깍아내리고 굽은 길을 똑바르게 하고 거친 길을 판판하게 닦느라고 부지런히 움직인다. 이들은 자신의 군주가 좋은 길로 여행하도록 하기 위해 열심이다.

그래서 하나님께서 이스라엘에게 이같이 말씀하셨고 오늘날 우리에게도 이같이 말씀하신다. "너희는 주의 길을 예비하라." 그리고 나서 네 가지 특별한 점에서 준비할 것을 말하고 사람들이 순종하면 "모든 육체가 하나님의 구원하심을 볼" 것이다(6절). 이것이 영적 부흥을 위한 하나님의 네 가지 방식이다.

A. 골짜기를 메우라.

기술자가 도로를 건설할 때 맨 처음 하는 일은 가라앉은 지점을 메우는 것이다. 우리 그리스도인의 생활에서 이것은 다음 두 가지가 될 수 있다.

1. 영혼의 가라앉은 부분.

이것은 주로 다음 두 가지 때문에 생긴다. 첫째는 성경 읽기를 게을리함으로 생긴다. 사람이 한두 주일을 전혀 먹지 않고 지낸다면 몹시 허약해질 것이다. 이 점은 영적으로도 마찬가지이다. 음식을 먹지 않고서는 신체적으로 튼튼함을 유지할 수 없듯이 영적인 음식을 먹지 않고서는 영적으로 건강을 유지할 수 없는 법이다. 우리는 영적 건강을 유지하려면 매일 하나님 말씀으로 우리 영혼을 먹여야 한다. 우리 영혼에 가라앉는 부분을 만드는 두번째 것은 기도를 소홀히 하는 것이다. 기도는 영적 생명의 호흡과도 같은 것임을 깨달아야 한다. 바울은 "쉬지 말고 기도하라"고 말한다. 숨쉬기를 그쳐서는 안 되는 것이다.

2. 우리 생활의 가라앉은 부분.

저급한 수준에서 계속 산다는 것은 죽음과도 같다. 불신앙과 세속적인 마음이라는 병이 들끓는 늪지에서 살고 있는 사람들이 너무도 많다. 그것은 죽음에 이르는 생활이 될 수 있다.

B. 작은 산을 낮추라.

작은 산이란 교만이나 자기 본위, 과시처럼 장애가 되는 언덕들이다. 주께서 오시도록 길을 준비할 생각이라면 이런 것들을 단호하게 쳐서 낮추어야 한다. 흔히 부흥의 열기를 식게 만드는 것은 바로 그런 문제를 그대로 둔 채 일하기 때문이다.

작은 산이란 곤경의 언덕일 수 있다. 복구하기 어려운 손해라고 생각해 볼 수도 있다. 그보다는 매일의 생활에서 가정이나 직장, 학교, 교회에서 겪는 일 중 적응하기 힘든 일들을 생각해 볼 수 있다. 불운한 상황이나 심술은 사람에게 적응한다는 것이 때로는 정말 힘든 일이 될 수 있다. 그러나 하나님의 복을 받으려면 적응해야만 한다.

C. 굽은 것은 곧게 하라.

이 말씀은 비뚤어진 행동에 적용되는 것이 분명하다. 이것은 우리의 영적 생활과 교회를 파괴하는 것일 수 있다. 사람들은 부정직한 거래나 떳떳치 못한 것도 그냥 넘기려고 하지 않을 것이다.

그러나 이 말씀은 흔히 저지르기 쉬운 사소한 속임에 더 적용된다. 속이려는 마음만큼 나쁜 것은 없다. 한 번 거짓말을 하면 두 번 거짓말하게 된다.

D. 험한 길을 평탄케 하라.

험한 길이란 먼저 우리 인격 가운데 모난 부분들이라고 생각해 볼 수 있다. 사람은 누구에게나 모난 부분이 다소간 있다. 이런 모난 부분 때문에 주변 사람과의 사이에 곤란이 생기고 다른 그리스도인들과 교제하는 일에나 불신자들에게 영향을 끼치는 일에 어려움을 겪게 된다.

험한 길을 보는 두번째 방식은 일상 생활의 마모로 인해 생기는 도로상의 구멍을 뜻한다고 볼 수 있다. 오늘날처럼 바쁜 시대에는 일상 생활에 엄청난 왕래가 이루어진다. 그렇게 되면 곧 우리에게는 성급함과 화를 잘 내게 되는 "구멍"이 생기게 된다. 이런 구멍들은 즉각 메꿔 평탄케 해야 한다.

누가복음 제4장

기름부음 받은 사역

4:18. "주의 성령이 내게 임하셨으니 이는 가난한 자에게 복음을 전하게 하
시려고 내게 기름을 부으시고 나를 보내사 포로 된 자에게 자유를 눈먼
자에게 다시 보게 함을 전파하며 눌린 자를 자유케 하고."

I. 역사적 배경

마태(13:53-58)나 마가(5:1-5) 모두 예수께서 나사렛에 있는 고향을 방
문하신 사실을 기록하고 있다. 하지만 이 두 사람은 그 기사를 그리스도의
사역 후반기에 일어난 것으로 적고 있다. 이 두 복음서의 방문 기사가 동
일한 것인지에 대해 그 동안 논쟁이 많았다. 그 두 기사가 동일한 방문을
이야기하는 것이라면 누가는 그 방문을 먼저 "예수님의 공생애 사역의 극
적 권두언"으로 놓았을 것이다.

"규례대로"(6절) 그리스도께서는 안식일에 회당에 들어가셨다. 이는 우
리에게 정기적으로 교회에 출석할 것을 모범적으로 가르치신 것이다. 예수
께서 "서셨다"는 것은 예수께서 성경을 읽기를 좋아하셨다는 증거이다. 예
수께서 선지자 이사야의 글을 받으신 것을 보면 율법서(모세오경)에서 규
칙적으로 정해진 부분을 이미 읽으셨던 것이 분명하다. 회당 예배는 쉐마
(신 6:4-9; 11:13-21; 민 15:37-41)를 반복하면서 시작되었고 이어서 기
도를 드리고 율법서의 한 부분과 선지서의 한 부분을 읽었다. 팔레스타인
에서는 모세오경을 정한 부분을 읽어가는데 3년에 걸쳐서 오경 전체를 읽
었고 반면에 선지서는 읽는 사람이 읽을 부분을 스스로 정할 수 있었다.
예수께서는 이사야 61:1(그리고 2절 전반부)을 택하셨다.

II. 용어 해설

"기름부음을 받다"는 크리오라는 동사인데, 여기서 "기름부음을 받은 자"를 뜻하는 크리스토스가 나왔다. "가난한 자에게 복음을 전하게 하시려고"라는 말이 헬라어에서는 단 두 마디로 되어 있다. 에방겔리사스타이 프토코이스. 이 말의 문자적인 뜻은 "가난한 사람들에게 복음을 전하려고"이다. "복음"이란 "기쁜 소식"이다.

"상심한 자를 고치시고"라는 말이 가장 믿을 만한 헬라어 사본에는 나오지 않는다. 그러나 이사야 61:1에는 그 말이 들어 있고, 여기서는 이사야서가 인용되었다. 70인역에서는 이사야 61:1의 "상심한 자"라는 말의 문자적인 뜻은 "마음에 희망이 깨어진 자"였다.

두번째 나오는 "전파하다"는 말이 헬라어에서는 첫번째 나오는 "전하다"는 말과 다르다. 두번째 나오는 이 단어는 "포고자"를 뜻하는 케뤽스에서 나온 케뤽사이이다. 따라서 이 단어의 뜻은 "포고하다" 혹은 "선포하다"이다. "포로된 자"란 군사 용어로서 "전쟁 중에 붙잡힌 자"란 뜻이다. "자유케 하다"나 "자유"나 다같이 헬라어로는 아케시스이며, 그 뜻은 속박이나 구금 상태에서 "해방"되는 것을 말한다. "눌린 자"란 테트라우스메누스라는 한 단어인데, 문자적으로는 산산이 부서지고 좌절하고 낙담했으며 지금도 그 상태 가운데 있는 사람을 말한다.

III. 교리적 의의

본문에서는 구원이 상심한 데서 고침을 받고 포로된 상태에서 구출을 받으며 시력을 회복하고 압제받는 데서 자유를 얻는 것으로 묘사되고 있다. 요점은 구원은 죄사함만이 아니라는 것이다. 구원은 치유와 자유이다.

IV. 실천적 목표

구원의 참된 성격을 보여 주고, 구원을 받는 자에게 어떤 일이 일어나는지를 보여 주는 것이다.

V. 설교 개요

제목: "기름부음 받은 사역."

도입부

예수님은 세례 받을 때(3:22) 성령으로 기름부음을 받으셨다. 예수께서는 "성령의 충만함을 입어 성령에게 이끌리시어 광야로 들어가셨다"(4:1). 거기서 40일간 마귀에게 시험을 받으셨다. 시험을 이기고 나서 "예수께서 성령의 권능으로 갈릴리에 돌아가셨다"(4:14). 이제 예수께서는 "고향 교회"에서 메시야이심을 공표하신다. "주의 성령이 내게 임하셨으니 이는 내게 기름을 부으시고."

이같은 성령의 부으심은 다섯 가지 사역을 위한 것이었다. 즉 가난한 자에게 복음을 전하고 상심한 자를 고치며 포로된 자를 석방하며 눈먼 자를 보게 하고 눌린 자를 자유케 하는 일이었다.

A. 가난한 자에게 기쁜 소식을 전함.

교회가 교양 있는 사람들을 대접하고 재산 있는 사람들을 섬긴 반면에 가난한 자들을 소홀히 하는 경우가 너무도 많았다. 그러나 그리스도 사역의 영광스러운 점 한 가지는 그리스도께서 가난한 자들에게 복음을 전하셨다는 것이다. 세례 요한이 사람을 보내어 예수께서 참으로 메시야이신지 물어보았을 때 예수께서 최종적인 정점의 증거로서 다음의 말씀을 주셨다. "가난한 자에게 복음이 전파된다 하라." 그리스도의 자취를 따르려고 한다면 으리도 가난한 자를 섬겨야 한다. 가난한 자들은 대개 복음을 들을 때 거만하기보다는 복음에 반응을 잘 보인다.

복음은 가난한 자들에게는 확실히 기쁜 소식이다. 복음은 말하기를, 그리스도 안에서는 가난한 자들이 교양 있는 자나 배운 자, 부자들과 똑같이 유업을 받을 수 있다고 하기 때문이다. 하나님께서는 이같은 외적 환경은 전혀 보지 않으신다.

B. 상심한 자를 고치심.

오늘날 많은 사람들이 여러 가지 이유로 마음이 상심해 있다. 어떤 사람은 변덕스런 남편 때문에, 어떤 사람은 부정한 아내 때문에 마음이 상해 있다. 또 어떤 사람들은 배은망덕한 자식 때문에 혹은 믿지 않는 부모 때문에 마음이 상한다. 마음이 완전히 상한 상태는 아니지만 거의 모든 사람이 조금씩은 마음의 고통을 가지고 있는 것처럼 때로 보인다.

그런데 그리스도께서 상처받은 마음을 고치려고 오신 것이다. 그리스도를 영접하는 자들에게는 그리스도께서 계신다는 사실만으로도 평안과 위로를 받는다. 그리스도는 위대한 의사이시고, 상한 마음을 고치는 법을 알고 계신 분은 그리스도뿐이다.

이같은 치유 사역이 오늘날만큼 필요한 때가 없었다. 사람들 마음의 혼란을 치료하기 위한 향유 한 방울이 사람의 정신적 질병을 고치기 위한 약 한 통보다 더 큰 효과를 발휘하는 경우가 종종 있다. 오늘날은 기독교 사역이 크나큰 도전을 받을 뿐 아니라 그만큼 큰 기회도 부여받은 시대이다.

C. 포로된 자에게 자유를 주심.

죄인은 사탄에게 포로로 잡혀 있다. 죄인은 인생의 전투에서 사탄에게 사로잡힌 것이다. 사람은 적의 포로이므로 마땅히 살아야 하는 대로 자유롭게 살 수가 없다.

그러나 그리스도께서 포로된 자를 자유케 하려고 그를 풀어주려고 오셨다. 이 사실은 지금도 기쁜 소식이다.

D. 눈먼 자를 보게 함.

성경에서는 죄인을 죽고 병들고 감옥에 갇혀 있고 어둠 가운데 사는 자로 묘사한다. 구원은 이 모든 상태에서 죄인을 구출하는 것이다.

이들의 슬픈 운명을 동정하셔서 예수께서 눈먼 자들을 고쳐 주셨다. 그러나 이것은 또한 죄로 말미암아 영적으로 눈먼 사람들을 보게 해 주신다는 사실을 상징하였다.

E. 눌린 자를 자유케 하심.

오늘날 많은 사람들이 마음이 산산이 부서지고 죄로 말미암아 파괴되고 인생의 무거운 짐에 짓눌려 살고 있다. 이런 사람들에게 그리스도인은 희망의 메시지를 가지고 갈 수 있다. 동정심이 많으신 그리스도께서도 죄로 말디암아 낙담하였는데 자신의 죄가 아니라 우리 죄 때문에 그러셨다. 그러나 십자가에서 예수께서 비극을 당하신 것처럼 보인 일이 그리스도를 영접하는 모든 자에게 승리가 되었다. 예수 그리스도 안에 있는 모든 자는 자유를 얻는다. 압제당하는 자가 자유로워진다.

누가복음 제5장

낚시의 비결

5:4. "깊은 데로 가서 그물을 내려 고기를 잡으라."
5:5. "말씀에 의지하여 내가 그물을 내리리이다."
5:10. "이제 후로는 네가 사람을 취하리라."

I. 역사적 배경

이 사건이 마태복음 4:18-22과 마가복음 1:16-21의 네 어부를 부르신 바로 그 일인지에 대해서는 아직도 논란이 분분하다. 믿을 만한 학자들이 이 문제를 놓고 의견이 갈리어 있다. 마태와 마가는 이 사건을 예수님의 갈릴리 사역 맨 초두에 기록하고 있다. 반면에 누가복음에서는 이 사건에 앞서 갈릴리 여행을 하신 것(4:44)과 일곱 가지 기적을 행하신 것이 나와 있다.

II. 용어 해설

예수께서 어느 날 "게네사렛 호숫가에"서 계셨다. 신약에서 이 게네사 렛 호숫가의 이름이 나오는 곳은 여기뿐이다. 마태와 마가는 한결같이 이 곳을 "갈릴리 바다" 혹은 그냥 "바다"라고 언급한다. 이 호숫가에 사는 사 람들에게는 이 호수가 바다 같았다. 마가는 베드로의 관점을 반영하여 바 다라고 부르고 있다. 그러나 누가는 이곳을 호수라고 정확히 언급하는데, 이는 그 곳이 길이 21Km에 폭 11Km밖에 되지 않기 때문이다. 게네사렛 이란 이름은 이 호수 북서쪽에 있는 작은 평야(길이 5Km 폭 2.4Km 가 량)에서 나온 것이다.

여기에 나오는 "배"는 좀더 정확히 번역하자면 "작은 배"이다. 사실 이 배는 오늘날도 갈릴리 바다에서 볼 수 있는 길이 6m에서 12m 정도 작은 어선이었을 것이다. 여기서 "그물"이란 고기를 많이 잡기 위해 바다 속으로 끌어당기는 예인망을 가리킨다. 오늘날도 어부들이 이 그물을 씻어 햇볕에 말리는 것을 볼 수 있을 것이다. "호숫가"란 말을 좀더 정확히 번역하자면 "물살 끝에"이다.

III. 교리적 의의

하나님의 뜻에 순종하면 언제나 복이 오는 법이다. 베드로는 순종함으로 많은 보상을 거두었다.

IV. 실천적 목표

어떻게 하면 사람을 잘 낚는 어부가 될 수 있는지를 보여 주는 것이다. 베드로의 본을 따르면 우리도 그와 같은 결과를 거둘 수 있을 것이다.

V. 설교 개요

제목: "낚시의 비결."

도입부

이 일은 가버나움 근처에 있는 갈릴리 호숫가에서 일어났다. 너무나 많은 사람들이 몰려들어 예수께서 바다로 밀려나 빠질 지경이 되었다.

바다 물살 끝에, 혹은 해변 가까이에 고깃배 두 척이 정박하고 있었다. 두 태 중 하나에 올라 예수께서 배 임자인 베드로에게 배를 바닷가에서 조금 띄워달라고 하셨다. 그리고 나서는 유대 랍비의 관습대로 앉아서 호숫가에 모여들고 있는 사람들을 가르치셨다.

배를 즉석 "강단"으로 쓸 수 있도록 청하고 나서 예수께서는 베드로에게 그기를 많이 잡게 해 주어서 배 빌린 삯을 후하게 주셨다. 예수께서는 누구에게도 빚을 지려고 하시지 않으신다.

A. 배를 띄움.

"깊은 데로 가서." 사람들이 실패하는 주요한 한 가지 이유는 깊지 못하다는 것이다. 얕은 물에는 큰 고기가 살지 못한다. 인생의 어떤 영역에서든 성공하려면 이 교훈을 귀담아 들어야 한다. "깊은 데로 가라."

"모험이 없으면 성공도 없다"는 말은 널리 적용되는 원리이다. 사업 세계에서도 물고기를 많이 잡는 사람은 깊은 데로 "가는" 사람이다. 어떤 사람들은 작은 연못에서 잔챙이 몇 마리 잡는 것으로 만족하지만 이 사람은 호수 깊은 데로 가서 생선을 배에 가득 싣고 돌아온다.

버나드 김벨(Bernard Gimbel)이 그러한 사람이었다. 버나드의 아버지는 길모퉁이 작은 식품점을 갖고 있었다. 버나드는 계속해서 더 큰 세계로 밀고 나갔다. 마침내 버나드는 훨씬 더 멀리 벗어나 어떤 것을 마음 속에 그렸다. 아버지와 형제들의 강한 반대가 있었지만 버나드는 뉴욕이라는 깊고 위험한 재정의 바다에 들어가기로 마음 먹었다. 너무나 어리석은 일처럼 보였다. 그러나 그 결단으로 버나드는 백만장자가 되었다.

같은 원리가 기독교 사역에도 적용된다. 목사는 계속 바뀌어도 교회는 일 이십 년이 되도 고만고만하다. 갑자기 어떤 일이 발생한다. "절망적인" 상황이 생기를 얻고 불과 몇 달 만에 성공 가도를 달리게 된다. 어떻게 해서 이런 차이가 발생하였는가? 신임 목사가 자기 구역의 잃어버린 영혼을 구하기 위해 공격적인 전도 운동이라는 깊은 바다로 밀고 들어갔기 때문이다. 신임 목사는 이내 고기를 많이 잡았다. 이같은 일이 대대적인 복음전도 운동에도 일어나고 있다.

용기 있는 행동이 성공의 큰 비결 중 하나다. 겁많은 사람은 결코 큰 승리를 거두지 못한다. 게으른 "성도"는 큰 승리를 얻을 수 없다.

B. 그물을 내려 놓음.

"그물을 내려." 베드로가 깊은 데로 가는 것만으로는 충분치 않았다. 깊은 데는 고기가 많이 있었다. 그러나 고기를 잡으려면 그물을 내려야 했다.

주일학교장인 목사나 제직회가 큰 사업을 계획하는 때가 있다. 그러면 교인들 사이에 열심이 생기고 분위기가 활발해 진다. 큰 일을 벌일 것이라고 생각하는 것이다.

그러나 사람들이 떠들썩하게 말한다고 해서 결과도 그만한 것이 나오는 것은 아니다. 정말로 중요한 점은 "끝까지 다한다"는 것이다. 세웠던 계획이 결국은 골치 아픈 문제거리로 끝날 수가 있다. 지역 사회의 고기들을 잡으려면 교회는 지속적으로 그리고 열심히 방문 전도팀을 보내어 그물을 내려야 할 것이다. 현대인이라고 하는 약아빠진 "고기들"은 아무리 구미에 당기는 미끼를 던져도 좀처럼 걸려들지 않을 수가 있다. 고기들을 잡으려면 고기가 있는 곳으로 가야 한다.

C. 끌어들임.

"고기를 에운 것이 심히 많아." 주께서 깊은 데로 가서 그물을 내리라는 명령을 내시자 베드로가 이의를 달았다. "우리들이 밤이 맞도록 수고를 하였으되 얻은 것이 없었나이다." 불가능한 일을 해 보려고 다시 더 시간을 낭비하는 것은 어리석은 일이라고 생각한 것이다.

그러나 다행스럽게도 베드로는 거기서 그치지 않았다. 베드로가 이어서 말했다. "없지만 말씀에 의지하여 내가 그물을 내리리이다." 그리스도께서 우리보다 더 잘 알고 계시며 그리스도의 명령이 어리석어 보일지라도 기꺼이 그 명령에 따를 때 성공하리라고 소망할 수 있다. 사람을 낚는 일에 있어 가장 중요한 비결은 순종이다. 베드로가 주님의 명령에 순종하자 놀랍고 볼 만한 결과가 나왔다. 물 속에 내렸던 그물에 큰 물고기들이 가득 담겨 그물이 거의 찢어질 지경이 되었다. 베드로와 안드레가 동료인 야고보와 요한에게 열심히 손짓을 하였다. 네 어부가 함께 겨우 그물을 끌어내었다. 고기를 너무 많이 잡아 배가 가라앉을 지경이 되었다. 베드로가 순종함으로 베드로가 받은 복을 동료들도 함께 나눌 수 있게 되었다.

그때 예수께서 베드로에게 말씀하셨다. "이후로는 네가 사람을 취하리라." 이것은 그리스도께서 인생에서 부르시는 최고의 부름이 될 것이었다. 그리고 그것은 지금도 마찬가지이다.

누가복음 제6장

침소봉대하기

6:2. "어찌하여 안식일에 하지 못할 일을 하느뇨?"
6:5. "인자는 안식일의 주인이니라."
6:9. "안식일에 선을 행하는 것과 악을 행하는 것, 생명을 구하는 것과 멸하
　　는 것, 어느 것이 옳으냐?"

Ⅰ. 역사적 배경

위 세 본문이 나오는 두 사건은 예수님과 바리새인들 사이에 벌어진 다
섯 번의 충돌 가운데 맨 마지막이다. 첫번째 충돌은 사죄하는 예수님의 권
세에 대한 것이었다(5:21). 두번째 충돌은 예수께서 세리와 죄인들과 교제
하는 것에 대한 것이었다(5:30). 세번째는 금식에 대한 질문을 놓고 충돌
이 일어났다(5:33).

첫번째 반대는 예수님의 신성을 깨닫지 못한 데서 생겼다. 하나님만 죄
를 사하실 권세가 있다! 당연한 얘기다. 그런데 예수께서 하나님이셨다. 그
래서 사람들의 죄를 용서한다고 선언하실 권리가 있었던 것이다.

두번째는 예수님의 신성을 이해하지 못한 데서 생겼다. 예수께서는 친히
사람의 몸을 입으셨을 뿐만 아니라 또한 진정 사람으로서 생활하셨다. 예
수께서 사람들의 생활에 개입하신 것이다. 바리새인들은 "분리주의자"였
다. 바리새인이라는 단어가 바로 그것을 뜻한다. 예수께서는 죄인들을 구
원하기 위해 죄인들 가까이에 가셨다.

세번째 비판에서는 당시 바리새인들이 금욕주의를 강조한 것이 나타났
다. 모세 율법에서는 1년에 한 차례 금식할 것을 규정하였다. 그런데 이때

경건한 바리새인들은 일주일에 두 번씩 금식하였다(18:12). 예수께서는 정 상적인 행복한 생활은 우울한 것이 아니라 기쁨이 발산되는 것이라고 믿 으셨다. 바로 이 점이 바리새주의와 기독교 사이의 큰 차이점이었다.

II. 용어 해설

본문에 나오는 첫번째 사건은 "안식일"에 발생하였다. "밀밭"은 "곡식 밭"이고, "밀이삭"은 "곡식 이삭"으로 번역해야 한다. 사실 그 곡식은 보리 나 밀이었을 것이다.

"진설병"(4절)은 문자적으로 하면 "내놓은 떡 덩어리" 즉 "하나님 앞에 드리는 떡"이었다. 그것은 그리스도를 생명의 떡으로 아름답게 묘사한 것 으로 우리가 영혼을 살찌우기 위해 먹어야 하는 것이다.

"엿보니"(7절)란 헬라어에서는 강한 뜻을 지닌 합성어로 "찬찬히 살피 다" 혹은 "꼼꼼히 관찰하다"는 뜻이다. 바리새인들은 예수께서 자기들이 비판할 만한 일을 하기를 기대하고서 예수님을 주의깊게 감시하고 있었다. 이런 태도 때문에 이들은 침소봉대하는 일을 하곤 했다.

III. 교리적 의의

안식일 준수는 유대교에서와 마찬가지로 기독교에서도 중요한 사항이었 다. 우리가 할 일은 이 중요한 주제에 대해 예수께서 어떤 말씀을 하시는 지 살펴 보는 것이다.

IV. 실천적 목표

으리 주께서 우리가 요한계시록 1:10에서 말하는 대로 "주의 날"을 어 떻게 지키기를 바라시는지를 알아 보는 것이다.

V. 설교 개요

제목: **"침소봉대하기."**

도입부

　소인들은 하찮은 문제를 중요하게 생각한다. 큰 사람들은 정말로 중요한 문제에 깊은 관심을 쏟는다. 이러한 차이에서 우리 인격의 정도가 드러난다. 우리는 삶에서 정말로 중요한 문제들을 중요하게 생각하고 있는가?

　바리새인들은 안식일 준수의 세세한 문제에 지나치게 관심을 보였다. 사실 탈무드에서는 이 주제에 대해 기술하는데 24장밖에 할애하지 않는다. 바리새인들은 예수와 그 제자들이 랍비 유대교의 사람이 만든 규례를 지키지 않은 것에 대해 비난할 기회를 두 차례 발견하였다.

A. 해야 할 일은 어떤 것인가?

　"어찌하여 안식일에 하지 못할 일을 하느뇨?"예수님과 열두 제자가 익은 곡식 밭을 지나가고 있었다. 배고픈 제자들이 이삭을 자르기 시작했다. 제자들은 밀이삭을 손으로 비벼서 껍질을 불어 날린 다음 속알맹이를 먹었다.

　이 모든 것은 매우 적법한 행동이었다. 모세 율법에서는 이런 일에 다음과 같이 명확히 말하고 있다. "네 이웃의 곡식밭에 들어갈 때에 네가 손으로 그 이삭을 따도 가하니라"(신 23:25).

　그러나 문제는 이 일을 안식일에 했다는 데 있었다. 제자들이 일을 하고 있었다는 것이다. 밀이삭을 자를 때 추수하는 일을 하였고, 손으로 밀이삭을 비빌 때는 타작하는 일을 하고 있었다고 보는 것이다. 또 겨를 불어날릴 때는 키질하는 일을 하였다는 것이다. 바리새인들의 눈에는 제자들이 실제로 율법을 어기고 있는 것으로 비쳤다.

　이 바리새파 비평가들은 전형적인 율법주의자로서 침소봉대하는 사람들이었다. 이들이 볼 때 제자들의 죄없는 한 두 가지 행동이 안식일에 들판에서 하루 종일 추수하고 타작하며 키질하는 힘든 일을 하고 있는 것만큼이나 잘못된 것이었다. 도덕적 가치 기준을 제대로 평가하지 못하는 것이 율법주의자들의 특징이다.

B. 주님은 어떤 분이신가?

　"인자는 안식일의 주인이니라." 예수께서는 랍비들의 이 모든 결의론을 물리치고 안식일의 주인으로서 자신의 권위를 세우셨다. 예수께는 안식일에 할 수 있는 것과 할 수 없는 것을 선포하실 권한이 있었다. 예수님의 제자들이 걸어가면서 주님과 즐거운 대화를 나누며 곡식을 좀 먹는 것이 아주 정당하다고 말씀하셨다면 그것은 옳은 일이었다.

기독교는 사랑과 기쁨과 평화의 종교이다. 그리스도를 따르는 자들에게는 이 세 가지 덕목이 특징으로 드러나야 한다. 이것이야말로 그리스도인들이 올라가야 할 참된 종교적 경험의 산들이다. 그런데 율법주의자들은 무정하고 사랑이 없으며 기쁨이 없는 태도를 가지고 이 산을 두더쥐가 파놓은 흙더미로 바꾸어 버린다. 율법주의자들에게는 모든 것이 엄격한 의무이다. 자신이 하는 일을 즐기는 것은 죄악의 표시라고 생각했다. 그러나 예수께서는 그렇게 생각지 않으셨다. 예수께서는 인생을 마음껏 사셨고 인생에 새로운 의미와 신성함을 부여하셨다.

C. 왜 생명을 구하는 것이 옳은가?

"안식일에 선을 행하는 것과 악을 행하는 것, 생명을 구하는 것과 멸하는 것, 어느 것이 옳으냐?"

안식일을 제정하신 이유가 무엇인가? 규례를 또 하나 만들기 위해서가 아니라 생명을 구원하기 위해서였다.

예수께서는 생명을 참으로 귀중하게 보셨다. 예수께서는 이렇게 선언하셨다. "안식일은 사람을 위하여 있는 것이요 사람이 안식일을 위하여 있는 것이 아니니"(막 2:27). 하나님께서 안식과 예배를 위한 한 날을 정하신 것은 사람에게 안식과 예배가 필요함을 아셨기 때문이다. 즉 사람에게는 육체의 안식과 영혼의 예배가 필요한 것이다.

그러면 안식일에는 어떤 일을 해야 하는가? 이 문제에 대해서는 그 동안 많은 논의가 있었다. 그런데 예수께서는 아주 단순하게 답변하셨다. 여기서 예수님은 수사적인 표현으로 답변하신다. "안식일에 선을 행하는 것과 악을 행하는 것 … 어느 것이 옳으냐?" 이 답변은 분명하다. 예수께서 친히 그 답변을 단정적으로 말씀하신다. "그러므로 안식일에 선을 행하는 것이 옳으니라"(마 12:12). 우리와 다른 사람에게 선한 것이라면 어떤 것이든 주님의 날에 행하기에 합당한 일이다.

누가복음 제7장

인정 많으신 그리스도

7:13. "주께서 과부를 보시고 불쌍히 여기사 울지 말라 하시고."

I. 역사적 배경

이 장 앞부분에는 가버나움에 있는 백부장의 종을 고치신 사건이 나온다. 백부장은 유대의 장로들을 보내어 예수께서 오셔서 사경을 헤매고 있는 종을 고쳐 주시기를 구했다. 심부름을 맡은 사람들이 예수께 그 백부장이 자기들에게 회당을 지어 주었다고 말씀드렸다. 백부장이 전에는 다른 사람들을 도왔는데 이제는 자기가 도움이 필요하게 된 것이다.

예수께서 그 집으로 가시는데 백부장이 또 한 번 전갈을 보내 왔다. 자기는 주님을 집에 들어오시라고 청할 만한 사람이 되지 못한다는 것이었다. 사실 그는 자기가 예수님께 직접 말씀드릴 만한 사람이 되지 못한다고 생각했다. 주님께서 하실 일이라곤 멀리서라도 말씀만 하시면 자기 종이 나으리라고 했다. 백부장이 이같은 믿음을 보이므로 예수께서 기이하게 여기셨다. 그리고 그의 믿음은 보상을 받았다.

그리스도와 제자들이 가버나움에서 갈릴리 호수 서쪽가를 따라 걸어내려가 나인성으로 들어가셨는데, 나인성까지는 40km 정도 하룻길이 족히 되는 거리였다. 나인성은 길보아 산과(갈릴리와 사마리아의 경계 노릇을 하는) 에스드렐론 평지의 다볼 산 사이에 있는 "작은 헤르몬산" 기슭에 자리잡고 있었다.

II. 용어 해설

14절에 "관"이라고 했는데 관대(棺臺)가 더 정확한 번역이다. 혹은 관대가 아니더라도 적어도 뚜껑을 덮은 관은 아니었다. 청년이 "일어나" 앉았기 때문이다(15절). 아마도 이 관은 오늘날 이슬람교 장례식에서 볼 수 있듯이 시신을 눕힐 수 있는 널따란 나무 판자였을 것이다. 이 당시의 매장이란 자연 그대로의 단순한 방식이었다.

그 청년은 불과 한 두 시간 전에 죽었다. 팔레스타인의 기후가 덥고 현대적인 시신처리 기술이 없었기 때문에 사람이 죽으면 바로 당일에 매장해야 했던 것이다.

III. 교리적 의의

누가는 예수님을 사람의 아들로 묘사한다. 이 사건은 누가가 인정 많으신 그리스도의 모습을 잊을 수 없게 그리는 장면 중 하나다. 주님은 슬퍼하고 고통당하는 사람들에게 자애로운 사랑을 보이셨다.

IV. 실천적 목표

그리스도께서 위급한 상황에 처해 있는 우리에게 오셔서 어떻게 우리의 필요를 충분히 채우시는지를 보여 주는 것이다. 예수께서 해결하기 어려운 상황이란 없고 처리하실 수 없는 환경이란 없다. 예수님 앞에서 절망적인 경우란 없다. "예수 그리스도는 어제나 오늘이나 영원토록 동일하시다." 예수께서는 이 과부에게 하셨던 것처럼 깊디 깊은 슬픔과 뼈저린 고통 가운데 있는 우리를 도우실 수 있다.

V. 설교 개요

제목: "인정 많으신 그리스도."

도입부

예수님의 지상 사역에 대해 복음서 기자들은 말하기를 "예수께서 두루 다니시며 착한 일을 행하셨다"고 하였다. 예수께서는 지금도 두루 다니시며 착한 일을 행하고 계신다. 예수께서는 결혼식 뿐 아니라 장례식에도 참석하신다. 예수님은 우리의 즐거움만이 아니라 슬픔도 함께 하신다. 예수께서는 거기 계셔서 우리의 곤경을 해결해 주신다.

A. 상황을 이해하심.

"한 죽은 자를 매고 나오니 이는 그 어미의 독자요 어미는 과부라." 나인(Nain)은 언덕에 자리잡고 있는 성읍이었는데, 지금은 이스라엘 네인(Nein)의 현대화된 아랍 촌락 바로 가까이에 있는 곳이다. 따르는 무리들과 함께 예수께서 성읍으로 걸어가고 계셨다. 무덤을 지나 성읍 문 가까이에 이르렀을 때 측은히 여기지 않을 수 없는 장면을 보셨다. 사람들이 관대(棺臺)를 메고 왔는데, 그 위에 죽은 청년이 누워 있었다. 그 뒤에 쓸쓸히 한 사람이 따라오고 있었다. 깊은 슬픔으로 몸을 구부리고 오는 여인이었다. 곁에 남편이 없었고 자신의 어려움을 보살펴 줄 아들도 없었다. 그 상황을 볼 때 여인은 과부이고 죽은 자는 그 여인의 외아들인 것이 분명하였다.

예수께서는 한 눈에 이 모든 것을 아셨다. 그리고 그 상황이 무엇을 의미하는지도 아셨다. 그 여인은 사랑하는 사람들을 다 잃었을 뿐만 아니라 경제적으로 전혀 돌봄을 받을 수 없게 된 것이다. 왜냐하면 집안에서 남편이 죽으면 집의 가장은 어머니가 아니라 장남이었기 때문이다. 장남이 전적으로 어머니를 부양해야 했다. 이 경우에는 다른 아들이 없었기 때문에 여인 스스로가 경제적으로나 사회적으로 자신을 돌보아야 했다.

지금과는 다르게 당시는 여자가 사무실이나 가게나 공장, 어디에서든 직업을 가질 수 없었다. 따라서 이 과부는 자신의 유일한 부양자를 잃은 것이다. 남편과 외아들을 잃은 슬픔에다 재정적 궁핍의 두려움까지 겹친 것이다. 과부의 상황은 참으로 슬펐다. 성읍 사람들이 과부에 대해 동정을 보이려고 했지만 과부의 마음은 외롭기 그지 없었다.

B. 위로 없는 자를 위로하심.

"울지 말라." 과부의 비극적인 상황을 전부 아시게 되자 예수님은 측은한 심정이 드셨다. 예수께서 과부 곁으로 걸어가셔서 부드러운 목소리로

"이제 그만 울어라"고 말씀하셨다.

과부는 틀림없이 놀란 얼굴을 했을 것이다. 울 권리가 있는 사람이 있다면 바로 이 과부가 그런 사람이었다. 필시 과부는 예수님의 이런 말씀에 화가 났을 것이다. 안으로 삼키고 있는 슬픔을 발산할 수 있을 때라곤 지금뿐이었다.

그러나 예수님은 결코 냉혹하거나 무정한 분이 아니시다. 예수께서는 어떤 일을 해야 할지 아셨다. 그녀의 슬픔이 곧 기쁨으로 바뀔 것이었다.

그리스도의 명령에 순종하려면 그리스도에 대한 확신이 필요하다. 믿음이 있으면 순종하게 되는 법이다. 예수께서 어떤 것이 최선인지 아시고 우리에게 최선의 것을 해 주실 수 있고 또 그럴 뜻도 가지고 계시다는 것을 믿는다면 순종하게 되는 것이다.

C. 죽은 자에게 명령함.

"내가 네게 말하노니 일어나라." 이 과부에게 울지 말라고 하신 것이 분별 없는 행동처럼 보였다면 과부의 죽은 아들에게 일어나라고 명령하신 것은 너무도 터무니 없는 말씀이었다. 그런데 예수께서 그 말씀을 하시자마자 청년이 일어났다. 그 청년은 자신이 완전히 살아있다는 것을 보여 주기 위해 말하기 시작했다. 그 청년이 무슨 말을 했는지 우리는 모른다. 그러나 그 청년은 자기 어머니에게 깊은 사랑을 가지고 말을 하고 예수께는 자기 생명을 다시 살려주신 것에 대해 감사의 말을 했을 것이다.

주께서는 그 청년에게 늘상 자기를 따라다니며 섬기라고 하지 않으셨다. 그렇게 하시지 않고 "예수께서는 그를 어미에게 주셨다." 이 청년의 첫째 책임은 가정을 돌보는데 있었다. 그의 어머니는 그의 힘이 절대로 필요하였던 것이다. 그리스도께서는 삶의 모든 영역에 대해 관심이 있으시다. 우리의 영적 필요뿐 아니라 사회적 · 경제적 필요에 대해서도 관심이 있으신 것이다. 그리고 예수께서는 어떤 필요든지 채우실 수가 있으시다. 예수께서는 우리가 신뢰할 만하게 모든 일을 하실 것이다.

누가복음 제8장

인생의 크나큰 세 가지 위협거리

8:14. "가시떨기에 떨어졌다는 것은 말씀을 들은 자니 지내는 중 이생의 염
려와 재리와 일락에 기운이 막혀 온전히 결실치 못하는 자요."

I. 역사적 배경

예수께서는 이때 갈릴리에서 복음을 전하며 다니시는 중이었다. 1절에
는 예수께서 "각 성과 촌에 두루 다니시며 하나님의 나라를 반포하시며
그 복음을 전하실새"(1절)라는 말씀이 나온다. 여기에 나오는 두 분사의
문자적 의미는 "반포하며 복음을 전하실새"이다.

열 두 제자 외에도 "어떤 여자들"(2절)이 주님을 따라다녔다. 이 세 여
자의 이름은 막달라 마리아, 요안나, 수산나이다. 마리아한테서는 예수께서
일곱 귀신("마귀"가 아니다)을 쫓아내셨다. 요안나는 갈릴리를 통치한 헤
롯 안디바의 청지기인 구사의 아내였다. 수산사는 이름 외에는 달리 알 수
있는 것이 없다. 고마운 이 세 여자들이 주님께 음식과 의복을 마련해 드
리는 일을 도왔다. 이들은 "자기 소유로 저희를 섬겼다."

많은 무리가 갈릴리 호숫가에 모이자 예수께서 사람들에게 비유로 가르
치기 시작하셨다. 씨 뿌리는 자의 비유는 세 공관복음서에 모두 기록되어
있는데, 예수님의 많은 비유 가운데 가장 잘 알려진 비유 중 하나이다. 다
행히도 예수께서 친히 그 비유의 의미를 충분히 설명해 주셨다.

II. 용어 해설

"비유"란 헬라어 파라볼레에서 나온 말이다. 헬라어 파라볼레는 문자적

으로 하면 "곁에 던져진 것" 그래서 비교가 되는 것을 뜻한다. 우화와 다르게 비유는 언제나 생활에서 실제로 일어나는 일이다.

밭에는 좁은 길이 많이 나 있었다. 그래서 씨 뿌리는 자가 손으로 씨를 두루두루 뿌리다 보면 씨 가운데 더러는 단단하게 다져진 길에 떨어지곤 하였다. 그러면 새들이 와서 집어 먹어버렸다. 팔레스타인 땅은 또 밑에 암반이 많아서 씨 가운데는 암반 위로 얇게 덮인 흙에 떨어지는 것도 있었다. 그러면 그 식물은 뿌리를 깊이 내리지 못하기 때문에 곧 시들어 죽고 말았다. 이 두 경우 모두 곡식이 맺히지 못했다.

III. 교리적 의의

이 비유에서는 복음 전파의 결과는 하나님께서 씨 뿌리시는 일뿐만 아니라 사람들의 반응에도 달렸다는 것을 뚜렷이 볼 수 있다. 예수께서는 먼저 예수님의 가르침에 대한 다양한 반응에 대해 말씀하셨다. 여기에 묘사된 네 종류의 토양은 예수님의 말씀을 듣는 청중들에게서 볼 수 있는 것이었다.

하지만 이 진리는 오늘날에도 그대로 적용된다. 하나님의 말씀을 아무리 명료하고 힘있게 전파할지라도 그 결과는 주로 듣는 사람들의 태도에 따라 좌우된다. 어떤 교회에서든 이 네 가지 토양의 교인들을 볼 수 있을 것이다. 예수님의 말씀을 들은 사람들이라고 해서 모두 구원에 이른 것은 아니다. 그 점은 우리의 경우도 마찬가지일 것이다.

IV. 실천적 목표

하나님의 말씀이 전파될 때 "깊이" 반응하는 것이 중요함을 가르치는 것이다. 듣는 자들은 말씀을 듣고서 어떻게 해야 할 것인지에 대한 책임은 말씀을 전하는 자에게 있지 않고 듣는 자기들에게 있다는 것을 깨닫도록 자극받을 필요가 있다. 듣는 사람들이 복음을 무관심하거나 피상적으로 대한다면 구원을 잃어버리게 될 것이다.

V. 설교 개요

제목: "인생의 크나큰 세 가지 위협거리."

도입부

씨 뿌리는 자의 비유는 토양의 비유라고 하는 것이 더 적절할 수도 있다. 이 비유에서 강조하는 바는 씨가 뿌려진 네 종류의 흙이기 때문이다. 단단하거나 얇은 흙에 씨를 뿌리면 아무런 열매를 거두지 못한다. 그런데 본문에서 우리가 이 네 종류의 흙 가운데 주의를 기울고 싶은 것은 가시떨기가 나 있는 땅이다. 예수께서는 가시떨기를 인생에서 겪는 세 가지라고 허석하셨다.

A. 염려.

이 헬라어는 "다른 여러 방향으로 생각이 끌리다"는 뜻의 동사에서 유래하였다. 따라서 이 단어는 마음의 산만함이나 "인생의 걱정거리"를 가리킨다. 이것은 영적 성장에 지극히 큰 위협거리이다. 오늘날 염려는 줄어드는 것이 아니라 더 늘어나고 있다. 이 당시는 생활이 매우 단순했다. 이때는 아무런 방해를 받지 않고서 집에서 다소 조용하게 하루를 지낼 수 있었다.

그러나 이제 그것은 지나간 과거의 일이다. 초인종, 전화, 라디오, 텔레비전, 이 모든 것이 우리에게 주의를 기울이라고 아우성이다. 이제는 생활이 복잡해졌고 정신을 훨씬 더 산란하게 만든다. 한 번에 여러 가지 일에 주의를 기울이게 되어 정신이 산만해진다. 오늘날 사람들 대부분이 조용히 지내거나 성장을 위해 시간을 내는 법을 모른다.

그 다음에 사람들의 걱정거리도 늘어났다. 강한 심리적 압박감을 주는 광고가 이런 현상을 일으키는데 한몫 하는 것 같다. "너무도 손쉽게 외상으로 물건을 살 수 있기" 때문에 사람들은 꼭 사야 할 것 이상으로 물건을 구입하고, 매달 대금을 갚아나가게 될 때는 전전긍긍하게 된다. 이런 압박감 때문에 인생에서 좀더 중요한 것들에 관심을 기울이지 못하게 되는 것이다. 사람들은 부끄러워서 자신의 어리석은 일을 도와달라고 기도도 못한다. 그래서 계속해서 염려를 하게 된다.

염려는 정서적 불안이나 정신적 질병의 주요 요인 중 하나이다. 그러나 사회적 관계에 곤란을 겪는 지경에 이르렀다면 그보다 훨씬 전에 하나님과의 교제가 중단되었을 수 있다. 염려는 믿음을 질식시키며 신뢰를 억압하며 주님에게서 멀어지게 만든다.

B. 재리.

오늘날처럼 사람들이 높은 수입을 벌어들이는 때가 없었다. 사람들의 품삯과 봉급은 더 많아졌지만 저축은 그렇지 않다.

그러나 사람들이 이전 어느 때보다 더 많은 돈을 쓸 수 있다는 바로 그 사실 때문에 재리가 주는 위협은 훨씬 더 심각해진다. 오늘날은 "큰 돈"을 벌 수 있는 방법이 얼마든지 있다. 사람이 한 달에 300만원을 벌 수 있다면 200만원에 만족하며 살 이유가 있겠는가? 그렇지만 사람들의 만족은 거기서 그치지 않는다. 그 다음에는 400만원, 그 다음에는 500만원을 벌려고 할 것이다.

우리가 조심하지 않으면 오늘날에는 돈이 우리의 마음을 목조르게 될 것이다. 사람들은 돈 벌 궁리만 생각하게 된다. 먹을 때도 돈 생각, 자나깨나 돈 벌 생각만 하게 된다.

그래서 시편 기자는 이렇게 경고했다. "부가 쌓일지라도 거기에 치심치 말지어다." 오늘날 대부분의 사람들이 부를 쌓고 있다. 우리의 영혼을 구원하려면 우리는 부에 마음을 쏟아서는 안 된다.

C. 일락.

오늘날처럼 온 국민이 쾌락을 좋아하는 때가 일찍이 있었는가? 오늘날은 오락이 큰 사업이다. 이것은 수백 군데도 더 되는 오락 센터에서 뿐만 아니라 우리 가정에서도 마찬가지이다. 건설적인 대화 대신에 텔레비전을 보는 것으로 시간을 낭비하고 있다. 너무도 많은 사람들이 유익한 독서 대신에 TV 보는 것으로 시간을 낭비하고 있다.

사람들이 해마다 쾌락을 위해 지불하는 돈을 다 합산할 수 있다면 기절해 자빠질 정도가 될 것이다. 그러나 그런 돈을 다 합산할 수 있는 길은 없다. 자료를 모으고 재정적인 보고를 받을 수는 있을지 모른다. 그렇게 한다 해도 그 엄청난 총액을 알 수는 없을 것이다. 사람들은 시간을 낭비하고 신경이 지칠 대로 지치게 되며 감정이 시달리며 의지가 약해지는 값을 치르고 있기 때문이다. 쾌락은 언제든지 우리의 변덕스런 비위를 잘 맞추는 여종의 모습으로 나타난다. 하지만 결국에는 그것은 끔찍한 노예 주인이 된다. 라일 주교(Bishop Ryle)는 이렇게 말한다. "돈과 쾌락, 이 세상의 일상사가 사방에 올가미를 놓아 영혼들을 사로잡는다."

누가복음 제9장

제자도의 시험

9:58. "인자는 머리 둘 곳이 없도다."
9:60. "죽은 자들로 자기의 죽은 자들을 장사하게 하고 너는 가서 하나님의
나라를 전파하라."
9:62. "손에 쟁기를 잡고 뒤를 돌아보는 자는 하나님의 나라에 합당치 아니
하니라."

Ⅰ. 역사적 배경

예수께서는 공생애 사역의 중요한 시기를 갈릴리에서 보내셨던 것 같다. 이제 예수께서는 마지막으로 갈릴리를 떠나려고 하셨다. 누가는 이렇게 기록하고 있다. "예수께서 승천하실 기약이 차가매 예루살렘을 향하여 올라가기로 굳게 결심하시고"(51절).

다음에 이어지는 9:51-19:28에서는 소위 예수님의 베뢰아 사역이라고 하는 부분을 보게 된다. 다음 몇 달 동안 주님은 요단강 동편에 있는 이 지역에서 대부분의 시간을 보내셨던 것 같다. 베뢰아는 "건너서"를 뜻하는 헬라어 페란에서 나온 말로 트랜스요르단의 고대 지명이었다. 이 지역은 갈릴리와 더불어 헤롯 안디바가 다스렸다.

예수께서 처음에는 예루살렘에 이르는 최단거리인 사마리아를 통해 곧장 남쪽으로 내려가는 코스를 따라가려고 하셨다. 사람을 먼저 보내어 밤에 묵을 곳을 마련하게 하였다. 그러나 사람을 보내어 묵을 곳을 마련하려고 했던 사마리아 촌에서 예수님의 일행이 예루살렘으로 간다고 해서 묵을 곳을 제공하기를 거절했다. 야고보와 "우레의 아들"인 요한이 하늘을

명하여 불을 내려 이 철면피 같은 사람들을 멸하기를 원했다. 주님께서는 이들의 잘못된 정신을 꾸짖으시고 다른 촌으로 난 길로 가셨다(9:55-56).

II. 용어 해설

"두다"(58절)는 뜻의 헬라어는 "침상"을 나타내는 헬라어와 같은 어근에서 나왔다. 따라서 이 말의 의미는 "쉬다"는 것이다. 예수께서는 머리를 둘 수 있는 자기 거처가 없으셨다. 기록으로서 볼 때, 만물을 창조하신 이께서 일체 소유를 갖지 않으셨다.

"전파하다"(60절)는 일반적으로 이런 식으로 번역되는 단어가 아니라 디앙겔로로서 "널리 공표하다, 선포하다"는 의미이다. 이때는 하나님 나라를 전파할 때였다.

그리스도 시대에는 사람들이 말 그대로 "손에 쟁기를 잡았다"(62절). 사람들은 구부러진 나뭇가지로만 만든 조야한 쟁기를 송아지나 당나귀에 걸어 매고서 단단한 흙을 갈고 있는 모습을 지금도 가끔 볼 수 있다. 쟁기의 한쪽 끝은 손으로 잡았다.

III. 교리적 의의

그리스도의 제자가 되기 위해 치러야 하는 대가는 예수께서 자주 언급하신 주제였다. 이 주제는 세 공관복음에서 모두 좀 두드러지게 나온다. 여기서는 세 사람이 정말로 그리스도의 제자가 되려고 하는지에 대해 시험을 받는다. "따르겠습니다"하고 말하는 것만으로는 충분치 않다. 그리스도를 최우선 순위로 두는데 따르는 대가를 치를 준비가 되어 있어야 한다.

IV. 실천적 목표

예수의 제자가 된다는 것이 참으로 무엇을 의미하는지를 깨닫게 하는 것이다. 본문을 보면 예수의 제자가 되려면 단순히 선한 뜻을 갖거나 초기에 열심을 내는 것만으로는 되지 않는다는 것을 알 수 있다.

V. 설교 개요

제목: **"제자도의 시험."**

도입부

그리스도의 제자가 되려면 그만한 대가를 치러야 한다. 사실은 모든 것을 희생해야 한다. 주께서는 이렇게 경고하셨다. "아무든지 나를 따라 오려거든 자기를 부인하고 날마다 제 십자가를 지고 나를 좇을 것이니라"(23절). 여기서 예수께서는 예수의 제자됨에 함축되어 있는 의미를 세 사람에게 좀더 구체적으로 설명하신다.

A. 완전한 헌신.

"인자는 머리 둘 곳이 없도다." 예수님과 제자들이 예루살렘으로 올라가는 도중에 예수님의 제자가 되려는 열렬한 지망자를 만났다. "어디로 가시든지 저는 좇으리이다"하고 그 사람이 큰 소리로 말했다. 주님은 그의 말에서 피상적인 열심만 있는 것을 느끼셨을 것이다. 그래서 조용하지만 단호한 태도로 말씀하셨다. "여우도 굴이 있고 공중의 새도 집이 있으되 인자는 머리 둘 곳이 없도다."

많은 사람들이 예수님을 따르고 있었다. 여러 면에서 예수님은 팔레스타인에서 매우 인기 있는 사람이었을 것이다. 그래서 예수님 가까이에서 걷고 주님과 동석하는 혜택을 누리는 것이 대단한 일이었을 것이다.

하지만 거기에는 이 사람이 알아야 할 또 다른 면이 있었다. 예수님은 자기 제자들에게 물질적으로 보상해 줄 것이 아무것도 없었다. 제자들이 언제까지든지 주님과 함께 간다면 궁핍과 고초가 따를 것이다.

그러면 이 사람은 그 대가를 기꺼이 지불할 뜻이 있었는가? 우리로서는 그것을 알 수 없다. 아마도 젊은 부자 관원처럼 이 사람도 그 대가가 너무도 커서 돌아갔을 것이다. 오늘날도 많은 사람이 이렇게 한다.

B. 즉각적인 순종.

"죽은 자들로 자기의 죽은 자들을 장사하게 하고 너는 가서 하나님의 나라를 전파하라." 얼핏 볼 때 이 말씀은 가혹하게 보이고 그리스도다운 말씀이 아닌 것처럼 보인다.

서구인의 관점 탓으로 우리는 이 사람의 아버지가 관 속에 누워 있는데 예수께서 그 사람이 장례식에 참석하는 것조차 허락지 않는 것으로 생각하기가 쉽다.

둘론 이것은 사실과 전혀 다르다. 동양에서는 아버지를 제대로 장례하는 책임을 전적으로 장남이 졌다. 이 사람의 아버지는 앞으로도 몇 년 더 살 것으로 보였을 것이다. 그러면 그 동안에 하나님 나라를 전파해야 할 일은 어떻게 될 것인가?

여수님의 제자가 되려면 즉각 순종해야 한다. 조국의 부름을 따르는 군인은 희생해야 한다. 이들은 즉각 따라야 한다. 주님의 군사들도 그렇게 해야 한다.

C. 굳은 결심,

"손에 쟁기를 잡고 뒤를 돌아보는 자는 하나님의 나라에 합당치 아니하니라." 예수님을 좇는 것은 "언제까지나" 계속해야 할 일이다. 그렇게 하려면 증대한 결심과 굳은 결단이 필요하다.

"나로 먼저 가서 내 가족을 작별케 허락하소서"라고 하는 이 사람의 말은 얼핏 보아서는 매우 타당한 얘기로 들린다. 가족과 작별하는 게 뭐가 잘못이었나? 문제는 동양의 "작별"은 대략 몇 주에서 몇 달이 걸릴 수도 있다는 것이다. 결혼식은 보통 두 세 주일 계속되었다. 따라서 이 사람이 가족 문제를 처리하고 나서 가족을 떠나서 예수님을 좇으려면 한 일 년이 걸릴 수 있었다. 그때는 너무 늦을 것이다.

그 사람은 "내가 좇겠나이다마는"하고 말했다. 우리가 주님을 좇으려면 "마는"이라는 말이 없어야 한다. 오직 이렇게 말해야 한다. "내가 좇겠나이다, 지금 그리고 영원히."

예수께서는 밭을 갈기 시작하는 사람의 비유를 쓰셨다. 그 사람이 지치거나 마음이 딴 데 쏠리면 일을 마치기도 전에 그만 둬버린다.

이것이 그리스도를 따르려고 하는 사람들에게 일어난 일이다. 그 사람은 공개적으로 "내가 좇겠나이다"하고 말했다. 그러나 그 대가가 너무 크자 그 사람은 멈칫거리다 그만 포기해버리는 것이다. 예수께서는 그런 사람은 하나님 나라에 합당치 아니하다고 말씀하셨다.

누가복음 제10장

내 이웃이 누구오니이까

10:29. "내 이웃이 누구오니이까?"
10:37. "가서 너도 이와 같이 하라."

I. 역사적 배경

예수께서 베뢰아(요단강 "건너편"에 있는)라는 지역에 들어가시자 자기 때가 얼마 남지 않았음을 아셨다. 유월절이 불과 몇 주밖에 안남았고 그때까지는 예루살렘에 가야 했다. 하실 일을 빨리 하셔야 했다.

그래서 예수께서는 "칠십인을 세우사 친히 가시려는 각동 각처로 둘씩 앞서 보내셨다"(1절). 이들의 할 일은 병든 자를 고치고 듣는 자들에게 하나님 나라가 그들에게 제시되고 있다는 사실을 선포하는 것이었다. 사람들이 회개하면 천국에 들어갈 수 있었다. 또 주님의 길을 준비하여 예수께서 짧지만 반드시 방문해야 하는 일이 좀더 결실을 맺도록 하는 것이었다.

얼마나 오랫동안인지는 알 수 없지만 어느 정도 시간이 지난 후에 "칠십인이 기뻐 돌아와 가로되 주여 주의 이름으로 귀신들도 우리에게 항복하더이다"(17절). 이에 예수께서 의미심장한 답변을 하셨다. "귀신들이 너희에게 항복하는 것으로 기뻐하지 말고 너희 이름이 하늘에 기록된 것으로 기뻐하라"(20절). 이때 예수께서도 하나님 아버지가 하늘의 진리를 자신의 제자들처럼 단순한 사람들에게 계시하신 사실을 "성령으로" 기뻐하셨다(21-24절).

II. 용어 해설

"율법사"라는 말은 오늘날 그 단어에 대해 우리가 갖고 있는 동일한 내포를 전달하는데 적절하지 못하다. 오늘날 우리는 율법사라고 할 때 법정에서 소송을 변호하는 사람을 생각한다. 그러나 신약 성경에서 율법사는 모세 율법의 전문가로 율법을 연구하고 가르쳤던 사람을 의미한다.

유대인들에게 "이웃"(29절)이란 같은 유대인을 의미하였다. 이 사람의 질문의 요점이 바로 그것이다. 그러나 예수께서는 그러한 생각을 단호하게 반대하셨다. 예수께서는 인종이나 피부색, 신조와 상관 없이 곤경에 처해 있는 사람은 누구든 이웃이 된다는 것을 보여 주셨다.

데나리온은 로마 은화로서 대략 20센트 정도 되었는데, 이것은 일군의 하루 품삯과 같은 것이었다(마 20:2). "데나리온 둘"이면 부상 당한 사람을 여러 날 보살필 수 있는 금액이었을 것이다.

"제사장"(31절)은 모두 레위인이었고 레위 지파 사람이었다. 그러나 "레위인"(32절)이라고 해서 모두 제사장은 아니었다. 아론의 자손이 아닌 레위인들은 성전 일에서 제사장을 돕는 일을 하였다. "사마리아인"(33절)은 유대인과 이방인의 혼혈이었다. 사마리아인들은 갈릴리와 유대 사이의 팔레스타인 중심부에 사는 사람들로 유대인들로부터 멸시를 받았다.

III. 교리적 의의

여기서는 하나님과의 관계나 사람과의 관계에서 바른 관계의 기초가 되는 것은 사랑이라는 점을 강조하고 있다.

IV. 실천적 목표

예수께서는 사람은 아무 차별 없이 누구나 사랑해야 한다는 진리를 생생하게 강조하셨다. 누구든지 도움을 필요로 하는 사람이 그의 이웃이 된다는 말씀이다.

V. 설교 개요

제목: "내 이웃이 누구오니이까?"

도입부

어느 날 한 율법사가 예수께 다음과 같은 질문을 던졌다. "무엇을 하여야 영생을 얻으리이까?" 예수께서는 답변으로 그 사람에게 성경을 말씀하셨다. 율법에 무엇이라 기록되었는가? 율법사는 주님께서 친히 "첫째"와 "둘째" 계명이 된다고 하신(마 22:37-40) 대로 구약의 가르침의 핵심을 바르게 인용하였다. 그 사람은 신명기 6:5과 레위기 19:18을 합쳐서 이렇게 말했다. "네 마음을 다하며 목숨을 다하며 힘을 다하며 뜻을 다하여 주 너의 하나님을 사랑하고 또한 네 이웃을 네 몸과 같이 사랑하라 하였나이다"(27절). 예수께서 율법사에게 이같이 하면 영생을 얻을 것이라고 말씀하셨다.

이 율법사는 이 두 계명을 계속 지켜왔기 때문에 자신을 옳게 보이려고 물었다. "그러면 내 이웃이 누구오니이까?" 예수께서 "너와 같이 경건한 유대인들이다"하고 말씀하셨다면 그 사람은 자신이 안전하다고 생각했을 것이다. 주님이 좀더 그 범위를 넓혀 "너와 같은 유대인들이다"고 하셨을지라도 그 사람은 자신은 그 요구를 다 이루었다고 주장했을 것이다.

그런데 주님은 전혀 다른 생각을 갖고 계셨다. 요점을 아주 생생하고 잊을 스 없을 만큼 명확하게 가르치기 위해 예수께서는 흔히 선한 사마리아인의 비유라고 하는 말씀을 하셨다.

A. 강도 만난 여행자.

"강도를 만나매." 어떤 사람이 예루살렘에서 여리고로 가는 길을 내려가고 있었다. 여리고로 가는 길은 꾸불꾸불한 산길로 24km 정도를 가파르게 내려 가는 길이었다. 그 여행자가 산모퉁이로 휘어지는 곳쯤에 이르렀을 때 갑자기 바위 뒤에서 강도 몇 사람이 튀어나왔다. 여기서 나귀 얘기가 없는 것을 보면 이 사람은 걸어가고 있었던 것같다. 강도들은 이 사람에게 돈이 없는 것을 알고 옷을 전리품으로 빼앗고 분풀이로 거반 죽도록 그 사람을 때리고 나서 도망갔다.

B. 성직자.

"한 제사장이 그 길로 내려가다가." 여리고에는 제사장들이 많이 살았다. 여리고는 산지에 있는 예루살렘보다 기후가 쾌적하였기 때문이다. 여리고에 사는 이 제사장들 중 한 사람이 성전 의무를 마치고 집으로 돌아가는 길이었다. 길가에 한 사람이 피를 흘리며 쓰러져 있는 것을 보고 "피하여 지나갔다." 그 제사장은 아마도 속으로 이렇게 말했을 것이다. "전날 성전에 있을 때 이 사람의 제사를 드렸어. 그러니까 나는 이 사람에 대한 책임을 다한 거라구." 어쩌면 이 불쌍한 사람은 예루살렘에서 제사드리느라고 마지막 남은 돈을 바쳤을지 모른다.

C. 평신도.

"한 레위인도." 제사장이 그랬던 것처럼 레위인도 강도 만난 사람에게서 할 수 있는 대로 멀리 피하여 갔다. 어쩌면 이 레위인은 흘낏 보고 저 사람은 죽었을 거야 하며 양심을 무마했을지 모른다. 저 사람이 죽었다면 레위인은 사체를 만짐으로써 의식상 부정하게 되는 모험을 할 수는 없을 것이다. 어쨌든 위험을 무릅쓸 필요는 없다고 생각했다. 레위인은 그 사람의 불쌍한 처지에 대해 책임질 필요는 없었다.

D. 변절자 사마리아인.

"어떤 사마리아인이 … 거기 이르러." 이 사람은 안수받은 성직자도 아니고 이스라엘의 한 회중도 아니었다. 그는 멸시받고 거부당하는 추방당한 사람이었다. 이 사람은 분명 돈이 좀 있는 사람으로서 장사하러 돌아다니는 상인이었을 것이다. 이 사람은 제사장이나 레위인보다 더 서둘러 가야 할 이유가 충분히 있는 사람이었다.

그렇지만 그 불쌍한 사람을 보자 그는 즉시 "불쌍한 마음이 들었다." 여기 사용된 부정과거 시제가 바로 그런 의미를 나타낸다. 이 사마리아인은 이 사람을 위해 다섯 가지 일을 하였다. (1) "가까이 갔다." (2) "기름과 포도주를 그 상처에 붓고 싸맸다." 기름은 연고로 포도주는 소독제로 사용하였다. (3) 그 사람 곁으로 가서 올라 타도록 도와주어 "자기 짐승에 태웠다." (4) "주막으로 데리고 갔다." 이곳은 오늘날 선한 사마리아 여관이 자리 잡고 있는 곳일 것이다. (5) "돌보아 주었다." 그 사람의 여관비 삯을 치렀을 뿐만 아니라 돈이 더 들면 갚아 주겠다고까지 약속했다.

이 이야기에서 삶에 대한 근본적인 세 가지 철학이 나타난다. 강도의 인생관은 이것이었다. "네것은 내것이니 내가 가져가겠다." 제사장과 레위인의 철학은 이것이었다. "내것은 내것이니 지키겠다." 사마리아인의 철학은 이것이었다. "내것은 당신 것이니 당신과 나누겠다." 좀더 간단히 말해서 이 세 인생관은 이렇게 요약할 수 있을 것이다. (1) "사람들을 기습하라." (2) "사람들을 피하라." (3) "사람들을 일으키라." 세상에서는 많은 사람들이 첫번째 인생 철학을 실천한다. 교회는 너무도 흔히 두번째 원칙을 실행하는 잘못을 저질러 왔다. 우리 가운데서 실제로 세번째 철학을 시행하는 사람은 얼마나 될까?

아주 재미있는 이 이야기를 마치고서 예수께서 누가 강도 만난 사람의 이웃이냐고 물으셨다. 대답은 한 가지밖에 없었다. 그러자 예수께서 명령하셨다. "가서 너도 이와 같이 하라." 주님의 이 명령은 오늘날 우리에게도 하시는 말씀이다.

누가복음 제11장

간절한 기도

11:9. "구하라 그러면 너히에게 주실 것이요 찾으라 그러면 찾을 것이요 문을 두드리라 그러면 너희에게 열릴 것이니."

I. 역사적 배경

누가복음은 위대한 기도의 복음이다. 누가는 다른 공관복음서에서는 빼먹고 있는 예수님의 기도 사실을 여섯 번에 걸쳐 구체적으로 언급한다. 세례 받으실 때(3:21), 문둥병자를 고치시고 나서(5:16), 열 두 제자를 부르시기 전에(6:12), 베드로가 가이사랴 빌립보에서 신앙 고백을 하기 전에(9:18), 변화산상에서(9:29), 주 기도문을 가르치시기 전에(11:1) 예수께서 기도하신 사실을 언급하고 있다.

제자들이 주님께서 기도하시는 목소리를 듣고서 그 중 한 제자가 "요한이 자기 제자들에게 기도를 가르친 것과 같이 우리에게도 가르쳐 주옵소서"라고 말한 것은 매우 적절한 일이었다. 기도는 종교 생활의 핵심이다.

이 요청을 들으시고 예수께서 소위 주님의 기도를 제자들에게 가르쳐 주셨다(2-4절). 예수께서는 주 기도를 가르치신 후에 끈질긴 친구의 비유를 말씀하셨다.

II. 용어 해설

누가복음에 나오는 주기도문의 형태는 마태복음에 나오는 것(6:9-13)보다 다소 짧다. 가장 초기 헬라어 사본을 보면 훨씬 더 짧게 나온다. 거기에는 단순히 이렇게만 나와 있다.

아버지여, 아버지의 이름이 거룩히 여김을 받으옵시며

아버지의 나라가 임하게 하옵시며

일용할 양식을 우리에게 주옵시고

우리가 우리에게 빚진 자를 용서하듯이 우리의 죄를 용서하옵시며

우리로 시험에 들지 말게 하옵소서.

"빌리라"(5절)는 말은 "친절을 베푸는 행위로서 쓸 수 있도록 해 달라"는 의미이다. 예수님 당시의 "떡"은 오늘날 우리가 먹는 떡과는 전혀 달랐다. 그때의 떡은 납작한 핫케익 모양이었다. 친구는 떡 세덩이를 원하였는데, 하나는 손님에게 주고 하나는 대접상 손님과 함께 먹을 것이고 또 하나는 여분으로 준비하기 위해서였다.

"여행 중에"란 "길을 가다가"로 번역할 수 있을 것이다. 팔레스타인에서 더운 계절에는 사람들이 보통 밤에 여행하였다. 그래서 여행자가 한밤중에 도착하는 것이 그리 이상한 일이 아니었다. 그 당시에는 아침마다 여자들이 손맷돌로 보리나 밀을 갈아 그 날 먹을 신선한 "떡"을 준비하는 것이 관례였다. 그리고 대개 이렇게 만든 떡을 밤이 되기 전에 다 먹었다.

"강청함"(8절)이란 헬라어는 신약성경에서 여기에만 나온다. 이 단어의 문자적 의미는 "뻔뻔스러움"이다. 사람이 자기 주장이 옳다는 것을 알면 부끄러운 줄 모르고 요청하게 되는 것이다.

III. 교리적 의의

기도의 교리는 실천할 가치가 지극히 높다. 기도는 예수님의 생애와 가르침에서 중요하므로 누가복음에서 중요한 위치를 차지한다. 여기서는 응답 받는 기도를 강조한다.

IV. 실천적 목표

응답 받는 기도의 비결을 가르치는 것이다.

V. 설교 개요

제목: "간절한 기도."

도입부

어느 날 제자들이 예수께서 기도하는 것을 들었다. 이것은 누가만 기록하고 있는 여섯 번의 기도 중 하나다. 예수님의 기도를 듣고서 제자들이 자극을 받아 예수께 기도를 가르쳐 달라고 청하게 되었다. 제자들은 "기도하는 법을 가르쳐 달라"고 하지 않고 "기도를 가르쳐 달라"고 하였다. 기도에 관한 지침서를 아무리 많이 읽을지라도 기도를 배울 수 있는 방법은 기도하는 것뿐이다.

제자들의 청을 듣고서 예수께서 주 기도를 가르쳐 주셨다. 주님의 기도는 간결하고 단순한 것이 특징이다. 단 한 마디도 쓸데없이 사용하시지 않았다. 몇 가지 간결한 기도 내용을 딱 들어맞게 사용하신다. 1차적인 간구는 하나님의 영광과 하나님 나라를 위한 것이다. 2차적인 간구는 우리의 개인적인 필요에 관한 것이다.

제자들에게 지속적으로 기도하도록 격려하기 위해 주님은 한밤중에 찾아온 끈질긴 친구의 비유를 말씀하셨다. 이 비유는 세 부분으로 구성되어 있고, 본문에서의 적용이 그 다음에 나온다.

A. 도움을 청함.

"떡 세 덩이를 내게 빌리라." 예수께서는 비유의 특징인 실생활의 상황을 묘사하셨다. 한 친구에게 갑작스럽게 당황스런 상황이 닥쳤다. 친구가 예고도 없이 한 밤중에 왔다. 동양의 손님 접대상 밤에 그 친구를 집 안으로 들이고 잠자리에 들기 전에 뭔가 대접해야 했다. 유감스럽게도 집에는 남아 있는 떡이 없었다. 그 시간에 곡식을 갈아 떡을 만드는 일은 할 수가 없다. 어찌해야 할까?

딱 한 가지 방법이 있다. 이웃에게서 떡을 꾸어오는 것이다. 그래서 그 사람은 급히 이웃집으로 가서 문을 두드린다.

B. 귀찮다고 대답함.

"나를 괴롭게 하지 말라." 일어나지 않고 창문도 열지 않은 채 이웃 사람이 소리쳐 말한다. "귀찮게 하지 말라. 아이들이 나와 함께 침소에 누웠다." 이 당시의 "침소"란 대개 바닥에 깔아 놓은 누비 이불 같은 것이었다. 온 가족이 여기에 누워 담요 한 장을 같이 덮었다. 이 사람이 일어나면 다른 식구들의 잠을 방해하게 될 것이다. 그래서 그 친구는 "일어나 네게 줄 수가 없노라"고 말한다.

C. 끈질기게 구함.

"그 강청함을 인하여." 마음이 절박한 이 사람은 필사적이었다. 무슨 일이 있어도 떡을 구해야 했다. "안 된다"는 대답을 받아들일 수 없었다. 염치불구하고 그 사람은 계속해서 문을 두드리며 간청했다.

마침내 이웃이 일어나 간청하는 대로 떡을 가져다 주었다. 이 사람이 떡을 준 것은 인정을 베풀고 싶어서가 아니었다. 필시 이때는 정반대의 심정이었을 것이다. 그래서 그 친구는 빨리 요청을 들어 주고 다시 잠자리에 드는 게 낫겠다고 생각한 것이다.

D. 예수님의 적용.

"구하라 … 찾으라 … 두드리라." 이기적인 이웃이라도 구하는 사람이 끈질기기 때문에 요청을 들어주려고 한다면 하물며 하늘 아버지께서야 자녀들의 기도를 오죽 잘 들어주시겠는가. 이같은 대조법을 사용함으로써 그 교훈이 훨씬 더 설득력 있게 전달된다.

"구하라 … 찾으라 … 두드리라"는 말씀은 기도의 강도에 있어서 세 가지 단계를 나타내는 것으로 보인다. 어떤 사람이 필요한 것을 구할 때 그 기도가 주님을 기쁘시게 할 만하다고 믿을 만한 이유가 있다면 그 사람은 기도의 응답을 받을 것이라고 생각할 수 있다.

그러나 기도의 응답이 곧 올 것 같지 않으면 그 사람은 더욱 간절히 기도해야 한다. 기도의 응답이 여전히 지연되고 있지만 그것이 하나님의 뜻이라고 생각하면 그 사람은 간절하게 기도하고 "두드려야 한다." 이따금은 하나님은 우리의 인내와 끈기를 시험하신다. 그러나 하나님께서 결국은 응답하신다. 간절한 기도는 응답받기 마련인 것이다.

누가복음 제12장

어리석은 부자

12:20. "어리석은 자여 오늘 밤에 네 영혼을 도로 찾으리니."

I. 역사적 배경

예수께서는 여전히 베뢰아에 계셨던 것 같다. 여기서 말씀하신 부분의 몇 곳이 마태복음의 갈릴리 사역에서 나오는 교훈과 겹치고 있지만, 이는 예수께서 주로 강조하시는 말씀을 다른 지역에서 되풀이하셨던 것으로 보인다.

"두리 수만 명"에게 예수께서 이같이 말씀하셨다. "바리새인들의 누룩 곧 외식을 주의하라"(1절). 또 이렇게 경고의 말씀을 하시기도 하였다. "몸을 죽이고 그 후에는 능히 더 못하는 자들을 두려워하지 말라. 마땅히 두려워할 자를 내가 너희에게 보이리니 곧 죽인 후에 또한 지옥에 던져 넣는 권세 있는 그를 두려워하라"(4-5절). 주석가들 대부분은 이 말씀이 뜻하는 바는 사람보다 하나님을 두려워하라는 말씀이라고 생각한다.

예수께서 어리석은 부자의 비유를 말씀하시게 된 것은 어떤 사람의 다음과 같은 요청 때문이었다. "선생님, 내 형을 명하여 유업을 나와 나누게 하소서"(13절). 예수께서는 당신은 그런 문제를 다루는 재판장으로 임명되지 않았다고 말씀하시면서 그 청을 거절하셨다. 그리고 나서 다음과 같이 중대한 경고의 말씀을 하셨다. "삼가 모든 탐심을 물리치라 사람의 생명이 그 소유의 넉넉한 데 있지 아니하니라"(15절). 다른 말로 하자면, 생명이 "소유"보다 더 귀하다는 것이다. 주님의 이 진리의 말씀이 다음에 나오는 비유에서 생생하게 예증된다.

II. 용어 해설

그리스도 시대에는 부를 그 사람이 소유한 땅의 크기로 재는 경향이 있었다. 큰 농지를 소유한 한 부자가 있었다.

예수께서 어리석은 부자의 비유를 말씀하시게 된 것은 최근에 아버지가 죽은 한 사람의 욕심스런 요청 때문이었다. 그 사람은 장남이 아니었던 것 같다. 그렇다면 그 당시 관습대로 그는 가족 재산의 삼분의 일을 그의 형은 삼분의 이를 유산으로 받을 것이었다. 동생인 사람은 재산을 똑같이 나누기를 원했던 것으로 보인다.

이 비유 끝에 가르치신 교훈은 마태복음 6장에서 산상수훈에 나오는 말씀과 비슷하다. 이 비유의 주요 교훈은 바로 이 말씀과 일치한다. "목숨이 음식보다 중하고 몸이 의복보다 중하나라"(23절). 교훈의 핵심은 이것이다. "오직 너희는 그의 나라를 구하라 그리하면 이런 것을 너희에게 더하시리라"(31절). 그 다음에 나오는 예수님의 이 아름다운 말씀은 누가만 기록하고 있다. "적은 무리여 무서워 말라 너희 아버지께서 그 나라를 너희에게 주시기를 기뻐하시느니라"(32절).

III. 교리적 의의

이 비유에서는 두 가지 중요한 진리를 강조한다. 즉 영혼의 불멸성과 최종 심판의 확실성을 가르치고 있는 것이다. 이 부자는 오래 살면서 자신의 부를 누리려고 계획하였다. 그러나 하나님께서는 그의 때가 끝났다고 그에게 말씀하셨다. 그 사람도 모든 사람이 그래야 하듯이 지상에서의 생활에 책임을 져야 한다.

IV. 실천적 목표

인생에 있어서의 영적 가치를 무시하는 거대한 물질주의의 어리석음에 대해 경고하는 것이다.

V. 설교 개요

제목: "어리석은 부자."

도입부

"어리석은 자는 그 마음에 이르기를 하나님이 없다 하도다"(시 14:1; 53:1). 비유에 나오는 이 사람은 신학적으로 무신론자가 아니었을 수도 있다. 어쩌면 그 사람은 회당에서 중요한 자리를 차지하고 있는 사람이었을지도 모른다. 그러나 그는 실천적 무신론자였다. 그 사람은 마치 그 앞에서 자기 인생에 대해 책임져야 하는 하나님이 없는 것처럼 살았다. 이 어리석은 부자는 마음으로 이렇게 말하는 자이다. "내가 아는 한 하나님은 없어. 하나님 없이 살 수 있어."

여수께서 말씀하신 이 사람은 다음 세 가지 점에서 어리석었다. (1) 그 사람은 자기 영혼보다 몸을 더 생각하였다. (2) 다른 사람보다 자신을 더 생각하였다. (3) 영원보다 현세를 더 생각하였다.

A. 그 사람은 자신의 영혼을 잊었다.

"어찌할꼬?" 겉으로 볼 때는 이 사람이 19절에서 하고 있는 말을 보면 이때 자신의 영혼을 생각하고 있는 것 같다. 그러면 그 사람이 하고 있는 말을 한 번 보자. "영혼아 여러 해 쓸 물건을 많이 쌓아 두었으니 평안히 쉬고 먹고 마시고 즐거워하자." 그 사람은 음식과 고기로 영혼을 배부르게 할 수 있는 것으로 생각하였다. 이러니 하나님께서 그를 어리석다고 하신 것이 이상한 일이 아니다.

비극적인 사실은 오늘날 너무도 많은 사람들이 물질로서는 영혼을 만족시킬 수 없다는 것을 아직도 배우지 못했다는 점이다. 좀더 좋은 차나 보트를, 아름다운 집이나 비싼 옷, 마음껏 오락을 즐길 수 있는 많은 돈을 가질 수만 있다면 즐거울텐데 하고 생각한다. 하지만 많은 사람들이 이 모든 것을 얻었지만 이전보다 더 불행함을 느낄 뿐이다. 몇 년 전에 한 사람이 고백하기를 자기는 자기가 사는 주에서 가장 부자지만 또한 자기 주에서 가장 불행한 사람이라고 말한 적이 있다. 그 말을 하고 나서 얼마 안 있어 그 사람은 자살하였다.

물질로서는 마음의 영적 갈증을 해소할 수가 없다. 이 사실을 빨리 깨달으면 깨달을수록 그만큼 더 이 세상살이가 나아질 것이다.

B. 그 사람은 다른 사람을 잊었다.

"내 곡간을 헐고 더 크게 짓고." 거의 모든 동양 나라에서 그러듯이 이 부자 주위에도 가난한 자들이 수없이 많았다. 이 부자가 대풍작으로 곡식을 주체하지 못할 정도가 되었을 때 인도주의적 입장에서 논리적으로 할 일이란 한 가지뿐이었다. 남은 곡식을 가까이에 있는 궁핍한 사람들에게 나누어 주는 것이었다. 그런데 그 사람은 그렇게 하지 않고 곡식을 쌓아 놓을 더 큰 곡간을 짓기로 마음 먹었다. 그러나 그렇게 하는 것이 이 사람에게 무슨 소용이 있었겠나? 사람은 일생 동안 먹을 수 있을 만큼만 먹을 수 있을 뿐이다. 그 나머지는 어떻게 할 것인가?

탐욕이야말로 인류 최대의 적 중의 하나다. 탐욕이 생기면 사람은 정신을 잃고 끊임없이 좀더 좀더 좀더 하고 더 많은 것을 추구하게 된다. 탐욕에는 끝이 없다. 현재 자기에게 있는 것으로는 결코 만족할 줄을 모른다. 언제나 다른 어떤 것을 추구하게 된다. 탐욕이 생기면 사람은 사랑도 기쁨도 평안도 빼앗기게 된다. 탐욕은 인간에게서 인생의 최고 가치를 훔쳐가고 인간에게는 물질주의라는 속이 텅빈 껍질만 남겨 둔다. 탐욕은 인간에게서 나머지를 빼앗고 나서 계속 가라고 재촉한다. 인간은 결코 만족이라는 것을 모른다. 다른 사람을 생각하는 것이 바로 자신을 찾는 것이다.

C. 그 사람은 영원을 잊었다.

"그러면 네 예비한 것이 뉘 것이 되겠느냐?" 사람이 이 현세만을 위해서 산다면 그 사람은 동물처럼 살고 있는 것이다. 사람은 단지 이 현세상만을 위해 살도록 창조되지 않았기 때문이다.

그러지만 대부분의 사람들이 다음 세상에 대해서는 거의 생각지 않는다. 사람들에게 죽음이라는 피할 수 없는 사실을 상기시키고 그때는 어떻게 할 것이냐고 물어 보면 사람들은 어깨를 으쓱이면서 걱정하지 않는다거나 운에 맡길 수밖에 없다고 말한다.

이런 태도를 가리켜 하나님은 어리석다고 하신다. 당연히 어리석은 얘기이다. 이 세상은 불과 몇 십년밖에 살지 못하지만 그 다음은 무한한 영원이 오기 때문이다.

어떤 사람이 한편으로 일년 동안 한없이 유쾌하게 살다가 그 다음에 70년간 비참한 고통의 세월을 보내는 것과 다른 한편으로 1년간 고초를 겪지만 그 다음 70년 동안 영광스럽고 행복한 생활을 사는 것 가운데 선택을 해야 한다고 생각해 보자. 전자를 선택하는 사람이 있다면 누구나 그 사람을 어리석다고 하지 않겠는가?

누가복음 제13장

열매 없는 무화과나무

13:7. "내가 삼년을 와서 이 무화과 나무에 실과를 구하되 얻지 못하니 찍어
버리라."

Ⅰ. 역사적 배경

어떤 사람들이 예수께 와서 보고하기를 빌라도가 갈릴리 사람 몇을 죽
여서 그 사람들의 피를 저희 제물에 섞었다고 하였다(1절). 말하자면 갈릴
리 사람 몇이 성전에서 제사를 드리다가 살해되었다는 얘기다.

이 사건을 일반 세속사에서는 확인해 볼 길이 없다. 그런데 요세푸스는
빌라도가 유대에서 통치하면서 여러 번 학살을 자행했다는 말을 넌지시
비춘다. "갈릴리 열심당원은 난폭하기로 악명 높고 빌라도는 무자비하고
잔혹하기로 유명하다는 말이 있듯이" 하고 요세푸스는 말하였다. 아마도
이 사건은 종종 민족주의의 불길이 타오르는 계기가 되곤 하던 종교 절기
때 일어났을 것이다.

예수께서도 최근에 일어난 또 다른 재난을 언급하셨다. 예루살렘 남쪽에
있는 실로암 못가에서 망대가 붕괴되는 바람에 18명이 죽고 말았다. 이 사
건에 대해서도 세속 역사에서는 그 증거를 찾아볼 수 없다. 그러나 그 당
시는 성벽 무너지는 것이 보기 드문 일은 아니었다. 이 경우에는, 망대가
무너진 것은 지진이나 부실 공사 때문이거나 혹은 그 두 가지 요인 모두
때문이었을 수 있다. 실로암 망대는 경사면에 있어서 그 벽이 튼튼하지 않
기가 쉬웠을지 모른다.

II. 용어 해설

유개의 유대인들은 갈릴리 사람들이 자기들보다 덜 순수하고 덜 경건하다고 생각하였다. 갈릴리 사람 몇을 빌라도가 죽였다는 사실에서 그 사람들이 일반 갈릴리인들보다 훨씬 더 악하였다는 것을 알 수 있다고 그들은 생각한 것이다. 그러나 예수께서는 "그렇지 않다"고 말씀하셨다.

"버리다"는 것은 헬라어에서 뜻이 강한 말이다. 그 말뜻은 "쓸모 없게 하다 혹은 활동하지 않게 하다"이다. 그에 대한 가장 좋은 번역은 이것이다. "왜 그것이 땅을 다 써버리느냐?"

III. 교리적 의의

자연적인 재난은 하나님의 심판이라고 생각하기가 쉽다. 구약에서는 자연적 재난이 분명 하나님의 심판으로 보이는 때가 있다. 그렇지만 항시 그렇지는 않았다는 것이 욥기에서 증명이 된다.

이 장 첫머리에서 살해당한 갈릴리 사람들은 다른 갈릴리인들보다 틀림없이 더 악했을 것이라고 사람들이 생각한 것이 분명하다. 그들의 비극적 운명이 그 점을 증명해 준다고 생각했다. 실로암 망대가 무너져 죽은 18명에 대해서도 마찬가지로 생각하였다. 주님께서는 잘못된 이 생각을 부정하셨다. 의인도 악인과 마찬가지로 바람이나 불, 홍수 같은 자연적인 재난 뿐 아니라 자동차, 기차, 비행기 사고도 겪는다. 비극적인 사건은 언제나 죄에 대한 형벌이라고 생각해서는 안 된다.

예수께서는 이 기회를 이용하여 회개에 관해 매우 필요한 교훈을 주셨다. 자기가 재난을 피했다고 해서 스스로를 선하게 보지 말고 그런 얘기를 들은 사람은 자기도 회개치 아니하면 자기도 다 "이와 같이 망하리라"는 것을 깨달아야 한다. 중요한 것은 물리적 재난과 하나님의 뜻을 연결시키려 하지 말고 어떻든 우리 자신이 하나님 앞에 바르게 서 있도록 해야 한다는 사실이다.

IV. 실천적 목표

열매를 맺지 못하면 망할 충분한 이유가 될 수 있다는 점을 가르치는 것이다. 우리가 그리스도인으로서 열매를 맺고 있는가? 그렇지 못하면 "찍어버림을 당할" 것이다.

Ⅴ. 설교 개요

제목:"**열매 없는 무화과 나무.**"

도입부

끔찍한 학살이 바로 얼마 전에 일어났다. 그것은 온 동네의 화젯거리였다. 빌라도가 갈릴리 사람들 몇을 성전에서 제사를 드리고 있는 바로 그 자리에서 살해했다. 듣는 사람마다 분노하고 두려워했다.

바로 그 무렵 실로암 못가 가까이에 있는 망대가 무너져 18명이 죽었다. 그러자 사람들은 이 두 재난으로 죽은 사람들은 틀림없이 무서운 죄인들이었을 것이라고 생각하였다.

그러나 예수께서는 두 번에 걸쳐서 "아니라"고 강조하여 말씀하셨다. 예수께서는 이렇게 경고하셨다. "아니라 너희도 만일 회개치 아니하면 다 이와 같이 망하리라"(3, 5절). 그 요점을 강조하기 위해 열매 없는 무화과 나무의 비유를 말씀하셨다. 그것은 유대민족에 대한 마지막 경고 같은 것이었다.

A. 나무의 상태.

"한 사람이 와서 그 열매를 구하였으나 얻지 못한지라." 무화과 나무에는 한 가지 임무가 있다. 그것은 열매를 맺는 것이다. 이 점에서 실패하면 무화과 나무는 쓸모 없는 나무이다.

그 동안 과원지기는 이 나무를 신경써서 키웠다. 모든 주의를 다 기울여 돌보았다. 그런데 주인이 와서 보니 열매가 없었다.

이것은 하나님의 백성인 유대 민족이었다. 이 유대 민족은 약속의 땅에 심기워졌다. 제사장과 선지자들은 약속의 땅의 종교 생활에 이바지하였다. 열매를 맺지 못한 것에는 핑계거리가 없다.

B. 나무에 대한 정죄.

"찍어 버리라 어찌 땅만 버리느냐?" 포도원 주인이 정원사에게 지난 3년 동안 이 나무에 열매가 있나 찾아보았지만 지금까지 열매를 보지 못하였다고 불평하였다. 더 이상 이 나무가 귀한 땅을 사용하도록 둘 이유가 없었다. 그래서 "찍어 버리라"고 명령을 내렸다.

이 비유에서 말하는 "3년"과 예수님 공생애 3년 사이에 관계가 있다고 보는 것은 당연하다. 3년 동안 예수께서 유대 민족에게 "회개하라 천국이 가까이 왔느니라"(마 4:17)고 외치셨기 때문이다. 그러나 유대 민족은 회개치 않았다. 예수님과 예수님의 말씀을 배척하였다. 이제 3년이 거의 끝나가고 있었다. 더 이상 집행 유예를 줄 수 있을까?

C. 나무에 대한 배려.

"금년에도 그대로 두소서." 정원사가 조금만 더 시간을 달라고 청하였다. 자신이 돌보는 무화과나무에게 한 번 더 기회를 달라고 한 것이다. 다시 한 번 이 무화과나무에 거름을 주고 손질해 주고 싶어 했다. 그러면 열매를 맺을지도 모른다고 생각했다.

하지만 공정하게 하기 위해서는 이같은 말을 덧붙이지 않으면 안 되었다. "이후에 만일 실과가 열면이어니와 그렇지 않으면 찍어 버리소서"(9절). 계속해서 열매를 맺지 못하면 궁극적으로 심판을 당할 수밖에 없는 것이다.

예수께서는 유대인들이 계속해서 자기를 배척하고 열매를 맺지 못하여 결국은 찍어 버림을 당하게 될 것을 아셨다. 그래서 얼마 후에 예수께서 이렇게 외치셨다. "예루살렘아 예루살렘아 선지자들을 죽이고 네게 파송된 자들을 돌로 치는 자여 암탉이 제 새끼를 날개 아래 모음같이 내가 너희의 자녀를 모으려 한 일이 몇 번이냐 그러나 너희가 원치 아니하였도다 보라 너희 집이 황폐하여 버린 바 되리라 내가 너희에게 이르노니 너희가 주의 이름으로 오시는 이를 찬송하리로다 할 때까지는 나를 보지 못하리라"(34-35절).

찍어 버린 바 되리라는 것은 예수 그리스도의 교회가 유대 민족 대신 하나님 백성의 위치를 차지하게 됨을 가리킨다고 볼 수 있다. 그렇지 않으면 A.D.70년에 발생한 예루살렘 멸망을 언급하는 말일 수도 있고, 어쩌면 그 둘을 다 가리킬 수도 있다.

우리는 지금 열매를 맺고 있는가? 여기서 "열매"라는 말이 나타내는 바는 두 가지다. (1) 그리스도인의 성품으로 나타나는 성령의 열매. (2) 다른 사람들을 그리스도에게 인도하는 복음 증거의 열매.

누가복음 제14장

핑계를 대지 마라

14:24. "전에 청하였던 그 사람은 하나도 내 잔치를 맛보지 못하리라."

Ⅰ. 역사적 배경

바리새인들과 예수님 사이에 자주 충돌이 있었지만 예수께서 바리새인의 집에서 식사 대접을 받는 때도 있었다. 여기에 나오는 것도 그와 같은 한 경우이다. 이 날은 안식일이었고 회당에서 집으로 돌아온 뒤 음식을 드시던 때였던 것 같다. 여늬 때와 같이 바리새인들은 비판의 눈으로 "엿보고 있었다"(1절).

예수께서 "앞에 고창병 든 한 사람이 있는" 것을 보셨다. 이 사람은 예수께서 어떻게 하려는가 보려고, 다시 말해 이 병자를 고치심으로 안식일을 어기는가 보려고 거기에 "심어둔" 사람이었을 가능성이 높다.

그렇다면 그 음모를 꾸민 사람들은 실패하지 않은 셈이었다. 율법사와 바리새인들이 "안식일에 병 고쳐 주는 것이 합당하냐 아니하냐"는 예수님의 질문에 답변하지 않자 예수께서 그 병자를 고쳐 보내셨다. 안식일을 엄격하게 지키는 사람들도 안식일에 나귀나 소가 도랑에 빠지면 건져낼 것이다. 그렇다면 이 사람을 고치지 못할 이유가 어디 있겠는가?

저녁 식사 자리가 자연스럽게 실제적인 교훈을 몇 가지 가르치는 자리가 되었다. 손님 몇 사람이 서로 좋은 자리를 차지하려고 애쓰는 것을 보시고 예수께서 그 사람들에게 그런 일이 어리석다고 경고하셨다. 그들보다 더 높은 사람이 오면 그 자리에서 밀려나기가 쉽기 때문이다. 삶에서 작용하는 하나님의 원칙은 이것이다. "무릇 자기를 높이는 자는 낮아지고 자기를 낮추는 자는 높아지리라"(11절).

예수께서는 자기를 청한 집 주인에게도 충고하셨다. 친구나 친척, 부유한 이웃을 초대하지 말고 가난한 자들을 초대하라고 하셨다. 그 사람들은 그에게 보답할 능력이 없지만 그는 하늘에서 그 보상을 받을 것이기 때문이다.

II. 용어 해설

그리스도 시대에 유대인들은 보통 평일에 두 끼만 식사를 하고 안식일에는 세 끼를 먹었다고 한다. 스트랙(Strack)과 빌러벡(Billerbeck)은 이렇게 쓰고 있다. "정찬을 아침 예배를 마치고 나서, 그러니까 정오 무렵에 먹었다. 안식일 식사에 손님들을 청하는 것이 당시 일반적인 관습이었다."

III. 교리적 의의

이 큰 잔치의 비유에서 가르치는 바가 많다. 한 가지는 사람마다 자유롭게 하나님의 청함을 받아들이든지 거절하든지 할 수 있다는 것이다. 청함을 받은 사람마다 다 그 청을 받아들이는 것은 아니다. 멸망하는 사람들이 영원히 정죄받는 것은 하나님에 대해 함부로 말하기 때문이 아니다. "오소서"하는 그리스도의 초대를 거절하기 때문이다. 여기서는 또한 적극적인 복음전도를 강조하고 있다. "나가서 … 데려 오라"(21절). 심지어 "나가서 강권하여 데려오라"(23절)고까지 하였다.

IV. 실천적 목표

하나님의 초대를 거절하지 않고 받아들이는 것이 중요함을 가르치고 사람마다 스스로 자신의 운명을 결정하는 책임을 강조하는 것이다.

V. 설교 개요

제목: "핑계를 대지 마라."

도입부

어느 날 예수께서 부유한 바리새인의 집에서 식사하시게 되었다. 고창병든 사람을 고치고 나서 손님들을 둘러보셨다. 잔치에서 서로 좋은 자리를 차지하려고 하는 사람들의 교만과 이기심을 꾸짖으셨다.

그리고 나서 주인에게 이같이 이르셨다. "친구나 친척, 부유한 이웃들만 대접하지 마라. 가난한 자, 불구자, 절름발이, 소경을 청하라. 이들은 살면서 네게 보답할 수 없지만 너는 하늘에서 상급을 받게 될 것이다."

손님 중 하나가 "무릇 하나님의 나라에서 떡을 먹는 자가 복되다"고 하자 예수께서 그 말을 계기로 한 가지 이야기를 말씀하셨다. 이어서 큰 잔치의 비유를 말씀하신 것이다. 이 비유에서 예수께서는 잔치에 청함, 변명, 대신 다른 사람들을 청한 사실을 다루셨다.

A. 청함.

"어떤 사람이 큰 잔치를 배설하고."

1. "청하였더니."

동양에서는 큰 잔치를 벌이기를 좋아하였다. 종들이 많았기 때문에 주인은 음식 장만할 돈만 있으면 되었다. 그래서 오늘날처럼 흔히 연회를 베풀었다.

2. "오소서 모든 것이 준비되었나이다."

오늘날과 같이 잔치 시간에 앞서 사람들을 청할 뿐만 아니라 연회 준비가 다 되었을 때는 손님들에게 특별히 사람을 보내어 통지하는 것도 당시 풍습이었다. 겔덴하이스(Geldenhuys)는 이 비유를 하나님 나라에 들어갈 사람들을 위한 하나님의 잔치에 적용한다. "처음에 사람을 청하는 것은 구약성경의 약속을 가리키고 마지막으로 돌아다니며 손님을 청하는 사람은 '바로' 예수님이다." 더 나아가 이 비유를 오늘날의 복음전도에 적용하기도 한다.

B. 변명.

"다 일치하게 사양하여."

1. "나는 밭을 샀다."

이 사람은 잔치에 가서 교제하는 것보다는 새로 산 밭을 둘러 보는 것에 더 관심이 있었다. 사회적 영적 가치보다 물질적인 가치를 더 중시하였다. 이 사람은 전형적으로 "사업 제일"을 외치는 사람이다. 사업에 방해되는 것은 어떤 것도 용납지 않는다. 사업 이외의 것은 중요하게 생각지 않는 사람이다.

2. "나는 소 다섯 겨리를 샀다."

기다릴 줄 모르는 사람이다. 성급하고 충동적인 이 사람은 새로 산 소들을 시험해 보아야 했다. 잔치에 시달릴 시간을 내고 싶지 않다고 생각한 것이다.

3. "나는 장가 들었다."

이 말은 특별히 터무니 없는 변명으로 보인다. 신부를 데려갈 수 있는 장소로 아름다운 연회만큼 좋은 곳이 있겠는가? 연회에 가면 함께 즐거운 시간을 가지며 옛친구도 만나고 친구도 새로 사귈 수 있을 것이다.

불행하게도 모든 변명이 구실에 불과하다. 이 모든 변명은 타당한 이유에서 나온 것이 아니라 개인적인 욕심에서 나온 것이다.

C, 대신 청함을 받는 사람들,

"집 주인이 노하여 그 종에게 이르되 … "

1. "빨리 시내의 거리와 골목으로 나가서 가난한 자들과 병신들과 소경들과 저는 자들을 데려오라."

세상에서 복음전도만큼 시급성을 요하는 일은 없다. "빨리 가서"라는 말을 기독교 사역자마다 귀담아들어야 한다. 우리가 늑장 부리는 동안에 수백만도 더 되는 사람들이 태어났다가 그리스도께서 구주이심을 알지도 못한 채 죽어가기 때문이다. 초대 교회는 복음전도의 긴박성을 절실히 느꼈다.

종은 "시내의 거리와 골목으로 나가라"는 명령을 받았다. 시내 거리와 골목은 사람들이 있는 곳이다. 우리는 그리스도를 필요로 하는 사람들을 만나려면 교회 밖으로 나가야 하고 시내나 거리로 나가야 한다.

종은 또 "가난한 자들과 병신들과 소경들과 저는 자들을 데려오라"는 지시도 받았다. 우리는 주일학교나 예배에 이런 사람들을 데리고 오는가? 이런 사람들을 위해서도 그리스도께서 죽으셨다.

2. "길과 산울가로 나가서 사람을 강권하여 데려다가 내 집을 채우라."

하나님은 "아무도 멸망치 않고 다 회개하기에 이르기를 원하시느니라" (벧후 3:9). 경건한 사람이라면 하나님을 모르는 마지막 남은 한 사람의 구원에 대해서 이같이 느껴야 한다.

복음전도를 하려면 이같은 긴박성뿐만 아니라 강제적인 충동도 느껴야 한다. 우리도 바울이 "그리스도의 사랑이 우리를 강권하시는도다"(고후 5:14)하고 말하는 것처럼 느껴야 한다. 이 말씀은 데이비드 리빙스턴이 고향 스코틀랜드 블랜타이어에 있는 스테인드 글래스 창문에 새겨 넣은 "그리스도의 사랑이 나를 강권한다"는 글귀에 반영되었다.

그리스도를 위한 사랑과 잃어버린 자에 대한 사랑, 이 두 가지는 효과적인 복음전도의 동기가 된다. 우리는 기꺼이 길과 산울가로 나가서 예수께서 위하여 죽으신 자들을 찾아야 한다. 이런 사람들은 틀림없이 그리스도의 사랑과 우리의 사랑에 강권함을 받는 것을 느낄 것이다.

누가복음 제15장

집에 돌아온 아들

15:18. "내가 일어나 아버지께 가서"
15:20. "이에 일어나서 아버지께로 돌아가니라."
15:24. "이 내 아들은 죽었다가 다시 살아났으며 내가 잃었다가 다시 얻었노
　　　라."

I. 역사적 배경

누가복음에서 눈에 띄게 강조하는 두 가지는 잃어버림과 구원이다. 15
장에는 잃어버린 것 세 가지 즉 잃어버린 양(3-7절), 잃어버린 동전(8-10
절) 그리고 잃어버린 아들(11-32절)의 비유가 나온다. 맨 마지막 비유는
탕자의 비유로 더 잘 알려져 있다. 잃어버린 양의 비유는 마태복음에도 나
온다(마18:12-14). 나머지 두 비유는 누가복음에만 나온다.

또한 누가복음에만 여리고에서 예수님이 구원하신 세리장 삭개오 이야
기가 나온다(눅19:1-9). 삭개오를 구원하신 사건 마지막 부분에 누가복음
의 중심 구절인 "인자의 온 것은 잃어버린 자를 찾아 구원하려 함이니라"
(눅19-10)라는 말씀이 나온다.

15장의 처음 두 절은 뚜렷한 대조를 보인다. 1절에는 "모든 세리와 죄인
들이 말씀을 들으러 가까이 나아오니"라는 말씀이 나온다. (로마 정부를
위해 세금을 징수하는) 이 멸시받는 반역자들과 "불결한" 죄인들이 예수
님의 말씀을 열심히 경청하고 있었다. 그런데 2절에는 다음과 같은 말씀이
나온다. "바리새인과 서기관들이 원망하여 가로되 이 사람이 죄인을 영접
하고 음식을 같이 먹는다 하더라."

주님이 세 가지 비유를 말씀하신 것은 분명히 그들의 이런 태도 때문이었다. 처음 두 절과 연결된 고리는 7절에 현저하게 나타난다. "내가 너희에게 이르노니 이와 같이 죄인 하나가 회개하면 하늘에서는 회개할 것 없는" 또는 "회개할 필요가 없다고 생각하는", "의인 아흔 아홉을 인하여 기뻐하는 것보다 더하리라." 이 말씀의 처음 부분이 10절에 다시 나온다.

II. 용어 해설

"세리(1절)"는 좀더 정확히 번역하면 "세금 징수자"나 "세금을 걷는 자"이다. 세리는 특정의 넓은 지역에서 세금을 걷어 로마 정부에 정해진 금액을 돌려 주는 권한을 받은 부유한 로마인이었다. 그들은 세금의 실제적인 징수를 각 지역의 개인들에게 시켰다. 이러한 각 지역의 세금 징수자들이 사복음서에서 언급된 사람들이다. 세금징수자들이 사실상 세리가 아니었다.

"죄인들"(1-2절)이 반드시 악한 사람들을 의미하는 것은 아니다. 바리새인들은 의식상의 정결에 관한 "장로들의 유전"의 세세한 많은 규례를 잘 지키지 않는 사람에게 죄인이라는 말을 사용했다. 실제로 일하는 보통 사람들이 이런 모든 규례들을 지킨다는 것은 거의 불가능했다. 그래서 그런 사람이 부정한 "죄인"으로 간주되었다.

"영접한다"는 말은 헬라어로 "그 자신에게 기꺼이 받아들인다"는 복합적인 동사이다. 이 영접한다는 말은 예수님이 행하신 바를 정확하게 표현한 말이지만 그것은 바리새인들의 종교적인 정책을 정면으로 위반한 것을 말한다. "서기관들"은 율법을 가르치는 교사들이었다. 다는 아니라도 그들 대부분은 바리새인이었다.

"허랑방탕하여"(13절)는 문자 그대로 "낭비하는 생활"을 의미한다. 이 말은 "방종하거나 방탕하게 산다"는 의미로 사용되었다.

III. 교리적 의의.

이 말씀에서 가장 강조하는 점은 잃어버린 자에 대한 하나님의 사랑에 있다. 사랑 때문에 하나님께서 잃어버린 영혼들을 찾아 회복시키시는 것이다. 구원받지 못한 자를 구원하는 것, 이 점이 누가복음의 주요한 주제이다.

IV. 실천적 목표

구원이 어떻게 각 죄인에게 이르게 되는지를 보는 것이다.

V. 설교 개요

제목: **"집에 돌아온 아들."**

도입부

독자들은 황금알을 낳는 거위를 가진 사람의 이야기를 잘 알 것이다. 욕심 많은 주인이 한 번에 모든 금을 꺼내려다가 거위를 죽이고 말았다. 그 결과 그는 더 이상 황금알을 얻을 수 없었다.

이것이 탕자의 비유에 나오는 둘째 아들이 취한 방식이었다. 둘째 아들은 인자한 부모와 좋은 가정이라는 매일의 황금알에 만족하지 않고 한꺼번에 모든 것을 원했다. 그는 재산을 취했다. 그리고는 그 재산을 신속히 허비했다.

A. 소유자.

"아비가 그 살림을 각각 나눠 주었더니." 둘째 아들은 자기 아버지에게 가족의 재산 중에서 자기의 분깃을 달라고 요구하였다. 당시의 풍습에 따르면 그의 분깃은 3분의 1이었을 것이다. 왜냐하면 맏아들은 홀로 된 어머니를 돌볼 의무가 주어지기 때문에 3분의 2를 받았을 것이기 때문이다.

가족의 재산 중에서 자기 분깃을 받은 후에 거만해진 소유자는 공중에 머리를 높이 들고 길을 따라 출발했다. 돼지우리가 자기를 기다리고 있는 것을 알았더라면 그가 그토록 열심히 재산을 요구하지 않았을 것을!

B. 탕자.

"둘째 아들이 먼 나라에 가 거기서 허랑방탕하여 그 재산을 허비하더니." 거만한 소유자가 방탕한 탕자가 되었다. 그는 분명 원하는 대로 재산을 다 써버릴 줄만 알았지 많은 돈을 계속 유지할 줄은 몰랐을 것이다. 이제 그는 말 그대로 "멧돼지"가 되어 곧바로 돼지우리에 이르게 되었다. "어리석은 자와 돈은 금방 헤어진다." 탕자는 이 옛 속담의 진리를 바로 드러내 보여 주었다.

C. 거지.

"다 없이한 후 그 나라에 크게 흉년이 들어 저가 비로소 궁핍한지라." 부유해지려면 통상적으로는 열심히 일해야 하고 시간도 걸린다. 그런데 가난해지는 것은 눈썰매를 타고 가파른 언덕을 미끄러져 내려가는 것처럼 쉬워 조금만 속력을 내면 곧바로 바닥에 닿는다.

허랑방탕한 탕자도 그랬다. 오래지 않아 그는 무일푼의 거지가 되었다. 게다가 설상가상으로 크게 흉년이 들었다. 돈이 있어도 음식을 구하기가 어려웠다. 거지가 음식을 구하기란 불가능이었다.

필사적이 된 그 젊은이는 그 이방나라 농부의 품꾼이 되어 들에 나가 돼지를 쳤다. 유대인에게 이것은 더 이상 내려갈 데가 없는 치욕의 나락이었다. 돼지는 부정한 동물이었다. 유대인들은 돼지를 멀리해 왔다. 그런데 이 이스라엘 청년은 돼지들에게는 먹을 게 있었기 때문에 그 돼지들을 실제로 부러워하는 그런 영락한 지경으로 떨어졌다. 아무도 그에게 음식을 주려 하지 않았다.

D. 참회자.

"이에 스스로 돌이켜 가로되 … 내가 일어나 아버지께 가서." 사람이 진퇴유곡에 빠져야 스스로를 돌이키고 현실에 직면하게 되는 것은 너무도 자주 있는 사실이다.

불결한 돼지우리와 자신의 암담한 처지가 강한 대조를 이루면서 그러한 궁핍에 처한 둘째 아들은 집에서의 풍요로움을 생각하였다. 그의 아버지의 품꾼은 그보다 훨씬 좋은 상태에 있었다. 그래서 그는 "집에 돌아가리라"

고 결심하였다.

그러나 바른 결심만으로는 충분치 않았다. 행동이 따라야 했다. 집으로 돌아가리라는 결심을 아무리 많이 해도 실행하지 않는 사람이 너무 많다. 이 젊은이는 일어나 갔다.

E. 용서받은 자.

"그러나 아버지는 이르되 제일 좋은 옷을 내어다가 입히고 …"

탕자의 아버지는 그를 기다리고 계셨다. 그의 아버지는 누더기를 걸치고 길을 따라 오고 있는 쇠약해지고 가엾은 아들의 모습을 보자마자 그를 만나기 위해 달려갔다. 우선 용서의 입맞춤을 하였다. 돌아온 아들이 잘못을 고백하자 아버지는 아들의 말을 멈추게 하고 더러운 누더기 대신에 가장 좋은 옷을 내어다 돌아온 아들에게 입히라고 종들에게 일렀다. 이어서 아들의 손에 가락지를 끼웠다. 이 반지는 물론 가족의 인장이 있는 반지로 그의 아버지 이름으로 사업을 집행할 수 있는 권한을 아들에게 주는 것이었다. 얼마나 놀라운 용서인가! 참으로 완전한 복귀가 아닌가!

이것이 전부는 아니었다. 그의 벗은 발에 신을 신기고 살진 송아지를 잡고 곧 큰 잔치를 벌였다. 탕자가 돌아왔다. 잃어버린 자를 찾은 것이다.

누가복음 제16장

부자와 나사로

´6절 "아들아, 잊지 말아라."

Ⅰ. 역사적 배경

누가복음 15장과 16장은 예수께서 "제자들에게 이르시되"라는 말씀으로 시작한다. 주님은 사역의 마지막 시기에 대부분의 시간을 제자들을 떠날 준비로 제자들을 가르치는 데 보내고 계셨다.

"어떤 부자"라는 구절이 눅 16:1과 눅 16:19에 똑같이 나온다. 그러나 뒤이어서 두 가지 다른 비유가 나온다. 첫째는 불의한 청지기의 비유이고 두번째는 부자와 나사로의 이야기이다.

불의한 청지기의 비유(1-8절)의 요점은 "이 세상의 자녀(문자적으로는, '이 세대의 아들들')가 자기 시대에 있어서 빛의 자녀보다 지혜롭다"는 것이다. 즉, 세상 사업가들은 대부분의 그리스도인들보다 미래에 대비하는 데 있어서 좀더 나은 판단을 한다는 것이다. 겔덴하이스(Geldenhuys)는 그 점을 이같이 잘 설명한다. "외교 수완이 있어 영리한 행동을 취하는 세상 사람들과는 대조적으로 빛의 나라에 속한 사람들은 다른 사람들에게 지혜롭지 못하고 외교 수완이 없이 행동하는 경우가 아주 많다. 그런 방식으로 행동하여 다른 사람들을 자신에게 끌어들이기보다는 쓸데없이 사람들을 거절하는 행동을 보이곤 한다."

그리고 나서 수수께끼같이 불가해한 명령이 뒤따른다. "불의의 재물로 친구를 사귀라. 그리하면 없어질 때에 저희가 영원한 처소로 너희를 영접하리라"(9절).

돈이란 여기에서 "불의의 재물"이라고 말하는 대로 불의한 방식으로 벌고 또 써버리는 경우가 아주 흔하다. 그러나 그 돈을 하나님 나라 사업에 쓸 수 있다. 겔덴하이스는 묻는다. "우리는 영원한 처소에서 우리를 기쁘게 맞이할 사람이 있도록 우리의 재물을 사용하는가?"

II. 용어 해설

부자와 나사로 이야기의 어법은 문자 그대로가 아니라 비유적으로 받아들여야 할 것이다. 왜냐하면 "아브라함의 품"(22절)은 무덤에 누워 있는 사람의 가슴을 의미할 수 없기 때문이다. 스트랙(Strack)과 빌러벡(Billerbeck)은 이렇게 설명한다. "아브라함의 품에 눕거나 앉는 것은 … 아브라함과 그의 경건한 자손들 사이의 경계를 넘어서서 존재하는 사랑의 교제를, 즉 자기 아이를 무릎에서 귀여워하며 보호해 주는 어머니의 사랑에서 나오는 사랑의 친교를 가리키는 회화적인 표현이다."

"음부"(23절)는 헬라어 게헨나(Gehenna)가 아니고 하데스(Hades)이다. 이 단어는 처음에는 지하세계의 신의 이름으로 사용되었다. 다음에는 죽은 영혼이 머무는 장소인 지하세계 그 자체의 의미로 사용하게 되었다. 이 말은 70인역에 하데스로 번역된 히브리어 스올(Sheol)과 같은 뜻의 헬라어이다. 모든 신자들이 지금 죽으면 즉시 그리스도와 함께 있게 되는데(고후 5:8; 빌 1:23) 반하여, 불신자들은 하데스로 가는 것으로 보인다. 하데스가 영원한 형벌의 장소가 아닌 것은 성경 말씀에 분명히 알 수 있다. "사망과 음부도 불못에 던지우니 이것은 둘째 사망 곧 불못이라"(계 20:14). 즉, 불못은 마지막 음부이다.

III. 교리적 의의

부자와 나사로 이야기는 잃어버림의 공포에 대한 생생한 경고이다. 그것은 또한 이생의 잘못들이 내생에서 바로잡아질 것이라는 것을 암시한다.

IV. 실천적 목표

내세를 위한 준비로서 이 세상에서의 생활의 중대함을 보여 주는 것이
다.

V. 설교 개요

제목: **"부자와 나사로."**

도입부

진지한 사람이라면 누구나 이 세상 생활에서 겉으로 보기에 부정당한
것에 대해 의아하게 여기지 않을 수 없다. 악한 자가 형통하고 호사스럽게
지낸다. 의인이 때때로 가난하고 어려움을 겪는다. 그것은 공평하지 않은
것 같다! 우리는 사랑과 공의의 하나님을 어떻게 믿을 수 있는가?

우리의 고통은 두 배나 된다. 첫째로 우리는 영적인 가치보다는 물질로
사물을 평가한다. 두번째로 우리는 영원으로보다는 시간으로 사물을 측정
한다. 사실 고통은 그리스도인의 가장 숭고한 성격을 형성하는 데 중요한
요소들 가운데 하나이다. 영원히 내내 누리게 될 복은 이생의 모든 부족을
채우고도 남음이 있을 것이다.

이러한 진리들을 생생하게 예를 들어 설명하기 위해서 예수님은 부자와
나사로의 이야기를 하셨다. 그 이야기에서는 대조되는 것들을 연구할 만하
다. 두 사람이 살아 있는 동안, 죽을 때, 그리고 사후에 정반대의 양극에 있
었다.

A. 살아 있는 동안의 두 사람.

"한 부자가 있어 … 한 거지가." 이보다 더 큰 대조는 생각할 수 없을
것이다. 부자는 "자색 옷과 고운 베옷을 입고 날마다 호화로이 연락했다."
거지 나사로는 "그 부자의 대문에 누워 헌데를 앓으며 부자의 상에서 떨
어지는 것으로 배불리려 하매 심지어 개들이 와서 헌데를 핥더라."

그 부자가 부도덕하게 살았다는 직접적인 말씀은 없다. 그렇지만 그는
자기본위라는 죄를 지었고, 이것은 죄의 가장 핵심이 되는 것이다. 그의 옷
과 음식은 사치스러웠다. 그는 자기 집 문에서 불쌍한 거지가 굶주림에 괴

로워하고 있는 것을 마음에 두지 않고 "날마다 호화로이 연락하였다." 그는 적어도 하인을 시켜서 그 병들고 상한 사람에게 음식을 좀 갖다 주라고 할 수 있었다.

반면에 나사로가 취할 수 있는 것은 "그 부자의 상에서 떨어진 부스러기"라도 바라는 것뿐이었다. 이런 부스러기라도 그에게는 좋은 음식이 되었을 것이다. 그런데 그것들은 필시 싹 쓸어 모아져 쓰레기통에 내던져졌을 것이다. 개들만이 그 불쌍한 사람에게 동정심을 보여 "와서 거지의 헌데를 핥았다." 개들이 그 부자보다 더 "인간적"이었다.

B. 죽을 때의 두 사람.

"그 거지가 죽어 … 그 부자도 죽어." 이 구절이 우리에게 말하는 첫번째 것은 모든 사람이 똑같이 반드시 죽는다는 것이다. 가난한 사람과 마찬가지로 부자도, 무식한 사람과 마찬가지로 교육받은 사람도, 야만인과 마찬가지로 문화인도 반드시 죽는다. 죽음은 편애를 모른다.

우리가 주목할 두번째 것은 죽을 때 일어나는 다른 점이다. 나사로는 틀림없이 굶어 죽었을 것이고 부자는 어쩌면 먹고 마시다 죽었을지도 모른다. 나사로는 물론 시신을 떠맡아 돌볼 사람이 없었지만 그의 영혼은 "천사들에게 받들려 아브라함의 품에 들어갔다." 반면에 부자는 "장사되었다." 부자의 경우에는 많은 것을 이야기하지 않는다. 하지만 부자의 장례식은 장지까지 긴 행렬이 이어졌을 뿐 아니라 장례식도 아주 공들여 치렀을 것이라고 생각할 수 있다. 몸에 관한 한, 한 사람은 어쩌면 옹기장이의 들에 묻히고 다른 사람은 화려한 행렬과 의식으로 특징지어지는 무덤에 묻혔을 것이다. 그렇지만 영혼에 있어서는 이야기가 다르다.

C. 죽은 후의 두 사람.

"음부에서 고통중에 …" "멀리 아브라함과 그의 품에 있는 나사로를 …" 죽은 후 한 순간 갑자기 상황이 뒤바뀌었다. 더운 날 하인에게 부채질 하게 하고 자기는 호사스럽게 두툼한 방석에 기대어 편히 누워 있던 부자가 "고통 중에 있는" 자신을 발견하였다. 그는 고통이 하도 심해서 부르짖었다. "아버지 아브라함이여, 나를 긍휼히 여기사 나사로를 보내어 그 손가락 끝에 물을 찍어 내 혀를 시원하게 하소서. 내가 이 불꽃 가운데서 고민하나이다." 그러나 아무도 고통을 덜어주지 않았다.

뚜렷한 대조를 이루어 예전의 거지는 이제는 아브라함의 품에서 쉬고 있었다. 그에게는 더 이상 배고픔과 아픔, 고통이 없을 것이었다. "이제 저는 위로를 받고."

죽은 후 모든 사람의 운명은 고정되고 변경할 수 없다. 악인과 의인 사이에 아무도 건너갈 수 없는 "큰 구렁"이 끼어 있다. 그 곳은 낙원이거나 지옥이다. 그 사이에 다른 곳은 없다.

어떤 도움도 받기에 너무 늦어진 그 부자는 나사로를 그의 형제들에게 보내어 그 고통받는 자리에 오지 않도록 저희에게 증거하게 하여 달라고 아브라함에게 구하였다. 죽은 자 가운데서 살아나는 자가 있으면 그의 말을 들으리라는 것이다. 그렇지만 아브라함이 슬프게 가로되 "모세와 선지자들에게 듣지 아니하면 비록 죽은 자 가운데서 살아나는 자가 있을지라도 권함을 받지 아니하리라." 이 강한 단언은 죽은 자 가운데서 살아난 또다른 나사로의 경우에서 현저하게 확인을 받는다. 나사로의 말을 듣는 대신 유대 지도자들은 그를 죽이려고 모의했다(요 12:10).

누가복음 제17장

롯의 아내를 기억하라

17:26. "인자의 때에도 그러하리라."

Ⅰ. 역사적 배경

예수께서는 아직 제자들에게 따로 사적인 가르침을 주시고 계셨다(참조. 1, 5, 22절). 연약한 신자를 실족케 할 자들이 일어날 것에 대해 예수님은 제자들에게 경고하셨다(1-2절). 그들은 필요하면 하루에 일곱 번이라도 죄를 범하는 형제를 용서해야 했다(3-4절). 이어서 예수님은 믿음(5-6절)과 봉사(7-10절)에 대해서 이야기하셨다.

11절은 예수께서 세번째이자 마지막으로 "예루살렘으로 가는 여행"의 시작 부분을 기록한다. "사마리아와 갈릴리의 한가운데를 지나"는 좀더 정확히 말하자면 "사마리아와 갈릴리 사이로"로 번역해야 한다.

예수께서 한 촌에 들어가시니 문둥병자 열 명이 예수님을 만났다. 문둥병자들은 율법에 따라 "멀리 떨어져" 있어야 하였다. 그들이 그들의 비참한 상태에 대해 예수님께 긍휼을 구하자 예수께서 그들의 병을 고쳐 주셨다. 한 사람 사마리아인만이 돌아와 사례하였다. 다른 사람들은 배은망덕의 큰 죄를 범하였다. 누가는 한 번 더 사마리아인들을 좋게 말한다(참조. 10:33-35).

Ⅱ. 용어 해설

그들이 "겨자씨 한 알만한 믿음"이 있었더면 "뽕나무더러 뿌리가 뽑히라" 하였을 것이요 그것이 너희에게 순종하였으리라고 예수님은 제자들에게 말씀하셨다(6절). 뽕나무 뿌리는 아주 강한 것으로 사람들은 생각했다. 유대인들에게는 뽕나무가 땅에서 육백 년 동안을 서 있을 수 있다는 속담이 있었다.

감사하는 문둥병자가 사마리아인이었다고 하는 사실은 나머지 아홉 명이나, 적어도 그들 중의 여러 명은 유대인이었다는 것을 의미한다. 두 민족 간에 심한 증오가 있다는 점에서 보아 그들이 여기서 섞여 나오는 것은 놀라운 것처럼 보일 수도 있다. 그렇지만 같은 고통을 겪는 사람들은 함께 모이는 경향이 있다. 그들은 모두 "부정한 자"로, 사회에서 추방된 사람들이었다. 게다가 이 곳은 사마리아와 갈릴리 사이의 경계에 있어 양쪽 사람들이 아주 근접하게 살았던 곳이었다.

III. 교리적 의의

재림의 교리는 공관 복음의 후반부에서 많이 나온다. 이 교리에 대한 누가 복음의 주요한 가르침은 21장에 나온다. 그러나 이 장에서는 그 진리를 미리 어렴풋하게 내다본다.

IV. 실천적 목표

세상 정신에 이끌리지 않고, 우리 주님의 재림을 예비하는 일의 중요함을 강조하는 것이다.

V. 설교 개요

제목: **"롯의 아내를 기억하라."**

도입부

어느 날 바리새인들이 예수님께 "어느 때에 하나님의 나라가 임하나이까"하고 물었다(20절). 예수께서 대답하시기를 "하나님의 나라는 볼 수 있게 임하는 것이 아니요"라고 말씀하셨다. 즉, 하늘에 나타나는 보이는 징조가 아니다. 그 대신 "하나님의 나라는 너희 안에 있느니라"고 하셨다. 어떤 점으로는 하나님의 나라가 이미 그들 가운데 왕이신 그리스도라는 분으로

와 있었다. 하나님의 나라는 또한 마음 속의 영적인 나라요, 정치적인 외적 나라가 아니었다.

그리고 나서 예수께서는 제자들에게 돌아서 이르시되 "때가 이르리니 너희가 인자의 날 하루를 보고자 하되 보지 못하리라"고 말씀하셨다. 다른 말로 하면, 너희가 메시야가 오시기를 간절히 바랄 것이지만 너희는 기다려야만 할 것이다. 그것이 바로 지금, 열전과 냉전 그리고 나라들간의 싸움 가운데 있는 우리의 상황이다. 인자는 번개처럼 갑자기 오실 것이었다. 그러나 그 일이 일어나기 전에 그가 많은 고난을 받으며, 심지어는 죽임을 당하고, 그 세대에게 버린 바 되어야 했다.

A. 노아의 날.

"노아의 때에 된 것과 같이 인자의 때에도 그러하리라." 노아의 때는 극도로 무법한 때였다. 기록된 말씀을 보면 그 당시 상황을 알 수 있다. "여호와께서 사람의 죄악이 세상에 관영함과 그 마음의 생각의 모든 계획이 항상 악할 뿐임을 보시고"(창 6:5). 이런 상황은 우리 시대와 아주 비슷해서 누구라도 그 결과를 대수롭지 않게 생각한다. 우리가 평화를 위해 그리고 전쟁 중에 생명이 비극적으로 소멸되어 가는 것이 종식되기를 기도할 때 우리는 그 동안 우리 나라가 의의 길을 멀리 떠나 방황했음을 생각하게 된다. 우리가 하나님이 내신 표준들을 업신여기고 하나님의 이름을 속되게 쓰면서 하나님이 우리들을 보호하고 지켜 주시기를 기대할 수 있겠는가?

노아 때의 사람들의 행동은 전혀 죄가 없는 것처럼 보인다. "사람들이 먹고 마시고 장가들고 시집가더니." 그것은 "평상시의 일"처럼 들린다. 사람들이 그들의 생활에서 하나님을 떠난 것 외에는 이런 것들을 행하는 데 아무런 잘못이 없었다. 그렇지만 하나님을 떠나므로 하나님을 믿지 않게 되었다. 이같이 믿지 않은 자들은 이 사람들이 대홍수에 멸망한 것처럼 멸망할 것이다.

B. 롯의 때.

"도 롯의 때와 같으리니 …" 여기 비슷한 광경이 보인다. "사람들이 먹고 다시고 사고 팔고 심고 집을 지었다." 이러한 모든 일은 그 자체로는 죄가 없다. 그러나 하나님으로부터 독립하는 것이 사람을 죄인으로 만든다. 이 사람들이 범한 죄가 바로 그것이다.

노아 시대의 경우에서처럼 롯의 때의 사람들도 도덕적으로 심히 부패했다는 증거가 있다. 왜냐하면 "소돔 사람은 악하여 여호와 앞에 큰 죄인이었더라"(창 13:13)고 기록되었기 때문이다. 특별히 소돔 사람들의 가증한 악은 바로 "남색"이었다. 오늘날 미국과 유럽 사회의 가장 걱정스러운 일 중의 하나는 이 성도착의 현상이 급격히 번지고 있다는 사실이다. 유력한 한 잡지의 최근 평론에서는 남자와 남자 그리고 여자와 여자가 결합하는 결혼식이 이미 치러지고 있는 사실을 밝혔다. 하나님이 "하늘로서 불과 유황이 비오듯하게 하여 저희를 멸하신" 것은 바로 남색 때문이었다. 다른 사람들과 함께 똑같은 죄를 짓기 때문에 우리는 핵 미사일의 형태로 하늘로부터 새로운 불과 유황이 비오듯 내릴 위험에 직면하고 있다.

C. 인자의 때.

"인자의 나타나는 날에도 이러하리라." 우리가 미래를 아주 편안하게 느끼기에는, 노아와 롯의 때와 오늘날 사이에 놀라게 하는 유사점들이 너무도 닮아 있다. 포르노 잡지가 신문 잡지 판매대를 무질서하게 가득 채우고 있을 뿐 아니라 영화 제작 기준들의 대담한 변화로 헐리우드로부터 쏟아지는 도덕적 타락이 홍수를 이루고 있는 것을 보고서 우리는 잠시 멈추고 놀라게 된다. 바로 지금이야말로 현대의 광야에서 회개하라고 외치는 소리가 필요한 때이다.

마지막 경고는 "롯의 아내를 기억하라" 이다. 그녀는 마음이 여전히 소돔을 떠나지 못하고 소돔성을 갈망하여 뒤돌아 보고 서 있었다. 롯의 아내는 소금 기둥으로 남아, 세상에 매달리려는 유혹을 받는 사람들에게 경고하는 기념물이 되었다. 예수 그리스도를 따르려는 사람은 세상에서 돌이켜야 한다.

누가복음 제18장

따로 기도한 사람

18:11. "바리새인은 서서 따로 기도하여 가로되."

I. 역사적 배경

우리는 기도에 대한 예수님의 주요 가르침이 누가복음 17, 18장에 나온다는 점은 이미 언급하였다. 앞에 나오는 11장에서 우리는 소위 주기도문이라고 불리는 것과 귀찮게 조르는 친구의 비유를 보았다. 여기서 우리는 두 비유, 귀찮게 조르는 과부(또는 불의한 재판관)의 비유와 바리새인과 세리의 비유를 본다. 두 비유에는 저마다 목적이 있다. 첫번째 비유와 관련하여 이 말씀을 하신다. "항상 기도하고 낙망치 말아야 될 것을 저희에게 비유로 하여 가라사대"(1절). 두번째 비유는 이러한 말씀으로 시작된다. "또 자기를 의롭다고 믿고 다른 사람을 멸시하는 자들에게 이 비유로 말씀하시되"(9절). 낙담과 독선적인 자만, 이 두 가지에 대해 주님께서는 경고하셨다.

II. 용어 해설

"낙망"(1절)은 "용기를 잃다"로 번역하는 것이 더 좋다. 여기서는 두 가지 사실을 암시할 것이다. 한 가지는 기도에 대한 응답을 즉시 받지 않더라도 낙심하지 말고 계속 기도해야 할 것을 말하는 것이다. 다른 한 가지는 낙망에 빠지지 않기 위한 가장 좋은 방법은 계속해서 믿음으로 기도하는 것이다. 이렇게 하면 우리는 매일의 문제들에서 하나님께 의식적으로 초점을 맞추고 그분에게 모든 것을 맡길 수 있게 된다.

"두려워하는"(2절)은 경외하는 것을 의미한다. "배려하는"은 "존중하는"으로 번역하는 것이 더 좋다. 이 재판관은 하나님을 경외하지도 사람을 존중하지도 않았다. "원한을 풀어 주소서"는 "나의 결백함을 입증해 주소서" 또는 "나를 법적으로 보호해 주소서"라는 의미이다.

"나를 번거롭게 하니"는 뜻이 충분히 살아나지 못하는 번역이다. 그 동사는 문자적으로 "보는 앞에서 치다" 또는 "평판을 떨어뜨리다"라는 의미이다. 이 여인은 필사적으로 도움을 청하고 있었다.

바리새인들은 신약성경에 약 백 번 언급되었다. 그들은 모세법뿐 아니라 구전되는 "장로의 유전"에 포함된 것까지 모든 종교적 규범들을 꼼꼼하게 지킬 것을 고집하는 엄격한 율법주의자들이었다. 이들은 각 지방의 공회에서 가르치는 사람들이었다. "바리새인"은 "분리주의자"를 의미한다. 따라서 이들은 본래 그 시대의 청교도들이었다. 그리스도의 시대에 이르러서는 바리새인 대다수가 종교생활에서 위선적이 되었다. 예수님은 그들 가운데 겉으로는 깨끗하나 마음은 더러움으로 가득한 이들이 있다고 선언하셨다. 이들은 그리스도에 대한 시기에 찬 증오로 그 점을 드러내 보였다.

III. 교리적 의의

우리는 한 번 더 기도에 대해 의미심장한 가르침을 받는다. 우리는 끈기 있게 기도해야 할 뿐만 아니라 겸손하고 진실하게 기도해야 한다.

IV. 실천적 목표

기도에서 올바른 태도의 필요성을 가르치는 것이다. 하나님은 우리가 기도하는 말을 들으실 뿐 아니라 우리의 마음을 읽으시기 때문에 무엇보다도 우리는 하나님 앞에서 아주 정직해야 한다.

V. 설교 개요

제목: "따로 기도한 사람."

도입부

제자들이 배우기를 원한 가장 중요한 가르침들 중의 하나가 어떻게 기도하는가였다. 제자들은 그 사실을 깨닫고 도움을 청하였다. 그래서 예수님은 지극히 간결하고 평이하며 솔직한, 보석과도 같은 주기도문을 제자들에게 가르치셨다. 주기도문의 청원은 몇 가지 안 되지만 적절하다.

예수님은 예를 들어 설명하기 위해서 세 가지 비유를 말씀하셨다. 끈기의 원칙이 한밤중에 귀찮게 졸라대는 친구와 끈덕진 과부의 비유에서 강조되었다. 겸손과 진실함은 바리새인과 세리의 비유에서 강조된 주요한 점이었다. 그것은 특별히 자기는 의롭다고 믿고 다른 사람들을 무시하는 "어떤" 바리새인들에 대해 말씀하신 것이다.

A. 두 사람.

"두 사람이 기도하러 성전에 올라가니 하나는 바리새인이요 하나는 세리라." 바리새인들은 당시의 엄격한 유대교 신자들이었다. 이들은 정결에 큰 강조를 두었다. 그렇지만 그것은 주로 오염시킬 것과의 접촉을 피함으로 의식적인 정결을 유지하는 문제였다. 이들은 거룩함을 강조했지만 그것은 형식적이고 율법주의적인 것이었다. "죄인들로부터 떨어져 지내는 것", 이것이 그들의 모토였다. 이 점 때문에 그들은 자긍하고 오만해지는 경향이 있었다. 일반 사람들은 자연히 이 태도에 분개했다. 자기 의는 언제나 무례한 법이다.

"세리"는 좀더 정확히 번역하면 "세금 수금원"이다. 이 그룹에 속한 사람들은 거의 대부분의 유대인들에게 미움을 받았다. 첫째는, 이들이 로마 제국이라는 외국의 통치를 대표했다. 민족주의가 예수님 당시의 유대인들 사이에 강력했다. 유대인들은 외국의 압제로부터 해방될 날을 간절히 대망하였다. 다음에는, 적어도 세금 수금원 중에 더러는 사람들에게 부당한 금액을 요구하였고 이 비애국적인 부정직은 자연히 유대 민중을 격노시켰다. 또한 바리새인들은 세금 수금원들이 이방인과의 접촉으로 "부정하게" 되었다고 간주하였다.

B. 두 가지 기도.

"하나님이여, 나는 다른 사람들과 같지 아니함을 감사하나이다." "하나님이여 불쌍히 여기옵소서 나는 죄인이로소이다." 바리새인은 "서서." "따로"는 문자적으로 아마 많은 사람들이 그를 보고 그의 소리를 들을 수 있는 두드러진 장소에서이다. 이 바리새인은 사람들에게 칭찬을 받기 위해 그의 경건한 행위를 과시해 보이기에 열심이었다.

바리새인은 "따로" 기도하였다. 그러나 헬라어 성경은 "자기 자신에게"라고 말한다. 그 바리새인은 하나님께 기도하는 것이 아니라 자기 자신에게 기도하고 있었다.

어느 일요일 날 보스톤에 있는 삼위일체 교회에서 한 사람이 미사여구를 써서 기도를 했다. 다음 날 아침 한 신문 사설은 그 기도가 "보스톤 청중에게 한 기도 중에 가장 아름다운 기도"였다고 논평하였다. 주필은 자기가 알고 있는 것 이상의 얘기를 쓴 것이다. 그 기도는 하나님께 기도하는 것이기보다는 사람에게 하는 기도였다. 예수님은 제자들에게 기도를 꾸밈 없이 진실하게 하라고 가르치셨다.

바리새인의 기도는 어떻게 기도해서는 안되는지를 보여주는 더할 나위 없는 본보기였다. 그는 하늘로부터 받은 은혜로운 축복들에 대해 하나님께 감사하는 대신 자기 자신의 뛰어난 덕을 하나님께 감사했다. 실제로 그가 행하고 있는 것은 공공연하게 자축하는 것에 지나지 않았다. 우리가 모든 사람들보다 더 낫다고 감사하는 것은 또한 가장 악질의 영적인 교만을 드러내는 것이다.

그러나 바리새인은 거기에서 멈추지 않았다. 그는 "다른 사람들"을 "토색, 불의, 간음을 하는 자들"로 계속 분류해 나갔다. 그리고는 곁에 있는 사람에게 경멸하는 눈길을 보내며 "이 세리와도 같지 아니하다"고 덧붙였다.

그리고 나서 자신의 덕을 계속하여 열거하였다. "나는 이레에 두 번씩 금식하고 또 소득의 십일조를 드리나이다." 하나님께서도 틀림없이 이 점을 높이 평가할 것이라고 생각한 것이다. 그가 잊어버린 것은 하나님께서는 그의 말소리를 듣기보다는 그의 마음 속을 보고 계시다는 점이었다. 그가 주위 사람들을 업신여기고 그 곳에서 자긍심과 자기 의를 드러내는 태도는 철저히 불경건한 소치였다. 하늘의 판단으로 볼때 이 사람은 악에 깊이 물든 죄인이었다.

대조적으로 세리는 간결하고 정직하고 겸손함의 모범이 되는 기도를 드렸다. "하나님이여 불쌍히 여기옵소서 나는 죄인이로소이다." 그것이 전부였다. 그러나 그것으로 충분했다. 그는 대경실색하여 자기 가슴을 치며 마음의 참된 회개를 보였다.

C. 두 가지 결과.

"이 사람이 저보다 의롭다 하심을 받고 집에 내려 갔느니라." 하나님은 회개하고 믿는 사람들에 대해서는 의롭다고 하실 수 있을 뿐이다. 바리새인은 아무것도 하지 않았다. 세리는 회개하고 믿었다. 그의 깊은 회개는 그의 참된 믿음을 보여 주었다. 왜냐하면 복종하는 것이 믿는 것이기 때문이다.

바리새인은 자기 자신을 옳다고 하였지만 예수님은 그를 정죄하였다. 반면에 세리는 자신을 정죄하였고 예수님은 그를 의롭다고 하셨다. 이것이 하나님의 방식이다. 예수님은 "무릇 자기를 높이는 자는 낮아지고 자기를 낮추는 자는 높아지리라"라는 말씀으로 결론지으셨다.

누가복음 제19장

승리의 입성시에 흘리신 눈물

19:41. "가까이 오사 성을 보시고 우시며"

I. 역사적 배경

여리고 가까이에서 예수님은 한 거지 소경을 고쳐 주셨다(18:35-43). 여리고 성을 지나시면서 예수님은 나무위에 앉은 삭개오를 보셨다. 그 구역의 세리장인 이 부유한 삭개오는 키가 작았다. 많은 사람들 때문에 그리스도를 볼 수 없자 앞으로 달려나가 예수님이 보이는 지점에 도달하였다.

예수께서 그 세리의 집에 가시겠다고 해서 그를 깜짝 놀라게 하셨다. 그가 유대교의 선생들에게 때때로 받은 것과는 매우 다른 주님의 이 태도를 보고 기쁨에 넘친 삭개오는 예수님을 마음에서 우러나 영접하였다.

그러나 사람들은 그리스도가 "죄인의 집에 유하러 들어갔도다"고 수근거리고 불평하기 시작했다(7절). 삭개오는 이 비평의 소리를 못하게 하려고 재빨리 행동했다. 삭개오가 서서 주께 여짜오되 "주여 보시옵소서 내 소유의 절반을 가난한 자들에게 주겠사오며 만일 뉘 것을 토색한 일이 있으면 사배나 갚겠나이다"(8절). 예수께서 이르시되 "오늘 구원이 이 집에 이르렀으니 이 사람도 아브라함의 자손임이로다"(9절). 삭개오는 더 이상 "죄인"이 아니었다! 그리고 나서 예수님은 이 누가복음의 중심 구절이 되는 갈씀을 하셨다. "인자의 온 것은 잃어버린 자를 찾아 구원하려 함이니라"(10절).

예수님은 므나의 비유를 더하여 말씀하셨다(12-27). "이는 자기가 예루살렘에 가까이 오셨고 저희는 하나님의 나라가 당장에 나타날 줄로 생각함이러라"(11절). 이 비유는 하나님 나라의 설립이 늦어질 것을 암시하였다. 예수께서 이 비유의 말씀을 하시고 "예루살렘을 향하여 앞서서 가시더라"(28절). 그것은 예수님의 '거룩한 성'으로의 마지막 여행이었다.

II. 용어 해설

벳바게의 정확한 위치는 논쟁의 문제로 남아 있다. 그 곳과 베다니는 둘 다 틀림없이 감람산 기슭에 자리잡았을 것이다. 베다니는 분명히 "나사로의 마을"이 놓여 있는 동쪽 편에 있었다. 그러나 많은 학자들은 벳바게가 기드론 협곡 건너 예루살렘에 면한, 감람산의 서쪽 기슭에 있었을 것이라고 생각한다. 그렇다면 예수께서 유월절을 먹을 목적으로 성전 지역 안에 계셨던 것으로 보인다. 복음서를 모두 고려해 볼 때 예수께서 타신 나귀는 벳바게에서 온 것으로 보인다(참고. 마 21:1). "감람산에서 내려가는 편"(37절)은 기드론 계곡으로 이끌고 내려가는 언덕의 서쪽 편이었을 것이다. 43절과 44절은 분명히 예수님이 이 예언을 말씀하신 후 40년밖에 남지 않은 주후 70년의, 로마인에 의한 예루살렘 멸망과 관련이 있다. 유대 역사가 요세푸스는 "돌 하나도 돌 위에" 남지 않은 사실에 동의한다.

III. 교리적 의의

예수님은 "주의 이름으로 오시는 왕"으로 환영받았다. 이것은 분명히 메시야를 가리키는 표현이었다. 사람들이 생각할 때는 나사렛에서 온 이 사람은 단지 선지자 중의 한 사람이 아니었다. 그 이상이었다.

IV. 실천적 목표

단지 외견상 그리스도를 받아들이는 것이 아니라 참된 회개의 필요를 보여 주는 것이다.

V. 설교 개요

제목: "승리의 입성시에 흘리신 눈물"

도입부

첫. 승리의 주일이었다. 예수님이 감람산에 가까이 이르렀을 때 제자 중 둘을 보내 나귀새끼를 끌고 오라고 하셨다. 예수님은 스가랴 9:9 예언의 성추로 예루살렘에 나귀를 타고 들어가려는 중이었다. 그렇게 함으로 예수님은 자신을 유대민족에게 메시야로 나타내 보이고 계셨다. 그러나 유대민족은 예수님을 배척하였다.

A. 무리의 외침.

"찬송하리로다 주의 이름으로 오시는 왕이여 하늘에는 평화요 가장 높은 곳에는 영광이로다." 분명히 감람산 정상 근처에 이르렀을 때 사람들이 자기들의 겉옷을 그때 막 끌고 온 나귀새끼 위에 걸쳐 놓았다. 그리고는 예수님을 그 위에 태웠다. 예수님의 행렬이 예루살렘 성을 향한 비탈진 서쪽을 내려가기 시작했을 때 많은 사람들이 먼저 달려나가 자기의 헐거운 겉옷을 길에 폈다. 오늘날로 말하자면 저희는 예수님을 위해 붉은 카펫을 펴드리고 있었다.

그것은 기쁜 행사였다. "제자의 온 무리가 자기의 본 바 모든 능한 일을 인하여 기뻐하며 큰 소리로 하나님을 찬양하기 시작했다"고 성경은 기록한다. 이들은 유월절 축제를 위한 갈릴리의 순례자들이었다. 저희는 예수께서 갈릴리 호숫가에서 오천 명을 먹이시는 것을 보았다. 저희는 예수님이 어떻게 소경을 보게 하고 귀머거리가 듣게 하고 벙어리가 말하게 하고 절름발이가 걷게 하고 중풍병자가 자기 침상을 들고 가게 하시는지를 보았다. 그들이 보기에 예수님이 메시야라는 증거는 충분하였다.

그래서 저희는 메시야라는 칭호로 예수님을 맞이하였다. "찬송하리로다 주의 이름으로 오시는 왕이여." 갈릴리에서 온 이 열렬한 민족주의자들은 의심 없이 그리스도가 곧바로 예루살렘으로 들어가 로마 정부를 뒤엎고 메시야의 왕위에 오르실 것으로 기대하였다. 그것은 저희가 오랫동안 기다려 온 그 때였다. 따라서 저희가 기쁨으로 외친 것은 당연하였다. 저희들에게 관계되는 것은 메시야의 취임 행렬이었다.

B. 흠잡기 좋아하는 사람들의 불평.

"선생이여 당신의 제자들을 책망하소서." 무리 중에 바리새인들이 있었다. 바리새인들은 무리가 감격하는 것을 보고 점점 마음이 동요되었다. 그들은 또한 아마도 이 순례자들이 환호 속에 예수님을 왕으로, 오실 그분으로, 메시야로 맞이하게 될까봐 두려워하였던 것 같다. 그들에게는 이것이 신성모독으로 보였을 것이다. 무리가 외치며 한 사람을 "왕"으로 환영하는 것은 어쨌든 매우 위험한 것이었다. 로마의 통치자들이 이에 보복하기 쉬웠기 때문이다. 그러나 예수님은 대답하셨다. "내가 너희에게 말하노니 만일 이 사람들이 잠잠하면 돌들이 소리지르리라." 사람이 반응하지 않는다면 온 자연이 찬양의 소리를 발하게 되는 것은 매우 획기적인 특별한 일이었다. "종교적 열광"을 비판할 사람들은 언제나 있다. 그들은 모든 것이 좋고 잠잠하고 죽어 있기를 바란다. 사도행전은 초대 교회의 특징이 소동과 열정이었다는 것을 분명히 보여 준다. 성령의 활동에는 항상 사람들의 감정의 움직임이 따른다. 모든 대부흥이 이 사실을 증거해 왔다.

C. 그리스도께서 소리내어 우심.

"예수님이 성을 보시며 우셨다." 바리새인들의 비난은 유월절이 끝나기 전에 일어나게 될 예수님에 대한 정죄의 시작에 불과했다. 예수님이 우신 것은 당연하였다! 예수님은 메시야를 배척하는 데서 필연적으로 따라야 할 운명을 보신 것이다. 따라서 거의 통곡에 가까운 비탄의 소리가 예수님의 가슴에서 일시에 쏟아져 나왔다. 예루살렘 사람들만이라도 그때의 의미 심장함을 깨달았더라면 … 예수님은 자신을 구약의 예언의 성취로서, 약속한 메시야로서 나타내 보이고 계셨다. 이것은 이스라엘 민족에게 주어진 가장 큰 기회였다. 그러나 이스라엘은 그 기회를 거절하였다. 그 결과 무엇이 일어날 것이었는가? 40년 후의 예루살렘 멸망, 국가 없는 민족으로 온 세상에 유대 민족이 흩어짐, 다른 어떤 민족도 당해 보지 못한 핍박, 히틀러에 의해 500 내지 600만 명이 끔찍한 대량학살을 당함이 그것이다. 이는 "권고받는 날을 알지 못함을 인한" 모든 것이었다.

누가복음 제20장

의로운 징벌

20:16. "그가 와서 그 농부들을 진멸하고 포도원을 다른 사람들에게 주리
라."

I. 역사적 배경

마가복음 11장에서 지적하는 것처럼, 수난 주일의 월요일에 예수님은
성전을 깨끗케 하셨다(19:45-48). 이 때문에 예수님에 대한 사두개인의 적
대가 격렬하게 일어났던 것 같다. 예수님은 이들의 지갑을 건드렸을 뿐 아
니라—왜냐하면 제사장들이 이방인의 뜰에서 가축 시장을 경영하였기 때
문에—이들의 권위에 도전하였다. 이들은 이로 인해 예수님을 결코 용서할
수 없었다.

그래서 이들은 서기관과 장로들과 함께 예수님께 와서 물었다. "당신이
무슨 권세로 이런 일을 하는지 이 권세를 준 이가 누구인지 말하라"(2절).
그 대답으로 예수님은 이들에게 한 가지 질문을 하셨다. "요한의 세례가
하늘로서냐 사람에게로서냐?"(4절). 다른 말로 하면, 세례 요한의 권위의
근거는 무엇인가? 이것은 공정한 질문이었다. 왜냐하면 그 질문에 대한 대
답은 이들의 의문에 대한 대답과 같을 것이기 때문이다. 즉, 예수님은 예수
님을 대적하는 자들에게 그들 자신의 질문에 대답하게 하시려는 것이었다.
이것은 항상 예수님이 취하시는 지혜로운 방식이다.

5절과 6절에 묘사된 유대 종교 지도자들의 논법은 도덕적 양심이 전혀
없는 것을 보여 준다. 이들은 도의가 아닌 편의를 생각하여 움직였다. 이들
이 "어디로서인지 알지 못하노라"(7절)라고 대답했을 때 그것은 고의로

거짓말하는 것이었다. 그들은 "알지 못한" 것이 아니고 "알리려 하지 않은" 것이었다.

이들의 질문에 대한 또 한 가지의 답변으로 예수께서는 악한 농부들의 비유를 말씀하셨다(9-18절). 이 비유에서 예수님은 하나님을 상징하는 포도원 주인이 보낸 아들로 자신을 명백하게 동일시하여 보이셨다. 이렇게 하여 예수님은 자신의 신격과 자신의 권위의 신성한 근원을 분명하게 나타내 보이셨다.

II. 용어해설

"복음을 전하신"(1절)이란 말은 헬라어로 한 단어인 '에방겔리조메누' (evangelizomenou)에서 나온 것으로 "전도했다"는 뜻이다. "대제사장들… 서기관들… 장로들"은 유대에서 가장 높은 법정인 산헤드린을 이루는 세 부류였다. 성전에서 행할 수 있는 것을 정할 권한이 있는 사람들은 예수님이 아니라 자기들이라고 생각했다.

"포도원"(9절)은 유대 나라(참고. 사 5:1-7)를 나타내었다. "농부들", 또는 소작인들은 유대 나라를 다스리는 사람들이었다(유대의 경우에는 종교 지도자들이었다). 이 종교 지도자들은 자기의 책임을 수행할 수 있는 "오랜 시간"을 부여받았다.

"때가 이르매"는 포도가 익는 8월이나 9월이 될 것이다. 소작인들은 포도 소출 얼마를 주인에게 바침으로 소작료를 물품으로 지불해야 했다.

세 명의 종들(10-12절)은 구약 시대의 선지자들을 나타낸다. "내 사랑하는 아들"은 그리스도를 상징한다. "공경하다"는 "존중하다" 또는 "존경하다"라는 의미이다.

소작인들의 추론은 아주 터무니없는 것으로 종종 지적되어왔다. 어떻게 상속자를 죽임으로 재산의 법적인 소유권을 얻으리라고 바랄 수 있겠는가? 그러나 겔덴하이스는 이 비평에 대하여 바르게 답변했다. "농부들의 어리석은 추론을 예로 들어 예수님을 향한 유대 지도자들의 태도의 어리석음에 주의를 환기시키는 것이 바로 예수님이 의도하신 바"라고 그는 이야기한다.

예수님은 소작인들의 범죄 행위의 결과를 지적하셨다. "주인이 와서 그 농부들을 진멸하고 포도원을 다른 사람들에게 주리라"(16절). 즉 하나님께서는 유대 지도자들, 그리고 유대 지도자들과 행동을 같이 한 백성들을 멸하시고 포도원(참 이스라엘, 또는 하나님의 백성)을 "다른 사람들"(예수님의 교회의 지도자들)에게 주실 것이다.

"건축자들의 버린 돌"(17절)은 물론 예수님이었다. 유대 종교의 지도자들에게 배척받은 예수님은 새로운 교회에서 "모퉁이의 머릿돌"이 될 것이다. 18절의 말씀은 예루살렘 멸망 시에 부분적으로 성취되었다(A.D.70). 이 말씀의 완전한 성취는 예수님의 재림시에 이루어진다.

III. 교리적 의의

새로운 하나님의 백성인 이방인 교회의 교리가 여기서 강조된다. 이스라엘은 자기의 특별한 지위를 잃어버렸다.

IV. 실천적 목표

예수 그리스도를 배척하는 것의 비극적인 결과를 가르치는 것이다.

V. 설교 개요

제목: "의로운 징벌."

도입부

모든 사람이 결국에는 예수 그리스도의 권위가 인간적인 것인지 신적인 것인지 판단해야 한다. 우리가 예수 그리스도의 권위가 신적인 것임을 깨닫는다면 그 권위에 복종해야 한다. 그렇게 하지 않는 것은 우리가 영원히 멸망하는 것을 의미한다. 예수 그리스도는 우리를 구원하실 수 있는 유일한 분이시기 때문이다. 예수 그리스도를 배척하는 것은 우리 자신의 죽음을 보증하는 표시가 된다.

A. 종들.

"그가 한 종을 보내니 … 다시 다른 종을 보내니 … 다시 세번째 종을 보내니" 예수님은 유대 지도자들에게 그들이 메시야이신 예수님을 배척하는 것이 얼마나 심각한 것인지를 보여 주시려고 악한 농부의 비유를 말씀하셨다. 한 사람이 포도원을 만들어 소작인들에게 세로 주고 포도원 소출 얼마를 바치게 했다. 포도 수확기에 주인은 소출의 얼마를 받아오라고 한 종을 보냈다. 그런데 소작인들은 그 종을 심히 때리고 빈 손으로 보내었다. 이들은 두번째 종도 마찬가지로 심히 때리고 능욕까지 하였다. 세 번째 종도 상하게 하고 포도원에서 내쫓았다.

세 명의 종은 구약 시대의 선지자들을 나타낸다. 많은 선지자들이 수치를 당하였고 몇 명의 선지자들은 처형까지 당하였다.

B. 아들.

"내 사랑하는 아들을 보내리니 저희가 혹 그는 공경하리라."

성경에서 "사랑하는 아들"은 종종 "외아들"을 의미한다. 이는 주인의 최후 수단이었다. 소작인들이 그를 보고 그가 유일한 상속자임을 깨달았다. 소작인들이 그 아들을 죽인다면 가족의 유산은 자기들의 것이 될 것이었다.

물론 이것은 어리석은 추론이다. 그러나 예수님이 강조하고 있는 것은 유대 지도자들이 예수님을 이렇게 대우하고 있다는 것이었다. 예수님을 없앤다면 그들이 민족의 종교적인 생활을 그대로 지배할 수 있고 자기들이 좋은 대로 행할 수 있으리라고 유대 지도자들은 생각했다. 자기 백성을 영적으로 굶주리게 내버려 두면서 자기들은 지도자의 자리를 이용하여 부를 얻을 수 있었다. 어리석게도, 유대인들은 그들의 행동뿐 아니라 그 동기도 아시는 하나님 앞에 책임이 있다는 것을 깨닫지 못했다.

그래서 소작인들은 주인의 아들을 포도원 바깥으로 내어쫓아 죽였다. 마찬가지로 예수님도 머지않아 예루살렘 성 바깥으로 내어쫓기고 죽게 될 것이었다.

C. 그리스도의 대속.

"그가 와서 그 농부들을 진멸하고 포도원을 다른 사람들에게 주리라." 소작인들에게는 평안함과 형통함을 누릴 좋은 기회가 있었다. 그들은 계속해서 포도원을 돌볼 수 있었고 그러면 포도원 소출 중에서 자기 분깃을 충분히 보상받을 수 있었다. 그러나 그렇게 하지 않고 탐욕을 부렸다. 소작인들은 스스로 모든 것을 차지하려 했다. 그러나 그렇게 함으로써 그들은 포도원을 모두 잃어버렸고, 게다가 목숨까지 잃었다.

이것이 예수님을 배척하고 자신을 의지하려는 사람들에게 주어지는 길이다. 그들은 자신을 구원하고자 했지만 영원히 잃어버렸다. 이 세상에서 가장 좋고 숭고한 것을 찾으려면 하나님의 길을 받아들이고 그분의 뜻을 행해야 한다.

누가복음 제21장

재림의 징조

21:25. "징조가 있겠고 … "
21:26. "사람들이 무서워하므로 기절하리니."
21:27. "그때에 사람들이 인자가 구름을 타고 능력과 큰 영광으로 오는 것을
보리라."

I. 역사적 배경

감람산 강화. 예수님이 감람산에서 하신 강화라고 해서 붙인 이 강화는 예수님이 행하신 강화 가운데 유일하게 공관복음에 다 나오는 긴 설교이다. 이 설교는 또한 그 내용으로 인해 예언적인 강화로 잘 알려져 있다. 이것은 마태복음 24장과 25장, 마가복음 13장, 그리고 누가복음 21:8-36에 있다.

이 강화를 하시게 된 동기가 5-7절에 명백하게 나타난다. 제자 중 어떤 사람들이 성전을 가리켜 그 미석과 헌물로 꾸민 것을 말하여 주님의 주의를 환기시켰다. 약 150 피트나 되는 대리석 벽들과 금으로 된 둥근 천장으로, 성전은 그 당시에 경탄할 만한 것들이었다.

그때 예수님은 날이 이르면 그 성전이 돌 하나도 돌 위에 남지 않고 다 무너뜨리우리라는 놀라운 예언을 하셨다. 걱정이 된 제자들은 물었다. "그러면 어느 때에 이런 일이 있겠사오며 이런 일이 이루려 할 때에 무슨 징조가 있사오리이까?" 강화는 이러한 두 가지 질문에 대한 답변이다.

II. 용어 해설

예수님의 대답은 크게 두 부분으로 나뉘는 것이 분명한 것 같다. 8-24절은 주후 70년의 예루살렘의 멸망을 말씀하신 것이고, 25-36절은 마지막 때와 예수님의 재림을 내다 보신 것이다.

첫번째 부분에서 말씀하신 징조는 1세기에 모두 이루어졌다. 자주 일어나는 전쟁들(9-10절), 지진과 기근(11절), 유대인과 이방인에 의한 박해(12-19절), 이런 모든 것이 겔덴하이스의 뛰어난 주석에 상세히 기록되어 있다.

예루살렘의 실제적인 멸망은 20-24절에서 다루어진다. "군대들에게 에워싸인"(20절)은 문자적으로 "군대들에게 에워싸이는 것"이다. 즉 포위공격이 시작되었을 때 예루살렘 성 안의 그리스도인들은 "산으로 도망"가야 했다. 유세비우스는 그들이 어떻게 요단강 동편, 갈릴리 호수의 남쪽에 있는 마을 펠라로 도피했는지 기록한다. 유대인 기독교 교회가 주후 70년에 예루살렘에서 일어난 끔찍한 대량학살이 있은 후 보존된 곳이 바로 이 곳이었다. 그때 포위공격으로 결국 예루살렘은 함락되고 말았다.

예수님은 이 두려운 심판을 예언하셨다. "저희가 칼날에 죽임을 당하며 모든 이방에 사로잡혀 가겠고 예루살렘은 이방인의 때가 차기까지 이방인들에게 밟히리라"(24절). 예루살렘이 점령당했을 때 약 10만명의 유대인들이 멸망했고 또 10만 명이 포로로 잡혀 갔다고 사람들은 단언한다. 예루살렘은 그 이후로 계속 "이방인들에게 밟혀" 왔다. 이스라엘의 새 정부가 1948년에 수립되었다. 서쪽 성벽까지의 예루살렘 신도시를 포함한, 팔레스타인의 주요 부분은 다시 소유하게 되었지만, 성벽 안의 옛 성읍은 1967년까지 아랍 손에 남아 있었다. "이방인의 때"가 언제 끝날지는 지구상의 어느 누구도 말할 수 없다.

III. 교리적 의의

재림의 교리가 오늘날 종종 무시되고 있지만 신약에서는 중요한 부분을 차지한다. 공관복음서 모두에 들어 있는, 유일하게 긴 강화에 현저하게 나타난다. 재림의 교리는 바울이 처음 쓴 두 서신(데살로니가전후서)의 주요 주제이다. 그것은 또한 베드로 후서, 유다서, 요한계시록에 두드러지게 나타난다.

IV. 실천적 목표

재림의 징조에 주의를 환기시키고 모든 사람으로 재림에 대비케 하기 위한 것이다.

V. 설교 개요.

제목: **재림의 징조.**

도입부

오늘날 예수님의 재림을 믿는 사람들을 비웃는 것은 흔히 있는 일이다. 우리가 기억할 필요가 있는 것은 예수님의 초림이 일어나기 전 수 세기 동안 예언되었다는 점이다. 그런데 의심과 불신앙에도 불구하고 예수님은 약 2000년 전 마침내 오셨다. 예수님의 초림에 관한 모든 약속이 그 당시 성취된 것처럼 예수님의 재림에 관한 모든 약속도 이루어질 것이다.

A. 두려운 징조들.

"징조가 있겠고 … 사람들이 무서워하므로 기절하리니." 이러한 징조들이 있으리라는 이야기를 우리는 직접 듣지 않았다. 그러나 우주 탐험의 시대에 있는 우리는 전적으로 새로운 차원이 우리에게 열렸다는 것을 깨닫게 된다. 이것이 하늘의 징조들과 어떤 관련이 있을런지 우리는 말할 수 없다.

26절은 확실히 우리 시대를 생생하게 묘사한다. 최근 몇 년 전까지는 전쟁이 국부전으로 한정되었었다. 그리고는 사태를 영원히 바꾼 1, 2차 세계 대전이 왔다. 그런데 격렬한 싸움이 아프리카, 아시아, 유럽 대륙에서 일어났어도 북아메리카와 남아메리카 해안은 전혀 건드리지 않았다.

3차 대전에서는 그러지 않으리라는 것을 우리 모두는 알고 있다. 우리가 사는 도시 위에 갑작스럽게 죽음을 내릴 대륙간의 탄도 미사일이 3차 대전의 시작을 포고할 수 있을 것이다. 그리고 모든 대륙이, 특히 넓게 퍼진 공산주의와 더불어 바로 전쟁에 휘말리게 될 것이다.

그러나 모든 것이 최악의 상태에 이르를 때 "그때에 사람들이 인자가 구름을 타고 능력과 큰 영광으로 오는 것을 보리라." 그리하여 "이런 일이 되기를 시작하거든 일어나 머리를 들라 너희 구속이 가까왔느니라." 이것은 그리스도인에게 복스러운 소망이 된다.

B. 무화과나무의 교훈.

"무화과나무를 보라." 나무들이 그 잎을 내기 시작하면 우리는 여름이 가까운 줄 안다. "이와 같이 너희가 이런 일이 나는 것을 보거든 하나님의 나라가 가까운 줄을 알라." 여기에서 언급된 많은 것들이 우리 시대에 새롭고 폭넓은 방식으로 차례로 오고 있다는 것을, 모든 것을 잘 알고 있는 사람들은 아무도 부인할 수 없다.

"이 세대가 지나가기 전에 모든 일이 다 이루리라"고 하신 예수님의 말씀은 무엇을 의미하신 것인가? 혹자는 이 말씀을 불과 40년 후인 A.D.70년에 일어난 예루살렘 멸망에 적용한다. 다른 사람들은 "세대"를 말하는 헬라어를 전혀 다른 의미인 "종족"으로 해석한다. 즉, 예수님이 다시 오시기 전에는 유대인의 종족은 망하지 않으리라는 것이다. 히틀러 치하에서 500-600만 명의 대량학살로 절정에 달한 그 많은 모든 박해를 거쳐 유대인들이 보존된 것은 아주 기적적이라고 말하고 있음에 틀림없다. 그러나 세번째로 가능한 해석이 있다. 이러한 징조들이 시작되는 것을 보는 세대는 종말을 보게 될 것이다. 우리 시대에 사건들이 놀랍도록 빠르게 진전되는 것을 볼 때 우리 시대가 바로 그런 세대가 될 수 있다는 것을 우리는 깨닫게 된다.

C. 깨어 있기.

"그러므로 깨어 있으라 그리고 항상 기도하라 그러면 닥쳐올 이런 모든 것들을 피하고 인자 앞에서 서 있을 만하다고 여겨질 것이다." 이것이 예수님의 주요 관심사였다. 이것이 예수님이 정식으로 하신 마지막 강조의 말씀이었다(참조. 마 24:42, 44; 25:13).

우리는 시대의 징조들을 항상 해석할 수 없다. 우리는 확실히 정해진 날들에 대해 경고받는다. 그러나 우리는 모두 깨어 언제라도 예수님의 재림에 대해 예비하고 있어야 한다.

누가복음 제22장

마지막 유월절

22:15. "내가 고난을 받기 전에 너희와 함께 이 유월절 먹기를 원하고 원하였노라."

I. 역사적 배경

수난 주간은 일요일에 있은 승리의 입성식으로 시작되었다. 월요일에 예수님은 열매를 맺지 않는 무화과 나무를 저주하고 성전을 깨끗케 하셨다. 화요일 아침에 제자들이 시든 무화과 나무를 바라보자 예수님은 제자들에게 믿음의 교훈을 가르치셨다. 20장에 나오는 질문과 대답은 같은 화요일에 있었던 것 같다. 감람산 강화는 화요일이나 수요일에 행해졌다. 이제 목요일에는 유월절이다.

대제사장들과 서기관들이 예수님을 죽이려고 하였지만 그렇게 하면 백성이 폭동을 일으킬까 봐 두려워하였다(2절). 그런데 기대하지 않은 뜻밖의 행운이 왔다. 예수님의 열두 제자 가운데 한 제자에게 사단이 들어가 주님을 배반하여 유대 성직자들의 손에 넘겨줄 것을 제안했다. 그들은 기뻐하여 돈을 주기로 언약하였다. 어느 누가 돈을 사랑해서 이보다 더 가증한 범죄를 일으킬 수 있겠는가? 유다는 이제 예수를 "무리가 없을 때에" 넘겨줄 기회를 찾았다(6절). 이러한 일은 조용하게 그리고 비밀스럽게 행해야 했다.

II. 용어 해설

이 장은 "유월절이라 하는 무교절이 가까우매"라는 진술로 시작한다. 구약의 설명에 따르면(레 23:5-6; 민 28:16-17) 유월절은 해마다 정월 14일에 성회로 모여 지키고, 이어서 무교절을 7일 동안 지키도록 정해져 있었다. 그런데 이때쯤은 벌써 두 이름이 8일의 전 기간에 적용되었다. 여기에서 누가의 말은 여기에서 동시대의 유대인 역사가 요세푸스의 말과 거의 정확하게 일치한다. "이 일은 유월절이라고도 불리는 무교절이 절기로 지켜지는 그때 일어났다"고 요세푸스는 기록한다.

유대인들은 매월 새로운 달로 시작하는 음력을 사용하였다. 유월절은 항상 그 달 중순에 왔다. 그래서 부활절이 대략 3월 중순에서 4월 중순 사이에 해마다 다르게 정해진다. 유대 지도자들은 예수님을 공공연하게 잡으면 뒤이어 폭동이 일어나지 않을까 두려워하였다. 주일에 아주 열렬하게 예수님을 환호하여 맞이한 갈릴리와 베뢰아에서 온 순례자들은 자기들의 영웅이 잡혀가는 것을 가만히 보고만 있을 것이라고 생각할 수 없는 것이었다. 그래서 통치자들은 "무리가 없을 때에"(6절) 예수님을 잡아가려고 하였다.

"원하고 원하였노라"(15절)라는 말씀은 성경에서 자주 발견되는 전형적인 히브리식의 구문이다. 그것은 "내가 간절히 원하였다"는 것을 의미한다. 주님은 죽기 전에 깊은 종교적 의미가 담긴 이 마지막 교제의 만찬을 갖기를 열망하셨다.

"떡"(19절)은 무교병이었다. 유대인들은 집안에 누룩이 없다는 것을 확실히 하기 위해 니산월 14일에 집을 아주 철저히 살폈다. "이것은 내 몸이요"라고 말씀하신 것은 명백히 "이것은 내 몸을 나타낸다"라는 의미이다. 왜냐하면 예수님의 육체적 몸은 이 사람들의 눈 앞에 그대로 있었기 때문이다. "계약"은 "언약"이어야 한다. 헬라어는 디아테케로서 두 당사자간에 맺어지는 합의 또는 계약이다. 영어로 "testament"(라틴어로는 testamentum)는 "유언"을 의미한다. 그러나 유대인들은 헬라인들과 로마인들이 한 것처럼 유언이라는 뜻으로 사용하지 않았다. 셈족은 계약을 맺는 데 엄격하였다. 우리가 "신약"이라고 부르는 것은 실제로 하나님이 그리스도를 통하여 사람과 맺으신 새로운 언약이다. 그리스도를 구원자와 주님으로 받아들인 사람은 누구나 그 언약에 들어간다.

III. 교리적 의의

우월절은 인류의 죄를 속하기 위해 드리는 어린양의 제사를 예표하였다. 주님의 성만찬은 전 인류 역사의 중심점을 회고하고 기념하는 것이다. 따라서 성찬식은 그리스도인이 유대인의 유월절에 대신하는 것이다.

IV. 실천적 목표

예수님이 성만찬을 제정하신 의미와 성찬식에서 우리가 깨달아야 하는 의미를 설명하는 것이다.

V. 설교 개요

제목: "마지막 유월절."

도입부

예수님이 식사를 하신 것은 마지막 유월절이었다. 사실 그것은 역사상의 마지막 유월절이 아니다. 왜냐하면 유대인과 사마리아인들은 아직도 매년 봄 유월절을 기념하고 있기 때문이다. 그러나 그것은 중요한 의미로 마지막 우월절이었다. 그리스도께서 유월절 양으로 죽으신 후에 옛날의 유월절 의미는 성취되었고 따라서 의식은 그 가치를 잃어버렸기 때문이다. 이것은 하나님과 이스라엘 사이에 맺은 옛 언약 하의 마지막 유월절이었다.

A. 예비된 유월절.

"가서 우리를 위하여 유월절을 예비하여 우리로 먹게 하라." 마침내 유월절 양이 죽임을 당하고 그 날 밤 식사를 위해 요리되는 "그 날"이 왔다. 예수님은 베드로와 요한을 성 안으로 들여 보내 식사를 예비토록 하셨다. 이들을 신비한 지시를 받았다. 성내로 들어가면 물 한 동이를 가지고 가는 남자를 보리라고 말씀하셨다. 이것은 여자들만이 머리에 물동이를 이고 다녔기 때문에 두 제자가 그 사람을 찾아내는 데 어려움이 없었을 보기 드문 광경이었을 것이다. 두 제자는 그가 들어가는 집으로 따라 들어갔을 것이다. 그 곳에서 그들은 깔개, 쿠션, 침상, 탁자가 갖춰진 커다란 다락방을 발견하였을 것이다. 그리고 나서 그들은 유월절 음식을 에비하였을 것이다.

유대교 지도자들은 10명에서 20명 사이의 수로 모인 그룹이 해질녘부터 한밤중까지 먹도록 규정하였다. 따라서 예수님과 열두 제자들은 그 규례에 아주 잘 들어맞았다. 아마 두 제자는 양을 사서, 성전의 제사장에게 가지고 가 잡아 죽인 후 저녁 식사를 위해 그 양을 구웠을 것이다. 그 양과 함께 그들은 쓴 풀과 무교병을 먹고 "포도주", 곧 발효되거나 발효되지 않은 포도 쥬스를 마셨을 것이다.

B. 되풀이 되는 유월절.

"이에 잔을 받으사 사례하시고 가라사대 이것을 갖다가 너희끼리 나누라." 예수님은 가족의 가장으로서 떡과 포도주를 음식으로 나누어 주셨다. 이것은 유월절 양을 먹은 후에 돌리는 세번째 잔으로 보통 간주한다. 네번째 잔은 소위 성만찬으로 사용되는 잔이 되었을 것이다(20절). 그리스도는 천 년 이상 유대인들이 지켜온 의식을 단순히 반복하고 계신 것이었다.

C. 대치되는 유월절.

"이것은 내 몸이라… 이 잔은 내 피로 세우는 새 언약이니…" 마지막 만찬은 성만찬이 되었다. 이러한 말씀으로 예수님이 떡과 포도주에 새로운 의미를 부여하셨기 때문이다. 떡은 "너희를 위하여 주는" 예수님의 몸을 상징하였다. 예수님은 "이를 행하여 나를 기념하라"고 덧붙여 말씀하셨다. 따라서 성만찬은 십자가 위에서 죽으신 그리스도의 죽으심을 기념하는 식사이다. 그렇지만 그것은 우리 주님의 재림을 바라보는 기대의 시간이기도 하다(고전 11:26). 주님의 재림은 성만찬에 이중의 의미를 준다.

그리하여 예수님이 보통 마시는 잔을 나눠 주시어, 각자는 밀접하게 결합된 친교를 나누며 마셨을 것이다. 포도 열매는 붉어서 "너희를 위하여 흘리는" 예수님의 피를 상징한다. 그래서 우리는 성찬을 나누는 매시간 우리의 죄를 속하고 우리의 마음을 씻어내는 보혈을 생각한다. 예수님의 피를 떠나서는 죄를 속하는 구원은 아무데도 없다.

누가복음 제23장

죄 없으신 분이 처형당함

23:4. "내가 보니 이 사람에게 죄가 없도다."
23:24. "이에 빌라도가 저희의 구하는 대로 하기를 언도하고"

I. 역사적 배경

예수님이 동산에서 잡히신 다음 대제사장의 집으로 끌려가셨다(22:54).
이 곳에서 공회가 비공식적인 모임을 가졌다. 왜냐하면 밤에 재판을 여는
것은 불법이었기 때문이다.

따라서 아침에 공회로 모였다(22:66-71). 예수님께 두 가지 질문을 하였
다. 첫번째 질문은 "네가 그리스도냐"는 것이었다. 즉, 예수님이 메시야냐
는 거였다. 이 물음에 직접적인 답변을 하시는 대신 예수님은 "이제 후로
는 인자가 하나님의 권능의 우편에 앉아 있으리라"고 말씀하셨다. 명백히
예수님은 "인자"라는 말로써 자신을 나타내셨다. 예수님은 하나님의 우편
에 앉아 계실 것이었다.

이 답변을 듣고 공회원이 두번째 질문을 하였다. "그러면 네가 하나님의
아들이냐?" 이에 예수님은 "너희 말과 같이 내가 그니라"고 대답하셨다.
헬라어에서는 "내가 그인고로, 그렇다고 말한다"고 번역할 수도 있다. 그렇
지만 예수님은 그들이 메시야(그리스도, 인자, 하나님의 아들)에 대해 잘못
알고 있기 때문에 의도적으로 모호한 대답을 하신 것 같다.

어쨌든 공회원들은 예수님이 긍정적으로 대답하신 것을 빌미로 예수님
을 사형에 해당한 자로 정죄하였다(막 14:61-66). 그러나 사형을 언도할
권한은 로마 정부에만 있었다. 그래서 공회는 예수님의 소송사건을 빌라도

에게 넘겨야 했다(23:1).

유대인들이 예수님을 사형에 해당하다고 고소한 혐의는 참람하다는 것이었다(마 26:63-66). 그러나 유대인들은 영리하여 이 종교적인 고소가 로마 법정에서 비중을 차지하지 못하리라는 것을 충분히 잘 알고 있었다. 그래서 이들은 3중의 정치적 혐의를 구실로 꾸며대었다. "우리가 이 사람을 보매 우리 백성을 미혹하고 가이사에게 세 바치는 것을 금하며 자칭 왕 그리스도라 하더이다"(23:2).

이것은 물론 뻔뻔스러운 거짓말이었다. 예수님은 이스라엘 백성을 미혹하지 않으셨다. 오히려 예수님은 자신이 율법을 폐하러 온 것이 아니요 완전케 하러 오셨다고 단호하게 확언하셨었다(마 5:17). 두번째 부분에서 볼 때, 공관복음은 모두 예수님은 가이사에게 세 바치는 것을 금지하기는 커녕 "가이사의 것은 가이사에게 바치라"(마 22:21; 막 12:17; 눅 20:25)고 강조하여 말씀하셨다고 기록한다. 세번째 부분에서 볼 때, 민중이 한 주일 전에 소위 승리의 입성이라고 한 때에 환호하며 예수님을 왕으로 맞이하였지만 이때는 예수께서 자신을 왕이라고 주장하기를 조심스럽게 피하셨다.

II. 용어 해설

장로들과 대제사장들과 서기관들(22:66)은 공회를 구성하고 있는 세 부분이었다. 이들은 예수님을 "공회"로 끌어들였다. 즉 공회원들은 예수님을 공회의 공식 모임 앞에 데려갔다. 그리스도(22:67)와 인자(22:69)와 "하나님의 아들"(22:70)은 모두 메시야를 의미하는 호칭이었다.

"이 사람"(2절)이라는 말은 비방하는 경멸의 표현이다. "백성을 미혹하고"라고 말한 것은 로마인의 눈에는 가장 악한 범죄였던 선동을 일으키려는 생각을 알리려 한 것이었다.

"네 말이 옳도다"(3절)는 아마도 일부러 모호한 대답을 하신 것 같다(참조. 22:70). 예수님은 왕이시지만 빌라도가 생각한 정치적 의미에서의 왕은 아니었다(참조. 요 18:33-38).

"죄"(4절)는 전혀 적절한 번역이 아니다. 헬라어로는 "형벌받을 이유"나 "범죄"를 의미한다. 어떤 사람이 과실이 있는지 없는지를 판결하는 것은 로마 법정의 책임이 아니었다. 로마 법정은 사람이 법을 어겨서 죄에 대한 형벌을 받을 만한 일의 경우에 관여하였다.

III. 교리적 의의

예수님이 실제로 죄를 범해서 죽었다면, 명백히 예수님의 죽음은 우리 죄에 대한 대가를 치를 수 없었을 것이다. 로마 정부는 세 번 예수님이 죄 없다고 선고하였다.

IV. 실천적 목표

죄가 없는 예수님이 우리 죄를 대신하여 범죄자로서 죽으신 사실에 감사하기 위한 것이다.

V. 설교 개요

저목: **"죄없이 사형당하신 분"**

도입부

죄없는 많은 사람들이 부당하게 사형당해 왔다. 하지만 어느 누구도 예수님의 경우에 견줄 수는 없다. 로마 법정은 예수님을 죄없다고 세 번 선언하였을 뿐 아니라 예수님께서는 양심에 조금도 거리낌 없이 이렇게 말씀하실 수 있으셨다. "내가 항상 그의 기뻐하시는 일을 행하므로 나를 혼자 드지 아니하셨느니라"(요 8:29).

A. 죄 없다는 첫번째 선고.

"내가 보니 이 사람에게 죄가 없도다"(23:4). 유대 지도자들은 예수님을 3중의 정치적 죄목으로 고소하였다. 이들은 예수님이 (1) "백성을 미혹하고", (2) "가이사에게 세 바치는 것을 금하며", (3) "자칭 왕 그리스도라 하더이다"라고 고소하였다. 이 모든 사실은 아주 심각한 죄목들이었다. 실제로 그 죄목들 중에 어느 한 가지만으로도 예수님을 로마 제국의 적으로 처형하기에 충분한 이유가 될 수 있었다. 물론 종교 지도자들은 이것을 잘 알고 있었다.

빌라도는 그리스도와 이야기하였다. 그는 그 고소들이 모두 거짓이라는 것을 명백히 확인하게 되었다. 왜냐하면 그는 대제사장들과 백성들에게 돌아가서 "내가 보니 이 사람에게 죄가 없도다," 즉 "그는 무죄하다"고 말했기 때문이다.

B. 두번째 선고.

"내가 너희 앞에서 사실하였으되 너희의 고소하는 일에 대하여 이 사람에게서 죄를 찾지 못하였고"(23:14). 빌라도의 태도에 전혀 만족하지 못한 종교 지도자들이 "더욱 굳세게 말하되 저가 백성을 소동케 하나이다"(5절). 이들은 예수님이 문제를 일으키는 사람이라는 것을 어떻게 해서든지 증명하려고 애썼다.

이들이 우연히 갈릴리를 언급하자 빌라도는 예수님을 유월절을 지내러 온 갈릴리 분봉왕 헤롯 안디바에게 보냄으로 예수님의 고소 사건을 결정할 책임에서 벗어나려 하였다. 그러나 피할 수 없게 되고 말았다. 헤롯은 예수님을 업신여기며 희롱하고 빌라도에게 도로 보냈다.

빌라도는 그리하여 유대 관원들을 불러모았다. 빌라도는 앞마당에서 예수님을 조사하여 예수님에 대해 고소한 어떤 죄목도 발견하지 못하였다. 헤롯도 예수님에게 아무런 잘못이 없다는 것을 알게 되었다. 빌라도는 예수님을 때려서 놓아주자고 제안하였다. 이 무렵 종교 지도자들은 더욱더 필사적이 되었다. 자기들의 고소가 실패로 돌아갈 것처럼 보이자 이들은 일제히 소리지르기 시작하였다. "이 사람을 없이하소서 … 저를 십자가에 못박게 하소서, 저를 십자가에 못박게 하소서"(18, 21절).

C. 세번째 선고.

"나는 그 죽일 죄를 찾지 못하였나니"(23:22). 이 선고를 확정했어야 했다. 빌라도가 정직하고 용기가 있는 윤리적인 사람이었다면 세 번에 걸쳐

죄 없다고 하고 나서는 최종적으로 "무죄" 평결을 내렸을 것이다.

그렇지만 이 통치자는 나약하고 주견이 없었다. 압력이 커지자 그는 예수님을 "가두었다." 전 역사상 가장 큰 정의의 실책 가운데 하나로 "빌라도가 저희의 구하는 대로 하기를 언도하였다"(24절). 그렇게 함으로 그는 통치자와 재판관이 되는 모든 권리를 포기하였다. 그는 정치적 꼭두각시였다.

그래서 그는 살인자이자 폭도인 한 사람을 백성에게 놓아주고 생명의 왕을 죽이라고 명령하였다. 그리고 그것은 사실상 사람들이 그 이래 계속해 오고 있는 말이다.

죄 없으신 예수께서 우리 대신 기꺼이 죽으신 사실에 우리는 다시 한 번 깊이 감사해야 한다. 우리는 예수께 충만한 사랑과 충성을 바칠 것을 서약해야 한다.

누가복음 제24장

주님의 임재를 깨닫지 못함

24:15. "예수께서 가까이 이르러 저희와 동행하시나"

I. 역사적 배경

예수님 생애의 마지막 장은 부활의 이야기이다. 이 사실은 각 복음서에 나타난다.

마태와 더불어 누가는 여인들 몇이 일요일 아침에 무덤을 찾아간 사실을 이야기한다. 그러나 누가는 이 여인들이 찾아간 목적에 관해서도 덧붙여 이야기한다. 이들은 예수님의 시체에 기름을 바르기 위해 "예비한 향품을 가지고"(1절) 가고 있었다.

이 여인들은 시체는 보지 못하고 대신 두 천사를 만났다. "예수님은 여기 계시지 않고 살아나셨느니라"(6절)고 두 천사가 말했다. 이 여인들은 이 사건을 "열 한 제자"에게 신속하게 알려 주었다. 제자들은 전형적인 남자들의 방식으로 반응했다. "사도들은 저희 말이 허탄한 듯이 뵈어 믿지 아니하였다"(11절). 그런데 베드로는 요한과 함께(참고. 요 20:2-10) 무덤을 알아보러 가 보았다. 여인들의 말 그대로 시체는 사라졌다. 그런데 이상하게도 세마포는 그 곳에 풀어진 채 놓여 있었다. 베드로로서는 이 모든 상황을 이해할 수 없었다.

II. 용어 해설

엠마오(13절)의 위치는 아직까지 확실치 않다. "60 펄롱"(헬라어로 스타

디우스)은 약 7마일 반이다. "글로바"(18절)는 여기에서 딱 한 번 언급되고, 그에 대해 더 이상 아무것도 알려져 있지 않다.

유대인들의 메시야관과 기대가 이 두 제자의 말에서 두드러지게 나타난다. "우리는 이 사람이 이스라엘을 구속할 자라고 바랐노라"(21절). 즉, 이들은 예수님을 메시야라고 믿었다. 따라서 예수님이 로마 사람들을 내쫓고 이스라엘 나라를 외국의 통치에서 "구원"하기를 기대하였다. 이들도 분명 이 일이 있기 바로 일 주일 전에 다른 사람들과 함께 승리의 입성 때 환호하며 예수님을 왕으로 맞이하였다. 그런데 예수께서 로마 사람들을 몰아내기는커녕 오히려 이들에게 처형당하고 마셨다. 예수님이 처형당하자 메시야에 대한 모든 기대도 사라졌다. 이 제자들은 물론 바로 그 예수님의 죽음이 영적인 구원으로 더 큰 구속을 가져오리라는 것을 깨닫지 못하였다.

"그리스도"(26절)는 "메시야"로 번역해야 한다. 예수께서는 유대교 신자들에게 그들의 "성경"(지금의 구약)이 메시야가 자기 영광에 들어가기 전에 고통받으리라고 가르치고 있음을 보여 주려 하셨다. 예수께서는 모세로부터 시작하여 구약을 거쳐 이 점을 증명하였다. 예수님은 특별히 시편 22편과 이사야 53장에 주의를 기울이도록 하셨다. 44절에는 히브리 경전의 세 구분이 나온다. "모세의 율법과 선지자의 글과 시편에 …"라고 나온다. 지금의 구약 성경 39권의 책들이 이 세 표제 아래 분류되었다.

III. 교리적 의의

예수님께서 자기 백성 하나하나에게 영적으로 임재하신다는 것은 귀중한 사실이다. 하나님이 영이시라는 것을 믿는다면 예수께서 우리 모두와 항상 함께 계실 수 있다는 것을 우리는 안다.

IV. 실천적 목표

예수님이 우리와 함께 인생의 길을 걸으신다는 사실과, 따라서 우리는 그분의 임재를 더욱더 의식해야 한다는 사실을 강조하는 것이다.

V. 설교 개요

제목: **"주님의 임재를 깨닫지 못함."**

도입부

예수님은 "모든 길의 그리스도"이시다. 유감스러운 사실은 우리가 너무나도 자주 그분의 임재하심을 의식하지 못한다는 것이다. 우리는 우리의 영적인 눈을 떠서 그분을 볼 필요가 있다. 왜냐하면 그분은 그리스도께서 거기에 계시기 때문이다.

A. 슬픈 마음.

"너희가 길 가면서 슬픈 얼굴로 서로 주고 받고 하는 이야기가 무엇이냐?"(24:17). 예수님의 두 제자가 어느 일요일 오후 예루살렘에서 엠마오에 있는 집으로 가고 있었다. 저희 마음은 무겁고 얼굴은 슬픈 얼굴이었다. 저희는 나사렛의 예수가 메시야시라고 믿었다. 저희는 한 주일 전에 유월절 순례자들이 "찬송하리로다 주의 이름으로 오시는 왕이여"라고 외쳤을 때 개선의 행렬에 참가했었다(19:38). 저희는 예수님이 나귀를 타고 예루살렘에 들어가서 로마인들을 내쫓고 예수님의 메시야 왕국을 세우실 것이라고 기대하였다.

그러나 그 날로부터 일 주일 후 모든 것이 바뀌었다. 저희는 빌라도가 무리의 압력에 굴복하여 예수님을 십자가에 못박으라고 명령하는 것을 들으면서도 속수무책으로 보고만 있었다. 저희는 성문밖 처형장까지 예수님을 따라갔다. 그 곳에서 괴로운 마음으로 예수님의 부르짖는 소리를 듣고 예수님이 숨을 거두는 것을 보았다. 그리고 그것으로 메시야에 대한 저희의 모든 소망도 또한 사라졌다. 그러므로 이들이 이때 슬퍼하는 것은 당연한 일이었다.

그런데 이 모든 것이 길에서 만나 지금 저희 옆에서 걷는 이 낯선 사람과 관계가 있었다. 슬픔 때문에 총명이 흐려져 이들은 그분이 누구인지 알아보지 못하였다.

B. 둔한 마음.

"미련하고 선지자들의 말한 모든 것을 마음에 더디 믿는 자들이여" (24:25). 저희가 이야기를 마쳤을 때 예수님은 저희가 성경을 잘못 이해하고 있다고 꾸짖으셨다. "이에 모세와 및 모든 선지자의 글로 시작하여 모든 성경에 쓴 바 자기에 관한 것을 자세히 설명하시니라"(27절).

이 말씀을 주의 깊게 읽은 사람이라면 누구나 "내가 거기에 있어서 위대하신 선생님이 구약 성경의 기독론을 자세히 설명하시는 것을 들었다면 얼마나 좋을까!"라고 생각했을 것이다. 그것은 정말 드문 대우일 것이다. 그런데 예수님은 우리에게 모든 것을 가르치실 성령님을 우리에게 보내겠다고 약속하셨다(요 14:26). 성령의 도움으로 우리는 성경을 이해할 수 있다.

C. 깨달은 마음.

"저희 눈이 밝아져 그인 줄 알아보더니"(24:31). 얼마 동안 예수님이 저희와 함께 계셨는지 우리는 모른다. 아마 한두 시간은 계셨을 것이다. 그 동안 내내 저희는 예수님을 알아보지 못하였다.

저희가 저희 집에 가까이 갔을 때 그 낯선 사람은 자연스럽게 자기 길을 계속 가려는 것처럼 행동했다. 그런데 밤이 되어가고 있어서 저희는 그분을 저희와 함께 머물도록 강권하였다.

일이 일어난 것은 저녁 식탁에서였다. 예수께서 오래 전부터 늘 하던 대로 "떡을 가지사 축사하시고 떼어 저희에게 주셨다"(30절). 갑자기 저희가 그분이 누구이신지 깨달았다. 저희가 마침 그 날 처음으로 그분을 알아보았을 때 그분은 저희 시야에서 갑자기 사라졌다.

그리하여 그 날 오후에 나눈 대화의 의미가 저희에게 이해되기 시작하였다. 두려운 목소리로 저희가 외쳤다. "길에서 우리에게 말씀하시고 우리에게 성경을 풀어 주실 때에 우리 속에서 마음이 뜨겁지 아니하더냐?" 그분의 음성이 우리 영혼 안에서 말씀하실 때 항상 우리의 마음은 뜨겁다. 세상은 더욱 뜨거운 마음을 몹시 필요로 하고, 부주의하고 차갑고 잔인한 마음은 필요로 하지 않는다!

D. 나누는 마음.

"곧 그시로 일어나 예루살렘에 돌아가 보니"(24:33). 저희는 피곤하였다. 저희는 예루살렘에서 출발하여 7마일을 걸었다. 늦은 시간이었고 저희가 성에 도착하기 전에 어두워질 것이었다.

그러나 이 뉴스가 너무 놀라워 저희는 그 소식을 그냥 간직하고 있을 수 없었다. 저희는 예루살렘에 남아 슬픔에 잠겨 있는 제자들과 그 소식을 나누어야 했다.

그래서 피곤했지만 바로 발걸음을 마을로 돌이켰다. 약간 발이 아플 때 마침내 도착하였다. 저희가 다락방에 도착했을 때 열한 사도와 및 그와 함께한 자들이 모여 있었다.

엠마오의 제자들이 한 마디 말도 꺼내기 전에 예루살렘에 모인 사람들 중 몇 명이 흥분하여 말하기를 "주께서 과연 살아나시고 시몬에게 나타나셨다"(34절)하였다. 불쌍한 베드로, 그는 주님을 부인하였기 때문에 괴로워하고 있었다. 측은히 여기신 그리스도는 그 날 그를 만나 용서하여 주셨다. 이제는 모두가 함께 기뻐하고 있었다.

우리가 할 일은 인생 길의 모든 거리, 발걸음 하나하나까지 예수님의 임재가 우리와 함께 하신다는 사실을 인정하는 것이다. 우리는 "예수님의 임재"를 늘 깨닫고 있어야 한다.

신약**강해**설교전집 1

초판 발행 1999년 1월 20일
중쇄 발행 2008년 9월 30일

발행처 **크리스챤
다이제스트**
발행인 박명곤
주소 경기도 고양시 일산동구 정발산동 1193-2
전화 070-7538-9864, 031-911-9864
팩스 031-911-9824
등록 제 98-75호
판권 ⓒ 크리스챤다이제스트 1999
총판 (주) 기독교출판유통
      전화 031-906-9191~4
      팩스 080-456-2580

· 값은 표지에 씌어 있습니다.